21
TECHNICAL ECONOMICS

21世纪
技术经济学

TECHNICAL ECONOMICS
IN THE 21ST CENTURY

（2018年卷）

李 平 / 主 编

吴 滨 刘建翠 朱承亮 / 副主编

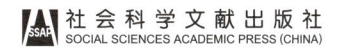

社会科学文献出版社
SOCIAL SCIENCES ACADEMIC PRESS (CHINA)

目 录
CONTENTS

开放式创新真的能提高企业的绩效吗
——基于生物制药上市企业年报数据的研究
　　………………………………………………… 刘志迎　周章庆 / 001
　一　引言 / 002
　二　理论回顾和研究模型提出 / 003
　三　数据与处理 / 006
　四　分析与结果 / 010
　五　结论和讨论 / 013

新产品开发团队跨界行为对创新绩效的影响
——团队创新效能感的中介作用 …… 孙　卫　李　兵　李　明 / 023
　一　绪论 / 023
　二　理论背景 / 024
　三　研究假设 / 026
　四　研究方法 / 030
　五　实证分析 / 031
　六　结论 / 039

R&D 投入对福建高端装备制造业产业绩效的影响研究
　　………………………………… 林迎星　张　华　胡绍伟 / 043
　一　引言 / 044
　二　文献回顾 / 044

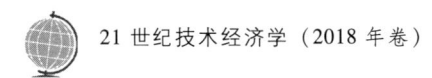

三　理论与模型 / 045

四　变量选择与数据说明 / 047

五　实证结果与分析讨论 / 049

六　结论与建议 / 055

我国科普能力发展的影响因素分析 ················· 郑　念　齐培潇 / 059

一　研究背景 / 059

二　文献综述 / 060

三　分析方法和数据 / 062

四　要素扰动对国家科普能力的影响分析 / 064

五　结语 / 069

基于不同目标的草原畜牧业适度经营规模研究

················· 钱贵霞　张　娜 / 072

一　引言 / 073

二　概念界定与数据来源 / 074

三　技术效率目标下的草原畜牧业适度经营规模 / 075

四　牧户收入目标下的草原畜牧业适度经营规模 / 079

五　兼顾收入和生态两个目标的草原畜牧业适度经营规模 / 082

六　结论及政策建议 / 086

北京市水与经济社会协调发展程度研究：2005～2015年

················· 马东春　朱承亮　王宏伟　王凤春

汪元元　高晓龙　欧阳志云 / 089

一　引言 / 090

二　方法与数据 / 092

三　结果与分析 / 095

四　结论与讨论 / 102

研发团队知识协同动机研究

——基于组织学习的视角 …………… 周莹莹　高书丽　陈建斌 / 105

　　一　引言 / 106

　　二　文献回顾 / 106

　　三　理论依据与研究假设 / 109

　　四　研究方法 / 112

　　五　实证结果分析 / 113

　　六　研究结论与展望 / 118

制度环境与制度安排：制度变迁视角下的国防

知识产权制度构建 …………………… 廖晋平　谢淑媛　李　薇 / 124

　　一　两种范式下的制度变迁理论 / 125

　　二　两种范式的比较与融合 / 127

　　三　国防知识产权制度变迁概况 / 132

　　四　当前制度环境分析 / 134

　　五　制度变迁理论视角下国防知识产权制度框架的构建 / 135

　　六　结论 / 138

城市群协同创新研究：基于长三角的协同创新实践

………………………………… 马　茹　王宏伟 / 141

　　一　引言 / 142

　　二　文献回顾与评述 / 142

　　三　城市群协同创新的概念模型 / 144

　　四　研究设计 / 146

　　五　实证结果分析 / 152

　　六　结论和启示 / 156

生态复杂性视角下能源系统演化模式和机制探讨

………………………………… 穆献中　李国昊 / 159

　　一　问题提出 / 159

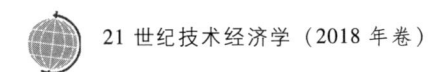

二　能源系统的生态复杂性原理 / 161

三　能源系统的演化机制分析 / 166

四　结论 / 170

城市能源代谢系统的协同演化研究 ………… 胡广文　穆献中 / 173

一　问题提出及文献回顾 / 174

二　模型及框架设计 / 175

三　北京市能源代谢系统协同演化的实证检验 / 180

四　基本结论与政策建议 / 183

信息技术硬件投入、软件投入与制造业微观绩效
………………………………………………… 李　涛　曹海东 / 187

一　研究背景 / 188

二　理论分析及待检验的假设 / 190

三　实证分析 / 192

四　结论 / 199

**高新技术企业研发人员的创新网络嵌入与创新
绩效关系研究** ……………………………………… 李永周 / 203

一　问题提出与研究述评 / 204

二　理论基础与研究假设 / 207

三　研究方法与数据分析 / 212

四　研究结论与展望 / 220

**产业集群网络中核心企业与非核心企业技术创新
博弈研究** ………………………… 王伟光　刘　苹　佟勃然 / 224

一　理论假设 / 225

二　博弈模型构建及推导 / 229

三　仿真分析 / 234

四　结论 / 243

目 录

军民专利权转移过程中信息传递障碍及对策研究 ………… 黄　达 / 249
    一　研究背景和相关文献综述 / 250
    二　打通军民专利权转移信息传递渠道是促进军民
        深度融合的关键 / 253
    三　军民专利权转移过程中信息传递存在的主要问题 / 254
    四　打通军民专利权转移信息传递渠道的政策建议 / 258
    五　基本结论与研究展望 / 261

进口能提高企业自主创新能力吗？
    ——基于企业微观数据与微观专利数据的经验证据
    ……………………………………… 李　兵　陈　婷　俞　峰 / 263
    一　引言 / 264
    二　理论框架与文献综述 / 265
    三　数据与描述性统计 / 269
    四　实证模型 / 273
    五　实证分析 / 275
    六　结论与讨论 / 280

日本科技创新能力构建的演变及其机制研究 ……… 刘兰剑　应海涛 / 285
    一　引言 / 286
    二　战后日本科技创新能力构建的演变 / 287
    三　战后日本科技创新能力构建的机制分析 / 303
    四　战后日本科技创新能力构建对我国的启示 / 311

高校主导型校企科研项目合作虚拟网络组织设计
    ……………………………………… 李存金　张茜茜　武玉青 / 317
    一　引言 / 318
    二　高校主导型校企科研项目合作组织系统构建
        应遵循的设计原理 / 319

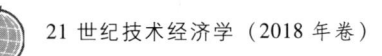

三　高校主导型校企科研项目合作组织系统
　　单元及责任分工设计 / 323

四　高校主导型校企科研项目合作组织系统结构设计 / 324

五　实际应用案例分析 / 326

六　结论 / 330

强化战略性新兴产业知识产权软实力的几点思考
································· 高山行　郝志阳 / 333

一　引言 / 333

二　我国知识产权软实力的基本现状 / 335

三　战略性新兴产业知识产权软实力的主要战略着力点及分析 / 337

四　重视知识产权软实力在快速发展的人工智能等领域的作用 / 343

五　结语 / 345

西部地区城镇化进程中农民工工作条件满意度：
影响因素及代际差异 ··················· 王华书　Nico Heerink / 347

一　问题的提出 / 348

二　数据及研究方法 / 349

三　西部地区城市农民工工作条件满意度及代际差异 / 352

四　研究结果分析 / 358

五　结论 / 367

知识产权提升企业核心竞争力的作用机制及定量测算
························· 李　平　王宏伟　陈星星 / 373

一　引言及文献综述 / 374

二　知识产权提升企业核心竞争力指标体系构建 / 377

三　知识产权提升企业核心竞争力数据分析 / 384

四　知识产权提升企业核心竞争力模型构建 / 395

五　模型分析及评价 / 398

六　结论及建议 / 405

知识图谱视角下中国技术经济研究动态分析

.... 吕岩威 刘 洋 李 平 / 409

一 引言 / 410

二 中国技术经济研究文献的统计分析 / 411

三 中国技术经济研究的主要内容及研究专题 / 419

四 中国技术经济研究专题的分布特征、研究热点与研究方向 / 427

五 中国技术经济研究趋势与展望 / 431

六 结语 / 434

开放式创新真的能提高企业的绩效吗

——基于生物制药上市企业年报数据的研究*

刘志迎 周章庆**

摘　要：开放式创新越来越成为企业创新的新模式，大量企业改变传统的封闭式创新，走上开放式创新之路，那么，开放式创新真的能提高企业的绩效吗？本文在现有文献基础上，根据中国实际情况，优化了创新开放度的衡量指标，对172个生物制药企业2013~2015年总共516份年报数据进行了开放度衡量，并实证探究了其开放度对企业绩效的影响。研究发现，不同的开放式创新策略在不同时间段会产生不同的影响：①内向开放式创新对企业短期（1~2年）绩效具有负向影响，较长时间（3年左右）后的影响会呈倒"U"形曲线关系；②外向开放式创新短期内对企业具有负向影响，较长时间后会有正向影响，且呈二次曲线递增关系。因此，企业应该维持一个适度的内向开放式创新水平，注重长期绩效的企业应该提高外向开放式创新程度。

关键词：创新技术　创新开放式　创新托宾Q值

---

* 国家自然科学基金面上项目"领导行为作用下技术二元创新与商业模式匹配机理研究"（项目编号：71472172）；教育部人文社会科学研究规划基金项目"开放式创新环境下多主体协同创新管理机制研究"（项目编号：14YJA630035）。
** 刘志迎，博士，中国科学技术大学管理学院教授、博士生导师，安徽人文社会科学重点研究基地工商管理创新研究中心主任，研究方向为创新管理、创新与互联网（众创、众筹、众包）、产业经济；周章庆，中国科学技术大学硕士研究生，研究方向为创新管理、创新与互联网。

一　引言

随着技术进步和管理理论发展，大量企业改变传统的封闭式创新，走上开放式创新之路。国外企业有宝洁的 C&D（Connect & Develop）、三星的开放源代码（Open Source）、英特尔吸收高校资源进行产学研的合作创新，国内有华为在全球建立的 36 个联合创新中心、海尔的开放创新平台（Haier Open Partnership Ecosystem）和小米的用户社区模式等，一方面这些企业依靠开放式创新解决了"能力"和"资源"不足的问题，提升创新绩效；另一方面，就像宝洁近年来过度依赖外部资源导致内部人才和技术经验匮乏一样，企业面临经济效益和创新能力的双重下滑。开放式创新真的能提高企业的绩效吗？这成为摆在学者和企业家面前的重要难题。

开放式创新是指企业有目的地进行知识的流入或流出，来增强企业创新能力和拓展创新成果的外部运用[1]。从研究文献来看，学术界关于开放式创新对企业绩效的影响还存在争论。大量学者研究了开放式创新对创新绩效和企业绩效的积极影响[2][3]；但不少研究者对此持怀疑态度，认为开放式创新与创新绩效呈现倒 U 形关系，并验证了这一观点[4][5][6]。Greco 等认为这些不同的结论很可能是由学者选择了不同的研究方法导致的[7]。提高开放式创新水平，一方面会使企业获得更多的外部创意、能力、知识、技术、无形资产等，促进创新项目的成功[7]；另一方面也由于与外部单位合作需要额外的成本才能从它们那里获得知识和技术，甚至付出关系维护成本[8]和众多关系，这导致企业管理关注分散[9]。这些观点一定程度上定性解释了开放式创新研究中的分歧，考虑到创新投入产出的"滞后性"效果，本文认为加入"时间"这一维度变量能让我们更好地理解开放式创新对绩效的复杂影响。

为了解决这个问题，首先，本文优化了 Michelino 等人提出的开放式创新衡量指标[10]，考虑到其指标选择局限性和中国 A 股企业所披露的年报数据可获得性，对指标体系进行了改进。其次，本文通过实证分析探究了开放式创新对企业绩效的影响，对前人的分歧进行探讨分析。一方面以往研究常对开放式创新策略有所偏重，如有的学者单独研究了内向开放式创新[4][11]，有的学者只研究了外向开放式创新[12]，但现实中有不少企业很可能同时采取两种开放式创新策略，本文对两种策略都进行充分的探讨；另一方面，前人研究开放式创新时忽略了时间上的"滞后性"，很可能是因为通过问卷调查的方式对开放式创新程度进行追踪较为困难，不利于时间序列上的分析，本文在引入开放式创新财务指标衡量后，考虑了时间序列并加以分析，本文的结论有助于厘清前人研究中的争议。

二 理论回顾和研究模型提出

企业进行开放式创新的现象由来已久，早在 Chesbrough 提出开放式创新的概念以前[1]，不少企业就开始和大学、科研机构或供应商合作来提高创新绩效[13]。研究者通常从知识基础观（Knowledge - based View）[14][15]和技术转移视角来理解开放式创新，认为外部知识和技术获取对企业的创新活动具有至关重要的影响[4][16][17][18]，大企业需要开放创新活动，如通过与其他组织合作，来赶上技术进步的步伐[19][20]。本文开放式创新（OI）的定义是：企业进行有目的性的"创新资源"流入或流出，来提高创新能力或者拓展创新成果的外部应用。"创新资源"既包括备受关注的知识[21]和技术[11]，还包括一些被学者忽略的资金、人力、许可权证、时间等。

前人根据其特征对开放式创新进行了一些分类。Laursen 和 Salter 通过知识流入渠道的数量和强度将开放式创新分为广度（Breadth）和深度（Depth），并给出问卷策略的方法[4]；Gassmann 和 Enkel 依据知识的流动方向将开放式创新分为内向开放式创新（Inbound OI）、外向开放式创新（Outbound OI）和耦合开放式创新（Coupled OI），分别表示外部知识的内部利用、内部知识的外部利用和合作伙伴双向知识流动[22]。后来，Hung 和 Chou 根据前人的研究开发测量开放式创新水平的 10 个题项量表[23]。Lazzarotti 和 Manzini 提出开放式创新流程阶段的数量和类型两个维度[24]。Parida 等则根据技术搜寻的特征将开放式创新分为水平技术合作（HTC）和垂直技术合作（VTC）[25]。总之，这些研究多从知识和技术的流动视角来看开放式创新现象，除此之外，Enkel 等也强调学者应该关注开放式创新中财务相关问题[26]。虽然此前也有学者关注了企业历年合作研发的投资额[27]，但对开放式创新整体流入流出的全局把握不够充分。针对这一问题，Michelino 等提出，除了内外向开放式创新的分类法外，还可以按交易类型把企业开放式创新活动分为经营交易活动和金融交易活动，前者包括与企业创新相关的经营活动，其交易标的未计入资产，如合作研发、研发外包、政府补助等活动，后者指无形资产交易活动，其特征是交易标的已经记入资产，如买卖专利、技术、许可权证、商标以及并购或分拆导致的无形资产附带转移[10]。这一指标给出了开放式创新四个维度的计算方法，较为全面地包括了开放式创新的主要形式以及其中的经济关系，但在实际处理中国年报时还存在不适用性。我国的会计准则与美国的 GAAP 和国际财务报告准则 IFRS 存在一些区别，我们根据这些相关的区别进行开放度指标的改进。

（1）许可权证核算。根据《国际会计准则第 38 号——无形资产》将许可证和特许权（Licence）列入无形资产。但 Michelino 等将许可权证的交易同时记入经营交易活动和金融交易活动，我们认为这样会导致重复计算，使开放度的计量不准确，一般企业都将许可权证计入无形资产，符合金融交易的特征，所以本文将其交易统一归为金融交易活动。

（2）内部研发形成无形资产问题。与 Michelino 等方法不同，本文在计算无形资产增加额时不将内部研发形成的无形资产计入，因为它是由内部研发确认为资产或申请专利和商标等活动形成的，不是从外部获取的，与开放式创新无关，我们认为将其剔除能够更加准确地衡量内向开放式创新程度。

（3）土地使用权核算。《国际会计准则第 16 号——不动产、厂场和设备》规定，企业获得的土地一般列入固定资产核算；而我国 2007 年实施的《企业会计准则第 6 号——无形资产》则规定，"企业取得的土地使用权通常应确认为无形资产"。我们处理无形资产增减以衡量创新开放度时将其中土地使用权扣除，这是由于国内外土地产权性质的不同，且土地使用权与创新的关联性不强，因此不能将其看作与创新相关的无形资产。

改进前后分类和各维度计算方法如图 1 和表 1 所示。

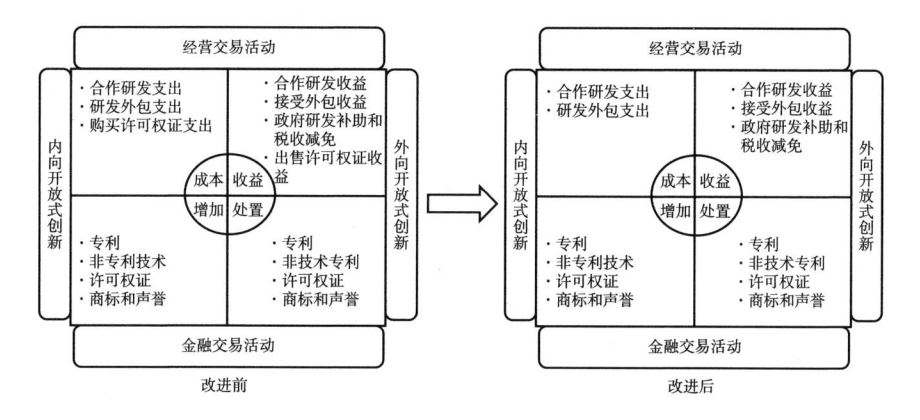

图 1　开放式创新四个维度改进前后

表 1　开放式创新四个维度的测量

维度	内向开放式创新	外向开放式创新
经营交易活动	Costs Ratio = 开放式创新成本 / 研发支出	Revenues Ratio = 开放式创新收益 / 总营业收入
金融交易活动	Additions Ratio = 开放式创新导致的无形资产增加 / 创新相关总无形资产	Disposals Ratio = 无形资产处置 / 创新相关总无形资产

根据上述维度，可以计算如下内容。

总开放式创新度：

$$Openness\ Ratio = \sqrt{\frac{Costs\ Ratio^2 + Revenues\ Ratio^2 + Additions\ Ratio^2 + Disposals\ Ratio^2}{4}}$$

内向开放式创新度：

$$Inbound\ OI\ Ratio = \sqrt{\frac{Costs\ Ratio^2 + Additions\ Ratio^2}{2}}$$

外向开放式创新度：

$$Outbound\ OI\ Ratio = \sqrt{\frac{Revenues\ Ratio^2 + Disposals\ Ratio^2}{2}}$$

此外关于开放式创新策略对企业绩效的影响也被大量地研究。一方面，外部技术搜寻对企业绩效有积极影响，在这样的创新方式下，企业合作伙伴能够参与到企业内部研发活动中来，最后增加企业的创新绩效[11]。

Lichtenthaler 发现外向开放式创新能够提高企业绩效，尤其是当市场的技术不确定性和竞争强度较高时，这种关系更加明显[12]。Chesbrough 和 Schwartz 认为与外部单位合作能够提高盈利能力、缩短进入市场的时间、提高创新能力、创造更加灵活的创新管理方式[28]。此外合作还能促进隐性和显性知识的相互交流[29]，减少技术市场不对称性[30]，降低技术活动的风险和成本[31]。这些观点的基本逻辑是，创新过程越开放就会获得越多的外部创意、能力、知识、技术以及与创新相关的无形资产，从而促进创新成功[2][3][32][33]。

另一方面，尽管许多研究表明开放式创新策略能够对企业创新绩效产生积极影响，但过度搜寻外部知识和过度追寻合作也会对企业产生负面影响[7]。企业资源通常是受限的，与外部机构的交流也会增加成本[34]，积极保持合作需要大量的维护成本[6][35]。Poot 等通过对 323 个比利时制造型企业研究发现，开放式创新对企业财务绩效没有直接的积极作用，反而会直接导致成本的增加[36]。另外从成本收益角度看，开放式创新在某种程度上对企业绩效的边际回报会递减，甚至出现负面的影响[6]，因此一些学者提出开放式创新和创新绩效的曲线关系（倒 U 形）[4][6][35]。Laursen 和 Salter 分析了外部知识获取的广度和深度对企业绩效的影响，也得出开放式创新对企业绩效呈倒 U 形关系的结论[4]。学者们对开放式创新对企业绩效影响的研究结果还存在争论，可能原因是产品的复杂性[37]、研发能力差别[4]和行业差别[38]。由于我国外观设计和实用新型专利的申请审查一般在 6 个月内，发明专利申请审查一般在 2 年内[39]，因此我们认为在研究开放式创新对绩效影响时应该考虑"滞后性"，选取三年左右时间进行分析来解释学者们的争论是一个重要的探索和尝试，图 2 是本文的研究模型。

三　数据与处理

（一）样本与数据

样本选自中国 A 股上市的生物制药企业。选择中国上市的生物医药企业作为样本，首先是因为该行业比其他行业更加重视创新研发活动，是开放式创新实践的先行者[16][40][41]；其次生物制药企业是高新技术八大行业之一[42]，符合"中国制造2025"和"产业升级"的政策性号召；最后生物医药行业是我国 A 股上市 3000 多家企业中为数不多的公司数量为 250 家以上的行业，比较符合一个实证分析所需要的样本数量。

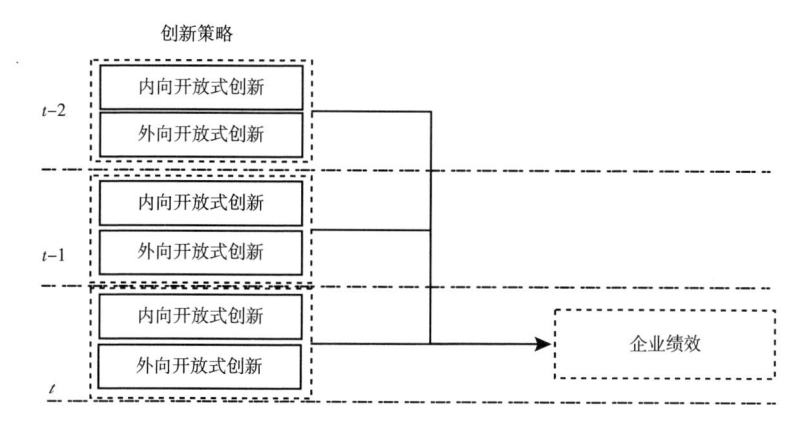

图 2　研究模型

我们首先通过新浪财经（http：//finance.sina.com.cn）的行业分类，确定生物制药企业 268 家；接着通过巨潮资讯网（http：//www.cninfo.com.cn）下载目标企业 2013～2015 年的年度报告，排除不合适的样本，总共剩下 172 个样本，516 份年报，占初始样本的 64.18%。样本被排除的原因有：①上市晚于 2013 年；②三年内公司行业变更；③新浪财经无法提供这三年的股价信息；④报表中研发信息或无形资产信息缺失或不明确。172 个样本中属于生物技术企业的有 44 家，占 25.58%，属于制药企业的有 128 家，占 74.42%。

（二）变量测量

（1）自变量：内向开放式创新度（InR）、外向开放式创新度（OuR）。我们根据 Michelino 等改进的指标计算每一年 InR 和 OuR 的大小，InR_t 和 OuR_t 分别表示 t 年的内向开放式创新度和外向开放式创新度。计算中"合作研发"和"研发外包"的支出和收益通过搜索年报中相关的同类型词语获得，并解读合同信息确认其具体金额大小，"合作研发"的代替词有"合作开发、联合研发、联合开发"等；"研发外包"的代替词有"委托研发、委托开发"等；其他数据（如研发支出、无形资产情况）在年报中有详细的会计分录。

（2）因变量：托宾 Q 值（Tobin's Q）。托宾 Q 值作为衡量企业绩效的变量，是指企业价值与重置资本的比值，反映市场对公司长期获利能力的前瞻性价值测量[43][44]，相比盈利能力指标（如收入、利润率、ROA），托宾 Q 值包含了对当前企业各方面资源的未来价值的估算[45]，比较具有客观性[46]，能够进行跨企业、跨行业比较。我们用 Chung 和 Pruitt 使用的方法计算托宾 Q 值[43]：

$$Tobin's\ Q = \frac{普通股价值 + 优先股价值 + 负债账面价值}{总资产}$$

（3）控制变量：企业年龄（Age）、企业规模（Size）。企业年龄用企业成立年份距离 2015 年的时间表示；而企业规模用企业三年平均收入的对数值来衡量。

（三）描述性统计

表 2 是生物制药行业 2013～2015 年主要数据描述，可以发现整体行业开放度提高，尤其是内向开放式创新度逐年稳步上升，说明企业越来越注重从外部吸收知识和技术等创新资源。172 个企业中创新开放度最高的是 ST 生化，为 50.00%，最低的是江中药业，为 0.05%，文末提供所有企业开放式创新度排序（详见附表）。

表 2　主要变量数据（N = 172）

单位：%

年份	总开放式创新度	InR	OuR	息税前利润率	Tobin's Q
2013	9.62	12.46	2.29	18.34	3.61
2014	10.31	13.54	1.82	16.76	3.60
2015	10.19	13.64	1.58	17.52	4.80

（四）相关性分析

本文对相关变量进行相关性分析，结果如表3所示。可以看出，第三年的企业绩效（$Tobin's\ Q_3$）受到前两年开放式创新策略的影响，初步体现"滞后性"这一规律，但也发现线性关系不是很明显，猜测可能开放式创新和绩效存在曲线关系，而具体关系还需要进一步做回归分析才能验证。

表3　Pearson 相关性矩阵（N=172）

变量	Age	Size	InR_1	OuR_1	InR_2	OuR_2	InR_3	OuR_3	$Tobin's\ Q_3$
Age	1	—	—	—	—	—	—	—	—
Size	0.213***	1	—	—	—	—	—	—	—
InR_1	−0.097	−0.084	1	—	—	—	—	—	—
OuR_1	0.046	−0.157**	0.167**	1	—	—	—	—	—
InR_2	−0.245***	−0.098	0.070	−0.021	1	—	—	—	—
OuR_2	0.029	−0.169**	0.007	0.286***	0.015	1	—	—	—
InR_3	−0.187**	−0.113	−0.023	0.040	0.256***	0.015	1	—	—
OuR_3	0.156**	0.097	0.002	−0.007	0.049	0.000	−0.039	1	—
$Tobin's\ Q_3$	−0.035	−0.517***	0.140*	0.130*	0.050	0.192**	−0.053	−0.062	1

注：$*p<0.1$，$**p<0.05$，$***p<0.01$，下同。

（五）模型

本文通过一个三年期的分析模型，考虑开放式创新对绩效的曲线关系，将自变量取了二次方项，模型如下：

$$Tobin's\ Q_3 = a + b \times Age + c \times Size + d \times InR_1 + e \times OuR_1 + f \times InR_2 + g \times OuR_2 + h \times InR_3 + i \times OuR_3 + j \times Tobin's\ Q_2 + k \times InR_1^2 + l \times OuR_1^2 + m \times InR_2^2 + n \times OuR_2^2 + o \times InR_3^2 + p \times OuR_3^2 + \varepsilon$$

四 分析与结果

(一) 回归结果分析

分层回归 (Hierarchical OLS Regression) 结果如表4所示。模型1不含对自变量二次项的分析，结果显示，第三年内向开放式创新度 (InR_3) 和第二年外向开放式创新度 (OuR_2) 都对第三年绩效有负向影响 ($\beta = -0.088, p < 0.05; \beta = -0.134, p < 0.01$)，调整 R^2 为 0.729，说明模型拟合度很好。模型2~4分别加入第一年、第二年和第三年开放式创新的二次项，调整 R^2 相比模型1都提高了，说明加入二次项后模型拟合度变好，回归结果也表明曲线关系的存在。最后，我们将所有变量及二次项放入，得到模型5，调整 R^2 值相比模型1从 0.729 提升到 0.745，说明模型5的解释力度最好；同时相关的回归结果表明 InR_1 对 Tobin's Q_3 呈倒U形关系 (二次项系数 $\beta = -0.257, p < 0.05$，一次项系数 $\beta = 0.249, p < 0.01$)；OuR_1 对第三年绩效有正向影响，且呈二次递增关系 (二次项系数 $\beta = 0.246, p < 0.05$，一次项系数不显著)；OuR_2 对 Tobin's Q_3 有负向影响，且呈二次递减关系 (二次项系数 $\beta = -0.270, p < 0.05$，一次项系数不显著)；InR_3 对该年企业绩效有负向影响 (二次项系数不显著，一次项系数 $\beta = -0.287, p < 0.05$)。

表4 Tobin's Q_3 的回归分析结果

指标	模型1	模型2	模型3	模型4	模型5
Age	0.065	0.062	0.063	0.058	0.053
Size	-0.222***	-0.251***	-0.203***	-0.210***	-0.222***
InR_1	0.025	0.267**	0.016	0.031	0.249***
OuR_1	-0.011	-0.245**	0.006	-0.003	-0.212
InR_2	0.025	0.015	-0.019	0.025	0.016
OuR_2	-0.134***	-0.107**	0.132	-0.125***	0.151
InR_3	-0.088**	-0.088**	-0.081*	-0.285***	-0.287***
OuR_3	0.004	0.006	-0.003	0.014	-0.007

续表

指标	模型 1	模型 2	模型 3	模型 4	模型 5
$Tobin's\ Q_2$	0.786 ***	0.786 ***	0.795 ***	0.786 ***	0.793 ***
InR_1^2	—	-0.272 **	—	—	-0.257 **
OuR_1^2	—	0.256 **	—	—	0.246 **
InR_2^2	—	—	0.041	—	-0.006
OuR_2^2	—	—	-0.287 **	—	-0.270 **
InR_3^2	—	—	—	0.207	0.215
OuR_3^2	—	—	—	-0.006	0.010
调整 R^2	0.729	0.739	0.735	0.730	0.745
F	52.18 ***	44.96 ***	44.17 ***	43.03 ***	34.22 ***

综合上述回归结果，第三年内向开放式创新度（InR_3）对企业绩效具有负向影响，如图3所示。第一年内向开放式创新度（InR_1）与企业绩效呈现倒U形关系，如图4所示，此时通过求导，可知当 $InR_1 = \dfrac{0.249}{2 \times 0.257} \times 100\% = 48.44\%$ 时，企业长期绩效理论上较优，首先，这说明企业应当注重内向开放式创新与封闭式创新平衡，将内向开放式创新度维持在一个合适的水平，作为内部创新的一个补充而非替代[47]；其次，第二年外向开放式创新度（OuR_2）对企业绩效有负向影响，如图5所示，呈二次递减关系；第一年外向开放式创新度（OuR_1）能提高企业绩效，如图6所示，呈二次递增关系。

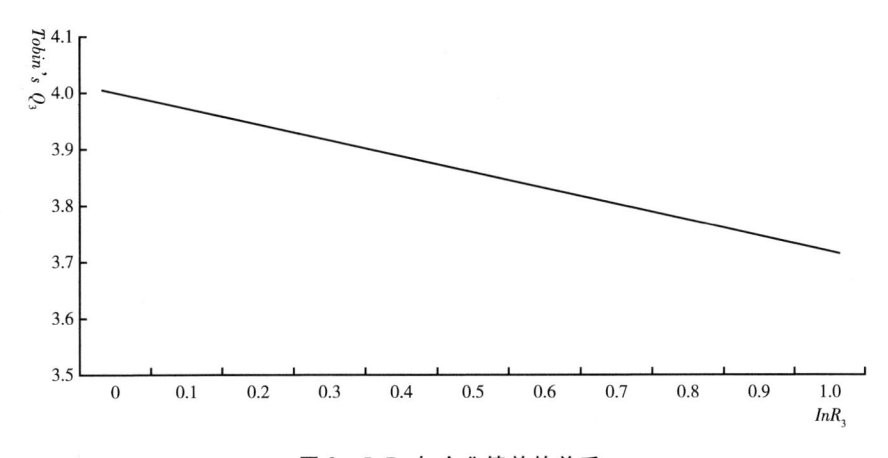

图3 InR_3 与企业绩效的关系

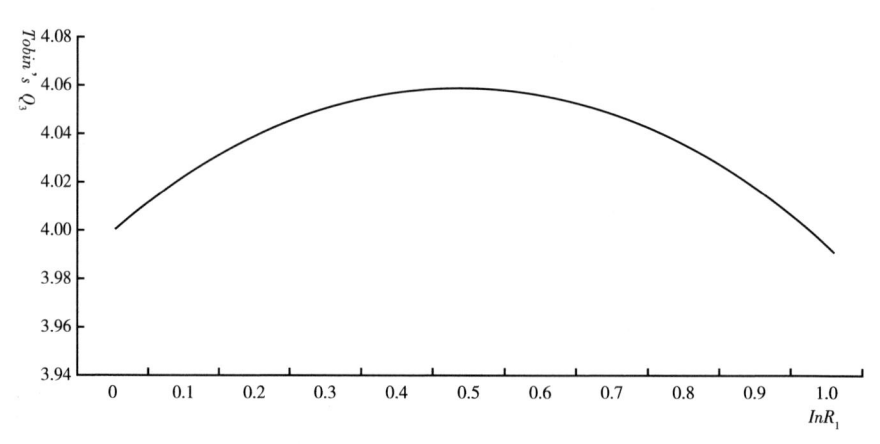

图 4 InR_1 与企业绩效的关系

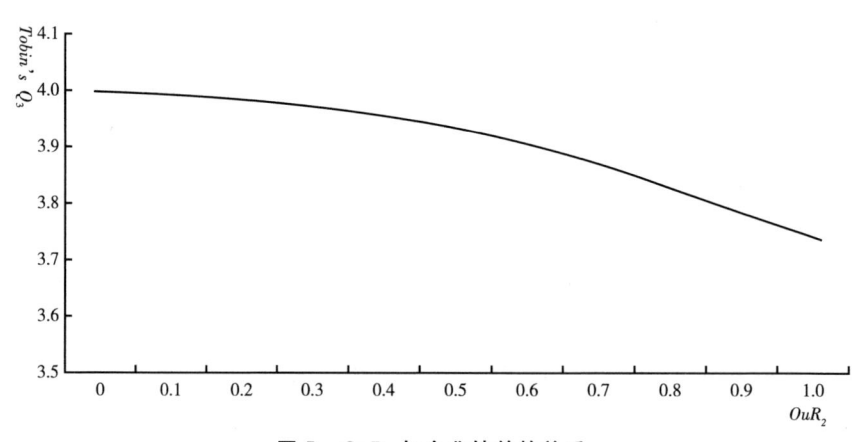

图 5 OuR_2 与企业绩效的关系

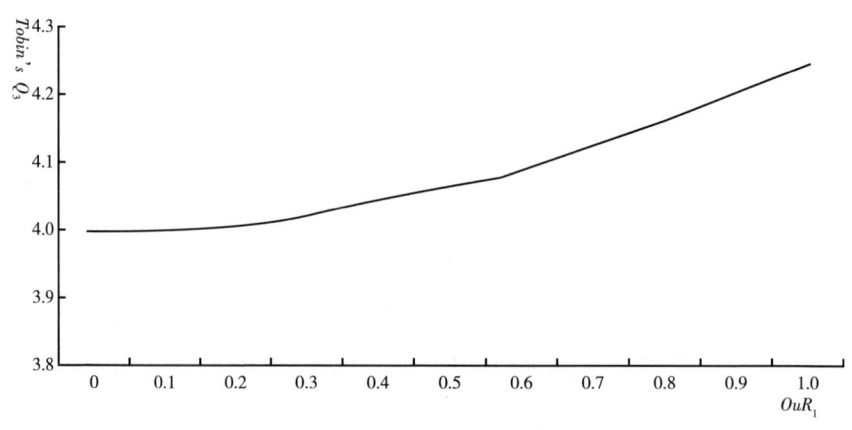

图 6 OuR_1 与企业绩效的关系

（二）鲁棒性检验和共线性分析

我们采取两种方法进行鲁棒性检验。首先，我们随机剔除一些数据后，得到的变量的相关性没有显著变化，还是支持我们在表4中的分析结果；其次，我们将企业绩效替换成息税前利润率（EBIT率），主要变量回归结果如表5所示，开放式创新较短时间内呈负向影响，较长时期后正向影响，与表4的结果大致相符，但二次项关系不明显，主要原因可能是EBIT率相比托宾Q值，描述的是企业短期盈利能力，替代效果不好。由于表3的自变量和因变量的Pearson相关系数都小于0.7，且表4模型1中变量的VIF最大为1.42，所以本文变量之间不存在共线性问题。

表5　EBIT率的回归分析

指标	InR_1	OuR_1	InR_2	OuR_2	InR_3	OuR_3
模型6	0.082**	0.126*	0.154**	-0.137*	-0.033*	-0.017*

五　结论和讨论

（一）结论

我们通过新的指标测量了开放式创新度，并通过二手数据实证分析了内外向开放式创新策略对企业绩效的影响。尽管学者们对开放式创新带来的影响存在争议，但这不是一个"非黑即白，非此即彼"的问题，前人的不同结论正是从不同视角和静态研究得出来的，而本文借助一个时间维度，探究了开放式创新策略对绩效影响的"滞后性"和"非线性"，为我们理解这些分歧提供了一个有价值的思路。

本文研究了开放式创新对企业绩效产生影响的多种具体情形，从而回答了前人研究结论存在分歧的原因。随着时间变化和开放式创新度变化，不同学者在研究中得出不同结果，如图 7 所示，我们用内外向和长短期划分四个象限来描述本文结论。

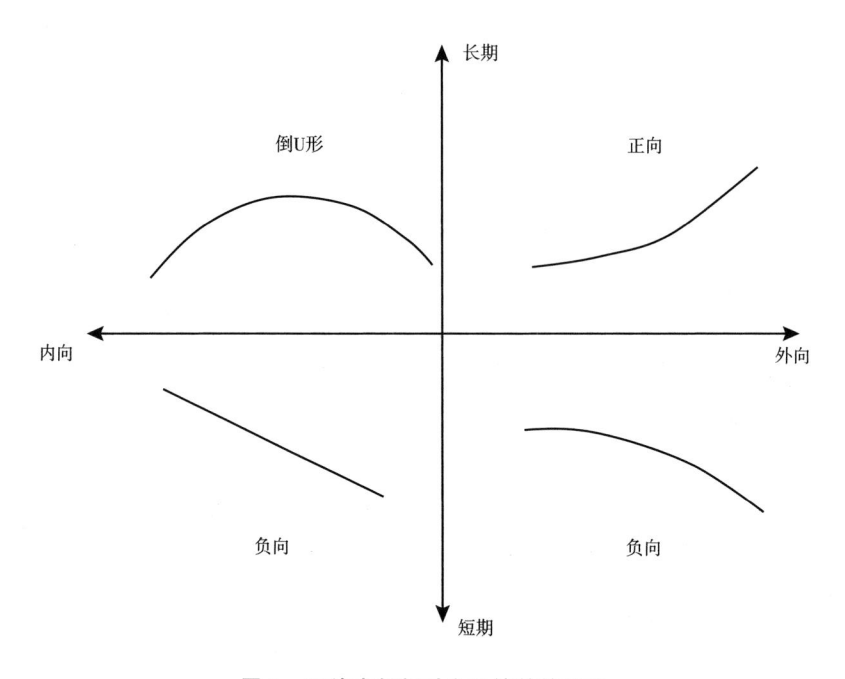

图 7　开放式创新对企业绩效的影响

结论表明，首先，内向开放式创新长期来看与企业绩效呈倒 U 形曲线关系，这与 Laursen 和 Salter、Lin、Greco 等的结论大致相符[4][6][7]。这说明企业应当维持合理的内向开放式创新水平，才能实现长期绩效的最大化。过去学者认为内向开放式创新一方面促进知识和技术交流[29]，降低创新风险[31]，缩短进入市场的时间和提高创新能力[28]；另一方面也会增加与合作者的关系维护成本[6][35]，导致企业管理关注点分散[9]，同时我们也认为过度依赖外部资源会导致企业人才储备和经验积累不足，从而对企业绩效产生不利影响。其次，企业外向开放式创新短期内对绩效有一定程度的负向作用，但长期来看，外向开放式创新的水平越高越好。现有文献对这一课题的研究较少，Lichtenthaler 认为外向开放式创新能提高企业的绩效[12]，但我们发现这一结论短期内不能成立，只有一定时间后这种效果才显示出来，并随着外向开放度提高，效果越来越明显。我们认为出售专利和知识产权是企业创新实现商业化的重要手段，这种外向流出创新资源的方式，短期内需要付出时间和财务成本以寻找合作伙伴，长期内会获得良好的回报，尤其是专利授权，企业将获得边际成本几乎为零的高额回报。

同时我们也发现有些开放式创新策略对绩效影响不显著，如模型5中InR_2和OuR_3，可能原因是InR_2和OuR_3对企业绩效的"滞后性"效果还需要等一年才能显现出来。

本文创新点主要有三点。其一，我们适当改进了Michelino等的开放式创新财务指标评价方法[10]，并将其运用于实证研究。其二，引入时间维度，考虑创新绩效的"滞后性"，为厘清学者们关于开放式创新对绩效影响的分歧提供一种思路和有意义的补充。其三，我们将内向开放式创新和外向开放式创新纳入同一研究系统，避免有所偏重的现象，对开放式创新全局的把握更加全面。本文为丰富开放式创新理论研究做出一定贡献，同时这种衡量创新开放度的方法有利于企业管理者在实践中通过监督数据进行创新管理，以实现开放与封闭的平衡，具有重要的管理实践意义。通过本文的结论，企业家还能根据企业目标对开放度进行调控，如注重长期绩效，就加大外向开放式创新投入和保持一个合理的内向开放式创新水平；而注重短期绩效，就减少开放式创新投入。

（二）局限和研究展望

我们意识到本文研究方法和研究结论还存在一定的局限性，这也是未来研究的方向所在。首先，从开放式创新的定义上来讲，企业创新的外部来源还有很多，如用户[48]、顾客、股东等，渠道还有互联网平台，而这些资源的流入难以用金钱衡量，所以严格来讲完全用财务指标代表开放式创新度并非精确。其次，在实际数据收集过程中，内向开放式创新的合作研发数据比较不完整，也会一定程度上降低衡量指标的准确性。事实上，我们通过研究大量年报，发现整体上年报数据披露越来越具体，我们期望未来公司年报能针对研发支出、合作研发、外包等项目进行更加全面的公示，以便管理者和股东能对企业创新管理有更翔实的了解，也促进学术界对创新管理方面进行研究。

参考文献

[1] Chesbrough H. W., Open Innovation: The New Imperative for Creating and Profiting from Technology, 2003.

[2] Schroll A., Mild A., "A Critical Review of Empirical Research on Open Innovation Adoption," *Journal für Betriebswirtschaft*, 2012, 62 (2): 85-118.

[3] West J., Bogers M., "Leveraging External Sources of Innovation: A Review of Research on Open Innovation," *Journal of Product Innovation Management*, 2014, 31 (4): 814-831.

[4] Laursen K., Salter A., "Open for Innovation: The Role of Openness in Explaining Innovation Performance among UK Manufacturing Firms," *Strategic Management Journal*, 2006, 27 (2): 131-150.

[5] Duysters G., Lokshin B., "Determinants of Alliance Portfolio Complexity and Its Effect on Innovative Performance of Companies," *Journal of Product Innovation Management*, 2011, 28 (4): 570-585.

[6] Lin J. Y., "Effects on Diversity of R&D Sources and Human Capital on Industrial Performance," *Technological Forecasting & Social Change*, 2014, 85: 168-184.

[7] Greco M., Grimaldi M., Cricelli L., "An Analysis of the Open Innovation Effect on Firm Performance," *European Management Journal*, 2016, 34 (5): 501-516.

[8] Faems D., De Visser M., Andries P., et al., "Technology Alliance Portfolios and Financial Performance: Value-enhancing and Cost-increasing Effects of Open Innovation," *Journal of Product Innovation Management*, 2010, 27 (6): 785-796.

[9] Dahlander L., Gann D. M., "How Open Is innovation?" *Research Policy*, 2010, 39 (6): 699-709.

[10] Michelino F., Lamberti E., Cammarano A., et al., "Measuring Open Innovation in the Bio-Pharmaceutical Industry," *Creativity and Innovation Management*, 2015, 24 (1): 4-28.

[11] Wang C. H., Chang C. H., Shen G. C., "The Effect of Inbound Open Innovation on Firm Performance: Evidence from High-tech Industry," *Technological Forecasting & Social Change*, 2015, 99 (11): 222-230.

[12] Lichtenthaler U., "Outbound Open Innovation and Its Effect on Firm Performance: Examining Environmental Influences," *R&D Management*, 2009, 39 (4): 317-330.

[13] West J., Salter A., Vanhaverbeke W., et al., "Open Innovation: The Next

Decade," *Research Policy*, 2014, 43 (5): 805-811.

[14] Grant R. M., "Toward a Knowledge-based Theory of the Firm," *Strategic Management Journal*, 1996, 17 (S2): 109-122.

[15] Grant R. M., Baden-Fuller C., "A Knowledge Accessing Theory of Strategic Alliances," *Journal of Management Studies*, 2004, 41 (1): 61-84.

[16] Chesbrough H., Crowther A. K., "Beyond High-tech: Early Adopters of Open Innovation in Other Industries," *R&D Management*, 2006, 36 (3): 229-236.

[17] Laursen K., Moreira S., Markus A., Knowledge Diversity, Transfer and Coordination: The Effect of IntrafirmInventor Networks on the Speed of External Knowledge Recombination, The 36th DRUID Celebration Conference 2015, Rome, Italy, 2015.

[18] Van de Vrande V., De Jong J. P. J., Vanhaverbeke W., et al., "Open Innovation in SMEs: Trends, Motives and Management Challenges," *Technovation*, 2009, 29 (6): 423-437.

[19] Brusoni S., Prencipe A., Pavitt K., "Knowledge Specialization, Organizational Coupling, and the Boundaries of the Firm: Why Do Firms Know More Than They Make?" *Administrative Science Quarterly*, 2001, 46 (4): 597-621.

[20] Chen J., Chen Y., Vanhaverbeke W., "The Influence of Scope, Depth, and Orientation of External Technology Sources on the Innovative Performance of Chinese Firms," *Technovation*, 2011, 31 (8): 362-373.

[21] Chesbrough H., Vanhaverbeke W., West J., *Open Innovation: Researching a New Paradigm* (Demand: Oxford University Press, 2006).

[22] Gassmann O., Enkel E., Towards a Theory of Open Innovation: Three Core Process Archetypes, R&D Management Conference Sessimbra, 2004: 8-9.

[23] Hung K. P., Chou C., "The Impact of Open Innovation on Firm Performance: The Moderating Effects of Internal R&D and Environmental Turbulence," *Technovation*, 2013, 33 (10): 368-380.

[24] Lazzarotti V., Manzini R., "Different Modes of Open Innovation: A Theoretical Framework and an Empirical Study," *International Journal of Innovation Management*, 2009, 13 (4): 615-636.

[25] Parida V., Westerberg M., Frishammar J., "Inbound Open Innovation Activities in High-tech SMEs: The Impact on Innovation Performance," *Journal of Small Business Management*, 2012, 50 (2): 283-309.

[26] Enkel E., Gassmann O., Chesbrough H., "Open R&D and Open Innovation: Exploring the Phenomenon," *R&D Management*, 2009, 39 (4): 311-316.

[27] Al-Ashaab A., Flores M., Doultsinou A., et al., "A Balanced Scorecard for Measuring the Impact of Industry-university Collaboration," *Production Planning &*

[28] Chesbrough H., Schwartz K., "Innovating Business Models with Co-development Partnerships," *Research – Technology Management*, 2007, 50 (1): 55–59.

[29] Faems D., Janssens M., Van Looy B., "The Initiation and Evolution of Interfirm Knowledge Transfer in R&D Relationships," *Organization Studies*, 2007, 28 (11): 1699–1728.

[30] De Massis A., Frattini F., Lichtenthaler U., "Research on Technological Innovation in Family Firms: Present Debates and Future Directions," *Family Business Review*, 2013, 26 (1): 10–31.

[31] Belderbos R., Faems D., Leten B., et al., "Technological Activities and Their Impact on the Financial Performance of the Firm: Exploitation and Exploration within and between Firms," *Journal of Product Innovation Management*, 2010, 27 (6): 869–882.

[32] Chiang Y. H., Hung K. P., "Exploring Open Search Strategies and Perceived Innovation Performance from the Perspective of Inter-organizational Knowledge Flows," *R&D Management*, 2010, 40 (3): 292–299.

[33] Leiponen A., "The Benefits of R&D and Breadth in Innovation Strategies: A Comparison of Finnish Service and Manufacturing Firms," *Industrial & Corporate Change*, 2012, 21 (5): 1255–1281.

[34] Koput K. W., "A Chaotic Model of Innovative Search: Some Answers, Many Questions," *Organization Science*, 1997, 8 (5): 528–542.

[35] Duysters G., Lokshin B., "Determinants of Alliance Portfolio Complexity and Its Effect on Innovative Performance of Companies," *Journal of Product Innovation Management*, 2011, 28 (4): 570–585.

[36] Poot T., Faems D., Vanhaverbeke W. I. M., "Toward a Dynamic Perspective on Open Innovation: A Longitudinal Assessment of the Adoption of Internal and External Innovation Strategies in the Netherlands," *International Journal of Innovation Management*, 2009, 13 (2): 177–200.

[37] Almirall E., Casadesus-Masanell R., "Open versus Closed Innovation: A Model of Discovery and Divergence," *Academy of Management Review*, 2010, 35 (1): 27–47.

[38] Grimpe C., Sofka W., "Search Patterns and Absorptive Capacity: Low- and High-technology Sectors in European Countries," *Research Policy*, 2009, 38 (3): 495–506.

[39] 陈锦其、徐明华:《专利制度超前背景下的企业专利行为研究》,《科学学与科学技术管理》2013年第5期。

[40] Cooke P., "Regionally Asymmetric Knowledge Capabilities and Open Innovation: Exploring 'Globalisation 2': A New Model of Industry Organisation," *Research Policy*,

2005, 34 (8)：1128 - 1149.

[41] Fetterhoff T. J., Voelkel D., "Managing Open Innovation in Biotechnology," *Research Technology Management*, 2006, 49 (3)：14 - 18.

[42]《高新技术企业认定管理办法》，科技部、财政部、国家税务总局，2008。

[43] Chung K. H., Pruitt S. W., "A Simple Approximation of Tobin's Q," *Financial Management*, 1994, 23 (23)：70 - 74.

[44] Lee R. P., Kim D., "Implications of Service Processes Outsourcing on Firm Value," *Industrial Marketing Management*, 2010, 39 (5)：853 - 861.

[45] Belderbos R., Faems D., Leten B., et al., "Technological Activities and Their Impact on the Financial Performance of the Firm：Exploitation and Exploration within and between Firms," *Journal of Product Innovation Management*, 2010, 27 (6)：869 - 882.

[46] Rubera G., Kirca A. H., "Firm Innovativeness and Its Performance Outcomes：A Meta - analytic Review and Theoretical Integration," *Journal of Marketing*, 2012, 76 (3)：130 - 147.

[47] Lichtenthaler U., "Open Innovation in Practice：An Analysis of Strategic Approaches to Technology Transactions," *IEEE Transactions on Engineering Management*, 2008, 55 (1)：148 - 157.

[48] 刘志迎、陈青祥、徐毅：《众创的概念模型及其理论解析》，《科学学与科学技术管理》2015 年第 2 期，第 52 ~ 61 页。

附表　2015 年 A 股上市生物制药企业创新开放度排序

排序	企业名称	创新开放度(%)	InR	OuR	排序	企业名称	创新开放度(%)	InR	OuR
1	ST 生化	50.00	70.71	0.49	10	安科生物	42.90	60.67	0.90
2	翰宇药业	49.99	70.70	0.68	11	金城医药	39.32	55.60	0.61
3	奥瑞德	49.68	70.24	1.15	12	三诺生物	38.47	54.34	2.72
4	金达威	49.39	69.84	0.40	13	凯利泰	38.02	53.77	0.66
5	佛慈制药	47.49	67.15	1.10	14	京新药业	36.93	52.22	0.60
6	海普瑞	46.92	66.33	1.40	15	九芝堂	36.34	51.39	0.75
7	华邦健康	45.85	64.84	0.37	16	福安药业	36.31	51.35	0.41
8	济川药业	45.43	64.25	0.81	17	亿帆医药	32.99	46.61	1.82
9	亚太药业	43.29	61.21	0.54	18	理邦仪器	31.86	44.93	3.37

续表

排序	企业名称	创新开放度(%)	InR	OuR	排序	企业名称	创新开放度(%)	InR	OuR
19	众生药业	30.41	43.00	0.47	54	东北制药	11.05	15.44	2.44
20	红日药业	29.52	41.74	0.98	55	迪安诊断	10.93	15.44	0.77
21	海王生物	27.10	10.33	36.91	56	东富龙	10.88	15.34	1.06
22	广誉远	26.31	37.20	0.23	57	智慧能源	10.76	8.99	12.29
23	九州通	23.92	33.82	0.15	58	北大医药	10.75	15.20	0.27
24	复星医疗	23.71	33.08	5.52	59	双成药业	10.56	14.85	1.57
25	和佳股份	22.94	32.30	2.96	60	亚宝药业	10.15	13.73	4.19
26	太极集团	21.74	30.73	1.02	61	诚志股份	10.03	14.18	0.52
27	科华生物	21.74	30.74	0.65	62	上海莱士	9.92	14.00	0.85
28	同仁堂	21.19	29.97	0.11	63	通化金马	9.71	13.72	0.22
29	博雅生物	19.12	27.03	0.91	64	普洛药业	9.50	13.19	2.55
30	永安药业	18.16	25.66	0.95	65	生物股份	9.26	13.10	0.21
31	华海药业	17.84	25.22	0.78	66	新华医疗	8.54	12.06	0.62
32	泰格医药	17.66	24.94	1.39	67	华仁药业	8.36	11.80	0.58
33	康缘药业	17.32	24.49	0.37	68	海正药业	8.00	11.19	1.73
34	东阿阿胶	16.97	11.33	21.15	69	上海医药	7.84	11.09	0.22
35	千山药机	16.92	23.56	4.21	70	广济药业	6.80	8.93	3.57
36	未名医药	16.88	23.87	0.54	71	金陵药业	6.76	9.56	0.18
37	康恩贝	16.87	23.84	0.84	72	哈药股份	6.64	3.08	8.87
38	以岭药业	16.46	23.27	0.34	73	康美药业	6.62	9.36	0.13
39	景峰医药	15.67	22.15	0.60	74	仟源医药	6.36	8.99	0.19
40	阳普医疗	15.25	21.28	3.46	75	泰合健康	5.84	8.25	0.40
41	钱江生化	15.12	0.00	21.38	76	昆药集团	5.73	8.08	0.64
42	九安医疗	15.05	21.28	0.06	77	蓝光发展	5.30	7.29	1.75
43	联环药业	14.99	21.19	0.24	78	现代制药	5.28	7.41	0.91
44	誉衡药业	14.17	19.97	1.60	79	丽珠集团	5.07	7.02	1.47
45	精华制药	14.16	20.03	0.37	80	香雪制药	5.00	6.89	1.58
46	华东医药	13.63	19.28	0.15	81	人福医药	4.82	6.78	0.67
47	瑞普生物	13.25	18.67	1.56	82	英特集团	4.76	6.72	0.06
48	中牧股份	13.00	18.38	0.12	83	尔康制药	4.70	6.63	0.44
49	信邦制药	12.92	18.25	0.77	84	冠昊生物	4.68	5.30	3.96
50	汤臣倍健	12.82	18.11	0.92	85	宝莱特	4.55	6.22	1.65
51	紫鑫药业	12.29	16.93	3.92	86	天药股份	4.48	6.34	0.16
52	爱尔眼科	11.65	16.48	0.04	87	片仔癀	4.42	6.24	0.32
53	益盛药业	11.63	16.43	0.65	88	千红制药	4.03	5.69	0.42

续表

排序	企业名称	创新开放度(%)	InR	OuR	排序	企业名称	创新开放度(%)	InR	OuR
89	健康元	3.91	5.42	1.12	124	交大昂立	1.06	1.44	0.38
90	天康生物	3.90	2.66	4.83	125	长春高新	1.04	1.00	1.08
91	奇正藏药	3.69	4.75	2.15	126	鲁抗医药	1.03	1.45	0.19
92	振东制药	3.57	4.97	0.84	127	华兰生物	0.94	0.00	1.33
93	海翔药业	3.51	4.95	0.31	128	通化东宝	0.94	1.32	0.17
94	天士力	3.41	2.32	4.22	129	金花股份	0.88	1.09	0.61
95	莱茵生物	3.24	4.45	1.10	130	新华制药	0.86	1.11	0.51
96	金浦钛业	3.0	0.00	4.35	131	利德曼	0.86	0.55	1.09
97	马应龙	2.98	4.19	0.46	132	千金药业	0.82	1.07	0.44
98	福瑞股份	2.90	0.30	4.09	133	科伦药业	0.76	0.30	1.03
99	华润三九	2.90	4.05	0.62	134	北陆药业	0.75	0.78	0.72
100	国发股份	2.56	3.61	0.29	135	沃华医药	0.72	0.62	0.81
101	佐力药业	2.52	2.08	2.90	136	智飞生物	0.70	0.41	0.99
102	鱼跃医疗	2.4	3.36	0.95	137	升华拜克	0.68	0.41	0.95
103	万东医疗	2.38	0.35	3.34	138	常山药业	0.66	0.00	0.93
104	启迪古汉	2.37	3.33	0.33	139	双鹭药业	0.64	0.20	0.88
105	中恒集团	2.33	0.74	3.21	140	信立泰	0.61	0.81	0.28
106	戴维医疗	2.27	3.16	0.58	141	山大华特	0.60	0.41	0.75
107	中新药业	2.23	3.15	0.15	142	国药一致	0.60	0.84	0.09
108	海虹控股	2.09	0.06	2.95	143	华北制药	0.58	0.48	0.66
109	贵州百灵	1.99	2.79	0.32	144	康芝药业	0.57	0.18	0.79
110	*ST 星湖	1.85	0.00	2.61	145	益佰制药	0.54	0.00	0.76
111	达安基因	1.80	0.75	2.43	146	中珠医疗	0.52	0.35	0.65
112	江苏吴中	1.78	0.76	2.40	147	海南海药	0.49	0.00	0.69
113	中国医药	1.75	2.47	0.06	148	尚荣医疗	0.47	0.64	0.19
114	桂林三金	1.56	1.95	1.04	149	仁和药业	0.46	0.61	0.25
115	仙琚制药	1.56	2.13	0.57	150	亿利洁能	0.46	0.00	0.64
116	国药股份	1.31	1.85	0.16	151	莱美药业	0.45	0.47	0.42
117	辅仁药业	1.31	1.34	1.27	152	海思科	0.43	0.16	0.58
118	东宝生物	1.30	1.60	0.92	153	四环生物	0.43	0.00	0.60
119	新和成	1.28	1.74	0.49	154	长生生物	0.39	0.33	0.45
120	天坛生物	1.20	1.34	1.05	155	海欣股份	0.37	0.12	0.52
121	恒康医疗	1.18	1.45	0.81	156	嘉应制药	0.37	0.07	0.52
122	浙江震元	1.13	1.53	0.43	157	力生制药	0.37	0.50	0.13
123	白云山	1.11	1.07	1.15	158	汉森制药	0.34	0.32	0.35

续表

排序	企业名称	创新开放度(%)	InR	OuR	排序	企业名称	创新开放度(%)	InR	OuR
159	天茂集团	0.34	0.00	0.47	166	云南白药	0.17	0.08	0.23
160	舒泰神	0.27	0.28	0.25	167	恒瑞医药	0.15	0.00	0.21
161	羚锐制药	0.26	0.00	0.36	168	恩华药业	0.14	0.09	0.17
162	神奇制药	0.25	0.28	0.22	169	太安堂	0.11	0.00	0.15
163	浙江医药	0.24	0.00	0.33	170	雅本化学	0.10	0.00	0.14
164	上海凯宝	0.20	0.00	0.28	171	太龙药业	0.10	0.00	0.13
165	健民集团	0.18	0.00	0.25	172	江中药业	0.05	0.00	0.07

新产品开发团队跨界行为对创新绩效的影响
——团队创新效能感的中介作用

孙卫 李兵 李明*

摘 要：本文以新产品开发团队为研究对象，基于社会认知理论，构建了团队跨界行为、团队创新效能感和创新绩效的概念模型。实证研究表明，新产品开发团队开展团队跨界活动有助于提升团队的创新绩效，团队创新效能感是团队跨界行为和创新绩效之间的重要中介路径，变革型领导能够增强使节行为和侦测行为对团队创新效能感的影响。

关键词：新产品开发团队 团队跨界行为 团队创新效能感 创新绩效

一 绪论

当前全球化竞争日趋激烈，产品生命周期不断缩短，技术环境日新月异。在巨大的时间压力下，许多新产品开发团队意识到孤军奋战难以完成复杂的创新任务（Ancona, Caldwell, 1992），纷纷开展团队跨界活动，通

---

* 孙卫，西安交通大学管理学院教授，博士，现任管理学院分党委书记，主要研究方向为投融资管理、战略管理、企业并购、项目投资与评价；李兵，西安交通大学管理学院博士研究生；李明，西安交通大学管理学院博士研究生。

过与外界的互动来获取关键资源和信息，赢得关键利益相关者的支持，保护团队内部资源和过程等。但令人不解的是仍有不少新产品开发团队依然处于研发失败率高居不下、创新效率低的窘境，这是由什么原因导致的呢？团队跨界行为对创新绩效到底有何影响？中间的作用机制是怎样的？团队创新效能感是否在其中起到中介作用？

为解决上述问题，在前人研究的基础上，本文基于社会认知理论和"环境—效能—绩效"研究范式构建了新产品开发团队的跨界行为、变革型领导、团队创新效能感与创新绩效之间的概念模型（如图1所示），以揭示它们之间的关系，旨在研究新产品开发团队如何管理团队跨界行为，如何通过领导风格的转变、团队创新效能感的增强来提升团队创新绩效。

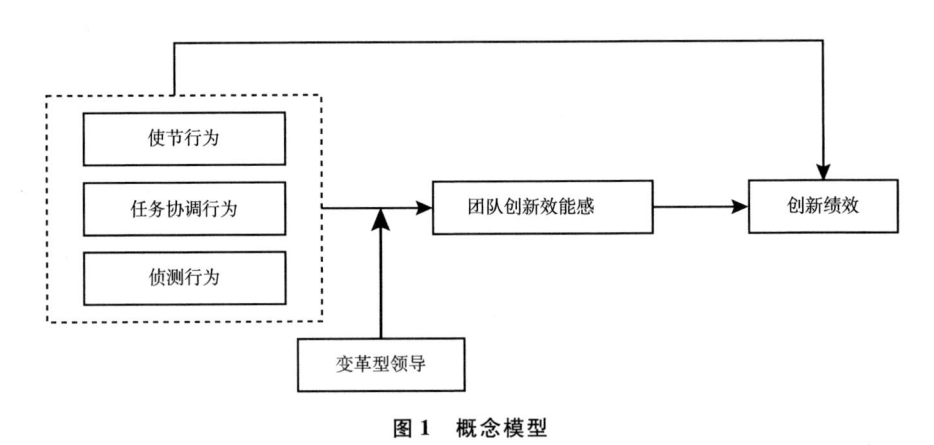

图1 概念模型

二 理论背景

跨界活动的研究最早源于组织边界研究（Ancona，Caldwell，1988），即探索组织与其他组织和群体等外部环境之间的关系。随着团队这一兼具动态和互动等特点的组织形式的兴起，学者们逐渐将边界研究的分析单元细化到团队层面。团队跨界行为，也称为团队的外部活动，是指团队为了实现目标而采取的、旨在与外部行为主体建立关系并不断互动的行为（Choi，2002）。Ancona和Caldwell（1992）的研究发现新产品开发团队采取跨界行为来协调与外部利益相关者的关系，有助于团队目标的实现。

Choi（2002）的研究指出团队通过跨界活动跟外部利益相关群体进行互动，能够帮助团队及时了解外部需求信息，并获得外部的资源与支持，进而提升团队有效性[3]。然而，有些学者在研究中也指出过多的跨界行为会使团队和外部相关单位感到迷惑和模糊，甚至失去方向感和互相误解，可能导致团队或外部合作伙伴有多余的付出，以致降低整体协调效率（Gibson，Dibble，2013）。也有学者的研究发现团队跨界行为会增加边界成员的角色负担，导致团队成员对团队产生不满情绪，影响团队凝聚力，扰乱团队内正常的工作流程，干扰团队任务的正常完成（Marrone，et al.，2007）。张华磊（2014）在研究中发现，团队跨界行为对团队创新绩效存在倒 U 形影响，且团队外部知识分享在其中起到部分中介作用。

关于效能感的研究起源于 20 世纪 70 年代末美国心理学家 Bandura 的自我效能理论。随着时代的发展，工作任务的复杂性和互依性增强，工作需要人们通过协同合作来完成，这时自我效能感就不能很好地解释团队行为中的某些现象，Bandura（1997）在自我效能理论基础上，将自我效能感的概念延伸到团队水平，提出团队效能感的概念，认为团队效能感是团队成员对团队所具有的完成某项特定任务的能力的共享的信念[7]。Shin 和 Zhou（2007）在前人研究的基础上，提出了团队创新效能感（Team Creative Efficacy）的概念，认为团队创新效能感指的是团队成员关于集体创新能力所共享的、一致的信念。大量研究表明，团队创新效能感能较好地预测团队创造力、团队创新绩效、团队有效性等结果变量。Prussia 和 Kinicki（1996）的研究发现团队效能感对团队目标和团队有效性有积极影响，团队效能感有助于提升团队目标并帮助团队做出正确的决策，进而提高团队有效性。Gully 等（2002）的研究发现团队效能感对团队绩效有显著影响，且二者之间的关系受到互依性（任务互依性、团队目标互依性等）的调节，在高互依性水平下团队效能感对绩效的影响要强于低互依性水平下的影响。

Bass 认为变革型领导通过营造信任的组织氛围以及给予员工个性化激励来激发员工的工作动机，使员工为了达到组织目标而更加努力。他首次把变革型领导分为三个维度——个性化关怀、魅力—感召和智力激励，并开发了第一份变革型领导测量量表 MLQ（Multifactor Leadership Questionnaire）。之后，学者 Bass 和 Avolio 将变革型领导分为四个维度——个性化关怀、领导魅力、智力激发、鼓舞性激励，并对 Bass 的 MLQ 进行了完善。在国内，李超平和时勘（2005）根据中国的特殊文化背景将变革型领导划分为四个维度——德行垂范、愿景激励、领导魅力、个性化关怀，并开发出了相应的量表。因其维度划分更贴切中国情境，被中国学者广泛采用。大量实证研究表明，变革型领导风格对员工的组织信任和组织承诺有正面影响（Bycio, et al., 1995；Chen，2002；陈永霞等，2006）；Conger 和 Kanungo（1988）的研究表明变革型领导通过向员工描绘组织的愿景传递了关于组织使命的信息，这种信息能够促进员工的心理授权；Shamir 和 House（1993）、Moorman 等（1990）的研究发现变革型领导能够通过对员工给予较高的期望以及对员工的能力表示信任，提高员工的自我效能感；Zhu 等（2011）、Tims 等（2011）的实证研究证明了变革型领导与下属工作投入之间存在正向相关关系。变革型领导通过对员工进行个性化关怀和为员工提供建议及帮助，让员工感受到来自组织的支持，这种组织支持感能够提高员工对组织的各种制度和政策的满意程度，进而提升员工对组织的承诺和忠诚度，从而减少员工的离职意愿。

三　研究假设

（一）团队跨界行为与创新绩效的关系

Ancona 和 Caldwell（1988）将团队跨界行为划分为使节行为、任务协调行为和侦测行为三个维度。使节行为是团队为了获取信息、资源和外部支持，与高层领导、外部客户等比跨界团队具有更大权力的相关方进行的跨界活动，如说服他人接受团队决策、获取资源、保护团队等行为。根据资源依赖理论，获得更多现实或潜在资源是提升团队创造力的基本途径[21]。新产品开发团队通过定期向高层领导汇报项目进展，阐明团队活动的价值，表达团队的期望，能够赢得高层管理者更多的支持和决策承诺，有利于帮助团队获取创新所需的资金投入、人员支持等，进而有助于提升团队创新绩效。

任务协调行为是指团队以协调工作并获取反馈为目的与外部相关方进

行的跨界活动，如与其他团队共享创新资源、协调工作任务和职责、获取外部反馈信息等。任务协调行为促进了各关联方的合作，能够帮助团队建立良好的横向关系，团队间通过定期和临时性会议来分享见解和信息，共享创新资源，有利于团队整合多样化的知识和观点，提升团队创造力水平。

侦测行为是指团队为了解外部市场环境、促进团队学习，与拥有特定知识的相关方进行的跨界活动，如密切注视竞争对手的动向，搜集与市场、技术有关的信息等。研究表明，研发团队对竞争对手信息、市场和技术信息的全面搜索能够增强团队的创新动机，能够提升团队学习和创新绩效。团队创新决策依赖团队对外部环境的判断（如外部市场需求的重要性和强度、外部技术发展等），通过侦测行为及时监测外部环境、获取市场信息和外部相关方意见，能够帮助团队准确感知外部环境，把握新产品开发的技术进展和最新趋势，充分利用市场机会，做出正确的创新决策。

基于已有的研究及本文的推理，本文提出以下假设。

H1a：在新产品开发团队中，使节行为对创新绩效有正向促进作用。

H1b：在新产品开发团队中，任务协调行为对创新绩效有正向促进作用。

H1c：在新产品开发团队中，侦测行为对创新绩效有正向促进作用。

（二）团队跨界行为与团队创新效能感的关系

依据Bandura的效能感理论，主要有四方面的信息源影响团队效能感的形成和改变，分别是：直接经验、替代经验、社会劝说和团队情绪状态。团队通过使节行为能够获得高层领导者和客户对团队项目的理解、认可、反馈和支持，这能极大地鼓舞团队成员的士气，激发团队成员的工作热情；另外，团队通过定期向高层领导汇报项目进展，阐明团队活动的价值，表达团队的期望，能够赢得高层管理者更多的支持和决策承诺，帮助团队获取创新所需的资金投入、人员支持等，这些重要资源能够使团队成员对团队创新面临的情境产生积极评估，进而增强团队成员对于完成创新任务的信心。Tasa等（2007）的研究表明团队协作行为能有效预测团队效能感[22]。此外，通过侦测行为及时监测外部环境，获取市场信息，能够帮助团队准确感知市场需求，把握新产品开发的技术进展和最新趋势，使团队成员相信所开发的新产品是符合主流市场需求的,所采用的技术是前沿的,所从事的创新活动是有价值的,从而增强团队成员的信心,激发团队成员的创新热情。

基于社会认知理论和已有相关研究,提出以下假设。

H2a:在新产品开发团队中,使节行为对团队创新效能感有正向促进作用。

H2b:在新产品开发团队中,任务协调行为对团队创新效能感有正向促进作用。

H2c:在新产品开发团队中,侦测行为对团队创新效能感有正向促进作用。

(三) 团队创新效能感与创新绩效的关系

团队创新效能感是团队创造力、团队创新绩效、团队有效性等结果变量的重要预测指标。一般认为,团队创新效能感的作用机制主要体现在如下几个方面。①影响人们对目标和行为的选择。创新效能感高的团队倾向于设定具有挑战性的目标,并且会选择那些最有可能实现目标的行为方式去努力实现创新目标。Shin 和 Zhou(2007)的研究表明,当团队创新效能感较高时,团队成员会倾向于表现出积极的创新行为;当团队创新效能感较低时,团队成员往往会表现出消极的工作行为,不利于提高团队创新绩效。②影响人们面对困难时的坚持性和努力程度。高创新效能感的团队所付出的努力与任务难度成正比,相反,低创新效能感的团队会逃避自己认为不能胜任的创新任务,在困难面前犹豫不决、不知所措,甚至对能够完成的任务也不敢问津。③影响人的情绪状态。创新效能感低的团队,总是担心会失败,怀疑团队的能力,导致团队成员紧张、焦虑、自卑、注意力涣散、记忆力下降,甚至产生无助和无所适从感,从而影响他们创造性解决问题的能力。而在创新效能感高的团队中,团队成员往往会有一个乐观积极的心态。基于以上分析,提出如下假设。

H3:在新产品开发团队中,团队创新效能感对创新绩效有正向影响。

(四) 团队创新效能感的中介作用

Prussia 和 Kinicki(1996)借鉴环境—效能—绩效范式,将社会认知理论应用到团队层面，提出了团队效能感—绩效的理论模型。在该模型中，团队对外部环境中获得的间接经验和反馈以及团队先前的绩效水平进行综合评估，评估水平决定了团队情绪、团队目标及团队效能感，进一步影响团队行为的选择及努力程度和持续性，最终影响团队的绩效水平。

团队创新效能感是团队创造力、团队创新绩效、团队有效性等结果变量的重要预测指标。它能够影响团队对目标的设定、团队行为的选择、团队成员面对困难时的坚持性和努力程度以及团队成员的情绪状态。创新效能感高的团队倾向于设定具有挑战性的目标，并会选择那些最有可能实现目标的行为方式去努力实现创新目标，且团队成员在面对挫折和失败时，不轻言放弃，仍能保持乐观积极的心态，知难而上，积极主动地进行知识共享与交流，整合团队多样化知识，持续努力去创造性地解决问题，最终提升团队的创新绩效。团队创新效能感是团队跨界行为三个不同维度对创新绩效影响机制的中介变量，故提出如下假设。

H4a：在新产品开发团队中，团队创新效能感对使节行为与创新绩效间的关系起到了部分中介作用。

H4b：在新产品开发团队中，团队创新效能感对任务协调行为与创新绩效间的关系起到了部分中介作用。

H4c：在新产品开发团队中，团队创新效能感对侦测行为与创新绩效间的关系起到了部分中介作用。

（五）变革型领导的调节作用

变革型领导能够通过言语劝说使团队成员对团队所获取的创新资源产生积极的评估，激发团队成员的信心，提升团队创新效能。此外，团队边界成员由于长时间脱离团队，无法联络高层领导或客户等，可能会被视为外部人员而产生角色压力，进而边界成员会产生沮丧、焦虑等不良情绪，对团队创新效能感造成负面影响。变革型领导通过营造良好的团队信任的氛围，增强团队凝聚力，并给予边界员工个性化的关怀，减轻员工的角色压力，使团队成员之间的关系更加融洽，进而提高团队成员的集体效能感。

为了解外部市场环境，搜集与市场、技术、竞争对手等有关的信息，新产品开发团队在创新过程中往往要进行侦测活动。但由于信息分享是一种有成本和风险的行为，很多成员不愿意分享其在侦测活动中搜集的信息。此外，变革型领导还可以影响团队成员对竞争对手成败经验的归因，通过对竞争对手间接经验的分析和总结来鼓励团队成员，增强团队成员应对困难和挑战的信心。

基于以上理论分析，提出如下假设。

H5a：在新产品开发团队中，变革型领导能够增强使节行为对团队创新效能感的正向作用。

H5b：在新产品开发团队中，变革型领导能够增强任务协调行为对团队创新效能感的正向作用。

H5c：在新产品开发团队中，变革型领导能够增强侦测行为对团队创新效能感的正向作用。

四　研究方法

（一）样本和数据收集

我们的调研对象是新产品开发团队、研发团队或相关的跨职能团队。在调研中，主要选择了陕西、深圳、江苏、甘肃、重庆、北京、上海等地的企业，以避免区域的经济差异、文化差异等导致的系统性偏差。由于同一名被调查者对自变量和因变量同时评价会产生同源方差，因此我们在此次调研中采用了 A 卷、B 卷的形式，A 卷由团队成员填写，B 卷由团队负责人填写。

我们的调研过程分为预调研和正式调研。预调研的目的在于对问卷的信度和效度进行检验，对于信度在 0.7 以下或因子载荷在 0.5 以下的题项进行删除，以保证问卷符合要求。我们的调研方式主要为实地调研和网络邮件调研。此次调研总共向 100 个团队发放 500 份问卷（A 卷 400 份，B 卷 100 份），其中每个团队均选取 4 位成员及 1 位领导参与调研。调研共收回问卷 387 份（A 卷 304 份，B 卷 83 份），问卷回收率为 77.4%。剔除不合格问卷及无法匹配的 A 卷、B 卷之后共收回 74 个团队的 308 份问卷（A 卷 234 份，B 卷 74 份），问卷有效率为 79.59%。

（二）变量测量

本文在研究中采用了 Likert 7 级量表。团队跨界行为的测量量表来源为 Ancona 和 Caldwell 开发的三维度量表；团队创新效能感的测量采用 Carmeli 和 Schaubroeck 开发的量表；变革型领导的测量采用 Bass 和 Avolio、李超平和时勘开发的量表；为更全面地反映团队创新绩效水平，创新绩效的测量采用了 Oldham 和 Cummings 开发的量表，包括创新结果和创新过程两个方面。各变量的具体测量结果见表 1。鉴于以往的研究，本文选用公司成立时间、公司规模、团队成立时间以及团队规模作为控制变量。

五 实证分析

（一）团队层面数据聚合验证

本文的研究是基于团队层面的研究。组内一致性，即团队成员对于团队的认知是否具有一致性，用 r_{wg} 指标进行检验；组间相关性，即不同团队成员的认知是否具有差异性，用 ICC（Intra-class Correlation Coefficient）指标来检验，$ICC(1)$ 表示组间方差与总方差的比值，$ICC(2)$ 表示群体平均数的信度，一般认为，$ICC(1)$ 的范围为 0~0.5，$ICC(2)$ 的范围为 0.5~0.8，则表明具有非常好的一致性。

从表 1 可以看出，使节行为（SJ）、任务协调行为（XT）、侦测行为（ZC）、团队创新效能感（CE）和变革型领导（TL）的 r_{wg} 平均数和中位数均大于 0.7，并且 r_{wg} 大于 0.7 的团队比例都在 90% 以上，因此认为各变量具有非常好的组内一致性。同时，所有变量的 $ICC(1)$ 均大于 0.02，$ICC(2)$ 均大于 0.6。通过以上指标分析，本文可以将个体层面数据聚合至团队层面，即团队层面的数据可以用每个团队个体评分的算术平均值计算。

表 1　团队层面数据聚合描述

变量	SJ	XT	ZC	CE	TL
r_{wg} 中位数	0.950	0.971	0.971	0.989	0.996
r_{wg} 平均数	0.934	0.951	0.960	0.986	0.995
$r_{wg}>0.7$ 的团队占比(%)	95.9	94.6	100	94.6	100
ICC(1)	0.299	0.296	0.334	0.308	0.369
ICC(2)	0.628	0.625	0.666	0.639	0.699

(二) 信度和效度分析

由表 2 的数据分析结果可以看出，所有变量的 Cornbach's α 值和 CR 值均大于 0.7，说明所有变量的测量信度均符合标准；所有题项的因子载荷均大于 0.7，所有变量的 AVE 值均大于 0.5，因此量表的聚合效度符合要求；每一个变量的 AVE 值的平方根值比变量自身与其他变量之间的所有相关系数都大，说明量表的区分效度符合要求。

表 2　各变量信度和效度分析结果

变量	测量指标	载荷	信度和效度指标
使节行为	1. 团队会承受来自团队外部的压力，以避免团队成员的工作受到干扰	0.767	Cornbach's α = 0.722 CR = 0.844 AVE = 0.576
	2. 团队经常从外部获得团队所需的资源（包括资金、人员、物资设备等）	0.676	
	3. 团队定期向高层领导汇报工作进展	0.790	
	4. 团队经常说服外部相关部门/群体/人员相信团队活动是重要的以获取他们对团队决策的支持	0.797	
任务协调行为	1. 团队经常与外部相关部门或外部群体/人员合作来解决问题	0.740	Cornbach's α = 0.789 CR = 0.832 AVE = 0.552
	2. 团队经常协调与团队相关的外部活动	0.770	
	3. 团队经常与相关部门或外部人员共同开展评审、设计、改进等活动	0.742	
	4. 团队与团队外部群体/人员协商成果交付期限事宜	0.720	

续表

变量	测量指标	载荷	信度和效度指标
侦测行为	1. 团队关注竞争对手在相似项目和活动上的动态	0.859	Cornbach's α = 0.810
	2. 团队关注组织内外部环境中的市场信息或动态	0.852	CR = 0.889
	3. 团队关注组织内外部环境中的技术信息/专业知识或动态	0.848	AVE = 0.728
变革型领导	1. 廉洁奉公,不图私利	0.676	Cornbach's α = 0.976
	2. 吃苦在前,享乐在后	0.828	CR = 0.978
	3. 不计较个人得失,尽心尽力工作	0.815	AVE = 0.636
	4. 为了部门/单位利益,能牺牲个人利益	0.717	
	5. 能把自己的利益放在集体和他人利益之后	0.834	
	6. 不会把别人的劳动成果据为己有	0.786	
	7. 能与员工同甘共苦	0.900	
	8. 不会给员工穿小鞋,搞打击报复	0.749	
	9. 能让员工了解单位/部门的发展前景	0.835	
	10. 能让员工了解单位/部门的经营理念和发展目标	0.839	
	11. 会向员工解释所做工作的长远意义	0.792	
	12. 向大家描绘了令人向往的未来	0.777	
	13. 能给员工指明奋斗目标和前进方向	0.769	
	14. 常与员工一起分析其工作对单位/部门总体目标的影响	0.729	
	15. 在与员工打交道的过程中,会考虑员工个人的实际情况	0.808	
	16. 愿意帮助员工解决生活和家庭方面的难题	0.765	
	17. 常与员工沟通交流,了解员工的工作、生活和家庭情况	0.727	
	18. 耐心地教导员工,为员工答疑解惑	0.806	
	19. 关心员工的工作、生活和成长,真诚地为他们的发展提建议	0.814	
	20. 注重创造条件,让员工发挥自己的特长	0.854	
	21. 业务能力过硬	0.791	
	22. 思想开明,具有较强的创新意识	0.818	
	23. 热爱自己的工作,具有很强的事业心和进取心	0.794	
	24. 对工作非常投入,始终保持高度的热情	0.775	
	25. 能不断学习,以充实提高自己	0.853	
	26. 敢抓敢管,善于处理棘手问题	0.851	
创新绩效	1. 团队经常可以开发一些能被市场接受的产品或服务	0.832	Cornbach's α = 0.891
	2. 团队拥有比较多数量的研发创新成果	0.641	CR = 0.917
	3. 团队会依据顾客反馈的需求改变服务项目或改善服务方式	0.799	AVE = 0.613
	4. 团队经常采用新的产品组件及服务项目	0.698	
	5. 团队经常引进可以改善工作流程的新技术	0.843	
	6. 团队经常采用一些能改善产品性能或作业流程的方法	0.883	
	7. 团队积极实行可以改善团队绩效的新方法	0.758	

续表

变量	测量指标	载荷	信度和效度指标
团队创新效能感	1. 我们团队能够创造性地解决困难问题	0.760	Cornbach's α = 0.917 CR = 0.933 AVE = 0.636
	2. 我们团队能够用创新性的方法达成自己设定的大部分目标	0.831	
	3. 我们团队能够创造性地执行许多不同的工作任务	0.793	
	4. 我们团队能够创造性地战胜大多数挑战	0.816	
	5. 我们团队的大部分创新性尝试都能取得成功	0.753	
	6. 总体而言,我们团队能够用创新性的方法取得那些对我们团队非常重要的结果	0.814	
	7. 即使事情再困难,我们团队也能够用创新性的方法去解决	0.827	
	8. 与其他团队相比,我们团队具有更强的创新性	0.782	

（三）数据分析与假设检验

（1）描述性统计分析

在假设验证之前，首先要对各变量进行描述性统计分析，以检验各变量之间的均值、标准差和相关系数。本文通过 SPSS 22.0 对多个变量进行 Pearson 相关性分析，结果如表 3 所示。

（2）假设检验

本节主要运用 SPSS 22.0 对变量进行回归分析，以检验本文的假设。在回归分析中，本文将公司成立时间、公司规模、团队成立时间、团队规模作为控制变量。表 4 检验了团队创新效能感在使节行为与创新绩效之间的中介作用。其中模型 1-1 和模型 2-1 仅引入控制变量，检验控制变量对中介变量和结果变量的影响；模型 1-2 和模型 2-2 分别是自变量使节行为对中介变量团队创新效能感、因变量创新绩效的回归检验结果；模型 2-3 是中介变量对因变量的回归检验结果；模型 2-4 是在考虑中介变量的前提下，自变量对因变量的影响。同理，表 5、表 6 分别检验了团队创新效能感在任务协调行为和侦测行为与创新绩效之间的中介作用。

表 3 描述性统计和相关系数（N=74）

指标	Mean	S.D	gssj	gsgm	tdsj	tdgm	SJ	XT	ZC	CE	TL	IP
gssj	3.26	1.170	—	—	—	—	—	—	—	—	—	—
gsgm	4.19	1.954	0.565**	—	—	—	—	—	—	—	—	—
tdsj	2.71	1.019	0.453**	0.347*	—	—	—	—	—	—	—	—
tdgm	2.95	0.987	0.053	0.397**	0.253	—	—	—	—	—	—	—
SJ	5.071	0.463	0.055	0.218	0.137	0.292	0.759	—	—	—	—	—
XT	5.121	0.510	0.188	0.337*	0.085	0.272	0.543**	0.743	—	—	—	—
ZC	5.258	0.631	0.127	0.181	0.051	0.106	0.559**	0.581**	0.853	—	—	—
CE	5.208	0.622	−0.039	0.057	−0.012	0.100	0.579**	0.575**	0.754**	0.797	—	—
TL	5.492	0.726	0.029	0.099	−0.063	0.228	0.581**	0.639**	0.606**	0.604**	0.797	—
IP	5.500	0.573	0.143	0.152	0.063	0.049	0.727**	0.683**	0.586**	0.569**	0.630**	0.783

注：N 表示样本数，斜对角线下为 AVE 值平方根；* 表示在 0.05 的水平下显著，** 表示在 0.01 的水平下显著，*** 表示在 0.001 的水平下显著；gssj 表示公司成立时间，gsgm 表示公司规模，tdsj 表示团队成立时间，tdgm 表示团队规模，SJ 表示任务协调行为，XT 表示任务使节行为，ZC 表示侦测行为，CE 表示团队创新效能感，TL 表示变革型领导，IP 表示创新绩效。

表4 团队创新效能感在使节行为与创新绩效之间的中介作用检验（N=74）

变量	团队创新效能感 模型1-1	团队创新效能感 模型1-2	创新绩效 模型2-1	创新绩效 模型2-2	创新绩效 模型2-3	创新绩效 模型2-4
公司成立时间	-0.075	-0.035	0.091	0.143	0.142	0.156
公司规模	0.076	-0.014	0.103	-0.012	0.052	-0.006
团队成立时间	-0.024	-0.060	-0.015	-0.062	0.001	-0.040
团队规模	0.080	-0.055	0.007	-0.166	-0.047	-0.146
使节行为	—	0.609***	—	0.779***	—	0.554**
团队创新效能感	—	—	—	—	0.676***	0.369**
R^2	0.016	0.348	0.028	0.573	0.478	0.661
调整后 R^2	-0.091	0.258	-0.077	0.513	0.406	0.603
F值	0.146	3.874**	0.266	9.647***	6.606***	11.384***

注：* 表示在0.05的水平下显著，** 表示在0.01的水平下显著，*** 表示在0.001的水平下显著。

表5 团队创新效能感在任务协调行为与创新绩效之间的中介作用检验（N=74）

变量	团队创新效能感 模型3-1	团队创新效能感 模型3-2	创新绩效 模型4-1	创新绩效 模型4-2	创新绩效 模型4-3	创新绩效 模型4-4
公司成立时间	-0.075	-0.123	0.091	0.035	0.142	0.087
公司规模	0.076	-0.081	0.103	-0.079	0.052	-0.045
团队成立时间	-0.024	0.029	-0.015	0.046	0.001	0.034
团队规模	0.080	-0.041	0.007	-0.133	-0.047	-0.116
任务协调行为	—	0.634***	—	0.736***	—	0.416**
团队创新效能感	—	—	—	—	0.676***	0.472**
R^2	0.016	0.360	0.028	0.492	0.478	0.603
调整后 R^2	-0.091	0.271	-0.077	0.422	0.406	0.535
F值	0.146	4.050**	0.266	6.978***	6.606***	8.853***

注：* 表示在0.05的水平下显著，** 表示在0.01的水平下显著，*** 表示在0.001的水平下显著。

表6 团队创新效能感在侦测行为与创新绩效之间的中介作用检验 (N=74)

变量	团队创新效能感		创新绩效			
	模型 5-1	模型 5-2	模型 6-1	模型 6-2	模型 6-3	模型 6-4
公司成立时间	-0.075	-0.127	0.091	0.046	0.142	0.095
公司规模	0.076	-0.027	0.103	0.012	0.052	0.023
团队成立时间	-0.024	0.007	-0.015	0.012	0.001	0.009
团队规模	0.080	0.034	0.007	-0.034	-0.047	-0.047
侦测行为	—	0.771***	—	0.681***	—	0.390*
团队创新效能感	—	—	—	—	0.676***	0.380*
R^2	0.016	0.588	0.028	0.474	0.478	0.537
调整后 R^2	-0.091	0.531	-0.077	0.401	0.406	0.457
F值	0.146	10.266***	0.266	6.493***	6.606***	6.760***

注：*表示在0.05的水平下显著，**表示在0.01的水平下显著，***表示在0.001的水平下显著。

①主效应检验

在模型1-1中，以团队创新效能感作为因变量，只将控制变量作为自变量引入回归模型，从回归结果可以看出，公司成立时间、公司规模、团队成立时间、团队规模四个控制变量对团队创新效能感均无显著影响。模型1-2中，在引入控制变量的基础上，将使节行为这一自变量考虑进来，结果显示，使节行为对团队创新效能感有显著正向影响，回归系数为0.609（$p<0.001$），因此，假设H2a通过检验。同理，模型3-2显示，在加入控制变量的基础上，任务协调行为对团队创新效能感有显著的正向影响，回归系数为0.634（$p<0.001$），因此，假设H2b通过检验。模型5-2也显示，在加入控制变量的基础上，侦测行为对团队创新效能感有显著的正向影响，回归系数为0.771（$p<0.001$），因此，假设H2c通过检验。

在模型2-1中，以创新绩效作为因变量，只将控制变量作为自变量引入回归模型，从回归结果可以看出，公司成立时间、公司规模、团队成立时间、团队规模四个控制变量对创新绩效都没有显著影响。在模型2-2

中，引入使节行为这一自变量，从结果可以看到，使节行为对创新绩效有显著的正向影响，回归系数为 0.779（$p<0.001$）；同理，模型 4-2 是在控制变量的基础上引入任务协调行为这一自变量，结果显示，任务协调行为对创新绩效有显著的正向影响，回归系数为 0.736（$p<0.001$）；模型 6-2 也是在控制变量的基础上引入侦测行为这一自变量，结果显示，侦测行为对创新绩效有显著的正向影响，回归系数为 0.681（$p<0.001$），因此假设 H1a、H1b、H1c 通过显著性检验。

模型 2-3 在模型 2-1 的基础上，引入团队创新效能感，从结果可以看出，团队创新效能感对创新绩效有显著的正向影响，回归系数为 0.676（$p<0.001$），因此假设 H3 也通过了显著性检验。

②中介效应检验

在模型 2-4 中，将使节行为和团队创新效能感同时引入回归模型，结果显示，团队创新效能感对创新绩效影响的回归系数为 0.369（$p<0.01$），且与模型 1-2 相比，使节行为对创新绩效影响的回归系数由 0.609（$p<0.001$）变为 0.554（$p<0.01$），系数绝对值减小，显著性程度降低；同样地，在模型 4-4 中，团队创新效能感对创新绩效影响的回归系数为 0.472（$p<0.01$），且任务协调行为对创新绩效影响的回归系数由 0.634（$p<0.001$）变为 0.416（$p<0.01$），系数绝对值减小，且显著性明显降低；在模型 6-4 中，团队创新效能感对创新绩效影响的回归系数为 0.380（$p<0.05$），且侦测行为对创新绩效影响的回归系数由 0.771（$p<0.001$）变为 0.390（$p<0.05$），系数绝对值减小，且显著性明显降低。因此，团队创新效能感对使节行为、任务协调行为和侦测行为与创新绩效间的关系均起到了部分中介作用，假设 H4a、H4b 和 H4c 均通过检验。

③调节效应检验

本文首先对自变量和中介变量进行中心化处理，并在此基础上，计算各交互项的值。为进一步检验变革型领导对使节行为和侦测行为与团队创新效能感的关系的调节作用，如表 7 所示，模型 7-2 是在控制变量存在的前提下，将使节行为与变革型领导同时引入回归模型，模型 7-3 在模型 7-2 的基础上再引入使节行为×变革型领导的交互项，结果显示，使节行为×变革型领导的交互项系数为 0.222（$p<0.05$），存在显著的调节作用，假设 H5a 成立；同理，模型 7-5 引入了任务协调行为×变革型领导的交互项，结果显示，任务协调行为×变革型领导的交互项系数为 0.105，不存在显著的调节作用，因此假设 H5b 不成立；模型 7-7 引入了侦测行为×变革型领导的交互项，结果显示，侦测行为×变革型领导的交互项系数为 0.102（$p<0.05$），存在显著的调节作用，因此假设 H5c 成立。

表 7 变革型领导的调节作用检验（N=74）

变量	团队创新效能感						
	模型 7-1	模型 7-2	模型 7-3	模型 7-4	模型 7-5	模型 7-6	模型 7-7
公司成立时间	-0.075	-0.090	-0.078	-0.140	-0.167	-0.139	-0.137
公司规模	0.076	0.022	0.028	-0.017	-0.019	-0.009	-0.008
团队成立时间	-0.024	0.027	0.019	0.076	0.090	0.042	0.040
团队规模	0.080	-0.113	-0.097	-0.097	-0.103	-0.020	-0.019
使节行为(SJ)	—	0.365*	0.343*	—	—	—	—
任务协调行为(XT)	—	—	—	0.371*	0.342*	—	—
侦测行为(ZC)	—	—	—	—	—	0.631***	0.614***
变革型领导(TL)	—	0.421*	0.403*	0.400*	0.384+	0.234*	0.215*
交互项							
$SJ \times TL/lm$	—	—	0.222*	—	—	—	—
$XT \times TL/lm$	—	—	—	—	0.105	—	—
$ZC \times TL/lm$	—	—	—	—	—	—	0.102*
R^2	0.016	0.458	0.463	0.449	0.457	0.620	0.620
调整后 R^2	-0.091	0.366	0.352	0.354	0.345	0.555	0.542
F 值	0.146	4.938***	4.184**	4.751***	4.090**	9.506***	7.919***

注：*表示在 0.05 的水平下显著，**表示在 0.01 的水平下显著，***表示在 0.001 的水平下显著。

六 结论

本文以新产品开发团队为研究对象，探究了团队跨界行为、团队创新效能感、团队创新绩效之间的关系,并得出了一些有意义的结论。①新产品开发团队开展团队跨界活动有助于提升团队的创新绩效,且团队跨界行为的三个维度使节行为、任务协调行为和侦测行为均对团队创新绩效有积极影响。②团队创新效能感是团队跨界行为和创新绩效之间的重要中介路径。团队创新效能感在团队跨界行为的三个维度与创新绩效之间发挥部分中介作用。③变革型领导能够增强使节行为和侦测行为对团队创新效能感的影响,但对任务协调行为和团队创新效能感之间的关系的调节作用不显著。这可能是由于外部利益相关团队的知识、资源分享意愿主要受到其在合作过程中能够获得的物质利益大小的影响,新产品开发团队的变革型领导很难通过对外部团队施加精神层面的影响,来改变外部团队的知识、资源的分享意愿。

本文通过实证研究,深入探讨了新产品开发团队跨界行为、团队创新效能感和创新绩效之间的作用关系,弥补了现有研究的不足,并丰富了该领域的相关研究,同时也为新产品开发团队管理团队跨界活动及提升团队创新效能感提供了有意义的实践指导。企业领导应当鼓励新产品开发团队开展跨界活动,并为团队跨界行为提供相关的政策激励和资金支持。此外,在企业内部,应当构建和强化各个内部团队之间的联系和信任关系,营造团队积极参与跨界活动的氛围,以消除各个团队之间进行跨界活动的有形和无形壁垒。

本文虽然得出了一些有价值的研究结论,但是由于主客观原因的限制,仍存在以下不足。①样本规模及覆盖面较小。②采用的样本是截面数据,没有考虑时间的作用,由于团队跨界行为对团队创新效能感及团队创新绩效产生影响需要一个过程,因此截面数据难以反映出变量之间的动态作用过程,无法严格检验变量间的因果关系。未来研究可收集具有时间跨度的数据,更为严谨地探究变量之间的因果关系,使研究过程更具科学性和研究结论更具说服力。

参考文献

[1] Ancona D.G., Caldwell D.F., "Bridging the Boundary: External Activity and

Performance in Orgarlizational Teams," *AdministritiveScience Quarlerly*, 1992, 37 (4): 634 – 665.

[2] Ancona D. G., Caldwell D. F., "Beyond Task and Maintenance Defining External Functions Ingroups," *Group & Organization Management: An International Journal*, 1988, 13 (4): 468 – 494.

[3] Choi, J. M., "External Activities and Team Effectiveness: Review and Theoretical Development," *Small Group Research*, 2002, 33 (2): 181 – 208.

[4] Gibson C. B., Dibble R., "Excess May Do Harm: Investigating the Effect of Team External Environment on External Activities in Teams," *Organization Science*, 2013, 24 (3): 697 – 715.

[5] Marrone, J. A., Tesluk, P. E., Carson, J. B., "A Multilevel Investigation of Antecedents and Consequences of Team Member Boundary – spanning Behavior," *Academy of Management Journal*, 2007, 50 (6): 1423 – 1439.

[6] 张华磊:《研发团队跨界活动对团队创新绩效的作用机制研究》，南开大学博士学位论文，2014。

[7] Bandura A., "Self – Efficacy: The Exercise of Control," *Journal of Cognitive Psychotherapy*, 1997, 604 (2): 158 – 166.

[8] Shin S. J., Zhou J., "When Is Educational Specialization Heterogeneity Related to Creativity in Research and Development Teams? Transformational Leadership as a Moderator," *Journal of Applied Psychology*, 2007, 92 (6): 1709 – 1721.

[9] Prussia G. E., Kinicki A. J., "A Motivational Investigation of Group Effectiveness Using Social – Cognitive Theory," *Journal of Applied Psychology*, 1996, 81 (2): 187 – 198.

[10] Gully S. M., Incalcaterra K. A., Joshi A., et al., "A Meta – Analysis of Team – Efficacy, Potency, and Performance: Interdependence and Level of Analysis as Moderators of Observed Relationships," *Journal of Applied Psychology*, 2002, 87 (5): 819.

[11] Bass B. M., *Leadership and Performance beyond Expectations* (Free Press; Collier Macmillan, 1985).

[12] Avolio B. J., Bass B. M., "Multifactor Leadership Questionnaire," *Mind Garden*, 1990.

[13] Bycio P., Hackett R. D., Allen J. S., "Further Assessments of Bass's (1985) Conceptualization of Transactional and Transformational Leadership," *Journal of Applied Psychology*, 1995, 80 (4): 468 – 478.

[14] Chen L. Y., "An Examination of the ReIationship between Leadership Behavior and Organizational Commitment at Steel Companies," *JournaI of Applied Management and Entrepreneurship*, 2002 (2): 122 – 142.

[15] 陈永霞、贾良定、李超平等:《变革型领导、心理授权与员工的组织承诺:中国情景下的实证研究》,《管理世界》2006 年第 1 期,第 96~105 页。

[16] Conger J. A., Kanungo R. N., "Behavioral Dimensions of Charismatic Leadership," 1988.

[17] House R. J., Shamir B., Toward the Integration of Transformational, Charismatic, and Visionary Theories, Leadership Theory and Research Perspectives and Directions, 1993: 81 – 107.

[18] Podsakoff P. M., Mackenzie S. B., Moorman R. H., et al., "Transformational Leader Behaviors and Their Effects on Followers' Trust in Leader, Satisfaction, and Organizational Citizenship Behaviors," *Leadership Quarterly*, 1990, 1 (2): 107 – 142.

[19] Zhu W., Avolio B. J., Walumbwa F. O., "Moderating Role of Follower Characteristics with Transformational Leadership and Follower Work Engagement," *Group & Organization Management: An International Journal*, 2009, 34 (5): 590 – 619.

[20] Tims M., Bakker A. B., Xanthopoulou D., "Do Transformational Leaders Enhance Their Followers' Daily Work Engagement?" *Leadership Quarterly*, 2011, 22 (1): 121 – 131.

[21] Stock R. M., "Inter – Organizational Teams as Boundary Spanners Between Supplier and Customer Companies," *Journal of the Academy of Marketing Science*, 2006, 34 (4): 588 – 599.

[22] Tasa K., Taggar S., Seijts G. H., "The Development of Collective Efficacy in Teams: A Multilevel and Longitudinal Perspective," *Journal of Applied Psychology*, 2007, 92 (1): 17 – 27.

[23] 李超平、时勘:《变革型领导的结构与测量》,《心理学报》2005 年第 6 期,第 803~811 页。

R&D投入对福建高端装备制造业产业绩效的影响研究[*]

林迎星　张　华　胡绍伟[**]

摘　要：本文运用 DEA – Malmquist 指数方法计算了福建高端装备制造业 2007~2013 年整体及五个子行业的 TFP 指数及其分解效率，分析了 R&D 投入对产业绩效的影响状况。实证结果显示，福建高端装备制造业整体在研究期间内 TFP 下降了 4.8%，各子行业的 TFP 指数及其分解效率在各年度出现不同幅度的波动，为提升产业绩效水平而进行的改进工作的延续性有待增强。现阶段，政府、产业及产业内企业、科研机构应该协调行动，从政策、制度、R&D 投入数量、R&D 投入结构、产业规模等多方面努力，提升 R&D 投入对改善产业绩效的贡献能力。

关键词：R&D 投入　福建　高端装备制造业　产业绩效

---

[*] 国家自然科学基金项目"三螺旋创新视角下创业型大学运行机制及对策研究"（项目编号：71173040）；福建省软科学研究计划重点项目"福建省实施创新驱动战略的路径及重点产业选择研究"（项目编号：2016R0050）。

[**] 林迎星，福州大学经济与管理学院教授、博士生导师、博士，研究方向为创新管理、战略管理；张华，福州大学经济与管理学院博士研究生，研究方向为技术创新管理；胡绍伟，福州大学经济与管理学院硕士研究生，研究方向为技术创新管理。

一　引言

到21世纪中叶，我国要基本实现社会主义现代化，届时，在整个国民经济体系中的装备制造业，特别是作为国之重器的高端装备制造业必须具备强大的国际竞争力，成为整个国民经济良性发展、国家经济安全的强有力支撑。福建省积极配合国家战略部署，并结合本省的实际情况，先后出台与发展高端装备制造业密切相关的多项规划和实施方案，配合产业成员的努力，福建高端装备制造业从低起点上实现了巨大发展。福建专用设备制造业、交通运输设备制造业、电气机械和器材制造业、仪器仪表制造业、通信等电子设备制造业2013年分别投入R&D经费11.74亿元、2.74亿元、24.07亿元、4.9亿元、57.25亿元[①]；以规模以上工业企业作为统计对象，2013年福建专用设备制造业、交通运输设备制造业、仪器仪表制造业分别实现工业增加值149.59亿元、95.54亿元、44.35亿元[②]。作为典型的技术密集型产业，合理有效地开展R&D活动对提升福建高端装备制造业的产业绩效、增强福建高端装备制造业的国际竞争力具有决定性作用，因此，本文运用*DEA*模型探讨R&D投入对福建高端装备制造业产业绩效的影响状况，并从R&D投入角度提出改善福建高端装备制造业产业绩效的建议。

二　文献回顾

高端装备制造业在国民经济中的地位显要，重要性突出，并且对国家整体的国际竞争力提升具有重要影响，国内外学者开展了大量以高端装备制造业及相关或类似产业为对象的研究。

Hermmert（2004）用线性回归方法探讨了高新技术产业科技创新投入对产业绩效的影响[1]。Wu Yan – bing（2006）以中国制造业为研究对象，采用基于扩展的C – D生产函数研究了R&D与中国制造业生产率之间的关系[2]。

---

① 数据来源：《福建省第三次全国经济普查主要数据公报（第二号）》。
② 数据来源：《福建统计年鉴2014》。

Hsiao-Wen Wang 和 Ming-Cheng Wu（2012）在以高科技企业为对象的研究中发现基于核心竞争力的业务类型和技术学习模式会对企业的 R&D 策略产生影响，并最终会影响企业绩效[3]。Stephen K. Markham（2013）研究发现前端活动影响前端绩效，而前端绩效影响着新产品的绩效；该研究的实证结果表明，前端活动对整个产品的成功、产品上市时间、市场渗透、财务绩效都存在影响[4]。Teck-Yong Eng 和 Sena Ozdemir（2014）开展了以新兴经济体电子制造企业为对象的研究，发现企业之间 R&D 整合的水平越高，对提高新产品开发绩效所具有的积极促进作用就越明显，但是达到这种状态要求跨职能整合基于现有的而不是新的产品配置和关键技术[5]。

吴和成等（2010）运用运筹学模型测度了我国制造业中 17 个行业在"十五"期间的 R&D 效率，并对各个行业的 R&D 投入利用效率进行了分析[6]。赵刚（2011）探究了美国"再工业化"取得显著成效的原因，以此为依据，指出我国要建立并重点发展装备制造业中的高端产业，且指出要加大针对技术创新的科研经费投入力度，加强产学研合作[7]。彭中文等（2013）通过实证研究发现，科研资金投入和科研人力资本投入对高新技术产业的研发绩效有不同程度的显著影响[8]。黄海霞和张治河（2015）以战略性新兴产业为对象，运用 DEA 模型探讨了该产业的科技资源配置效率[9]。

以上学者关于 R&D 投入影响产业绩效的研究或侧重 R&D 投入的某一个方面，或倾向于针对较大的区域、产业范围，因此，从多个维度全面分析 R&D 投入对特定区域内特定产业绩效的影响具有必要性和现实意义。

三 理论与模型

1953 年，Sten Malmquist 首先提出了 *Malmquist* 指数；1982 年，Caves Christensen 等人在测算生产率变动的研究中开始使用该指数，并将它命名为 *Malmquist* 生产率指数；1994 年，Fare 等人将 *DEA* 理论与 *Malmquist* 生产率指数相结合，通过几何平均决策单元（*DMU*）第 t 和 $t+1$ 两个时期的 *TFP*，将所得平均数作为考察 *TFP* 变动的依据。可以将技术进步指数（*TEC*）和技术效率变动指数（*EC*）的乘积作为 *Malmquist* 全要素生产率指数（*TFP*），而技术效率变动指数可以进一步理解为纯技术效率变动指数（PE）和规模效率变动指数（SE）的乘积[10]。

假设向量 $X = (x_1, x_2, \ldots, x_n)$ 表示 DMU 的要素投入量，向量 $Y = (y_1, y_2, \cdots, y_m)$ 表示其产出量；其间，$t = 1, 2, \cdots, T$；仍然以 DMU 表示决策单元，则 Malmquist 指数模型可表示为：

$$M(x_{t+1}, y_{t+1}, x_t, y_t) = \left[\frac{D^t(x_{t+1}, y_{t+1})}{D^t(x_t, y_t)} \times \frac{D^{t+1}(x_{t+1}, y_{t+1})}{D^{t+1}(x_t, y_t)}\right]^{\frac{1}{2}}$$

其中，$D^t(x_t, y_t)$ 和 $D^t(x_{t+1}, y_{t+1})$ 分别表示 DMU 在第 t、$t+1$ 期的产出距离函数，二者均参照第 t 期的生产技术状况，$D^{t+1}(x_t, y_t)$ 和 $D^{t+1}(x_{t+1}, y_{t+1})$ 分别表示以 $t+1$ 期生产技术为参照，DMU 在第 t、$t+1$ 期的产出距离函数。根据 Fare 对 TFP 的分解，$M(x_{t+1}, y_{t+1}, x_t, y_t)$ 可进一步分解为：

$$M(x_{t+1}, y_{t+1}, x_t, y_t) = \frac{D^{t+1}(x_{t+1}, y_{t+1})}{D^t(x_t, y_t)} \times \left[\frac{D^t(x_{t+1}, y_{t+1})}{D^{t+1}(x_{t+1}, y_{t+1})} \times \frac{D^t(x_t, y_t)}{D^{t+1}(x_t, y_t)}\right]^{\frac{1}{2}}$$

上式中，$\frac{D^{t+1}(x_{t+1}, y_{t+1})}{D^t(x_t, y_t)}$ 代表技术效率变动指数（EC），表示相对技术效率的变化程度，若 $EC > 1$，说明 DMU 在 $t+1$ 期与效率前沿面的距离较 t 期近，即表示技术效率在提高；若 $EC < 1$，说明 DMU 在 $t+1$ 期与效率前沿面的距离较 t 期远，即表示技术效率在下降；若 $EC = 1$，则直接表示 DMU 的技术效率水平不变。

$\left[\frac{D^t(x_{t+1}, y_{t+1})}{D^{t+1}(x_{t+1}, y_{t+1})} \times \frac{D^t(x_t, y_t)}{D^{t+1}(x_t, y_t)}\right]^{\frac{1}{2}}$ 代表技术变化或技术进步指数（TEC），表示从 t 期到 $t+1$ 期技术边界的推进情况。若 $TEC > 1$，说明 DMU 从 t 期到 $t+1$ 期技术在进步；若 $TEC < 1$，说明 DMU 从 t 期到 $t+1$ 期技术在衰退；若 $TEC = 1$，说明 DMU 从 t 期到 $t+1$ 期技术水平保持不变。用 M 表示 $M(x_{t+1}, y_{t+1}, x_t, y_t)$，若 $M > 1$，表示 DMU 的生产率水平提高；若 $M < 1$，表示 DMU 的生产率水平下降；若 $M = 1$，表示 DMU 的生产率水平保持不变[11]。本文使用的数据具有多投入、多产出、样本量少的特点，并且生产函数表达式难以设定，因此，本文选择使用基于 DEA 方法的 DEA – Malmquist 指数模型从动态视角探讨 R&D 投入对福建高端装备制造业产业绩效的影响状况。

四　变量选择与数据说明

(一) R&D 投入与产业绩效变量选择

基于 R&D 投入和技术创新理论、产业绩效理论，借鉴前人在其研究过程中对变量的选取情况，并与福建高端装备制造业的发展概况和特征相匹配，本文构建了用以衡量福建高端装备制造业 R&D 投入、产业绩效的指标体系。

(1) R&D 投入变量的选择。通过梳理相关文献，本文认为可以从 R&D 投入、R&D 激励和 R&D 产出三个方面对 R&D 活动进行测量。而涉及 R&D 投入具体代表性的研究包括吴延兵（2008）、赵琳和范德成（2011）、张爱宁等（2012）、李璐和张婉婷（2013）、张宇青等（2013）、綦良群等（2014）的研究，他们选取的 R&D 投入指标包括 R&D 人员全时当量、与 R&D 相关的固定资产及原材料购置费、R&D 经费支出、R&D 从业人数、产业 R&D 机构数等[12][13][14][15][16][17]。本文将这些指标加以归纳后，发现学者们选取的 R&D 投入指标主要涉及与 R&D 相关的经费投入和人力资本投入。R&D 经费支出能够反映产业或企业主动开展 R&D 活动而进行的资本投入，并能兼顾 R&D 经费的外部来源，而且 R&D 经费支出与为新产品开发、技术引进而投入的资金有重叠部分，所以本文选取 R&D 经费支出作为衡量福建高端装备制造业 R&D 投入的指标。R&D 人员全时当量表示从事 R&D 活动时间占全年工作时间 90% 及以上的专职人员，所以 R&D 人员全时当量相较于其他数据，反映实际情况的准确性更高。由于福建高端装备制造业 R&D 人员全时当量中部分数据缺失，因此本文选取 R&D 活动人员作为衡量福建高端装备制造业 R&D 投入的指标。

(2) 产业绩效变量选择。涉及产业绩效比较具有代表性的研究包括徐盈之和孙剑（2009）、杨立勋和韩立国（2011）、孙早和王文（2011）、谷鑫（2012）、陈旭升和钟云（2013）、赵霞和徐永锋（2014）、段婕和梁绮琪（2014）、黄海霞和张治河（2015）[18][19][20][21][22][23][24][9]的研究。他们用以衡量产业绩效的指标众多，但主要是从科技成果和资本贡献两个角度选取。被学者们选用的财务指标有新产品销售收入、工业增加值、成本利润率、销售利润率、工业成本费用利润率等；被学者们选用来衡量科技成果的指标包括新产品开发项目数、专利申请数、专利的发明授权数等。新产品销售收入和产业增加值可以准确反映产业在一定时期内技术创新活动的经济效益情况，而且福建高端装备制造业相关数据的获得具有较高的可行性，所以本文选取这两项作为衡量产业绩效的核心指标。R&D投入的最终目的是实现经济效益，但中间涉及一系列科技成果指标，主要为专利申请数和专利的发明授权数。对于高端装备制造业而言，其R&D成果的科技含量高，被最终授权的概率大，同时考虑数据搜集的可行性，所以本文选取专利申请数作为衡量福建高端装备制造业产业绩效的另一指标。

综上所述，本文结合前人的研究成果和福建高端装备制造业的实际情况，分别选取了R&D投入、产业绩效的计量指标，构建了相关指标体系，如表1所示。

表1 福建高端装备制造业R&D投入与产业绩效指标体系

项目	具体指标	单位
R&D投入	R&D经费支出	千元
	R&D活动人员	人
产业绩效	新产品销售收入	千元
	产业增加值	千元
	专利申请数	件

（二）数据说明

本文尽量匹配政府方面对相关行业的划分以及福建省发展高端装备制造业的方向，最终选择交通运输装备制造业、电子及通信设备制造业、电子计算机及办公设备制造业、医疗器械及仪器仪表制造业和电气机械及器材制造业这5个一级行业及其下14个二级子行业作为开展定量研究的对象。由于科技创新活动从资源投入最终产出成果到产生经济效益存在时滞效应，直接以同一年份的投入、产出数据开展实证研究有失严谨和科学性，因此本文在实证研究过程中将每个行业的当年产出与上一年的 R&D 投入相对应，组成该 DMU 在该年的投入、产出指标，数据涵盖 2007~2013 年共 6 个年度，数据的主要来源是 2008~2014 年的《福建省高新技术产业发展研究报告》。

五 实证结果与分析讨论

在 DEA – Malmquist 指数模型下使用 Deap 2.1 软件对 14 个二级子行业 2007~2013 年各年度的数据进行运算，得到各子行业在不同年度的效率值。Zha 和 Liang 通过数据验证，得出各子 DMU 的几何平均效率对其上级 DMU 的反映情况要优于算术平均效率[25]的结论；本文将 14 个二级子行业历年的效率值在其所属一级行业内求得的几何平均数作为一级行业在 Malmquist 指数模型下历年度的效率值；通过采用同样方法，求一级行业历年的效率值的几何平均数，可以得到福建高端装备制造业整体在历年的效率值。

（一）福建高端装备制造业整体历年 TFP 及其分解的变化分析

由表 2 可以看出福建高端装备制造业在 2007~2013 年全要素生产率平均下降了 4.8%，说明 6 个年度以来，整体在投入一定 R&D 资源的情况下未能实现充足的最终产出；出现这种状况的原因可以从 TFP 的分解中加以探究。纯技术效率年均增长 0.1%，规模效率年均下降 0.7%，技术进步率年均下降 4.2%，表明产业出现 TFP 下降，是由于产业技术出现了比较严重的衰退，产业规模未达到最优。尽管 R&D 资源配置和使用状况较好，但是对产业生产率的贡献不足，未能有效阻挡产业 TFP 的下降。

表 2　福建高端装备制造业 R&D 投入全要素生产率及其分解的历年均值

时间段	EC	TEC	PE	SE	TFP
2007~2008 年	0.864	0.996	0.963	0.897	0.860
2008~2009 年	1.210	0.938	0.870	1.391	1.134
2009~2010 年	0.627	1.603	1.053	0.595	1.005
2010~2011 年	1.498	0.638	1.105	1.355	0.955
2011~2012 年	1.025	0.875	0.980	1.046	0.897
2012~2013 年	0.961	0.923	1.053	0.913	0.888
均值	0.994	0.958	1.001	0.993	0.952

注：TFP（Total-Factor Productivity）表示全要素生产率；TEC（Technical Change）表示技术变化率或技术进步率；EC（Efficiency Change）表示综合技术效率变化；PE（Pure-technical Efficiency）表示纯技术效率；SE（Scale Efficiency）表示规模效率；均值表示历年效率值的几何均值；数值大于 1 表示指数增长，小于 1 表示指数下降（下同）。

（二）福建高端装备制造业各一级行业历年 TFP 及其分解的变化分析

使用 Deap 2.1 软件对行业 2007~2013 年相关数据进行运算，将运算结果加以整理可以得到福建高端装备制造业各一级行业历年的全要素生产率及其分解的变化情况。

（1）福建交通运输装备制造业 TFP 变动情况分析

福建交通运输装备制造业 TFP 及其分解历年统计见表 3。

表 3　福建交通运输装备制造业 TFP 及其分解历年统计

时间段	EC	TEC	PE	SE	TFP
2007~2008 年	0.749	0.834	0.898	0.833	0.624
2008~2009 年	1.220	0.797	0.859	1.420	0.972
2009~2010 年	0.508	1.553	0.839	0.606	0.789
2010~2011 年	1.151	0.670	1.000	1.151	0.771
2011~2012 年	1.591	0.839	1.370	1.161	1.335
2012~2013 年	0.805	0.968	1.129	0.714	0.780
均值	0.939	0.908	1.000	0.939	0.853

从表 3 可以知道，除了 2011～2012 年外，福建交通运输装备制造业在其他 5 个年度的 TFP 均小于 1，表明该产业在这 5 个年度持续出现全要素生产率的下降。2007～2008 年产业的 TEC、PE、SE 分别为 0.834、0.898 和 0.833，表明该年度产业未能实现对 R&D 经费、R&D 人员等技术创新资源的合理配置和有效利用；产学研合作、外部技术引进、技术创新活动管理等方面没有达到良好状态，未能有效推动产业技术进步；产业规模也未达到最优状态。2008～2009 年产业综合技术效率增长了 22%，主要得益于产业规模效率的提高，而不是产业实现了 R&D 资源的合理、有效使用或技术进步。2009～2010 年产业技术水平大幅提高，TEC 为 1.553，表明产业通过自主技术创新、产学研合作及外部技术引进实现的技术进步成为阻挡产业生产效率继续下滑的有效力量。2011～2012 年产业规模得到了合理调整，R&D 经费和 R&D 人员等技术创新资源也得到了合理配置和有效使用，纯技术效率和规模效率分别增长了 37% 和 16.1%，推动 TFP 提升了 33.5%。2012～2013 年尽管 R&D 经费投入和 R&D 人员投入得到了合理、有效利用，纯技术效率增长了 12.9%，但产业规模不合理和产业技术衰退合力拉低了 TFP 水平。

（2）福建电子及通信设备制造业 TFP 变动情况分析

福建电子及通信设备制造业 TFP 及其分解历年统计见表 4。

表 4　福建电子及通信设备制造业 TFP 及其分解历年统计

时间段	EC	TEC	PE	SE	TFP
2007～2008 年	0.657	0.909	0.920	0.714	0.597
2008～2009 年	2.433	0.871	1.369	1.777	2.119
2009～2010 年	0.828	1.402	0.950	0.871	1.160
2010～2011 年	1.238	0.756	1.251	0.989	0.936
2011～2012 年	0.905	0.786	1.010	0.896	0.711
2012～2013 年	1.069	0.971	0.964	1.109	1.039
均值	1.080	0.928	1.065	1.014	1.002

从表 4 可以看出 2007～2013 年福建电子及通信设备制造业的 TFP 在其中三个年度大于 1，在另外三个年度小于 1，表明该产业在这 6 个年度

的全要素生产率处于不断波动的状态。2007~2008年产业的R&D经费、R&D人员等技术创新资源得到了比较合理的配置和使用，但未能达到最优水平，所以产业的纯技术效率略小于1，而且产业的技术水平在该年度出现了下滑，规模也未达到最优状态，导致TFP仅为0.597。2008~2009年产业规模效率提高了77.7%，与此同时，产业R&D经费投入和R&D人员投入得到了充分、合理利用，纯技术效率上涨了36.9%，最终有效推动了产业全要素生产率大幅提高（上涨111.9%）。2009~2010年产业技术水平的大幅提高有效化解了R&D经费、R&D人员非有效利用和产量规模效率下降的消极影响，推动TFP提高了16%。2010~2011年和2011~2012年福建电子及通信设备制造业纯技术效率持续增长了25.1%和1%，表明产业在这两个年度通过加强技术创新管理和制度改革，实现了对R&D经费、R&D人员的合理配置和有效利用，但是产业在这两个年度技术持续衰退，产业规模效率不断下滑，导致这两个年度的产业全要素生产率连续下降。2012~2013年产业的技术进步率和纯技术效率分别小幅度下降了2.9%和3.6%，但是产业通过对规模进行合理化调整，规模效率提高了10.9%，推动产业全要素生产率实现了3.9%的增长。

（3）福建电子计算机及办公设备制造业TFP变动情况分析

福建电子计算机及办公设备制造业TFP及其分解历年统计见表5。

表5 福建电子计算机及办公设备制造业TFP及其分解历年统计

时间段	EC	TEC	PE	SE	TFP
2007~2008年	0.995	0.886	1.000	0.995	0.882
2008~2009年	0.598	0.899	0.602	0.993	0.537
2009~2010年	0.614	1.875	1.488	0.411	1.149
2010~2011年	1.982	0.431	1.014	1.956	0.855
2011~2012年	0.960	0.753	0.860	1.116	0.723
2012~2013年	0.855	0.915	0.957	0.893	0.782
均值	0.917	0.873	0.953	0.962	0.800

由表5可以看出福建电子计算机及办公设备制造业的TFP除了在2009~2010年为1.149大于1之外，在其他年度均小于1，说明该产业的

全要素生产率在 2009~2010 年实现了增长，在其他年度均出现了不同程度的下降。2007~2008 年纯技术效率水平不变，R&D 经费、R&D 人员的配置情况和利用效率未发生根本性变化，但产业技术进步率下降了 11.4%，产业规模未达到最优。2008~2009 年产业技术效率继续衰退，技术进步效率下降了 10.1%，产业规模亦未得到有效优化，纯技术效率下降了 39.8%，R&D 经费、R&D 人员等技术创新资源出现比较严重的不合理配置和非有效使用，导致 TFP 降低了 46.3%。2009~2010 年产业技术水平得到了大幅度提高，投入的 R&D 资源得到了合理配置和充分利用，TEC 和 PE 分别增长了 87.5% 和 48.8%，在产业规模效率下降的不利情况下，强力推动 TFP 增长了 14.9%。2010~2011 年产业 R&D 经费、R&D 人员等技术创新资源的有效配合和使用，使纯技术效率增长了 1.4%，加之产业规模得到了合理调整，规模效率增长了 95.6%，但在技术严重衰退的拖累下，产业在该年度的全要素生产率下降了 14.5%。2011~2012 年产业技术出现衰退，而且未实现对 R&D 经费投入和 R&D 人员投入的有效利用，导致 TFP 下滑了 27.7%。2012~2013 年产业内成员未采取有效措施推动产业技术进步或产业规模调整，也未能有效管理技术创新活动或合理配置、有效利用包括 R&D 经费和 R&D 人员在内的资源，导致福建电子计算机及办公设备制造业在该年度的全要素生产率下降了 21.8%。

（4）福建医疗器械及仪器仪表制造业 TFP 变动情况分析

福建医疗器械及仪器仪表制造业 TFP 及其分解历年统计见表 6。

表 6 福建医疗器械及仪器仪表制造业 TFP 及其分解历年统计

时间段	EC	TEC	PE	SE	TFP
2007~2008 年	0.625	1.388	1.000	0.625	0.868
2008~2009 年	1.219	1.077	0.703	1.733	1.312
2009~2010 年	1.033	1.577	1.093	0.945	1.629
2010~2011 年	1.374	0.651	1.300	1.056	0.895
2011~2012 年	0.635	1.159	0.761	0.835	0.737
2012~2013 年	1.441	0.807	1.245	1.158	1.163
均值	0.998	1.062	0.991	1.007	1.061

从表6可以得出福建医疗器械及仪器仪表制造业在2007~2013年有三个年度的 TFP 大于1，三个年度的 TFP 小于1，说明这6个年度该产业的生产率的增长变化呈现波动状态，而6个年度 TFP 的均值为1.061，说明该行业的全要素生产率整体上处于上升状态。2007~2008年产业技术进步率提高了38.8%，R&D 经费和 R&D 人员得到合理配置和有效利用，实现了产业 R&D 投入的纯技术有效，但 SE 仅为0.625，拖累 TFP 仅为0.868。2008~2009年产业技术进步和产业机构的合理化调整，推动 TFP 提高了31.2%。2009~2010年技术进步、R&D 资源合理配置有效、强力推动福建医疗器械及仪器仪表制造业全要素生产率提升了62.9%。2010~2011年产业技术进步率大幅度下滑34.9%，导致 TFP 下降了10.5%。2011~2012年产业采取有效措施提高了技术水平，但 R&D 经费、R&D 人员等资源未得到合理配置和使用，而且产业规模出现不合理状态，导致 TFP 继续下降。2012~2013年产业对行业规模进行了有效调整，R&D 经费和 R&D 人员等技术创新资源得到了充分、有效利用，SE 和 PE 分别增长了15.8%和24.5%，有力推动福建医疗器械及仪器仪表制造业全要素生产率实现了16.3%的增长。

（5）福建电气机械及器材制造业 TFP 变动情况分析

福建电气机械及器材制造业 TFP 及其分解历年统计见表7。

表7 福建电气机械及器材制造业 TFP 及其分解历年统计

时间段	EC	TEC	PE	SE	TFP
2007~2008年	1.572	1.050	1.000	1.572	1.650
2008~2009年	1.199	1.079	1.000	1.199	1.294
2009~2010年	0.363	1.646	1.000	0.363	0.597
2010~2011年	1.941	0.741	1.000	1.941	1.438
2011~2012年	1.290	0.891	1.000	1.290	1.149
2012~2013年	0.774	0.966	1.000	0.774	0.748
均值	1.048	1.029	1.000	1.048	1.079

由表7可以得出福建电气机械及器材制造业在2007~2013年除了2009~2010年和2012~2013年的 TFP 小于1以外，其他年度的 TFP 均大

于 1，说明该产业的全要素生产率在 6 个年度除了在个别年度下降外，整体上处于上升状态，TFP 年均增长率为 7.9%。综观 6 个年度中全要素生产率分解而成的各效率值，可以知道福建电气机械及器材制造业的纯技术效率在各年度均保持不变，表明该行业在这 6 个年度中 R&D 经费、R&D 人员等技术创新资源的配置合理性和利用效率水平保持不变，一直处于比较理想的状态；产业的技术进步率在前三个年度实现不同程度的提高，其中于 2009~2010 年提高了 64.4%，在后三个年度又出现了不同程度的衰退；产业的规模效率在 2009~2010 年和 2012~2013 年出现下降，在另外四个年度均实现了不同程度的上升。解析福建电气机械及器材制造业 6 个年度的各效率几何均值，可以知道该产业在这 6 个年度中技术水平实现了提高，产业规模得到了优化，R&D 经费、R&D 人员配置状况和利用效率保持不变，三个方面的良好配合推动了产业全要素生产率的提高，即实现了在一定的 R&D 经费、R&D 人员及其他资源的投入水平下，产业新产品销售收入、产业增加值和专利申请数的增长。

六 结论与建议

福建高端装备制造业各子行业在 2007~2013 年积极开展 R&D 活动，投入 R&D 资源，调整产业规模，提升产业纯技术效率和技术进步率，努力推动产业发展。但是，各子行业在各个年度对前述各项改进工作的延续性不强，相关工作的效率出现了不同程度的升、降波动。在相关努力或改进工作延续性较弱的情况下，后期的不作为会消耗掉前期的努力成果，并且会造成固定资产、R&D 经费、R&D 人员等资源的浪费，最终不利于产业状况的改善和产业绩效的提高。本文根据以上分析和结论，给出以下建议。

（1）各级政府应当制定详尽的 R&D 资源投入鼓励性政策和实施细则，而政策针对的对象包括产业整体以及需要重点发展和扶持的特定子行业，政策的内容应涉及金融、财政、税收等方面。设置专项财政资金、补贴企业的 R&D 投入；设置针对特定行业的贷款利率、提供信贷担保等，消除或减少产业融资、信贷的门槛和阻力;政府制定优惠性税收政策,降低技术材料、资料、设备购进和外部技术引进等方面的成本;制定针对高端装备制造业创新性产品销售、出口的优惠性税收政策和措施,弱化新产品的销售阻力,激发产业内企业技术创新、产品改进和 R&D 投入的积极性。

(2)根据对现阶段产业 R&D 资源主要来源的判断,各利益相关者要在充分沟通、增进了解的前提下相互协调,合理调整各方承担 R&D 资源投入方面的责任。政府要充分发挥良好的引导和辅助作用,为企业、风险投资、科研院所搭建交流、合作平台;产业内企业通过信息互通、优势互补,实现在对 R&D 资源节约利用的情况下 R&D 活动的高效率;通过构建高效、合理的技术创新制度,提高产业、企业的 R&D 活动管理水平,做好对有限 R&D 经费和优质 R&D 人才的合理配置和有效使用,合理调整 R&D 投入要素结构,提升产业 R&D 活动的有效性和产业最终的综合绩效水平。

(3)实证分析福建高端装备制造业在 *DEA – Malmquist* 模型下的全要素生产率及其分解情况,发现产业规模在多个年度未达到最优状态。作为战略性新兴产业中的重点发展对象,高端装备制造业规模的扩大、实力的增强对区域及国民经济整体都有重大影响和深远意义。福建高端装备制造业要积极与发达国家的相关产业展开交流,虚心向其学习,加大 R&D 资源投入,通过引进、复制、吸收、改进的方式实现技术进步,并与产业规模的扩大相配合,广泛参与国际竞争。各级政府要找准行业的发展方向,加大对重点行业的投入力度,扩大相关产业的规模,同时,逐步收缩对限制性或非关键性行业的投入,将注意力转移至具有发展前景的行业和领域,实现有限 R&D 资源在合理产业规模下的有效使用。

参考文献

[1] Hermmert M., "The Influence of Institutional Factors on the Technology Acquisition Performance of High-tech Firms: Survey Results from Germany and Japan," *Research*

Policy, 2004, 3 (6-7): 1019-1039.

[2] Wu Yan-bing, "R&D and Productivity: An Empirical Study on Chinese Manufacturing Industry," *Economical Research Journal*, 2006 (11): 60-71.

[3] Hsiao-Wen Wang, Ming-Cheng Wu, "Business Type, Industry Value Chain, and R&D Performance: Evidence from High-tech Firms in an Emerging Market," *Technological Forecasting & Social Change*, 2012 (79): 326-340.

[4] Stephen K. Markham, "The Impact of Front-end Innovation Activities on Product Performance," *Prod InnovManag*, 2013, 30 (S1): 77-92.

[5] Teck-Yong Eng, Sena Ozdemir, "International R&D Partnerships and Intra Firm R&D-Marketing-Production Integration of Manufacturing Firms in Emerging Economies," *Industrial Marketing Management*, 2014 (43): 32-44.

[6] 吴和成、华海岭、杨勇松：《制造业R&D效率测度及对策研究——基于中国17个制造行业的数据》，《科研管理》2010年第5期，第46~52页。

[7] 赵刚：《美国再工业化之于我国高端装备制造业的启示》，《中国科技财富》2011年第17期，第20~22页。

[8] 彭中文、熊炬成、黄研：《中国高技术产业集聚与自主研发绩效研究》，《湘潭大学学报》（哲学社会科学版）2013年第1期，第77~80页。

[9] 黄海霞、张治河：《基于DEA模型的我国战略性新兴产业科技资源配置效率研究》，《中国软科学》2015年第1期，第150~159页。

[10] 刘志迎、叶蓁：《我国东中西部高技术产业TFP比较分析——基于非参数的Malmquist指数方法》，《高科技与产业化》2006年第4期，第22~24页。

[11] 陈玉和、李佳、孙作人：《基于DEA-Malmquist指数的矿业城市全要素生产率分析》，《青岛科技大学学报》（社会科学版）2010年第2期，第11~13页。

[12] 吴延兵：《中国地区工业知识生产效率测算》，《财经研究》2008年第10期，第8页。

[13] 赵琳、范德成：《中国制造业分行业的R&D效率研究——基于制造业29个行业的实证分析》，《情报杂志》2011年第9期，第196~201页。

[14] 张爱宁、玄兆辉、马巧丽：《甘肃省R&D活动效率研究》，《中国科技论坛》2012年第6期，第116页。

[15] 李璐、张婉婷：《研发投入对我国制造类企业绩效影响研究》，《科技进步与对策》2013年第24期，第81~82页。

[16] 张宇青、易中懿、周应恒：《我国省际R&D活动效率评价研究——基于DEA和SFA模型》，《科学管理研究》2013年第2期，第91页。

[17] 綦良群、王成东、蔡渊渊：《中国装备制造业R&D效率评价及其影响因素研究》，《研究与发展管理》2014年第1期，第111~118页。

[18] 徐盈之、孙剑：《信息产业与制造业的融合——基于绩效分析的研究》，《中国工业经济》2009年第7期，第56~66页。

[19] 杨立勋、韩立国：《SCP 视角下的装备制造业绩效因子分析——以甘肃省为例》，《上海商学院学报》2011 年第 4 期，第 52~57 页。

[20] 孙早、王文：《产业所有制结构变化对产业绩效的影响——来自中国工业的经验数据》，《管理世界》2011 年第 8 期，第 66~78 页。

[21] 谷鑫：《论多层次资本市场对战略性新兴产业的促进作用》，《商业时代》2012 年第 30 期，第 122 页。

[22] 陈旭升、钟云：《高端装备制造业市场绩效影响研究》，《工业技术经济》2013 年第 6 期，第 25~32 页。

[23] 赵霞、徐永锋：《甘肃装备制造业市场结构与市场绩效关系的实证检验》，《兰州商学院学报》2014 年第 6 期，第 31~39 页。

[24] 段婕、梁绮琪：《基于因子分析法的产业技术创新绩效评价研究——以陕西省装备制造业为例》，《科技管理研究》2014 年第 14 期，第 53~57 页。

[25] Zha Y., Liang L., Two-stage DEA Model for Cooperative Efficiency Evaluation: A Geometric Mean Method, Proceedings of ICOSCM, the 1st International Conference of Operations and Supply Chain Management, 2007, pp. 264 – 268.

我国科普能力发展的影响因素分析[*]

郑 念 齐培潇[**]

摘 要： 国家科普能力是一个国家向公众提供科普产品和服务的综合实力，是提升公民科学素质的重要支撑。从科普人员、科普经费、科普基础设施、科学教育环境、科普作品传播和科普活动六个要素的扰动出发，利用脉冲响应函数分析其对我国科普能力的影响。研究发现，科普基础设施对我国科普能力发展贡献最大，科普作品传播和科普活动成为我国科普能力建设中的短板。

关键词： 国家科普能力 影响因素 脉冲响应

一 研究背景

习近平总书记在2016年5月30日召开的"科技三会"上明确指出："科技创新、科学普及是实现创新发展的两翼，要把科学普及放在与科技创新同等重要的位置。"这既是创新发展的内在逻辑要求和规律反映，也是党和国家领导人多次强调和指明的科普发展方向。如何把科普做大做强，与科技创新

---

[*] 中国科普研究所项目"国家科普能力监测评估"（项目编号：2017LYE020301）。
[**] 郑念，中国科普研究所科普政策研究室主任，研究员，博士后导师，研究方向为科普政策、科普评估；齐培潇，中国科普研究所博士后，研究方向为科普评估、科学文化。

"比翼双飞",不仅是个现实问题,还是个理论问题;不仅关系创新发展的成效,还关系创新型国家建设,更关系建设世界科技强国目标的实现。

为推进实施《全民科学素质行动计划纲要(2006—2020年)》(简称《科学素质纲要》),努力建设创新型国家,根据《国务院关于印发实施〈国家中长期科学和技术发展规划纲要(2006—2020年)〉若干配套政策的通知》(国发〔2006〕6号),加强国家科普能力建设,提高公民科学素质,2007年科技部等八部委联合发布《关于加强国家科普能力建设的若干意见》(国科发政字〔2007〕32号)(以下简称《意见》),推动国家科普能力的建设、提升和发展。在新的历史条件下,中国政府面临经济发展方式转变、结构调整和创新驱动发展的重大战略机遇期,亟须通过"大众创业、万众创新"来激发社会经济发展的活力,实现转型发展,跨越发展陷阱,更需要从根本上提升国家和民族竞争力,取得竞争优势,因此,重视国家科普能力建设具有深远的意义。

科普能力由一系列要素构成,现有的科普工作组成要素都是科普能力的构成要素。为此,《意见》明确提出加强国家科普能力建设的主要任务是:繁荣科普创作,大力提高我国科普作品的原创能力;加强公众科技传播体系和科普基础设施建设,建立更加广泛的科技传播渠道;完善中小学科学教育体系,提高科学教育水平;完善政府与社会的沟通机制,促进公众理解科学;加强示范引导,进一步提高科普工作的社会动员能力;专兼职结合,建设高素质的科普人才队伍。

《意见》颁布以来,全国各地大力加强科普能力建设,在科技馆体系、科普基础设施、科普信息化、科普传播能力、科普活动、科普产品、科普人才队伍建设等方面都取得了较大的发展。分析各要素对我国科普能力的整体影响对提升我国科普能力建设水平及促进科普事业的长远发展非常重要。

二 文献综述

(一)区域科普能力分析

科普能力评价的主要目的是提高社会文化效益。通过文献检索发现,关于国家层面的科普能力评价研究存在明显不足，缺乏成熟的理论基础。陈昭锋首次界定了区域科普能力，从科普基础设施、各级政府对科普事业政策支持、科普宣传能力、科普投入社会化四个方面分析了我国区域科普能力建设的趋势[1]。佟贺丰等基于国家科普统计指标，从科普的投入和产出角度，构建了包括科普人员、经费投入、基础设施、科普传媒、活动组织5个一级指标和17个二级指标的地区科普力度评价指标体系[2]。

还有部分学者在构建地区科普能力评价指标时，主要参考《中国科普统计》中的指标，包括科普人员、科普场地、科普经费、科普传媒、科普活动五个方面。任嵘嵘等在参考既有科普能力评价指标体系以及我国科普统计指标体系的基础上，同时考虑地区人口和GDP要素，构建了涉及科普投入、基础设施、科普人员、科普创作及科普活动组织5个一级指标和23个二级指标的地区科普能力评价指标体系[3]。张慧君和郑念[4]设计的指标大体与任嵘嵘等[3]类似，但在科普经费、科普传媒、科普活动三方面中并未考虑地区人口。张立军等根据科普能力的内涵及对评价目标的认识，在已有研究的基础上丰富了二级指标，共选取37个二级指标[5]。

（二）科普能力的分类分析

科普能力相关要素的评价研究，主要包括主体要素（科普人才队伍）、客体要素（受众）、支撑要素（政策环境等）、载体要素（场馆、社区等）、内容和手段要素等。学者从社区、科技人才、科协各级组织、科普场馆、科普活动等微观层面对科普能力进行了研究。

李健民等结合上海科普事业发展实践，选择科普场馆、科普活动、科普示范社区及科普网站四个方面作为评价的试点项目和研究案例[6]。随着我国城镇化进程的不断加快，社区科普在提高居民科学素质等方面发挥了重要作用。李力等以沈阳市社区科普为例，从社会管理创新角度对社区科普工作进行了分析，提出增强社区科普能力的建议[7]。莫扬等基于中科院科研院所的调查，分析了我国科技人才科普动员能力、投入、培养、激励等情况，提出了科普能力建设机制的对策建议[8]。李涵锦从高校科普现状出发，结合传播学理论，提出科普能力建设的"硬能力"和"软能力"[9]。

中国科协各级组织作为联系广大科技工作者的人民团体，成为科技创新的重要推动力量。《重庆市科普工作绩效评价与对策研究》课题组构建了重庆市区县科协科普能力指标体系，指标数据主要来源于中国科协系统2012年综合统计报表[10]。黄丹斌和苏晓生从学会的专业优势、科普创作体系、整合科普资源、创新传播环境、建立示范区和人才队伍建设六个方面，对如何增强学会科普能力进行了论述[11]。

科普场馆作为向公众传播科学知识的重要载体，有效提升自身科普能力非常重要。学者们一般从科普场馆的属性、职能、规模等方面分析场馆的科普能力，进而提出建议。赵洪涛等以北京自然博物馆为例分析了博物馆科普能力建设，并结合案例说明有效提升自然博物馆科普能力的途径[12]。

此外，张立军等将分形理论应用于科普能力评价，有效解决了影响科普能力各指标变量间非线性、不规则问题，刻画了国家科普能力和地区科普能力间的过渡特征，准确、充分地反映了科普这一复杂事物系统内部的结构和分布特征[5]。齐培潇等利用经济学和系统科学的相关知识，分别从需求角度和投资角度构建了包含"吸引"要素的科普活动效果评价模型[13]。

总体来说，在对科普能力进行评价时，国内学者主要借鉴科技评价工作中的指标体系，将科普能力评价指标大体分为科普投入、科普产出和科普支撑条件三个维度；在评价地区科普能力时，假定科普支撑条件对不同地区的影响是相同的；而且，分析不同要素对国家科普能力发展的影响的文献并不多见。

三　分析方法和数据

本文将利用脉冲响应函数对我国科普能力的影响因素进行分析，发掘哪些因素对国家科普能力发展有积极影响，哪些因素又成为国家科普能力发展的短板和不足。

利用脉冲响应函数（Impulse Response Function，IRF）可以分析模型中每个内生变量对它自身以及其他内生变量的扰动所做出的反映，了解动态特征。IRF 用以衡量来自某个内生变量的随机扰动项的一个标准差冲击对模型中所有内生变量当前值和未来取值的影响。

可考虑包含两个内生变量且滞后一期的向量自回归模型：

$$\begin{cases} Y_{1t} = a_{11} Y_{1t-1} + a_{12} Y_{2t-1} + \varepsilon_{1t} \\ Y_{2t} = a_{21} Y_{1t-1} + a_{22} Y_{2t-1} + \varepsilon_{2t} \end{cases}$$

ε_{1t}、ε_{2t} 为随机扰动，如果 ε_{1t} 发生一个冲击，将使 Y_{1t} 的当前值立即发生变化。同时，通过模型的作用，也会引起变量 Y_{2t} 的下一期取值发生改变，又由于滞后的影响，变量 Y_{2t} 的变化还会引起变量 Y_{1t} 未来值的改变，因此，随着时间的推移，扰动的最初影响在模型中的扩散将引起模型中所有内生变量的改变。另外，若 ε_{1t} 与 ε_{2t} 不相关，则能确定某个变量的扰动是如何影响模型中所有其他变量的；若 ε_{1t} 与 ε_{2t} 相关，则说明它们包含一个不与特定变量相联系的共同成分，此时，该共同成分的效应归属于模型中第一个出现的变量。

做脉冲响应分析时，所用数据分别是 2006~2015 年我国国家科普能力发展指数以及对应年份的科普人员、科普经费、科普基础设施、科学教育环境、科普作品传播和科普活动六个影响国家科普能力的要素的发展指数。全部数据来源于《国家科普能力发展报告 (2006~2016)》[14]，如表 1 所示。

表 1 2006~2015 年我国国家科普能力发展指数以及各影响要素指数情况

指数	2006年	2008年	2009年	2010年	2011年	2012年	2013年	2014年	2015年
国家科普能力发展指数	1.00	1.25	1.52	1.64	1.75	1.88	1.96	2.03	2.05
科普人员发展指数	1.00	1.19	1.51	1.83	1.88	1.98	2.27	2.18	2.02
科普经费发展指数	1.00	1.22	1.50	1.67	1.71	1.94	2.02	2.37	2.25
科普基础设施发展指数	1.00	1.30	1.66	1.85	2.00	2.17	2.29	2.33	2.41
科学教育环境发展指数	1.00	1.22	1.37	1.44	1.93	1.91	1.72	2.02	2.17
科普作品传播发展指数	1.00	1.21	1.26	1.33	1.22	1.46	1.45	1.26	1.59
科普活动发展指数	1.00	1.37	1.81	1.58	1.68	1.64	1.76	1.68	1.73

注：①国家科普能力发展指数的计算不包括港、澳、台地区；②由于 2007 年科普统计的多项数据缺失，因此没有计算该年份的国家科普能力发展指数；③指数的计算以 2006 年为基期。

资料来源：表中数据根据《国家科普能力发展报告 (2006~2016)》有关内容整理。

四 要素扰动对国家科普能力的影响分析

本文利用 Eviews 8.0 分别分析国家科普能力对科普人员、科普经费、科普基础设施、科学教育环境、科普作品传播和科普活动这六个要素扰动的脉冲响应。为方便分析,用 Y 表示国家科普能力,用 P、F、I、E、W、A 分别代表科普人员、科普经费、科普基础设施、科学教育环境、科普作品传播和科普活动。国家科普能力对科普人员、科普经费、科普基础设施、科学教育环境、科普作品传播和科普活动扰动的响应结果如图 1 至图 6 所示。

根据图 1,国家科普能力对来自科普人员 P 的扰动并没有立即做出响应,从第 2 期开始至第 3 期均做出正向响应,响应函数值最大为 0.02;但是到第 4 期,国家科普能力对科普人员扰动的响应缓慢增加,且为负向的;第 5 期至第 6 期又变为正向响应,在响应变缓后,在第 8 期这种响应开始增加,最大响应函数值达到 0.09。所以,从整个扰动过程看,科普人员对国家科普能力的扰动影响虽然缓慢,但整体呈现弱的正向影响趋势。

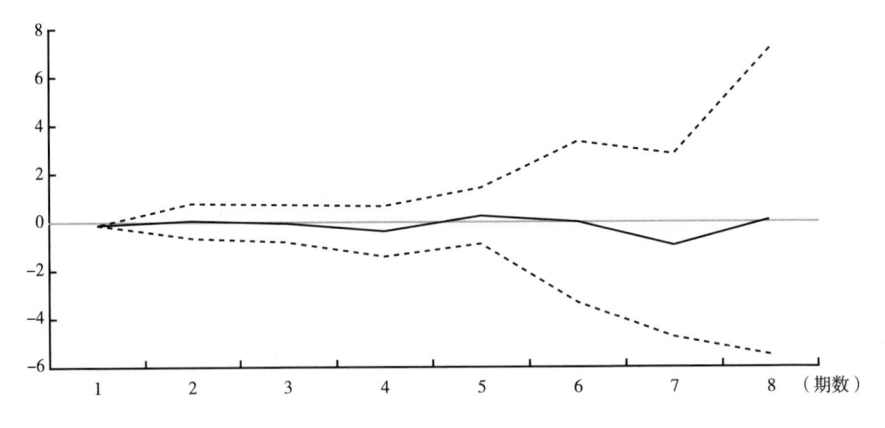

图 1　国家科普能力对科普人员扰动的脉冲响应

注:横轴表示期数,纵轴表示脉冲响应函数的大小,图中虚线表示正负两倍标准差偏离带,下同。

根据图2，国家科普能力对来自科普经费 F 的扰动在初期也没有立即做出响应，从第2期开始出现缓慢响应，且为负向的；到第3期这种响应由负向变为正向，响应效果开始慢慢变大，但到第4期又变为负响应，直到第5期，国家科普能力对来自科普经费的扰动响应出现大的增加，且为正向，响应函数值为0.07，到第7期响应效果更为明显，达到0.15，在第8期该响应又逐渐变缓。所以，从整个扰动影响过程看，科普经费对国家科普能力的扰动影响虽有波动，但整体上看，正向的响应占据主动。

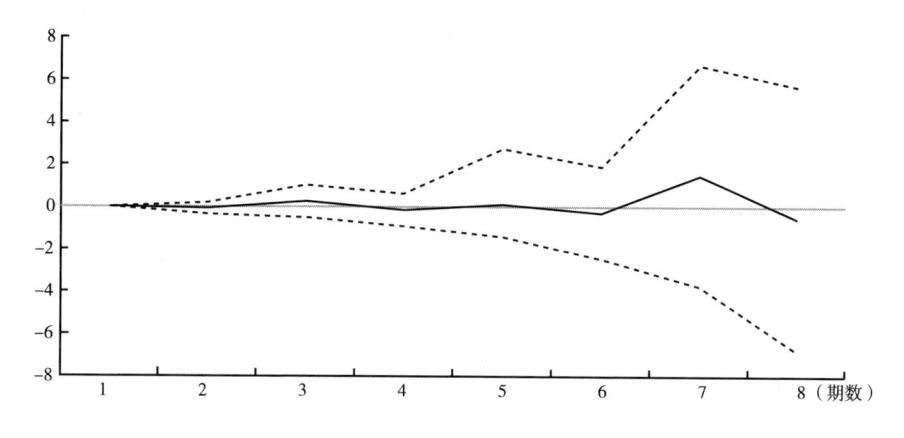

图2 国家科普能力对科普经费扰动的脉冲响应

根据图3，国家科普能力对来自科普基础设施 I 的扰动在初始阶段响应同样为0。从第2期开始出现正向响应，且效果明显，这种明显的正向响应效果延续到第3期，脉冲响应函数值从0.016增大到0.032。第3期到第5期，国家科普能力对科普基础设施的扰动的响应逐渐放缓，但仍为正向响应。从第6期开始这种正向响应又呈现上升趋势，脉冲响应函数值在第6期达到0.014，至第7期，响应效果又呈现缓慢增加趋势，这种放缓趋势延续至第8期，直至变为负向的响应，但负向效果极为微小。所以，从整个扰动的过程看，国家科普能力对科普基础设施扰动的响应基本上呈现较强的正向响应，其对国家科普能力提升的贡献作用更大。

根据图4，国家科普能力对来自科学教育环境 E 的扰动在初期阶段的脉冲响应为0。从第2期开始出现明显正向响应，响应函数值为0.00055，

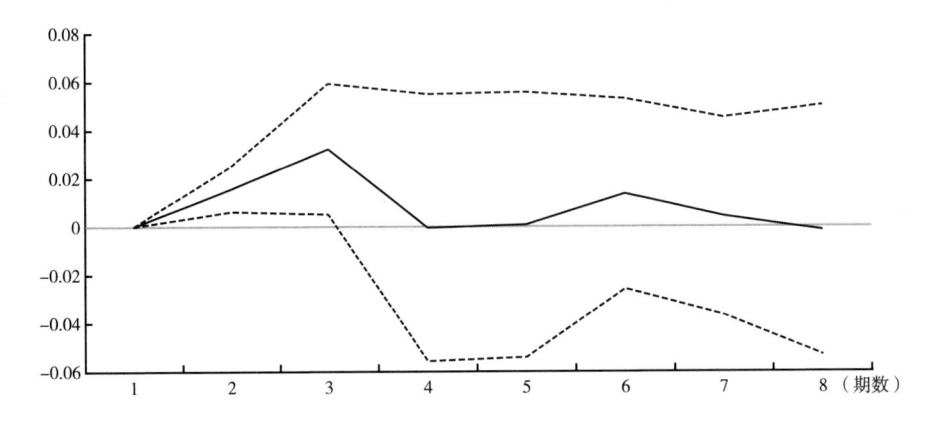

图3　国家科普能力对科普基础设施扰动的脉冲响应

这种响应效果一直平稳延续到第3期。从第4期开始，国家科普能力对科学教育环境的扰动的响应效果放缓，变为负向响应，函数值变为-0.00034，到第5期，这种响应效果虽有小幅度增加，但仍旧为负响应，直到第6期，这种响应增势逐渐扩大，变为正向响应，此过程在第7期仍有保持，响应函数值达到0.00054。所以，从整个扰动过程看，国家科普能力对科学教育环境扰动的正向响应多于负向响应，效果虽然比不上科普基础设施对国家科普能力的影响，但仍然成为推动国家科普能力提升的第二大影响要素。

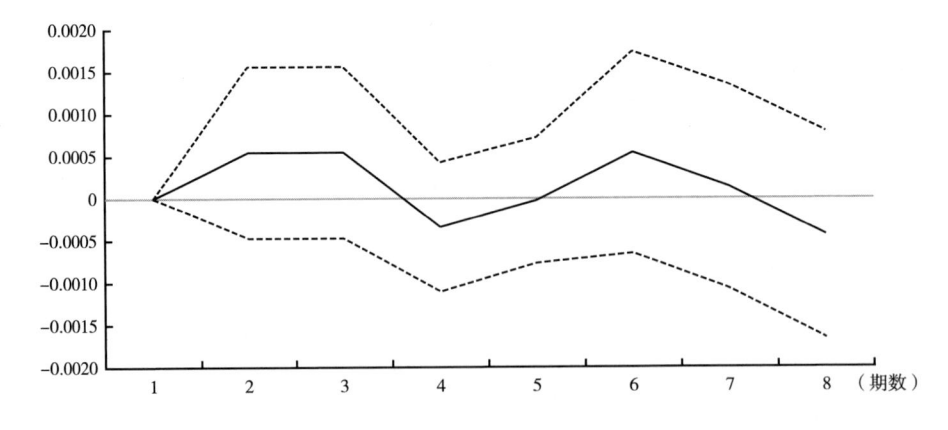

图4　国家科普能力对科学教育环境扰动的脉冲响应

根据图5，国家科普能力对来自科普作品传播 W 的扰动在第1期并未立即做出响应。从第2期开始出现非常微小的正向响应，脉冲响应函数值为0.00005，但是这种微小的正向响应并没有持续下去，在第3期出现较大波动，变为负向响应，响应速度放缓程度相对较大，脉冲响应函数值为 −0.00166。在第4期又出现反复，变为正向响应，且响应效果明显增强，但是，此后的第5期和第6期都为负向响应，而且负向响应效果明显，脉冲响应函数值分别为 −0.00107 和 −0.00047。到第7期时又呈现正向的较为微弱的趋势，而在接下来的第8期又转变成负向响应，脉冲响应函数值为 −0.00042。所以，从整个扰动的过程来看，国家科普能力对科普作品传播扰动的总体响应并不积极，而且负向响应明显多于正向响应，同时负向响应的效果相对更大，因而，科普作品传播这一要素对国家科普能力提升的贡献是微弱的（至少目前看）。

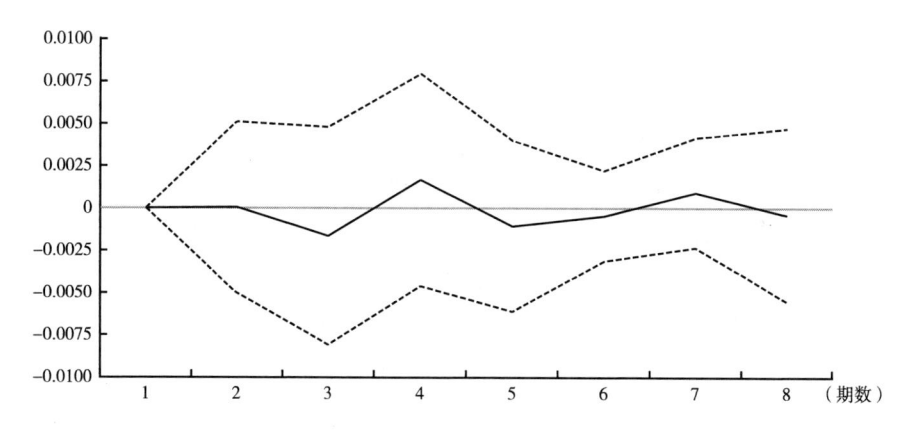

图5　国家科普能力对科普作品传播扰动的脉冲响应

根据图6，国家科普能力对来自科普活动 A 的扰动在第1期和其他5个要素一样并未立即做出响应。第2期开始出现响应，但为负向的，脉冲响应函数值为 −0.0005，这种负向响应一直持续到第3期，负向响应不断变强，脉冲响应函数值变为 −0.0023。到第4期，正向响应才开始出现，但效果不大，脉冲响应函数值为 0.001，但是这种势头没有持续到第5期，反而在第5期又变为负向响应，脉冲响应函数值为 −0.0021。从第5期开始直到第8期，负向、正向响应交替出现，没能形成持续性正向影响效果。所以，从整个扰动的过程来看，国家科普能力对科普活动扰动的总体响应同样不积极，而且负向响应明显多于正向响应，正向响应效果不能形成一个持续的过程，因而，科普活动这一要素对国家科普能力提升的贡献是较弱的（至少目前看）。

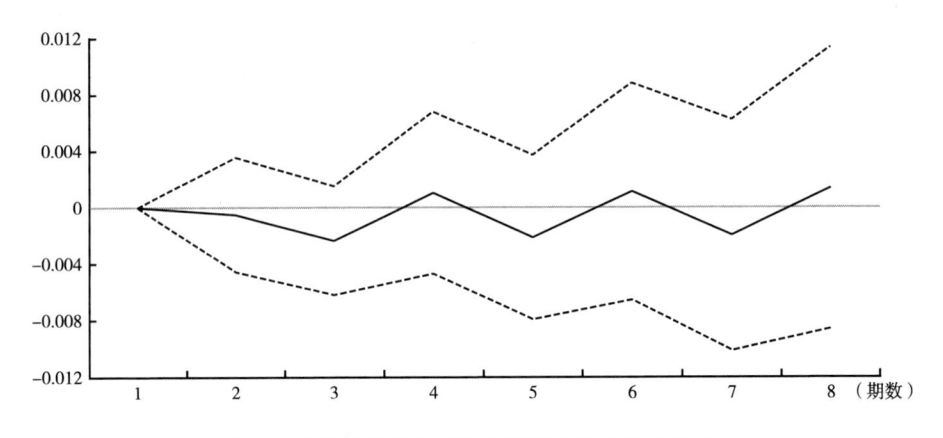

图6　国家科普能力对科普活动扰动的脉冲响应

根据图1至图6显示的结果可知，科普人员、科普经费、科普基础设施和科学教育环境对国家科普能力的扰动影响相对明显，其中，科普基础设施和科学教育环境对国家科普能力的扰动影响更大，尤其是科普基础设施。从目前看，科普作品传播和科普活动对国家科普能力的扰动影响整体上并不是很积极，特别是科普活动对国家科普能力的促进作用非常弱。

总之，在科普人员、科普经费、科普基础设施、科学教育环境、科普作品传播和科普活动这六个要素中，科普基础设施对国家科普能力的推动作用相对更大；科普作品传播和科普活动对国家科普能力的推动作用没有形成持续性的态势。

科普基础设施是科普人员和科普经费在一定数量、一定时期内的有效积累和直接体现。而且，科普基础设施是科普工作落地的最重要环节之一，同时还会影响科学教育环境的建设与发展。科普活动，特别是科普作品传播对提升国家科普能力的作用甚为微小。科普作品传播能力一直增长缓慢，甚至在2011年、2013年和2014年均出现不同程度的负增长，2014年较2013年同比下降13.1%。科普活动能力的增长速度在2010年、2012

年和2014年也都出现不同程度的负增长，最大跌幅为12.6%。在六个影响科普能力的要素中，科普作品传播和科普活动增长较为缓慢，这表明科普作品传播和科普活动对公众的实际影响效果并不大或者几乎没有影响，并未真正满足公众对科普的实际需求。

五 结语

（一）对策建议

随着现代社会的飞速发展，知识体量也越来越大，所以，科学普及更加成为人们在社会生活中学习新知识、获取新手段、掌握新方法的重要途径，在建设创新型国家中的作用越来越大。根据IRF的分析结论，提出进一步加强国家科普能力建设的对策建议。

第一，强化科普产业发展，以市场化提升科普活动的影响力，最大化满足公众需求。

政府主导与市场运作有机结合，保障科普事业持续健康发展。事业和产业并举，产业是事业的有力补充。推动科普产品的开发纳入国家科技研发体系之内，加大对科普产品开发项目的建设与支持力度，并建立科普产品交易平台，注重科普产业市场化发展，使优秀科普产品能够更快转化与落地，使科普更加贴近公众生活，逐步拉近科技与公众的距离。

第二，加强科普创作人才培养，避免因创作人才出现空缺，而导致作品传播环节的薄弱。

科普创作是科学普及的活水源头，要创作出大量满足公众现实需求和符合当今融合型社会发展需求的科普作品。当前亟须培养"互联网+"科普创作人才；精细分类，以需求为导向，丰富科普表达方式，突破传统，利用动漫、游戏、影视、虚拟现实、增强现实等更加现代化方式传播知识，相应的科普内容也要适应这些传播形式。推动专业科技人员与文艺创作人员、媒体编创人员相结合，引导文学、艺术、科技、教育、传媒等社会各方面的力量共同投身科普创作。要建立有效激励机制，加大对优秀科普作品支持和奖励力度。

另外，还要注重专业科普人才的培养，尽快建立科普专业人才培养体系。可以优先实施科普专业教师培训计划。组织科普领域专家团队编制关于科普教师培训的学习大纲和教材等，引进国外优质科教资源，形成师资队伍，为专业科普人才培养储备师资力量。考虑将科学课列入教育阶段，尤其是作为基础教育阶段的主要课程，用现代科技教育理念指导和促进科技教育的发展，建立校内外融合的科技教育体系，为将来培养科普专业人才奠定生源基础。进一步扩大和完善高校专业科普人才培养试点工作；完善科普专业人才课程体系及培养目标；可以形成联合培养机制，增加修业年限，鼓励学生去专业的科普领域进行实习，发挥高校培养专业科普人才的重要作用。

（二）研究局限与展望

本文仍存在以下需要改进的方面：其一，在脉冲响应研究的基础上，可进一步分析各要素在推动国家科普能力方面的贡献率；其二，改进或改变研究方法，分析各要素在推动国家科普能力发展方面是不是真正有效，若无效，该从哪一方面改进；其三，在选取影响要素时，没有考虑宏观政策（如科普奖励政策、科普创新资助政策、科普产业政策等）、组织管理（如工资待遇、工作环境、职业前景等）等，虽然在实际量化这些非数理指标时比较不好把握，但为了研究的全面性和充分性，在今后的研究中，应尽量考虑。

参考文献

[1] 陈昭锋：《我国区域科普能力建设的趋势》，《科技与经济》2007年第2期，第53~56页。

[2] 佟贺丰、刘润生、张泽玉：《地区科普力度评价指标体系构建与分析》，《中国软科学》2008年第12期，第54~60页。

[3] 任嵘嵘、郑念、赵萌：《我国地区科普能力评价——基于熵权法-GEM》，《技

术经济》2013年第2期，第59~64页。
[4] 张慧君、郑念：《区域科普能力评价指标体系构建与分析》，《科技和产业》2014年第2期，第126~131页。
[5] 张立军、张潇、陈菲菲：《基于分形模型的区域科普能力评价与分析》，《科技管理研究》2015年第2期，第44~48页。
[6] 李健民、杨耀武、张仁开等：《关于上海开展科普工作绩效评估的若干思考》，《科学学研究》2007年第S2期，第331~336页。
[7] 李力、程萍、王永涛等：《社区科普与基层科普能力提升》，载中国科普研究所《科技传播创新与科学文化发展——中国科普理论与实践探索——第十九届全国科普理论研讨会暨2012亚太地区科技传播国际论坛论文集》，科学普及出版社，2012。
[8] 莫扬、荆玉静、刘佳：《科技人才科普能力建设机制研究——基于中科院科研院所的调查分析》，《科学学研究》2011年第3期，第359~365页。
[9] 李函锦：《中国高等学校科普能力建设研究》，《高等建筑教育》2013年第1期，第151~154页。
[10] 《重庆市科普工作绩效评价与对策研究》课题组：《关于重庆市区县科协科普能力指标体系构建与分析》，《知识经济》2013年第23期，第6~8页。
[11] 黄丹斌、苏晓生：《浅论学会的科普能力建设》，载中国科普研究所、辽宁省科学技术协会《中国科普理论与实践探索——2009〈全民科学素质行动计划纲要〉论坛暨第十六届全国科普理论研讨会文集》，科学普及出版社，2009。
[12] 赵洪涛、金淼、王珊等：《自然博物馆科普能力建设——以北京自然博物馆为例》，《中国博物馆》2013年第4期，第58~64页。
[13] 齐培潇、郑念、王刚：《基于吸引子视角的科普活动效果评估：理论模型初探》，《科研管理》2016年第S1期，第387~392页。
[14] 王康友、颜实、郑念等：《中国国家科普能力发展报告（2006~2016）》，载王康友主编《国家科普能力发展报告（2006~2016）》，社会科学文献出版社，2017。

基于不同目标的草原畜牧业适度经营规模研究*

钱贵霞 张 娜**

摘 要：本文利用数据包络法、综合平衡法和多目标规划模型，从技术效率、牧民收入以及兼顾草原生态目标和牧民收入角度，对内蒙古地区四种不同草原类型区牧户草原畜牧业适度经营规模进行了实证分析。结果表明，为实现技术效率目标，草甸草原、典型草原、荒漠草原和草原化荒漠四种草原类型在生产效率有效条件下的牧户合理的草场经营面积分别为3811.688亩、4055.46亩、15239.851亩和12599.371亩，相应的牲畜适度养殖规模分别为528.54个羊单位、423.03个羊单位、232.94个羊单位和197.15个羊单位。为保证牧民现有收入，这四种类型草场的适度经营规模范围分别为4310.74～4632.88亩、3877.88～5357.83亩、15444.97～19376.86亩、15721.71～20039.02亩，牲畜养殖的适度规模范围为458.43～492.69个羊单位、199.20～275.23个羊单位、239.41～300.35个羊单位、171.68～218.82个羊单位。兼顾草原生态目标和牧民收入等，

---

* 内蒙古哲学社会科学基地重点项目"内蒙古草地畜牧业适度经营规模发展研究"（编号：2015JDA037），教育部"创新团队发展计划"滚动支持团队"资源型产业与资源富集地区经济可持续发展"（编号：IRT_ 1641）。

** 钱贵霞，管理学博士，内蒙古大学经济管理学院副院长、教授、硕士生导师，主要从事农业经济、畜牧业经济以及产业经济方面的研究；张娜，内蒙古大学经济管理学院硕士研究生。

草甸草原和典型草原的户均最优草场投入分别为10967.8亩、12166亩，两种类型草原户均需增加草场投入分别为7367.88亩和8310.97亩，应增加的牲畜养殖数量分别为566.67个羊单位和416.97个羊单位。据此结果，本文提出加快草场流转、扶持草场规模经营、建立草场规模经营保险基金制等政策建议，以促使草原畜牧业健康可持续发展。

关键词：草原畜牧业　适度经营规模　技术效率　牧民收入　生态效益

一　引言

2017年中央一号文件即《中共中央、国务院关于深入推进农业供给侧结构性改革加快培育农业农村发展新动能的若干意见》出台。意见指出，完善家庭农场认定办法，扶持规模适度的家庭农场。作为我国重要的畜产品供给基地，内蒙古拥有的草原面积在西北四大牧区中仅次于西藏，位居第二，草原面积达0.79亿公顷，占全国草原总面积的20.25%，同时内蒙古地区又是中国羊肉、牛奶、绵羊毛等畜产品产量最高的地区。近年来，内蒙古地区草原畜牧业发展面临的问题较为突出，如牧民收入水平低、生态环境恶化等，牧场适度规模经营是解决这类问题的关键。所以，本文将以内蒙古为例对草原畜牧业的适度经营规模问题进行研究。

草原畜牧业是一个有机整体，草原畜牧业有机系统以放牧采食为基础要素，以饲草生产为补充，以肥料供应及粪便循环使用为支撑，以市场需求为驱动，并以物质转移和能量流动为纽带（周道玮等，2013）。草原畜牧业已不是"逐水草而牧"的传统游牧经济活动，以内蒙古为代表，现代草原畜牧业依托自然资源的属性尤为突出（敖仁其，2001）。目前草原畜牧业发展中面临的五大主要问题有：牧区生态环境恶化、草原严重退化、草场产权不明确、超载放牧、草原资金投入不足（杨武等，2011）。解决各大牧区草原畜牧业主要问题的关键在于推行家庭牧场的适度规模经营，草原畜牧业的健康可持续发展依托适度规模经营，草原畜牧业规模经营关键点在于"适度"（郭伟奇，2010）。根据草原畜牧业投入产出关系，可运用边际分析法确定家畜饲养的适度经营规模（张立中，2011）。目前对草原畜牧业适度经营规模方面的研究主要从内涵、现状、存在的问题以及可持续发展等方面展开，缺乏草原畜牧业适度经营规模的实证研究成果，因此本文利用内蒙古草甸草原、典型草原、荒漠草原和草原化荒漠四个草原类型区的212个样本牧户的调查数据，从技术效率、牧民收入以及兼顾牧民收入和草原生态目标角度，采用数据包络法、综合平衡法和多目标规划模型三种不同方法对内蒙古草原畜牧业的适度经营规模进行测算，以期为制定草原畜牧业可持续发展政策提供依据。

二 概念界定与数据来源

（一）概念界定

草原畜牧业适度经营规模有狭义和广义之分。狭义适度经营规模可理解为在一定草场范围内从事牧业生产的主体能获得较高经济收益的生产规模。狭义适度经营规模的研究对草原畜牧业发展具有特别重要的意义，因为在牧业生产过程中最重要的一个生产要素即可利用的草原资源的量（张立中，2011）。此外，作为草原畜牧业的重要生产资料，草场是其他生产要素配置的基础，其他生产要素（如劳动力、资本）投入量的大小，取决于草场经营面积的大小，即其他生产要素投入规模最终取决于草原投入规模的受容力。本文中的"适度"一词为狭义上的适度。

（二）数据来源

受降水量分布的影响，东西自然景观差异大是内蒙古地区的特点，从东部科尔沁大草原到西部的阿拉善荒漠大草原，农牧业生产方式由于自然条件也存在较大差异。为全面了解内蒙古草原畜牧业发展现状，本文采用的数据来源于中国畜牧总站2013～2014年内蒙古牧户草原生态补奖数据，包含牧区草原总面积、牧户拥有的草原面积、牧户租用或出租草原面积、各类食草家畜的存栏量及出栏量、牧户家庭年均纯收入、非牧业收入、牧户家庭劳动力数量等。因为缺乏支出方面数据，所以本文于2015年12月利用电话访谈的方式对这些牧户进行了回访，获取到了牧户生产成本数据，如机械设备的资本投入量，购买饲料的资本投入量，化肥、水电、配种、燃油及其他费用支出。212个样本户来自赤峰市、呼伦贝尔市、锡林郭勒盟、乌兰察布市、鄂尔多斯市和巴彦淖尔市6个盟市的12个旗县，详见表1。

表1 样本所在旗县及数量

单位：个

草原类型	所在旗县	有效样本数量
草甸草原	鄂温克旗	17
	陈巴尔虎旗	18
典型草原	翁牛特旗	15
	阿巴嘎旗	17
	锡林浩特市	26
	西乌珠穆沁旗	17
荒漠草原	苏尼特左旗	17
	四子王旗	15
	苏尼特右旗	19
草原化荒漠	鄂托克旗	17
	乌拉特中旗	17
	杭锦旗	17
合计	12	212

三 技术效率目标下的草原畜牧业适度经营规模

（一）DEA模型选择

1957年经济学家Farrell首先提出了DEA分析法，他利用数学规划法求出了最优生产前沿，进而对技术效率与资源配置效率进行评估，并将这两种效率相乘求出决策单元的综合生产效率。后经美国运筹学家Charmes、Cooper及Rhodes对Farrell的投入产出生产效率模型进行改进，提出固定规模报酬下的CCR模型，自CCR模型提出以来，DEA模型理论体系逐渐成熟，后来许多学者针对不同类型的实际问题提出了多种DEA模型，如1984年Banker提出BCC模型等，到目前为止，DEA模型已有百余种。本文研究在投入一定条件下，追求产出最大化方案，因此采用的是规模报酬可变的BCC模型，BCC模型将技术效率分解为纯技术效率和规模效率，并用纯技术效率和规模效率分别衡量和评价决策单元的技术效率与规模效率，与其对应的产出导向型BCC模型如下：

$$\text{Max} h_{jo} = \frac{\sum_{x=1}^{s} U_r Y_{rjo}}{\sum_{r=1}^{s} U_r X_{ij} + V_{jo}}$$

$$\text{s. t.} \quad \frac{\sum_{r=1}^{s} U_r Y_{rjo}}{\sum_{r=1}^{s} U_r X_{ij} + V_{jo}} \leq 1$$

$$U_r \geq \varepsilon > 0, V_i \geq \varepsilon > 0$$

$$r = 1, 2, \cdots, s; i = 1, 2, \cdots, m; j = 1, 2, \cdots, n$$

利用DEA分析方法能够针对牧户生产效率提出改进的方向和空间，因此，基于DEA生产效率的结果，结合各生产要素冗余情况，可测度实现较高生产效率的草原畜牧业的适度经营规模。

（二）指标选取

本文采用的DEA模型共选取2个产出指标、3个投入指标（见表2）。第一个产出指标是年末牲畜存栏量，牲畜是牧业的主要产出，是反映牧户生产经营能力的基础指标，故本文将年末牲畜存栏量作为一个产出指标，并以绵羊为标准单位，将牛、山羊、马、骆驼等按一定比例折算为绵羊单位数；第二个产出指标是牧业收入，个体牧户进行牧业生产的主要目的是获得牧业收入，所以将牧业收入作为一个产出指标，包括售卖牲畜的收入、羊毛羊绒销售收入、草原转移收入等。3个投入指标包括劳动力投入、牧业经营性投入及草原投入。根据经济学原理，传统生产要素分为土地、劳动力和资本。畜牧业生产中的主要投入要素也是这三类，劳动力投入包括家庭牧业活动的劳动力及雇用的劳动力，牧业经营性投入包括配种、防疫、购买饲料、机械设备折旧、水电、燃油等资本投入，草原投入包括牧户所有的草原以及租赁的草原，基本能反映牧户畜牧业生产的规模。

表2 投入产出指标说明

指标类型	指标名称	说明
产出指标	年末牲畜存栏量	将牛、山羊、马、骆驼等按一定比例折算为绵羊单位数
	牧业收入	售卖牲畜的收入、羊毛羊绒销售收入、草原转移收入等
投入指标	劳动力投入	家庭牧业活动的劳动力及雇用的劳动力
	牧业经营性投入	配种、防疫、购买饲料、机械设备折旧、水电、燃油等资本投入
	草原投入	牧户所有的草原以及租赁的草原

（三）测算结果分析

由于牧业生产过程中投入是牧户可决定的，因此通过调整生产要素的投入规模可以实现由生产无效率到生产有效率的转变。根据DEA方法运行的结果，可知各决策单元投入和产出要素的冗余情况。表3为基于生产要素冗余情况测算出的各草原类型牧户户均需增加的生产要素投入量。

表3 各类型草原实现生产有效目标下各要素投入的规模

指标	草甸草原	典型草原	荒漠草原	草原化荒漠
资本投入（元）	1982.946	2008.21	1898.141	4942.806
草原面积（亩）	211.758	200.4	1858.611	493.581
劳动力投入（人）	0.011	0.066	0.04	0.885

从 DEA 运算结果来看，各草原类型的投入要素中劳动力投入冗余少，可以维持现有的牧业劳动力投入量，资本投入和草原面积是有待扩大的两项生产要素。草甸草原、典型草原、荒漠草原和草原化荒漠需要扩大的草原面积分别为 211.758 亩、200.4 亩、1858.611 亩和 493.581 亩，实现生产效率有效条件下的牧户合理的草原经营面积分别为 3811.688 亩、4055.46 亩、15239.851 亩和 12599.371 亩（见表4）。四种草原类型中，需要增加资本投入最多的是草原化荒漠，户均需增加的资本投入为 4942.806 元，草甸草原户均需增加 1982.946 元，典型草原户均需增加 2008.21 元，荒漠草原户均需增加的资本投入最少，为 1898.141 元。

四种草原类型实际资本投入较少的是荒漠草原和草甸草原，典型草原和草原化荒漠相对较多，草甸草原和典型草原牧户资本投入主要集中在机械、燃油、雇人等方面，荒漠草原和草原化荒漠资本投入主要集中在饲料方面。

表4　各类型草原实现生产有效目标下草场和牲畜的规模

单位：亩，个羊单位

指标	草甸草原	典型草原	荒漠草原	草原化荒漠
草场实际经营面积	3599.93	3855.06	13381.24	12105.79
生产效率有效条件下的牧户合理的草场经营面积	3811.688	4055.46	15239.851	12599.371
牲畜适度养殖规模	528.54	423.03	232.94	197.15

四种草原类型的牲畜适度养殖规模分别是 528.54 个羊单位、423.03 个羊单位、232.94 个羊单位和 197.15 个羊单位。所调研牧户在现有草场经营规模下，牲畜的实际养殖量高于合理的养殖量，这说明大多数牧区实际载畜量远高于理论载畜量，存在较为严重的超载放牧现象。

四 牧户收入目标下的草原畜牧业适度经营规模

（一）综合平衡法及其改进

综合平衡法是张海亮、吴楚才两位学者于 1998 年提出的，他们认为土地经营的适度规模应满足下面关系：

$$E/(P-I) \leq S \leq A/L_0(1-L)$$

其中，E 为当地农牧民户均年收入；I 和 P 分别为单位面积的投入和产出指标；A 表示土地的总面积，L_0 为当地具有生产技术的劳动力，L 为农牧业劳动力向其他部门的转移率。用综合平衡法测算的草场适度经营规模是一个阈值，测算结果说明，草场规模在这一范围内经营具有合理性和可操作性。本文对综合平衡法进行了改进，测度出实现保证牧民现有收入目标下的草原畜牧业适度经营规模的范围。

从适度经营规模的经济学原理角度，草场经营的最低规模所产生的经济收入至少应不低于该地区居民目前实际牧业纯收入。从牧业经济就业的社会效益来讲，适度经营规模的集约化程度还应满足牧区劳动力非牧化转移之后的就业需求，因此，草场适度经营规模应满足：

$$E/(A-I) < S < (1+p_1p_2)HN/L(1-\omega)$$

其中，S 表示适度经营规模，E 表示牧民家庭每年的户均纯收入，I 表示单位面积草场投入，A 表示单位草场面积产出，H 表示牧户承包的草场面积，p_1 表示草场承包经营权流转概率，p_2 表示牧户租用草场面积占所经营草场面积的比例（正值表示该牧户向外出租草场，负值表示牧户租用他人草场），N 表示牧户家庭劳动力数量，L 表示具有熟练生产技能的劳动力投入，ω 表示牧区劳动力在非牧产业中的比例。

（二）测算结果分析

利用综合平衡法对内蒙古四种不同类型草原畜牧业适度经营规模进行

测算，结果见表5。从中可以看出，草甸草原草场适度经营规模的范围为4310.74~4632.88亩，牧户实际户均经营的草原面积为3599.93亩。实际经营规模不在适度经营规模的范围之内，草甸草原牧户实际户均经营的草原面积较小，牧业生产过程中可能存在超载放牧问题。

表5　不同类型草原适度经营规模

单位：亩

不同类型草原区	适度经营规模的范围	牧户实际户均经营的草原面积
草甸草原	4310.74~4632.88	3599.93
典型草原	3877.88~5357.83	3855.06
荒漠草原	15444.97~19376.86	13381.24
草原化荒漠	15721.71~20039.02	12105.79

典型草原草场适度经营规模的范围为3877.88~5357.83亩，适度经营规模的最小值小于草甸草原，最大值大于草甸草原，区间范围较大。牧户实际户均经营的草原面积为3855.06亩，靠近合理范围，因此，典型草原大部分牧户可维持现有的草原经营规模。

荒漠草原草场适度经营规模的范围为15444.97~19376.86亩，牧户实际户均经营的草原面积不在合理范围之内。荒漠草原相对于草甸草原和典型草原，生产条件差、草原植被覆盖率低、退化严重，是三个典型牧业生产区中生态环境最为脆弱的地区，为保证牧户现有的收入水平及草原生态的良好恢复及可持续性，牧户需扩大现有的草场经营规模，扩大的面积至少应达到2063.73亩/户。

草原化荒漠地区，牛羊养殖量少，大多数牧户养殖骆驼，且草原化荒漠地区生态环境接近荒漠，草原植被稀少，对草场的依赖性较小，因此，对草原化荒漠地区的牧户来说，由于牲畜养殖以圈养为主，应更注重投入产出结构调配合理性、资源优化配置有效性，对草原经营面积进行适当的调整即可。

在各类型草原中，牧户实际户均经营的草原面积只有少数处于适度范围之内，典型草原样本牧户中处于适度经营范围的比例最高，但仅为18.67%，草甸草原中基本不存在处于适度经营范围的牧户，各类型草原大部分牧户的草原经营面积小于适度经营规模的最小值，所以，为保障各类型草原畜牧业的可持续发展、维护草原生态环境，在养殖目前数量的牲畜，实现现有收入水平条件下，牧户必须扩大草原的经营面积，保持合理的载畜量。各草原类型处于适度经营规模范围内的牧户数分布如表6所示。

表6 各草原类型处于适度经营规模范围内的牧户数分布

单位：户

指标	牧户数
草甸草原	23012
典型草原	411420
荒漠草原	4038
草原化荒漠	4623

此外，各类型草原样本牧户中均有部分牧户的草原经营规模大于适度经营范围的最大值，其中，草甸草原牧户中有34.29%，典型草原中有26.67%，荒漠草原中有15.69%，草原化荒漠中有5.9%，这部分牧户在实现现有收入水平条件下，草场的经营面积有冗余，即草场利用率较低，这一部分牧户可适度扩大牲畜的养殖规模，增加资本投入或者减少草场经营面积从而将冗余的草场出租流转以实现草原资源有效的利用。

对各旗县按草原的不同类型进行划分后，可取平均值计算出各草原类型的适宜载畜量，进而可计算出保证牧民收入水平下的牲畜养殖的适度规模，计算结果见表7。在现有草原经营面积下，既能保证牧民的收入水平又能维持草原生态可持续发展的牲畜养殖规模从大到小依次为草甸草原、荒漠草原、典型草原和草原化荒漠。在草场适度规模经营范围内，草甸草原的最小养殖规模为458.43个羊单位，最大养殖规模不能超过492.69个羊单位，典型草原的最小养殖规模为199.20个羊单位，最大不能超过275.23个羊单位，荒漠草原的最小养殖规模为239.41个羊单位，最大规模为300.35个羊单位。这三种类型草原牲畜的实际养殖规模均超过了合理范围，即处于草甸草原、典型草原、荒漠草原的牧户在实现现有收入水平时，超载放牧问题非常严重，不利于草原生态的维护。若要维持目前收入水平并实现保护草原生态环境不受破坏的目标，牧户在牧业生产过程中必须调整生产方式，提高草场流转效率，适当扩大草场经营规模以减轻因过度放牧给草场带来的压力，保护草原生态环境，实现草原畜牧业的良好发展。草原化荒漠主要位于内蒙古中西部，该地区草原退化，荒漠化严重，常年降雨量少，鼠虫害严重，牧户以养殖骆驼为主，对天然草原的依赖性较小。该地区牧户牲畜的合理养殖规模最小值为171.68个羊单位，最大值为218.82个羊单位，而牲畜的实际养殖规模为385.28个羊单位，从草原畜牧业的可持续发展角度看，该地区实际养殖规模较大，考虑到草原化荒漠牧业的生产方式不同于内蒙古东部牧区，该地区可适当缩小现有养殖规模或者保持现有养殖规模。

表7　不同类型草原牲畜养殖规模情况

单位：个羊单位

指标	牲畜养殖的适度规模范围	牲畜实际养殖规模
草甸草原	458.43~492.69	595.91
典型草原	199.20~275.23	458.98
荒漠草原	239.41~300.35	498.42
草原化荒漠	171.68~218.82	385.28

五　兼顾收入和生态两个目标的草原畜牧业适度经营规模

（一）多目标规划模型

多目标规划包含多个目标，通常将总目标函数写成由多个偏差变量构成的函数并求最小值，在目标函数中需要依据每个目标的相对重要程度确定优先等级并按先后顺序求最小值，即目标函数中并不包含决策变量而是将其包含于约束条件中。解决多目标决策问题的模型由两部分组成：目标函数和约束条件。本文建立的多目标规划模型如下。

第一目标：牧民收入最大化 $\min d_1^-$。

第二目标：生态破坏最小化 $\min d_2^+$。

目标函数：

$$\min Z = P_1 d_1^- + P_2 d_2^+$$

约束条件：

$$\alpha_1 L + \beta_1 Z + \gamma_1 H + \mu_1 - \theta Z + P_s R + d_1^- - d_1^+ = Y_{max}$$

$$(\alpha_2 L + \beta_2 Z + \gamma_3 H + \mu_2)/H + d_2^- - d_2^+ = P_{cc}$$

$$H \leq H_0, L \leq L_0, Y_1 \leq Z \leq Y_0, Z, L, H > 0$$

其中，d_1^- 表示牧民收入决策值与目标值之间的负偏差，d_2^+ 为实际载畜量决策值与目标值的正偏差。P_1 为优先因子，在多目标决策中，目标往往有主次之分，P_1 是第一目标，P_2 为次位目标，本文中的第一目标是牧民收入最大化，次位目标是生态破坏最小化，d_1^-、d_2^+ 与 P_1、P_2 含义相同。α_1、α_2……γ_1、γ_2 为回归系数，L、Z、H 分别为牧业生产中投入的劳动力、资本和草场经营规模，θ 为资本折旧率，一般采用 $\theta = 5\%$，P_s 为政府补贴标准，R 为牧户在土地承包责任制下承包草场的面积，P_{cc} 为理论载畜量，Y_{max} 为通过单目标规划得到的牧民收入最大化目标值，$\alpha_1 L + \beta_1 Z + \gamma_1 H + \mu_1$ 为用最小二乘法回归的结果，表示牧业销售收入，$\alpha_2 L + \beta_2 Z + \gamma_3 H + \mu_2$ 表示牧户养殖牲畜数量，$(\alpha_2 L + \beta_2 Z + \gamma_3 H + \mu_2)/H$ 表示单位面积实际载畜量。

（二）测算结果分析

1. 参数估计

为通过多目标规划模型测度牧户草原适度经营规模，需要对模型中各个参数进行估计，运用 stata14 对数据进行处理，得到各草原类型参数估计值，见表8。由回归结果可知，只有草甸草原和典型草原适合运用多目标规划模型测算草原畜牧业适度经营规模。

表8 四种类型草原牧户劳动、资本和草场投入的产出弹性

指标	α_1	β_1	γ_1	α_2	β_2	γ_2
草甸草原	20730**	0.463***	8.984***	129.0*	0.00431**	0.0388*
典型草原	18262**	1.513***	7.815***	51.63*	0.00393**	0.0424**
荒漠草原	29508**	1.366***	3.079***	79.49**	0.00257**	0.00113
草原化荒漠	10920	2.091***	-0.121	87**	0.00434***	0.00390***

注：① 模型中的随机误差项：草甸草原 $\mu_1 = -28630$，$\mu_2 = -202.1$；典型草原 $\mu_1 = -21476$，$\mu_2 = -32.03$；荒漠草原 $\mu_1 = -25378$，$\mu_2 = 66$；草原化荒漠 $\mu_1 = -6440$，$\mu_2 = -52.52$；②8个双对数函数模型调整后的 R^2 分别为 0.522、0.539、0.709、0.686、0.731、0.864、0.879、0.794；③ *、**、*** 分别表示在1%、5%和10%的水平下显著。

2. 目标值确定

在本文中，有牧民收入最大化和生态破坏最小化两个目标。其中，生态破坏最小化在草原畜牧业生产过程中的实际含义为在一定放牧时期内，牧户在所承包经营的草场上，在草原生产力不受影响、家畜正常生长、畜牧业有效生产得到保障时，能容纳家畜的最大数量。适度规模的家畜养殖可以促进草场的可持续利用、维护草原生态环境，草原牲畜数量超载不仅影响牧草正常生长、加剧草场退化，还会对牧草品质、牧草产量及牧草利用方式造成影响。

生态破坏最小化并不是指在一定草场面积下，牲畜的养殖规模越小越好，而是指在保护草原生态的同时，又要保证牧业生产有效进行的一种状态，因此，在该部分中，将生态破坏最小化目标值确定为各草原类型的理论载畜量，根据各草原类型样本可利用草原面积和饲草冷季总储量可计算出草甸草原和典型草原的适度载畜量，分别为0.106个羊单位/亩、0.072个羊单位/亩。

户均牧业生产收入为：

$$Y = \alpha_1 L + \beta_1 Z + \gamma_1 H + \mu_1 - \theta Z$$

约束条件为：

$$H \leqslant H_0; L \leqslant L_0; Y_1 \leqslant Z \leqslant Y_0; Z, L, H > 0$$

可利用单目标规划模型，借助 Excel，对草甸草原和典型草原牧民收入水平最大化的目标值进行求解，得到草甸草原牧户收入最大化目标值为136974.134元，典型草原为137362.6元。

3. 测算结果

保护草原生态环境、维持牧业生产条件是保证草原畜牧业可持续发展的前提。前面的研究结果表明在牧户现有草场经营规模下，牲畜的实际养殖规模远远大于适度养殖规模。为在生态约束下实现牧民收入水平最大化目标，牧户应扩大草场的经营面积，草甸草原和典型草原的户均最优草场投入分别为10967.8亩、12166亩，在现有经营规模基础上户均需增加草场投入分别为7367.88亩和8310.97亩（见表9）。

表9 草甸草原和典型草原户均草场投入

单位：亩

指标	实际户均草场投入	户均最优草场投入	户均需增加草场投入
草甸草原	3599.93	10967.8	7367.88
典型草原	3855.06	12166	8310.97

由测算结果可知，在现有草场经营规模下，草甸草原和典型草原牧户牲畜的养殖规模分别为595.91个羊单位、458.98个羊单位，牧户养殖规模远远超过合理养殖规模。实现牧民收入水平最大化、保护生态环境，一方面，牧户要扩大草场的经营规模；另一方面，应增加牲畜的养殖数量。草甸草原牧户应增加的牲畜的养殖数量为566.67个羊单位，典型草原应增加416.97个羊单位，应达到的牲畜养殖规模分别为1162.58个羊单位、875.95个羊单位。目前内蒙古草原牧区大多以家庭为单位从事牧业生产，这样的小规模牧业生产方式并不能给牧民带来更大的收益，因此，有必要在草原牧区大力发展畜牧业

合作社，促进规模经营，提高牧业经济效益并以此达到提高牧民收入水平的目标。

六 结论及政策建议

（一）主要结论

不同草原类型的各投入要素中劳动力投入冗余少，基本可以维持现有的牧业劳动力投入，资本投入和草原面积是有待扩大的两个生产要素。四种草原类型中，需要增加资本投入最多的是草原化荒漠，最少的是荒漠草原。样本牧户在现有草场经营规模下，牲畜的实际养殖量高于适度的养殖量，大多数牧区实际载畜量远远超过了保证草原生产力的理论载畜量，超载现象较为严重。

在保证现有收入水平条件下，草甸草原、荒漠草原和草原化荒漠实际草场经营面积均小于合理草场经营范围，典型草原接近草原适度经营规模的最小值，草甸草原、荒漠草原和典型草原牧户仍需扩大草场经营规模以减少因过度放牧给草场带来的巨大损失。草原化荒漠经营规模不在适度经营规模内，由于草原化荒漠草场几乎全部禁牧并且饲养方式以圈养为主，对天然草场依赖性小，因此，草原化荒漠牧户无须扩大草场经营规模。

在生态约束背景下，为实现牧民收入水平最大化目标，草甸草原和典型草原需同时扩大草场经营规模和牲畜的养殖规模。

DEA 测算结果表明，大多数牧户面临生产无效率的主要原因是规模无效率，牧户为实现较高的生产效率，需扩大牧业生产经营规模，这里的规模是一个广义上的概念，既包括草场经营规模，又包括资本和劳动力等多种生产要素投入的规模。综合平衡法测算的结果是一个狭义的概念，即牧户草场的适度经营规模。而多目标规划模型是在综合平衡法的测算基础之上，加入了生态约束条件，即生态破坏最小化，以测算出双重目标下的结果。理论上讲，DEA 测算的草场适度经营规模值应小于综合平衡法的测算结果，综合平衡法测算结果应小于多目标规划模型测算结果,因为牧户为保护草原生态环境,适度放牧,势必需要扩大草场的经营规模。从测算最终结果来看,三种方法测算出的适度经营规模的大小顺序基本上与理论状态一致。

(二) 政策建议

加快草场流转,分阶段推进适度规模经营。积极完善草场流转制度,确保土地在不同群体之间健康有序流转。加快草场确权颁证工作,稳定牧民预期收益,加速草场流转;规范草场土地流转申请流程,明晰草场流转形式等,做好协议保管及资料归档;鼓励发展草场流转配套服务中介组织或机构,成立草场价值评估机构,监督草场使用情况,防止草场改变用途。

建立草场规模经营保险基金制度,降低规模经营者风险。一方面,针对牧户家庭草场经营的特点,鼓励保险机构开展特色畜产品保险,增加牧业生产过程中各个生产环节的投保种类;另一方面,按照实际情况,创新质押担保方式和融资工具,开展牧业保险单质押贷款并适当放宽赔保条件。

实施补贴和优惠政策,扶持草场规模经营。为鼓励牧民扩大草场经营规模,政府应配套采取一些扶持性的财政、信贷与税收政策,例如,草场出租补贴,对草场出租者给予一定的补贴,鼓励牧户出租小块草场。草原经营权合理流转对实现草原资源优化配置,确保草原不退化和牧民利益不受损失具有重大积极作用。

参考文献

[1] Marijn Verschelde, Marijke D. Haese, Glenn Rayp, Ellen Vandamme, "Challenging Small-Scale Farming: A Non-Parametric Analysis of the (Inverse) Relationship between Farm Productivity and Farm Size in Burundi," *Journal of Agricultural Economics*, 2013, 64 (2): 319 - 342.

[2] Gu Chengli, Zhong Chaofeng, "Re-examining the Inverse Relationship between Farm Size and Efficiency: The Empirical Evidence in China," *China Agricultural*

Economic Review, 2013, 5 (4): 473 – 488.

［3］任继周：《节粮型草地畜牧业大有可为》，《草业科学》2005 年第 7 期，第 44 ~ 48 页。

［4］钱贵霞、李宁辉：《粮食生产经营规模与粮农收入的研究》，《农业经济问题》2006 年第 6 期，第 57 ~ 60 页。

［5］张海亮、吴楚材：《江浙农业规模经营条件和适度规模确定》，《经济地理》1998 年第 1 期，第 85 ~ 90 页。

［6］张立中：《草原畜牧业适度规模经营问题研究》，《经济问题探索》2011 年第 12 期，第 51 ~ 56 页。

［7］张文渊：《当前农村土地适度规模经营探析》，《农业经济》1999 年第 4 期，第 24 ~ 25 页。

［8］敖仁其：《对内蒙古草原畜牧业的再认识》，《内蒙古财经学院学报》2001 年第 3 期，第 83 ~ 88 页。

［9］杨武、曹玉凤、李运起、李建国：《国内外发展草地畜牧业的现状与发展趋势》，《中国草食动物》2011 年第 1 期，第 65 ~ 68 页。

［10］郭伟奇：《畜牧业适度规模经营及影响因素分析》，《现代农业》2010 年第 1 期，第 47 ~ 48 页。

［11］周道玮、钟荣珍、孙海霞：《草地畜牧业系统：要素、结构和功能》，《草地学报》2013 年第 2 期，第 207 ~ 213 页。

［12］王红瑞、张文新、胡秀丽等：《土地利用区间数多目标规划模型及其应用》，《农业工程学报》2008 年第 8 期，第 68 ~ 73 页。

北京市水与经济社会协调发展程度研究：2005～2015年[*]

马东春　朱承亮　王宏伟　王凤春　汪元元　高晓龙　欧阳志云[**]

摘　要： 水与经济社会协调发展是在水资源合理开发利用的前提下，在满足水资源承载力的基础上最大限度地发展经济、开展社会建设，实现水同经济社会的协调和可持续发展。本文在阐述水与经济社会协调发展的概念的基础上，以德尔菲法构建了北京市水与经济社会协调发展评价指标体系，采用可用于跨期指数可比性的算术平均法确定指标权重，通过核算水与经济社会协调度系数，对北京市2005～2015年水与经济社会协调发展情况进行了综合分析。研究发现，2005～2015年，北京市水与经济社会系统的耦合度处于颉颃阶段，北京市水与经济社会协调发展程度经历了一个由"微度失调"向"轻度失调"再向"微度失调"演变的"W"形过程，总体上仍处于失调状态。随着北京市经济社会发展水平的不断提高，对水资源的需求量越来越大，北京市水资源短缺与经济社会快速发展的矛盾将更加

---

[*] 国家自然科学基金项目"城市复合生态系统人与自然耦合机制与调控方法"（项目编号：G031202）。
[**] 马东春，教授级高级工程师，高级经济师，研究方向为生态学、水资源管理与公共政策；朱承亮，副研究员，研究方向为技术经济学；王宏伟，中国科协创新战略研究院创新环境研究所所长、研究员，研究方向为科技创新与经济增长、科技创新政策分析和评估等；王凤春，北京市水科学技术研究院高级工程师；汪元元，北京市水科学技术研究院工程师；高晓龙，北京市水科学技术研究院工程师；欧阳志云，博士，研究员，研究方向为生态系统服务功能、生态规划与生态评价、城市生态、生物多样性保护等。

尖锐，促进北京市水与经济社会系统从"失调"走向"协调"，将面临更加严峻的态势，实现北京市水与经济社会协调发展任重而道远。

关键词： 水资源　协调发展　水资源承载力　德尔菲法　算术平均法

一　引言

随着经济社会不断发展，水问题呈现新老问题相互交织的严峻形势，特别是在水资源短缺、水环境污染等问题愈加突出的情况下。在经济社会发展过程中，传统用水观念与方式导致对水资源的过度开发并缺乏保护，严重影响了水资源的可持续利用。经济社会的快速发展导致水资源的大量过度使用，给水资源供需平衡增加了难度，水资源的不可持续性限制了经济社会的发展，因此，必须协调水与经济社会发展之间的关系，实现水与经济社会协调发展。

水与经济社会系统是一个由水资源系统和经济社会系统构成的庞大、复杂的系统，两大系统之间不是彼此独立的，而是互相作用、互相影响、互相制约的。水资源系统自身具有维持和支撑一定规模的人口、经济和环境的能力，即水资源承载能力，影响因素包括水资源的数量与质量及开发利用程度、生态环境状态、社会生产力及经济技术水平、社会消费结构等方面。水资源系统支撑着经济社会系统的平稳运行，而经济社会系统通过投入、制约、参与等途径反作用于水资源系统。水资源系统与经济社会系统之间的关系集中体现在经济社会活动和行为对水资源系统的干扰，以及大自然赋予水资源系统自我组织和调节的抗干扰能力方面，这是水资源得以持续承载的内在机制。[1]经济社会的快速发展促进了水资源的开发利用，也带来了水污染、生态破坏等诸多问题，进而破坏了水资源得以持续承载的内在机制。为实现区域水资源与经济社会的可持续发展，需建立水资源与经济社会协调发展系统，在保证水资源支撑经济社会发展的同时严格控制经济社会活动对水资源、生态环境的破坏程度。本文中，水与经济社会协调度用于测度水与经济社会系统和系统内部要素之间在发展过程中彼此和谐一致的程度，体现了水与经济社会系统之间由无序走向有序的趋势，是衡量水与经济社会协调状况好坏程度的定量指标。

研究区域的水与经济社会协调发展问题，对于制定与水资源承载力相协调的区域经济社会发展战略，促进区域人口、经济、社会与环境的协调发展具有重要的意义。近年来，不少文献对特定区域内的水资源与经济社会协调发展状况进行了定量评价。张凤太和苏维词（2015）以水资源、经济、生态环境和社会4个方面共26个指标构建了评价指标体系，采用熵权法和层次分析法相结合的赋权方法，对2000~2011年贵州省水资源—经济—生态环境—社会系统进行了定量评价并分析了其耦合协调特征，结果表明，水资源—经济—生态环境—社会系统的耦合协调性较小，波动幅度也较小，但是耦合度普遍高于协调度。[2] 孙志南（2012）以水资源和社会经济2个维度7个指标构建了水资源承载力评价指标体系，采用主成分分析法，对2000~2009年北京市水资源承载力进行了测算，结果发现在研究期内北京市的水资源承载力呈现逐年下降趋势，认为北京市经济社会发展迅速、人口膨胀、环境恶化，造成了北京市水资源极度短缺，水资源问题已经成为北京市经济社会发展的瓶颈。[3] 李德一和张树文（2010）以水资源、区域社会经济和生态环境3个维度共6个指标构建了评价指标体系，对黑龙江省水资源与社会经济发展协调度进行了评价，结果表明黑龙江省水资源分布与人类生产活动在空间上很不匹配是不协调的主要原因之一。[4]

通过对相关文献的梳理发现，当前关于水与经济社会协调发展程度的定量研究具有以下两个方面的突出特征。①指标体系构建的主观性。不同研究文献所构建的水资源与经济社会协调发展的指标体系是不同的，这反映了指标体系构建的主观性。②赋权方法选择的随意性。这些研究在确定指标权重时，没有结合研究对象、研究时间以及数据特征等信息对涉及的多种赋权方法进行适当的比较分析。本文以北京为例，从水与经济社会协调发展的整体角度出发，在对水与经济社会协调发展的概念研究基础上，运用德尔菲法构建了北京市水与经济社会协调发展评价指标体系，在考虑采用适用性、研究时间、数据特征等可用于跨期指数可比性的算术平均法确定指标权重时，通过核算水与经济社会协调度系数，对北京市2005~2015年水与经济社会协调发展情况进行综合评价。

二　方法与数据

（一）研究区域特点

北京作为中国首都，地理坐标为东经 115.7°～117.4°，北纬 39.4°～41.6°，西、北、东北三面环山，东南部是被称为北京湾的向东南部倾斜的平缓平原。全市总面积为 16410.54 平方千米。气候为典型的暖温带半湿润大陆性季风气候。多年平均降水量为 585mm，北京降雨具有时空分布不均和连旱连涝、旱涝交替发生的特点。北京境内有五大水系：北运河、永定河、潮白河、蓟运河和大清河。北运河发源于北京市境内，其他四条河均来自河北、山西和内蒙古。北京多年平均地表水入境量为 21.1 亿 m^3，出境量为 19.5 亿 m^3。2015 年北京市人均水资源占有量只有 123.8m^3，不足全国人均值的 1/10 和世界人均值的 1/50。北京市水资源现状不容乐观，水资源十分匮乏，地下水长期超采，水环境和生态平衡受到严重威胁。

（二）研究方法

1. 评价指标体系的构建

采用德尔菲法（Delphi Method，又称专家规定程序调查法），由项目组根据水与经济社会协调发展的内涵，在遵循科学性、系统性、层次性、独立性、相对性、可操作性等原则基础上，构建了北京市水与经济社会协调发展评价指标体系初步框架，以函件的方式分别向 30 名专家进行征询；专家匿名提交意见。根据专家征询意见调整框架后，再次征询。经过 3 次反复征询和反馈，专家意见趋于集中，最后依据集体判断结果调整并完成指标体系构建。

2. 权重与评价指数的计算

对北京市水与经济社会协调发展程度进行评价的另一个关键点在于确

定各个指标的权重。在类似文献中大都采用主成分分析法生成各指标权重,其优点是根据数据本身特征决定不同变量在指数中的权重,具有客观性。但是,随着时间的推移,各变量权重必然会发生变化,从而必将影响指数跨期可比性。根据某些国际研究经验,在组成一个指数的变量较多而且覆盖比较全面时,采用主成分分析法计算加权平均数和采用简单算术平均法计算所得到的结果没有显著差别(樊纲等,2010)[5]。本文采用算术平均法主要是因为这样可以保证跨期(2005~2015年)指数的可比性。

(1) 根据指标属性的不同,对数据进行无量纲化处理,方法如下。

对于正指标,计算公式为:

$$\overline{x_i} = \frac{x_i - \min(x_i)}{\max(x_i) - \min(x_i)} \tag{1}$$

对于逆指标,计算公式为:

$$\overline{x_i} = \frac{\max(x_i) - x_i}{\max(x_i) - \min(x_i)} \tag{2}$$

其中,$\max(x_i)$ 为指标 x_i 的最大值,$\min(x_i)$ 为指标 x_i 的最小值。经过处理后的各指标数值取值范围为 [0,1],指标数值越接近于1,则说明该指标得分越高;指标数值越接近于0,则说明该指标得分越低。

(2) 计算各指标权重。

各指标权重系数 W_i 的计算公式为:

$$W_i = \frac{\overline{x_i}}{\sum_{i=1}^{n} \overline{x_i}} \tag{3}$$

(3) 根据各指标权重,结合无量纲化数据,计算相关指数。

指标 x_i 对应的指数值 Q_i 的计算公式为:

$$Q_i = x_i \times W_i \tag{4}$$

则经济社会系统的评价指数 $E(e)$ 的计算公式为:

$$E(e) = \sum_{i=1}^{m} (x_i \times W_i) \tag{5}$$

其中 m 表示经济社会系统包含的指标个数。

水资源系统的评价指数 $W(w)$ 的计算公式为：

$$W(w) = \sum_{i=1}^{k}(x_i \times W_i) \tag{6}$$

其中 k 表示水资源系统包含的指标个数。

3. 协调度系数的计算

水与经济社会系统的协调度系数[6]计算公式为：

$$D = \sqrt{C \times T} \tag{7}$$

其中，D 为协调度系数，C 为耦合度，T 为经济社会系统和水资源系统的综合协调指数。

耦合是指2个或者2个以上的系统通过各种相互作用而彼此影响的现象，而耦合度则反映了系统之间相互作用、彼此影响程度的大小[7]。水与经济社会系统的耦合度计算公式为：

$$C = \left\{ \frac{E(e) \times W(w)}{[E(e) + W(w)]^2} \right\}^{\frac{1}{2}} \tag{8}$$

其中，C 为耦合度，处于 [0, 1]。当 $C = 0$ 时，表明2个系统之间处于无关状态且发展方向和结构呈无序性；当 $C = 1$ 时，表明2个系统之间良性共振耦合且向有序方向发展。

T 反映了两个系统之间的整体协同效应，计算公式如下：

$$T = aE(e) + bW(w) \tag{9}$$

其中，a、b 为待定系数。本文将经济社会系统和水资源系统看作2个平等的系统，不存在孰轻孰重的问题，故取 $a = b = 0.5$。

（三）数据来源及获取

所有原始数据均来源于 2006~2016 年《北京统计年鉴》《北京市水务统计年鉴》《北京市环境状况公报》[8][9][10]。相关研究表明，农林牧副渔业、食品制造业、纺织业、造纸和纸制品业、化学原料和化学制品制造业、黑色金属冶炼和压延加工业、电力热力生产和供应业这七大行业属于高耗水行业，本文采用该七大行业增加值与GDP的比值核算高耗水产业占比指标。

在核算之前，为了剔除价格因素的影响，首先对指标中的价值指标进行了指数平减，统一折算成了以2005年为基期的可比价。

三 结果与分析

（一）研究结果

1. 北京市水与经济社会协调发展评价指标体系构建

北京市水与经济社会协调发展评价指标体系分为三级指标，一级指标分别为经济社会系统指标和水资源系统指标，一级指标细化为12个二级指标，整套指标体系一共包括30个三级指标（见表1）。其中，经济社会系统指标体系，主要反映北京市经济发展水平、经济结构转型升级、人民生活质量、社会保障情况、社会发展水平和人口状况；水资源系统指标体系，主要反映北京市的水资源禀赋条件、供水状况、用水状况、生态环境保护、水利投入和防洪状况。

表1 北京市水与经济社会协调发展评价指标体系

一级指标	二级指标	三级指标	单位	指标性质
经济社会系统 A_1	经济水平 B_1	人均GDP C_1	元	正
		城镇人均可支配收入 C_2	元	正
		农村人均纯收入 C_3	元	正
	经济结构 B_2	第二产业占比 C_4	%	正
		第三产业占比 C_5	%	正
		高耗水产业占比 C_6	%	逆
		固定资产投资占比 C_7	%	正
	生活质量 B_3	城镇居民人均住房建筑面积 C_8	平方米	正
		人均公园绿地面积 C_9	平方米	正
		每万人拥有公共交通运营车辆数 C_{10}	辆	正

续表

一级指标	二级指标	三级指标	单位	指标性质
经济社会系统 A_1	社会保障 B_4	每千人拥有医院床位数 C_{11}	张	正
	社会发展 B_5	城镇化率 C_{12}	%	正
		每万人拥有普通高等学校在校学生数 C_{13}	人	正
	人口状况 B_6	常住人口 C_{14}	万人	逆
		常住外来人口占比 C_{15}	%	正
水资源系统 A_2	资源禀赋 B_7	人均水资源量 C_{16}	立方米	正
		降水量 C_{17}	毫米	正
		地下水埋深 C_{18}	米	逆
	供水状况 B_8	供水总量 C_{19}	亿立方米	正
		南水北调调水量 C_{20}	亿立方米	正
		再生水供水占比 C_{21}	%	正
	用水状况 B_9	农业用新水量 C_{22}	亿立方米	正
		人均年生活用水量 C_{23}	立方米	正
		工业用水重复利用率 C_{24}	%	正
		万元GDP水耗 C_{25}	立方米	逆
	生态环境 B_{10}	重要水库河道湖泊水功能区水质达标率 C_{26}	%	正
		生态清洁小流域水质达标率 C_{27}	%	正
		环境用水量 C_{28}	亿立方米	正
	水利投入 B_{11}	水利投资强度 C_{29}	%	正
	防洪状况 B_{12}	洪涝灾害直接经济总损失 C_{30}	亿元	逆

根据指标性质，可以将指标分为正指标和逆指标。在30个三级指标中，仅高耗水产业占比、常住人口、地下水埋深、万元GDP水耗和洪涝灾害直接经济总损失5个指标是逆指标。需要说明的是，本文将常住人口作为逆指标主要考虑的是北京大城市病问题，截至2015年底，北京市常住人口达2170.5万人，常住人口密度达1323人/km²，越来越多的人口聚集和人口快速增长给北京市长远发展带来了巨大压力和挑战。此外，本文将常住外来人口占比指标作为正指标，考虑的是北京发展的开放包容性问题。

2. 耦合度和协调度标准划分及计算结果

为能更直观地展示北京市水与经济社会的耦合度和协调发展程度，我们根据已有文献研究基础并结合相关专家经验,将耦合度按照低水平到高水平的演进路径划分为 4 个等级(见表 2),将协调度按照失调到协调的演进路径划分成了 10 个等级(见表 3)。

表 2 水与经济社会耦合度等级划分标准

序号	耦合度	耦合等级
1	0.0~0.3	系统处于低水平耦合阶段
2	0.3~0.5	系统处于颉颃阶段(不相上下,相互抗衡)
3	0.5~0.8	系统处于磨合阶段
4	0.8~1.0	系统处于高水平耦合阶段

表 3 水与经济社会协调发展程度等级划分标准

序号	协调度系数	协调等级
1	0.0~0.1	极度失调
2	0.1~0.2	重度失调
3	0.2~0.3	中度失调
4	0.3~0.4	轻度失调
5	0.4~0.5	微度失调
6	0.5~0.6	微度协调
7	0.6~0.7	初级协调
8	0.7~0.8	中级协调
9	0.8~0.9	良好协调
10	0.9~1.0	优质协调

本文计算出了水与经济社会协调度系数,并根据协调度系数等级划分标准,对 2005~2015 年北京市水与经济社会协调发展程度进行了判断,结果见表 4。

表 4　2005~2015 年北京市水与经济社会协调发展程度

年份	耦合度	综合协调指数	协调度系数	协调程度
2005	0.495	0.426	0.459	微度失调
2006	0.499	0.366	0.428	微度失调
2007	0.499	0.314	0.396	轻度失调
2008	0.499	0.344	0.414	微度失调
2009	0.487	0.342	0.408	微度失调
2010	0.491	0.286	0.375	轻度失调
2011	0.494	0.311	0.392	轻度失调
2012	0.493	0.337	0.408	微度失调
2013	0.492	0.370	0.427	微度失调
2014	0.500	0.440	0.469	微度失调
2015	0.499	0.491	0.495	微度失调

（二）结果分析及讨论

总体来看，2005~2015 年，北京市水与经济社会系统的耦合度处于颉颃阶段，北京市水与经济社会协调发展程度经历了一个由"微度失调"向"轻度失调"再向"微度失调"演变的"W"形过程，总体上仍处于失调状态，实现北京市水与经济社会协调发展任重而道远（见图 1）。

1. 2005~2007 年，北京市水与经济社会协调度呈现下降趋势，趋向恶化

计算结果表明，2005~2007 年，北京市水与经济社会协调发展状况明显恶化，协调度系数逐年下降，从 0.459 逐年下降至 0.396，协调发展程度从"微度失调"恶化为"轻度失调"。

此期间，北京市经济社会发展较快，加大了对水资源的需求力度，与此同时，受降水量偏少、水环境问题凸显、产业结构不尽合理、用水效率依然不高等因素影响，北京市水资源供需矛盾尖锐，水资源支撑经济社会快速发展的能力有所减弱。①降水量偏少。1999~2007年北京连续多年干旱,2005~2007年处于这一连续枯水期内,此期间北京年降水量约为472mm。连续多年干旱使北京水资源战略储备严重不足,同时水资源供需缺口加大,不得不采取持续超采地下水、牺牲环境用水等非常规水管理措施。②水环境问题凸显。城乡接合部仍有污水入河现象,个别地区污水处理设施建设滞后,水环境较差。城乡污水处理率相差30个百分点以上。③产业结构待优化。第二产业比重为25%以上,且高耗水产业占比接近10%,产业结构对水资源的需求和消耗与水资源状况不匹配。④用水效率不高。2005年万元GDP水耗由49.5m³降至2007年的35.34m³,依然有很大提高空间。

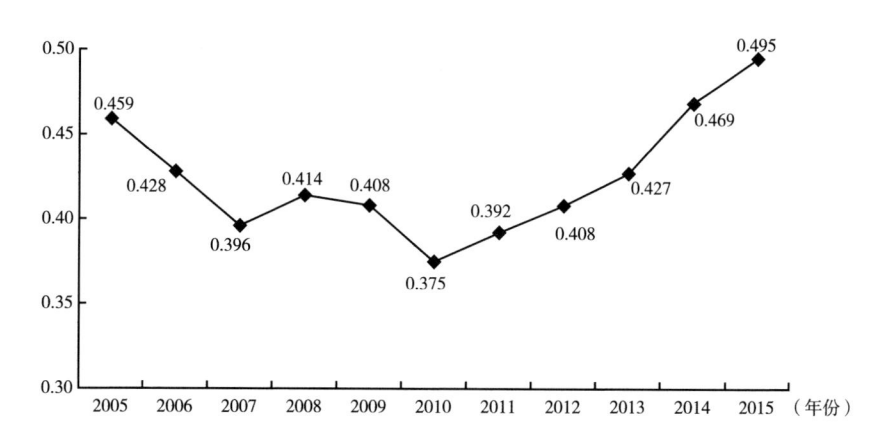

图1 2005~2015年北京市水与经济社会协调度系数演变过程

2. 2007~2008年,北京市水与经济社会协调度呈现上升趋势,趋向改善

计算结果表明,2007~2008年,北京市水与经济社会协调发展状况明显好转,协调度系数明显提高,从0.396提升至0.414,协调发展程度从"轻度失调"改善为"微度失调"。

此期间,尽管北京市人口增长、经济发展、社会进步需要大量水资源,但受降水量增加、奥运政策成效显著、水资源保护和管理取得新进展、节水工作不断深入、水环境质量明显改善等因素影响,这在一定程度上有效缓解了水资源的供需矛盾,减轻了水资源系统面临的压力。①降水量增加。2008年是继1999年后的第一个丰水年,年降水量达到了

638mm。②奥运政策成效显著。集各方力量将水管理放在首位，加大设施建设、推动各项管理措施实施，满足了奥运会对水量、水质和水压的要求，保障了奥运会期间水源安全、供水安全、度汛安全、水环境安全等。③节水工作不断深入。万元 GDP 水耗降至 31.58m³。④水环境质量明显改善。市区污水处理率达到 93%。郊区污水处理率达到 48%。

3. 2008~2010 年，北京市水与经济社会协调度呈现下降趋势，趋向恶化

计算结果表明，2008~2010 年，北京市水与经济社会协调发展状况明显恶化，协调度系数逐年下降，从 0.414 逐年下降至 0.375，协调发展程度从"微度失调"恶化为"轻度失调"。

此期间，外来人口持续增长，居民生活水平不断提高，这些因素都大大增加了北京的用水需求，加之降水量下降，水资源安全保障能力依然较弱，使水资源供需矛盾尖锐。随着北京市水资源形势日益严峻，水资源供需矛盾成为制约北京市经济社会发展的重要瓶颈，导致水资源支撑经济社会快速发展的能力有所减弱。①降水量下降。与 2008 年相比，北京市 2009~2010 年降水量明显减少，且低于多年平均降水量。②人口持续膨胀。奥运会后北京市外来人口持续快速增长，保持较高的人口增长率，导致生活用水量增长显著。③生活用水量增长迅猛。随着北京市居民生活质量不断提高，生活用水量保持较快增长。④水务设施保障能力较弱。特别是按照世界城市的建设要求，城乡接合部和郊区水务设施保障能力需要大幅提高，供水、排水、防洪和水环境体系需要进一步完善。

4. 2010~2015 年，北京市水与经济社会协调度呈现好转趋势，趋向改善

计算结果表明，2010~2015 年，北京市水与经济社会协调发展状况明显好转，协调度系数逐年提高，从 0.375 逐年上升至 0.495，协调发展程度从"轻度失调"改善为"微度失调"。

此期间正是跨越北京水务建设的"十二五"时期，随着水务投资力度明显加大，供水能力显著提高，水环境显著改善，防洪能力明显增强，节水效应凸显，北京市水资源供需矛盾有所缓解，促使该期间北京市水与经济社会协调度呈现好转趋势。①水务投资力度明显加大。北京水务固定

资产投资完成额呈现逐年稳步增长态势，从121.38亿元增长到284.46亿元，"十二五"时期累计投资完成额超过1000亿元，比"十一五"翻一番。②供水能力显著提高。中心城区日供水能力达到372万m^3，为供水迎峰提供了可靠保障。③水环境显著改善。实施"三年治污"行动方案；建成永定河绿色发展带"五湖一线"；综合治理大清河、凉水河、萧太后河、通惠河等流域水系，水环境恶化趋势总体上得到控制。④防洪能力明显增强。完成国家山洪灾害防治三年建设任务，完善城区"西蓄东排、南北分洪"格局。⑤节水效应凸显。坚持"农业用新水负增长、工业用新水零增长、生活用水控制性增长、生态用水适度增长"原则，年均节水超过1亿立方米；2015年全市利用再生水达到9.5亿m^3，万元GDP水耗降至16.63m^3，农业灌溉水有效利用系数达到0.71。

5. 实现北京市水与经济社会协调发展任重而道远

北京市经济社会发展是以对水资源的大量需求为基础的，实现北京市经济社会发展，必须妥善处理好水资源与经济社会发展之间的矛盾，不断强化水资源对经济社会发展的支撑作用，不断提高水资源与经济社会的协调发展水平。在经济新常态背景下，北京市水资源短缺与经济社会快速发展的矛盾将更加尖锐，促进北京市水与经济社会系统从"失调"走向"协调"，进一步实现更高程度的协调发展将面临更加严峻的挑战。主要原因如下。

（1）北京水资源紧缺，供需矛盾突出。从资源禀赋来看，北京市水资源严重短缺，且水污染问题突出，为维持经济社会发展的基本用水需求，北京市不得不增加再生水和外调水的使用量。从供需状况来看，供需矛盾越来越突出，甚至出现无地表水可供和地下水储量和水质下滑的局面。

（2）水资源与经济发展之间矛盾突出。从经济增速来看，保持一定的经济增长速度必须有相应的水资源供给作为保障，在经济新常态下，北京经济保持中高速增长，即使采取节水措施，对水资源的需求量也仍然很巨大。从经济结构来看，虽然农业、工业的用水量已经出现明显下降，但北京市已经确立了以服务业为主的产业结构和以消费为主的需求结构，这将大大增加对水资源的需求量。

(3) 水资源与社会发展之间矛盾突出。从人口增长来看，即使是在实现京津冀协同发展，有效疏解非首都核心功能背景下，北京市水资源紧缺与人口快速增长的矛盾仍将十分尖锐。从城镇化发展来看，随着北京市城镇化进程的不断加快和城市规模的不断扩大，对水资源的需求量也会不断增加。从生活质量来看，随着居民生活质量的不断提高，加之居民节水意识依然较为薄弱，节水行动较为滞后，生活用水量显著增加与水资源浪费并存现象将持续一段时间。

需要指出的是，2015年北京市水与经济社会协调度系数达到了0.495，非常接近失调与协调的平衡点0.5，且从协调度系数的年均增长率来看，受南水北调工程、三年治污行动计划等水务工作影响，"十二五"期间北京市水与经济社会协调度系数年均增长率呈现加速提高趋势，2014~2015年增速接近6%。随着北京南水北调工程、城市副中心建设、新机场建设等工作推进，以及北京市水务工作的不断改革发展，2016~2017年北京市水与经济社会协调度达到"微度协调"。

四 结论与讨论

（一）结论

研究在阐述水与经济社会协调发展的理论基础上，构建了北京市水与经济社会协调发展评价指标体系，采用可用于跨期指数可比性的算术平均法确定指标权重，通过核算水与经济社会协调度系数，对北京市2005~2015年水与经济社会协调发展情况进行了综合分析。研究发现，2005~2015年，北京市水与经济社会系统的耦合度处于颉颃阶段，北京市水与经济社会协调发展程度经历了一个由"微度失调"向"轻度失调"再向"微度失调"演变的"W"形过程，总体上仍处于失调状态。随着北京市经济社会发展水平的不断提高，北京市水资源短缺与经济社会快速发展的矛盾将更加尖锐，促进北京市水与经济社会系统从"失调"走向"协调"，进一步实现更高程度的协调发展将面临更加严峻的挑战，实现北京市水与经济社会协调发展任重而道远。

（二）讨论

本文构建了北京市水与经济社会协调发展评价指标体系，通过核算水与经济社会协调度系数，对北京市 2005~2015 年水与经济社会协调发展情况进行了综合分析。作为华北地区缺水型特大城市，北京水资源与经济社会协调发展是在水资源合理开发利用的前提下，在保证水资源承载力的基础上最大限度地开展经济社会的建设和发展，而实现水资源—经济—社会的共同可持续发展。通过核算 2005~2015 年北京水与经济社会协调度系数，进一步揭示了在城市发展过程中，北京水与经济社会发展的关系，这为水资源可持续管理和城市可持续发展提供了有益的参考。

本文避免了以往研究中指标体系构建主观性和赋权方法选择随意性的不足，一方面以所研究的特定区域的水资源和社会经济发展环境为基础，但更重要的是，在构建评价指标体系之前界定其理论基础，尤其是水与经济社会协调发展的内涵。只有在对水与经济社会协调发展的理论进行准确界定的基础上，所构建的评价指标体系才是有理可循的。另一方面在选择何种赋权方法时，需要考虑包括方法适用性、研究时间、数据特征等在内的多种影响因素，尤其是对于跨期研究而言，所选择的赋权方法还应当保证跨期指数的可比性。水资源紧缺造成的水危机已经成为全球背景下的重大问题，水问题对其他相关社会、经济、技术、政策等因素的影响及其互动关系更为复杂，这些内在机理和相互关系也有待深入讨论。

参考文献

[1] 彭静、李翀、廖文根、赵奎霞：《水环境可持续承载评价方法及实证研究》，《中国人口·资源与环境》2006 年第 4 期。

[2] 张凤太、苏维词：《贵州省水资源－经济－生态环境－社会系统耦合协调演化特征研究》，《灌溉排水学报》2015 年第 6 期，第 44~49 页。

[3] 孙志南：《北京市水资源与经济社会协调发展研究》，首都经济贸易大学硕士学位论文，2012。

［4］李德一、张树文：《黑龙江省水资源与社会经济发展协调度评价》，《干旱区资源与环境》2010年第4期。

［5］樊纲、王小鲁、朱恒鹏：《中国市场化指数——各地区市场化相对进程2009年报告》，经济科学出版社，2010。

［6］熊建新、陈端吕、彭保发等：《洞庭湖区生态承载力系统耦合协调度时空分异》，《地理科学》2014年第9期，第1108~1116页。

［7］高翔、鱼腾飞、程慧波：《西陇海兰新经济带甘肃段水资源环境与城市化交互耦合时空变化》，《兰州大学学报》（自然科学版）2010年第5期，第11~18页。

［8］北京市统计局、国家统计局北京调查总队编《北京统计年鉴》（2006~2016），中国统计出版社，2006~2016。

［9］《北京市水务统计年鉴》（2006~2016），北京市水务局，2006~2016。

［10］《北京市环境状况公报》（2006~2016），北京市环境保护局，2006~2016，北京市环境保护局网站，http：//www.bjepb.gov.cn/bjepb/323474/324034/324735/index.html。

研发团队知识协同动机研究*

——基于组织学习的视角

周莹莹 高书丽 陈建斌**

摘　要：研究团队知识协同的动机，对于企业更好地管理和激励团队成员以更加积极的态度参与知识协同具有十分重要的意义。本文基于组织学习的视角，从知识贡献者和知识寻求者两方面，探讨了影响研发团队成员主动参与知识协同的动机因素，并构建了理论模型。分析结果表明：个人声誉、共享意愿及群体认同对知识贡献者参与组织学习的动机具有不同影响；社会地位、共享渠道及社会存在感对知识寻求者的主动性具有显著正向影响；应用性学习与探索性学习均对协同创新绩效有显著影响，且前者的影响大于后者；团队激励对组织学习和知识协同创新绩效间的关系具有干涉调节作用。

关键词：研发团队　组织学习　知识协同绩效　动机

---

* 本文受国家自然科学基金项目"知识异质度与知识协同绩效关系的量化研究——基于实践社区社交数据的实证分析"（编号：71572015）的资助。
** 周莹莹，北京联合大学商务学院硕士研究生，研究方向为知识管理；高书丽，博士，副教授，研究方向为多元统计分析等；陈建斌，博士，教授，北京联合大学常务副院长，研究方向为知识管理等。

一 引言

当前,企业优势地位的确立所依靠的不再仅仅是其掌握的资本和物质资源,组织中知识资源及其协同越来越成为组织创新能力和竞争优势的重要来源[1]。研发团队是企业内应用最为广泛的知识协同组织形式[2][3],团队成员创新能力的高低就决定了整个企业的未来发展。从一定程度上说,知识协同效果决定了一个组织的创新能力和竞争优势。

知识协同的研究推进到了流程、方法及模型构建等理性层面,但对于知识协同主体即知识寻求者及知识贡献者的动机、意愿等行为分析、关注不足。由于知识的内隐性和协同的主观能动性,针对知识主体的行为动机研究有利于准确把握知识交互的社会规律,有利于更有效地推动知识协作。本文从组织学习视角,把知识协同主体划分为贡献者和寻求者,研究影响他们知识协同的动机因素,揭示知识协同的内在机制,为企业知识管理的实践提供指导。

二 文献回顾

(一)知识协同

"知识协同"最早由 Karlenzing 定义为一种组织战略方法和知识管理的发展趋势,用以动态集结组织内部和外部系统、商业过程、技术和关系,以实现商业绩效的最大化[4]。此后,国内外学者开始从知识协同本质和内涵、知识协同过程、知识协同影响因素等方面展开研究。

对知识协同的本质和内涵有多种理解,但核心都是关注知识的整合和协同绩效的提高。如陈昆玉和陈昆琼认为知识协同就是企业通过整合内外部知识资源,使组织学习、利用和创造知识的整体效益大于各独立组成部分总和的效应[5]。佟泽华也提出,知识协同是以知识创新为目标,由多个拥有知识资源的行为主体(组织、团队、个人)协同参与的知识活动过程,具有将适当的信息在合适的时间传递给合适的人的功能[6]。对于知识协同过程的研究:李丹从知识生命周期的角度划分了协同酝酿、协同形成、协同运行、协同终止四个阶段[7];冯博和樊治平依据知识利用流程划分了知识分析、发掘、重构、整合与创新五个过程[8];储节旺和吴川徽从知识流动角度划分了知识共享、知识转移、知识创造三个阶段[9]。对于知识协同影响因素的研究:魏想明和舒曼认为知识协同主体因素、客体因素、环境因素是影响知识协同效应的三个主要因素,其中主体因素包括主体意愿、知识资源丰裕度、知识吸收能力和创新能力,客体因素包括知识的隐含性和嵌入性,环境因素包括成员的文化差异、知识差异、地理差异[10];储节旺和张静认为开放式创新中的知识协同受创新开放度、知识需求、知识供给、知识匹配度与知识共享程度等的影响[11]。此外,陈建斌等还对异质性知识的协同做了研究,研究结果表明,知识异质性是知识协同的前提条件,知识异质度越高,越需要知识协同[12]。

(二)组织学习

组织学习是一个跨越个体、团队、组织和社会环境等多个层次的复杂动态过程,包括直觉感知、解释说明、归纳整合和制度化等多个子过程。这一概念最早由 Argyris 和 Schon 于 1978 在《组织的学习》一书中提出,并将其定义为"发现错误,并通过重构组织的'使用理论'(Theories – in – Use)(人们行为背后的假设,却常常不被意识到)而加以改正的过程"。我国学者陈国权认为组织学习是组织成员采取的不断获取知识并改善自身行为、优化组织的体系,得以在急剧变化的内外部环境中,使组织保持持续生存、发展和壮大的过程[13]。此外,Hult 和 Ferrell 从组织学习的特性视角研究,认为组织学习由团队导向、系统导向、学习导向以及记忆导向一系列活动形成[14];张韬等从市场信息流动过程的视角研究,认为组织学习是学习承诺、分享愿景和开放心智的过程[15];March 还开创性地提出了"探索学习—应用学习"的理论模型,揭示了组织学习的内在机制和过程[16]。

关于组织学习的功能或作用,代吉林等认为在知识资源转化为企业创新能力的过程中,组织学习往往起着决定性作用[17]。戴勇和胡明溥研究表明组织学习对产学研伙伴异质性和企业创新绩效存在中介作用[18]。

(三) 知识协同动机

知识协同动机就是促使知识主体主动参与知识共享、知识转移、知识创造等知识协同活动内在因素。考虑到知识共享是知识协同的主要环节,知识共享动机研究成果有重要借鉴作用。目前,国内外关于知识共享动机的研究主要集中在两方面,其一是知识共享动机的作用和内容,如 Baldwin 和 Ford[19]、Gupta 和 Govindarajan 从动机促进视角研究发现个体能力与动机是影响知识转移的重要因素。[20]有学者认为动机缺失产生知识黏性,而知识黏性阻碍了组织内部的知识转移。[21]随后,Hansen 的研究也揭示了产品创新中存在知识转移难题的原因在于知识提供方的意愿与能力[22]。其二是知识共享动机的影响因素,国内外学者从不同角度做出了研究(见表1)。

表1 知识共享动机影响因素研究综述

作者/时间	知识共享动机影响因素	备注
Hendrinks(1999)	成就感、工作责任和自主性、被人认可、晋升机会和挑战[23]	双因素理论
Scott、Walker(1995)	社会交往、受人尊重、自我实现[24]	需要层次理论
Constant、Kiesler 和 Sproull(1994),Davenport、Long 和 Beers(1998)	自利、互惠、自我实现[25][26]	社会交换理论
Lin(2007)	个体的知识自我效能感[27]	社会认知理论
Hsu、Ju 和 Chen(2007)	个人的结果期望[28]	期望理论
Quigley 等(2007)	激励与共享规范的交互作用[29]	激励理论
赵书松等(2010)	个人因素、任务因素、组织和环境因素[30]	—
常涛(2008)	功利主义因素、互惠因素、组织认同[31]	—
张勇军和廖建桥(2010)	经济因素、人际互惠、自我价值、利他因素[32]	—
赵书松和廖建桥(2008)	经济因素、权利因素、关系因素、成就因素[33]	—

由表1可知,影响组织成员主动参与知识共享的因素主要集中于个体因素(包括经济、社会关系、地位等)和外界因素(包括组织环境、激

励、认同等）。借鉴上述结论，考虑到知识协同活动的复杂性及参与主体的角色不同而引发的动机差异性，本文认为知识协同中知识贡献者的动机主要有个人声誉、共享意愿和群体认同感；知识寻求者的动机主要有社会地位、共享渠道和社会存在感，而且团队激励影响整个组织学习过程。

三　理论依据与研究假设

组织内的知识流动并非易事，知识协同通常不是自然发生的[30]。人的行为既受内在因素影响，也受社会环境影响；既受认知影响，也受情感影响[34]。知识协同过程中，知识寻求者首先发布知识协同信号，知识贡献者在动机驱使下参与知识协同。协同主体的角色不同、知识异质、流程异步，显然拥有不同的动机影响因素。

第一，知识贡献者的协同动机受个人声誉、共享意愿、群体认同感的影响。个人声誉是个体影响力的主要来源，它是有价值的无形资源，给个体带来了尊重、社会地位等诸多收益[35]。个人声誉能给个体带来一系列积极的产出，源于它所具备的不确定缓解功能[36]。在社会互动中，有着较佳声誉的个人往往被认为更有竞争力或更值得信赖，这就降低了他人对个体行为的不确定性，从而愿意参与到双方的互动活动中。廖飞等在研究中发现，在企业实践中，扮演信息收集者、分析者、意见提供者等多重角色的知识工作者出于维护自身声誉的考虑，更有动力做好知识工作[37]。综上所述，做出如下假设。

H1a：个人声誉对知识贡献者主动参与应用性学习有正向促进作用。

H1b：个人声誉对知识贡献者主动参与探索性学习有正向促进作用。

知识共享双方是否愿意共享、在多大程度上共享都会显著影响知识共享的效果[38]。也有学者认为如果知识接收方接受知识的动机不明确，则知识的提供方在知识共享的过程中会表现出极大的"不情愿"，从而影响知识共享的效果，因此，考虑到知识协同过程中知识贡献者的共享意愿，做出如下假设。

H2a：共享意愿对知识贡献者主动参与应用性学习有正向促进作用。

H2b：共享意愿对知识贡献者主动参与探索性学习有正向促进作用。

群体认同感是社会心理学概念之一，它反映了个体将群体成员身份整合进自我概念的程度。Daan van Knippenberg 和 Els C. M. van Schie 认为，尽管组织研究倾向于把组织看作一个整体，但组织内的个体所感知到的群体认同感对于其工作态度和行为会有更大影响[39]；Chang 和 Chuang 基于社会资本理论提出，获得认同感是组织成员进行知识创造的重要动机因素[40]；殷融和张菲菲的研究也表明，群体认同感对个体的集群行为意愿既具有直接的动员作用，也可以调节群体情绪和群体效能变量与人们行为意愿间的关系[41]，由此，在知识协同情景下，做出如下假设。

H3a：群体认同感对知识贡献者主动参与应用性学习有正向促进作用。

H3b：群体认同感对知识贡献者主动参与探索性学习有正向促进作用。

第二，知识寻求者的协同动机则主要来自社会地位、共享渠道和社会存在感三方面。在组织学习中，社会地位的定义偏向于个人影响力，受群体其他成员价值观和信念的影响[42]。在社会交往中，提供帮助的个体会拥有较高的社会地位[43]。社会地位较低的人往往会被社会地位较高的人所吸引，并努力获得他们的认可[44]。高地位求知者的知识请求为低地位成员创造了这样的机会，也相应地提高了其自身地位。这也正好解释了组织内一个普遍现象：职位高、资历深的人提出的需求往往能较快得到满足，因此，做出如下假设。

H4a：社会地位对知识寻求者主动参与应用性学习有正向促进作用。

H4b：社会地位对知识寻求者主动参与探索性学习有正向促进作用。

在组织中，社会存在感是组织成员感知到的他人和组织对自己的需要和信赖，高社会存在感的人更愿意与他人沟通、交流和共享知识，从而提高知识转化为协同创新绩效的可能性，因此，做出如下假设。

H5a：社会存在感对知识寻求者主动参与应用性学习有正向促进作用。

H5b：社会存在感对知识寻求者主动参与探索性学习有正向促进作用。

在组织学习过程中，共享渠道通过集群供应链知识网络正向影响创新绩效[45]。社会资本理论揭示了知识寻求者在网络中的中心地位影响其与他人有效分享资源的能力[46]。网络中心性反映了知识寻求者与他人的互动次数，并确定了将来可以获取知识的潜在渠道。共享渠道影响信息的可用性和质量，并可以提高知识寻求者获得所需知识的可能性[47][48]，由此，做出如下假设。

H6a：共享渠道对知识寻求者主动参与应用性学习有正向促进作用。

H6b：共享渠道对知识寻求者主动参与探索性学习有正向促进作用。

第三，知识协同绩效是对知识协同效果的度量。吴绍波和顾新从知识协同的规模经济效应、范围经济效应、学习经济效应三方面研究组织内的知识协同绩效[49]；陈建斌等、郭彦丽等则以知识资本和社会资本的增值作为衡量知识协同绩效的维度[50][51]。由于创新是研发团队的主要任务，因此，本文从创新绩效维度衡量研发团队的知识协同绩效。

第四，组织学习的中介作用。Mabey 和 Salamen 认为学习是组织维持创新的主要因素，企业正是依靠不断从内、外部学习、创造、获取和整合知识的能力获得成功[52]；Hult 等又进一步将组织学习对知识协同绩效的影响细分，认为组织学习能力不仅会影响到创新的初始阶段，也会影响到创新的执行阶段[53]。此外，March 还将组织学习分为探索性学习和开发性学习，并认为这两种学习方式对知识协同绩效有不同影响[16]，基于此，做出如下假设。

H7a：应用性学习与知识协同绩效显著正相关。

H7b：探索性学习与知识协同绩效显著正相关。

第五，团队激励的调节作用。研究表明，无论是知识的施与方还是接受方，在完成知识共享的过程中，除了受到主观方面的个体心理发展特征影响外，还要受到客观方面的组织环境影响，尤其是组织的激励机制[54]。这些结论在组织学习中同样适用，且已有学者对此做出了研究，如段光等认为激励强度与按贡献分配导向均与知识团队有效性显著正相关[55]。当前，众多组织的文化建设都强调协同合作与团结友爱，就是为了激励成员建立良好的人际关系，增强彼此之间的信任，从而使知识协同顺利进行，提高组织的知识协同绩效，因此，做出如下假设。

H8a：团队激励调节应用性学习与知识协同创新绩效有关系。

H8b：团队激励调节探索性学习与知识协同创新绩效有关系。

据此，本文的研究模型见图 1。

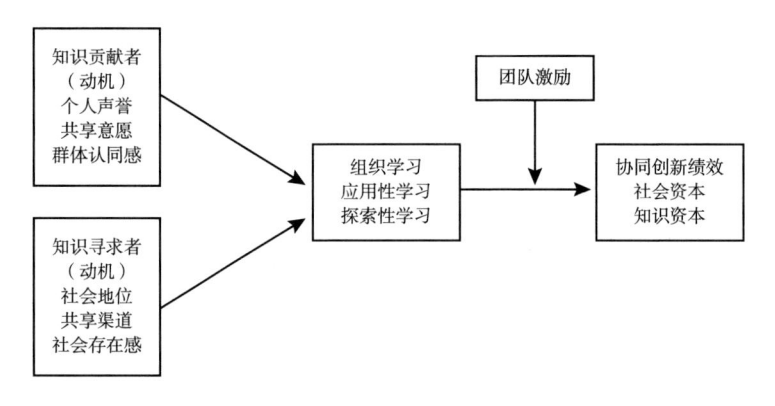

图 1 研究模型

四 研究方法

(一) 变量测量

本文的测量量表主要借鉴国内外已有成熟量表,并通过访谈及预试进一步对问卷题项进行了调整和修正,最终形成本次调查问卷。个人声誉主要借鉴了 Chennamaneni[56]的量表;共享意愿主要借鉴了 Bock 等[57]的量表;群体认同感主要借鉴了 Hooff 等[58]、钟华[59]的量表。社会地位主要从职位、年资/资历、声誉三个维度来反映;共享渠道主要根据罗家德和郑孟育[60]、陈国权[61]的观点;社会存在感主要借鉴李肖峰等[62]的观点。组织学习分为应用性学习和探索性学习,主要参考尹惠斌等[63]的研究。协同创新绩效参考陈建斌等的研究,从知识资本增值和社会资本增值两个维度进行度量[12]。团队激励主要参考了赵鑫的研究[64]。问卷计分采用李克特 7 点量表。

(二) 问卷发放

本文采用理论与实证相结合的研究方法,通过发放调查问卷获取相关数据,被调查样本主要来自北京 IT 服务外包企业的研发团队。为了确保数据质量,在实施最终调查之前访问了相关学者和研发团队管理者,并根据修改意见做了问卷调整和完善。本次调查主要委托第三方调研公司进行，问卷发放从 2016 年 1 月开始至 5 月结束，历时 5 个月，共向 75 家企业的研发人员发放问卷，最终回收有效问卷 255 份。

（三）量表的信度与效度

本文从信度和效度两个方面对量表质量进行评估，具体数据见表 2。选取 Cronbach's α 作为量表信度的检验指标，α 系数均大于 0.8，表明量表内部一致性程度较高，信度较好。通过验证性因子分析发现，各题项的因子载荷值都大于 0.6，表明单个指标的可靠性以及变量度量指标均有效，问卷具有显著的聚合效度。

表 2 量表信度与效度分析结果

变量		Cronbach's α 值	因子载荷值	累积方差解释量（%）	KMO 值	Bartlett 球体检验的显著性概率
知识贡献者	个人声誉	0.885	0.771~0.817	67.718	0.898	0.000
	共享意愿	0.869	0.757~0.808			
	群体认同感	0.882	0.763~0.845			
知识寻求者	社会地位	0.823	0.807~0.838	73.325	0.827	0.000
	社会存在感	0.886	0.840~0.867			
	共享渠道	0.861	0.649~0.835			
组织学习	应用性学习	0.870	0.736~0.798	65.502	0.888	0.000
	探索性学习	0.886	0.644~0.838			
协同创新绩效	社会资本	0.831	0.632~0.848	59.594	0.869	0.000
	知识资本	0.824	0.726~0.857			
团队激励		0.912	0.848~0.871	73.969	0.887	0.000

五 实证结果分析

（一）样本统计

表 3 给出了调查对象的基本情况，从年龄来看，调查对象主要集中在 40

岁以下；从受教育程度来看，以本科为主，占到65.9%；在调查者中，高层管理者占5.5%，中层、基层管理者分别占20.8%、27.1%，技术（或研发）人员占28.2%；有近75%的调查对象的工作年限超过3年；团队规模方面，30人及以下的团队占比为61.2%，而100人以上的团队相对较少，占比仅为2.7%。

各变量的均值、标准差、相关系数如表4所示。可以看出，各变量间的相关系数均小于0.6；另外，方差膨胀因子VIF均小于10，可以排除变量间多重共线性的可能。从表4中还可以发现个人声誉、共享意愿、群体认同感、社会地位、共享渠道与应用性学习之间呈正相关关系，相关系数均大于0.3且显著；上述变量与探索性学习之间同样呈正相关关系，但个人声誉、共享意愿以及社会存在感与探索性学习之间的相关系数虽显著但系数小于0.3；应用性学习、探索性学习与协同创新绩效的相关系数均呈正相关关系，相关系数大于0.4且显著，一定程度上为研究假设提供了初步支持。

表3 样本基本情况

单位：人，%

统计特征	分类	样本数	比例
年龄	30岁以下	111	43.5
	30~40岁	129	50.6
	40~50岁	13	5.1
	50岁以上	2	0.8
学历	专科及以下	62	24.3
	本科	168	65.9
	硕士及以上	25	9.8
当前职位	高层管理者	14	5.5
	中层管理者	53	20.8
	基层管理者	69	27.1
	技术（或研发）人员	72	28.2
	其他	47	18.4
工作年限	3年以下	64	25.1
	3~5年	85	33.3
	6~10年	69	27.1
	10年以上	37	14.5
团队规模	30人及以下	156	61.2
	30~100人	92	36.1
	100人以上	7	2.7

表 4 变量的均值、标准差和相关系数

变量	1	2	3	4	5	6	7	8	9	10
1	1	—	—	—	—	—	—	—	—	—
2	0.370***	1	—	—	—	—	—	—	—	—
3	0.421***	0.381***	1	—	—	—	—	—	—	—
4	0.361***	0.330***	0.366***	1	—	—	—	—	—	—
5	0.247***	0.446***	0.493***	0.369***	1	—	—	—	—	—
6	0.247***	0.353***	0.214***	0.132**	0.358***	1	—	—	—	—
7	0.405***	0.424***	0.458***	0.409***	0.492***	0.330***	1	—	—	—
8	0.263***	0.289***	0.301***	0.323***	0.334***	0.249***	0.552***	1	—	—
9	0.416***	0.436***	0.424***	0.312***	0.429***	0.383***	0.451***	0.279***	1	—
10	0.487***	0.439***	0.442***	0.398***	0.534***	0.406***	0.515***	0.428***	0.552***	1
均值	4.97	5.12	5.01	5.17	4.95	4.66	4.98	4.59	4.77	5.05
标准差	1.07	1.02	1.06	1.08	1.08	1.23	0.97	1.01	1.14	0.86

注：*** $p<0.01$，** $p<0.05$，* $p<0.1$；1 表示个人声誉，2 表示共享意愿，3 表示群体认同感，4 表示社会地位，5 表示共享渠道，6 表示社会存在感，7 表示应用性学习，8 表示探索性学习，9 表示团队激励，10 表示协同创新绩效。

（二）研究假设的检验

为检验假设 H1a ~ H6b，下面以组织学习的两个维度（应用性学习、探索性学习）作为被解释变量，以个人声誉、共享意愿、群体认同感、社会地位、共享渠道、社会存在感 6 个变量作为解释变量，采用 OLS 法对模型进行估计，以期对实际数据进行最佳拟合，并使误差的平方和达到最小。回归结果见表 5。

表 5　知识贡献者、知识寻求者对应用性学习、探索性学习的影响

变量		应用性学习	探索性学习
		模型 1	模型 2
常数项		1.000	2.018
解释变量	个人声誉	0.159***	—
	共享意愿	—	—
	群体认同感	0.151***	—
	社会地位	0.156***	0.215***
	共享渠道	0.227***	0.181***
	社会存在感	0.108**	0.121**
模型统计量	R^2	0.388	0.278
	ΔR^2	0.376	0.267
	F 统计量	18.010	28.010

注：*** $p<0.01$，** $p<0.05$，* $p<0.1$，下同。

模型 1 检验了知识贡献者和知识寻求者各维度与应用性学习的关系。从结果可以看出，知识贡献者的个人声誉、群体认同感对应用性学习具有显著的正相关关系，其回归系数分别为 0.159、0.151，假设 H1a、H3a 得到验证，H2a 没有得到验证。知识寻求者的社会地位、共享渠道、社会存在感对应用性学习都具有显著的正相关关系，其回归系数分别为 0.156、0.227、0.108，假设 H4a、H5a、H6a 均得到支持。

模型 2 检验了知识贡献者和知识寻求者各维度与探索性学习的关系。从结果可以看出，知识贡献者的三个维度对探索性学习没有显著的正相关关系，假设 H1b、H2b、H3b 未得到支持。知识寻求者的社会地位、共享

渠道、社会存在感对探索性学习都表现出显著的正相关关系，回归系数分别为 0.215、0.181、0.121，假设 H4b、H5b、H6b 均得到支持。

为了进一步验证团队激励是否对组织学习与协同创新绩效产生调节作用，本文采用了层次回归分析对假设进行验证。在数据分析过程中，为了降低可能的多重共线性影响，在构造调节变量交互项之前，对各变量进行了中心化处理。具体分析结果见表 6。

表 6 回归分析结果（因变量：协同创新绩效）

变量		模型 3	模型 4	模型 5	模型 6	模型 7
自变量	应用性学习	0.355***	0.205***	0.206***	0.208***	0.227***
	探索性学习	0.178***	0.163***	0.162***	0.170***	0.157***
调节变量	团队激励	—	0.297***	0.298***	0.297***	0.304***
交互项	团队激励×应用性学习	—	—	0.003	—	0.052
	团队激励×探索性学习	—	—	—	-0.061*	-0.088**
模型统计量	R^2	0.295	0.419	0.419	0.426	0.429
	ΔR^2	0.289	0.412	0.409	0.416	0.418
	F 统计量	52.644	60.229	44.955	46.320	37.414

模型 3 验证了应用性学习（$\beta = 0.355$，$p < 0.01$）、探索性学习（$\beta = 0.178$，$p < 0.01$）对协同创新绩效具有显著的正相关关系，从回归系数可以看出，前者的影响相对更大一些。假设 H7a、H7b 得到支持。模型 4 验证了团队激励对协同创新绩效具有显著的正相关关系（$\beta = 0.297$，$p < 0.01$），模型 5 检验团队激励对应用性学习和协同创新绩效的调节作用，二者的交互项对协同创新绩效的关系不显著，因此假设 H8a 没有得到支持。模型 6 检验团队激励对探索性学习和协同创新绩效的调节作用，在 $p < 0.1$ 显著性水平下，结果显示二者的交互项对协同创新绩效的关系显著，表明团队激励对探索性学习和协同创新绩效存在调节作用，但看整个调节效应的话，需要用图表的方法来直观地显示。本文用高于团队激励均值的一个标准差和低于均值的一个标准差作为团队激励大小的基准，来描绘团队激励对探索性学习、协同创新绩效的关系，调节效应可见图 2。

图 2 显示团队激励高的时候，探索性学习对协同创新绩效的影响是负

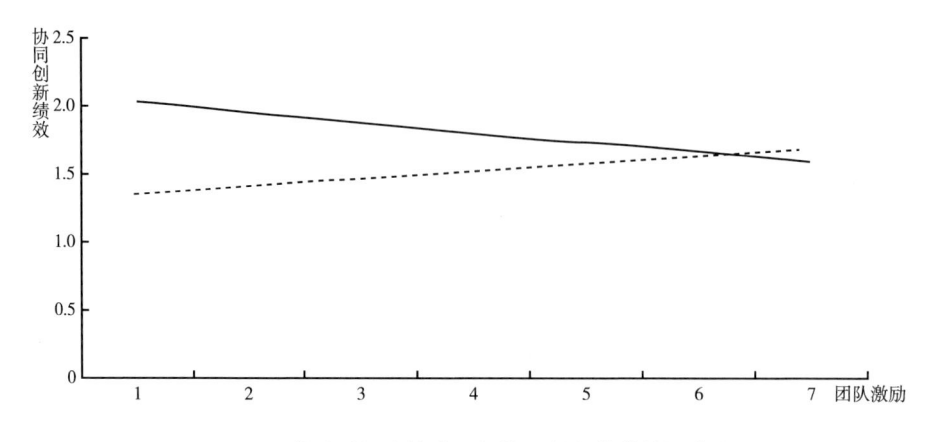

图 2　团队激励对探索性学习与协同创新绩效的调节作用

的，当团队激励低的时候，影响变为正向，即团队激励对探索性学习、协同创新绩效存在"干涉调节作用"。H8b 得到部分验证。模型 7 对所有变量进行回归，得到同样的调节效应结论。

六　研究结论与展望

本文得到的主要结论如下。

对于知识寻求者，社会地位、社会存在感、共享渠道因素均对其主动参与应用性学习和探索性学习有正向促进作用，结论与前文假设相符。

对于知识贡献者：个人声誉和群体认同感因素对其主动参与应用性学习有正向促进作用，而共享意愿因素则对其主动参与应用性学习的作用不显著。同时，此三个因素对知识贡献者主动参与探索性学习的作用均不显著。本文认为，探索性学习是指那些"探索、变化、承担风险、试验、尝试、应变、发现、创新"的学习行为[16]，本身具有高失败率特征[65]，知识贡献者尤其是风险厌恶者，出于对自身地位的保护，往往更不愿主动参与探索性学习。同时，知识贡献者作为"给予者"，其主动贡献的意愿远不及获取知识的意愿强烈。考虑到这一风险因素，个人声誉等因素对其主动参与探索性学习的促进作用就会受到影响。

组织学习与协同创新绩效的关系：组织学习对协同创新绩效具有显著

的正相关关系，且应用性学习对协同创新绩效的影响更大。这主要是因为，探索性学习的本质是对新的、未知领域的尝试，具有较高不确定性，取得成效所需时间较长。应用性学习则是对现有能力、技术和范式的提高和拓展，具有确定的、近期的回报[65]。

团队激励的调节作用：实证分析结果表明，团队激励因素对应用性学习与协同创新绩效关系的调节作用不显著，对探索性学习与协同创新绩效的关系存在干涉调节作用。具体分析如下：大量研究者都认为探索性学习和应用性学习两者之间存在潜在的对立性，其根本原因在于两者竞争组织内的稀缺资源。当组织对探索性学习的激励强度较大时，研发团队的成员就会倾向于将更多的资源用于探索性学习，从而削弱应用性学习（通过对现有技术的挖掘和应用来增强组织市场机会）。由于偏离了现有的技术基础，探索性学习回报周期长，并且经常可能是负的，因此，过度进行探索性学习会使组织陷入失败的陷阱[66]。

综上所述，管理者要充分认识到研发团队知识协同中知识贡献者和知识寻求者的差异性，并根据组织学习的类型选择合适的方式激励团队成员参与知识协同；同时，还要注意维持应用性学习与探索性学习的平衡，适时、适度地采取针对性激励措施，提高组织知识协同创新绩效。

诚然，本文的研究结论为企业更好地促进研发团队成员主动参与知识协同提供了一些建议，但仍有局限性，如调研对象主要来自北京，在地理因素方面不具有代表性，样本数量不够多等，这些不足及本文尚未解决的问题，笔者会在后续的研究中全力解决。

参考文献

[1] 樊治平、冯博、俞竹超：《知识协同的发展及研究展望》，《科学学与科学技术管理》2007年第11期，第85～91页。

[2] 王颖、彭灿：《知识异质性与知识创新绩效的关系研究》，《科技进步与对策》2012年第4期，第119～123页。

[3] 柳艳婷：《研发团队知识异质性对知识共享及创新绩效的影响研究》，哈尔滨理工大学硕士学位论文，2015年。

[4] Karlenzing W., Tap into the Power of Knowledge Collaboration, Dimension Data, http//www.tmcnet.com/, 2002.

[5] 陈昆玉、陈昆琼：《论企业知识协同》，《情报科学》2002年第9期，第986~989页。

[6] 佟泽华：《知识协同的内涵探析》，《情报理论与实践》2011年第11期，第11~15页。

[7] 李丹：《企业群知识协同要素及过程模型研究》，《图书情报工作》2009年第14期，第76~79页。

[8] 冯博、樊治平：《基于协同效应的知识创新团队伙伴选择方法》，《管理学报》2012年第2期，第258~261页。

[9] 储节旺、吴川徽：《知识流动视角下社会化网络的知识协同作用研究》，《情报理论与实践》2017年第2期，第31~36页。

[10] 魏想明、舒曼：《影响研发联盟的知识协同效应因素探究》，《科技创业月刊》2012年第6期，第14~16页。

[11] 储节旺、张静：《企业开放式创新知识协同的作用、影响因素及保障措施研究》，《现代情报》2017年第1期，第25~30页。

[12] 陈建斌、付丽丽、薛云：《应用Web 2.0提升企业创新能力的知识协同机制——基于社会网络和社会资本视角的知识创新理论研究》，《西部论坛》2015年第2期，第100~108页。

[13] 陈国权：《组织学习和学习型组织：概念、能力模型、测量及对绩效的影响》，《管理评论》2009年第1期，第107~116页。

[14] Hult G. T. M., O. C. Ferrell., "Global Organizational Learning Capacity in Purchasing: Construct and Measurement," *Journal of Business Research*, 1997, 40: 97-111.

[15] 张韬、刘家凤、赵莉：《绩效整合扩展模型市场导向对组织绩效作用机制研究、组织学习与组织创新的作用》，《科技进步与对策》2009年第9期，第26~29页。

[16] March J. G., "Exploration and Exploitation in Organizational Learning," *Organization Science*, 1991, 2 (1): 71-87.

[17] 代吉林、张书军、李新春：《知识资源的网络获取与集群企业模仿创新能力构建——以组织学习为调节变量的结构方程检验》，《软科学》2009年第7期，第76~82页。

[18] 戴勇、胡明溥：《产学研伙伴异质性对知识共享的影响及机制研究》，《科学学与科学技术管理》2016年第6期，第66~79页。

[19] Baldwin T. T., Ford J. K., "Transfer of Training: A Review and Direction for Future Research," *Personnel Psychology*, 1988, 41 (1): 63-105.

[20] Gupta A. K., Govindarajan V., "Knowledge Flows within Multinational Corporations," *Strategic Management Journal*, 2000, 21 (4): 473-496.

[21] Szulanski G., "Exploring Internal Stickiness: Impediments to the Transfer of Best

Practice within the Firm," *Strategic Management Journal*, 1996 (17) (Winter Special Issue): 27 – 43.

[22] Hansen M. T. , " The Search – Transfer Problem: The Role of Weak Ties in Sharing Knowledge across Organization Subunits," *Administrative Science Quarterly*, 1999, 44 (1): 82 – 111.

[23] Hendrinks P. , " Why Sharing Knowledge, The Influence of ICT on the Motivation for Knowledge Sharing," *Knowledge and Process Management*, 1999, 6 (2): 91 – 100.

[24] Scott K. , Walker A. , *Teambuilding*: *The Manager's Complete Guide to Teams in Organizations* (New York: Practice Hall, 1995).

[25] Constant D. , Kiesler S. , Sproull L. , "What's Mine Is Ours, or Is It? A Study of Attitudes about Information Sharing," *Information Systems Research*, 1994, 5 (4): 400 – 421.

[26] Davenport T. H. , De Long D. W. , Beers M. C. , "Successful Knowledge Management Projects," *Sloan Management Review*, 1998, 39 (2): 43 – 57.

[27] Lin H. F. , " Effects of Extrinsic and Intrinsic Motivation on Employee Knowledge Sharing Intentions," *Journal of Information Science*, 2007, 3 (2): 135 – 149.

[28] Hsu M. H. , Ju T. L. , Yeh Chen. H. , et al. , " Knowledge Sharing Behavior in Virtual Communities: The Relationship between Trust Self-efficacy and Outcome Expectation," *Human- Computer Studies*, 2007, 65: 153 – 169.

[29] Quigley N. R. , Tesluk P. E. , Locke E. A. , et al. , " A Multilevel Investigation of the Motivational Mechanisms Underlying Knowledge Sharing and Performance ," *Organization Science*, 2007, 18 (1): 71 – 88.

[30] 赵书松、廖建桥、张可军:《个体知识共享动机:国外研究综述与本土化的理论拓展》,《情报杂志》2010 年第 1 期,第 114 ~ 122 页。

[31] 常涛:《团队性绩效考核对知识共享的影响及其作用机制研究》,华中科技大学博士学位论文,2008。

[32] 张永军、廖建桥:《基于动机视角的知识共享考核研究》,《情报杂志》2010 年第 1 期,第 108 ~ 113 页。

[33] 赵书松、廖建桥:《一个基于系统思考理论的个体知识共享分析框架》,《科学学研究》2008 年第 6 期,第 1255 ~ 1260、1266 页。

[34] 杜智涛:《网络知识社区中用户"知识化"行为影响因素——基于知识贡献与知识获取两个视角》,《图书情报知识》2017 年第 2 期,第 105 ~ 119 页。

[35] 施丽芳、廖飞、丁德明:《个人声誉关注作为心理不确定的缓解器:程序公平—合作关系下的实证研究》,《管理世界》2012 年第 12 期,第 97 ~ 114、187 ~ 188 页。

[36] Zinko, Robert, Ferris, Gerald R. , Humphrey, Stephen E. , Meyer, Christopher J. Aime, Federico, "Personal Reputation in Organizations: Two – study Constructive

Replication and Extension of Antecedents and Consequences," *Journal of Occupational and Organizational Psychology*, 2012, 85 (1): 156 – 180.

[37] 廖飞、施丽芳、茅宁、丁德明:《竞争优势感知、个人声誉激励与知识工作者的内生动机: 以知识的隐性程度为调节变量》,《南开管理评论》2010 年第 1 期, 第 134 ~ 145 页。

[38] 冯长利、韩玉彦:《供应链视角下共享意愿、沟通与知识共享效果关系的实证研究》,《软科学》2012 年第 4 期, 第 48 ~ 53 页。

[39] Daan van Knippenberg, Els C. M. van Schie., "Foci and Correlates of Organizational Identification," *Journal of Occupational and OrganizationalPsychology*, Jun., 2000.

[40] Chang H. H., Chuang S. S., "Social Capital and Individual Motivations on Knowledge Sharing: Participant Involvement as a Moderate," *Information Management*, 2011, 48 (1): 9 – 18.

[41] 殷融、张菲菲:《群体认同在集群行为中的作用机制》,《心理科学进展》2015 年第 9 期, 第 1637 ~ 1646 页。

[42] Sutton, R. I., Hargadon, A., "Brainstorming Groups in Context: Effectiveness in a Product Design Firm," *Administrative Science Quarterly*, 1996, 41 (4): 685 – 718.

[43] Flynn, F. J., Reagans, R. E., Amanatullah, E. T., Ames, D. R., "Helping One's Way to the Top: Self – Monitors Achieve Status by Helping Others and Knowing Who Helps Whom," *Journal of Personality and Social Psychology*, 2006, 91 (6): 1123 – 1137.

[44] Dino, A., Reysen, S., Branscombe, N. R., "Online Interactions between Group Members Who Differ in Status," *Journal of Language and Social Psychology*, 2008, 28 (1): 85 – 93.

[45] 郭京京:《产业集群中知识存储惯例对企业创新绩效的影响研究——知识管理的视角》,《科学学与科学技术管理》2013 年第 6 期, 第 76 ~ 82 页。

[46] Nahapiet, Ghoshal, S., "Social Capital, Intellectual Capital, and the Organizational Advantage," *Academy of Management Review*, 1998, 23 (2): 242 – 266.

[47] Desouza, K. C., "Facilitating Tacit Knowledge Exchange," *Communications of the ACM*, 2003, 46 (6): 85 – 88.

[48] Hansen, M. T., "The Search-Transfer Problem: The Role of Weak Ties in Sharing Knowledge Across Organization Subunits," *Administrative Science Quarterly*, 1999, 44 (1): 82 – 111.

[49] 吴绍波、顾新:《知识链组织之间合作的知识协同研究》,《科学学与科学技术管理》2008 年第 8 期, 第 83 ~ 87 页。

[50] 陈建斌、郭彦丽、徐凯波:《基于资本增值的知识协同效益评价研究》,《科学学与科学技术管理》2014 年第 5 期, 第 35 ~ 43 页。

[51] 郭彦丽、高书丽、陈建斌：《文化创意型团队知识协同绩效影响因素研究》，《科技与经济》2016年第2期，第81~85页。

[52] Mabey C., Salamen G., *Strategic Human Resource Management* (Oxford: Blackwell, 1998): 21-30.

[53] Hult G., Hurley R. F., Knight G. A., "Innovativeness: Its Antecedents and Impact on Business Performance," *Industrial Marketing Management*, 2004, 33 (5): 429-438.

[54] 葛明贵、汪昱娟、段好宁：《个体知识共享研究：基于心理学的分析》，《现代情报》2014年第3期，第12~15、20页。

[55] 段光、杨忠、徐彪：《团队激励、二元共享行为与团队有效性——知识异质性的过程调节效应》，《科学学与科学技术管理》2015年第5期，第160~170页。

[56] Chennamaneni A., *Determinants of Knowledge Sharing Behaviors: Developing and Testing an Integrated Theoretical Model*, The Universtiy of Texas at Arlington, 2006.

[57] Bock G. W., Zmud R. W., Kim Y. G., et al., "Behavioral Intention Formation in Knowledge Sharing: Examining the Roles of Extrinsic Motivators, Social-Psychological Forces, and Organizational Climate," *MIS Quarterly*, 2005, 29 (1): 87-111.

[58] B. V. D. Hooff, W. Elving, J. M. Meeuwsen, C. Dumoulin, "Knowledge Sharing in Knowledge Communities," *Communities and Technologies*, 2003 (1): 119-141.

[59] 钟华：《弱势群体成员的认同管理策略研究》，华中师范大学博士学位论文，2008。

[60] 罗家德、郑孟育：《派系对组织内一般信任的负面影响》，《管理学家》（学术版）2009年第3期，第3~13、76页。

[61] 陈国权：《复杂变化环境下人的学习能力：概念、模型、测量及影响》，《中国管理科学》2008年第1期，第147~157页。

[62] 李肖锋、王倩、张龙革：《虚拟学习社区中社会存在感的影响因素研究》，《开放教育研究》2012年第6期，第87~94页。

[63] 尹惠斌、游达明、刘海运：《环境动态性对探索性学习与突破性创新绩效关系的调节效应研究》，《华东经济管理》2014年第8期，第107~112页。

[64] 赵鑫：《组织创新氛围、知识共享与员工创新行为》，浙江大学博士学位论文，2011。

[65] 朱朝晖：《探索性学习、挖掘性学习和创新绩效》，《科学学研究》2008年第4期，第860~867页。

[66] Levinthal D. A., March J. G., "The Myopia of Learning," *Strategic Management Journal*, 1993, 14: 95-112.

制度环境与制度安排：制度变迁视角下的国防知识产权制度构建

廖晋平　谢淑媛　李 薇[*]

摘　要：本文对诺思与马克思制度变迁理论进行比较与融合，认为制度环境与制度安排共同影响制度运行效率，提出"制度环境—制度约束—制度安排—经济绩效"这一融合性的分析框架，并在此框架之下根据当前制度环境，提出了与之相适应的国防知识产权制度基本框架。

关键词：制度变迁　制度环境　制度安排　国防知识产权制度

随着我国科技水平的提升，越来越多的技术能够同时满足军事需求与生产需求，为降低国防成本和经济建设成本提供了客观的技术基础。同时，国家经济发展水平逐步提高，市场经济体制不断深化，国家发展战略也进行了相应调整，社会整体环境发生了深刻变革。由于历史的原因和时代的局限，现行国防知识产权制度体系在运行的过程中效率偏低，出现了诸多问题，说明制度供给严重不足，一定程度上阻滞了国防和经济建设。本文对诺思与马克思的制度变迁理论进行研究和分析，提出一个融合性的

---

[*] 廖晋平，军事经济学院博士研究生；谢淑媛，军事经济学院博士研究生；李薇，北京无线电测量研究所总装中心副主任、工程师。

解释框架,以揭示制度安排与变迁的规律,并在此视角下构建了国防知识产权制度的基本框架。

一 两种范式下的制度变迁理论

(一)诺思范式下制度变迁理论的基本阐释

诺思是新制度经济学的代表人物之一。他在分析西方经济史时,将制度和时间要素引入经济分析,把制度作为经济发展的内生要素,认为在技术条件不变的情况下,通过制度创新(变迁)同样能够促进生产效率的提高和经济增长。在《西方世界的兴起》中,诺思明确提出经济增长的决定性因素是制度而非技术,以及由制度安排所决定的有效率的经济组织[1],所以技术创新、规模经济、教育和资本积累不是经济增长的源泉,而是经济增长的本身。经济增长的源泉乃是有效的制度安排[2]。诺思认为制度创新与技术创新的动力一样,都源于创新主体对利益最大化的追求,不同的是技术创新提高生产效率,而制度创新则降低交易费用或形成更为有效的激励结构,以获得新的"潜在利润"。显然,诺思的这一观点受到了康芒斯的影响,他认为整个经济活动可以分为"生产"与"交易"两类。诺思的观点解释了制度在西方世界兴起中所发挥的作用,也回答了为什么处于相同国际环境下的不同国家,却经历不同的兴衰历程,从而论证了他"产权制度变迁对经济增长有着决定性作用"的观点。其后,诺思进一步深入分析,提出了"国家悖论"与"路径依赖"理论,强调了国家在产权界定和制度安排中的影响,以及制度具有自我强化倾向,从而解释了制度变迁的重要动因,通过对无效率的经济组织和制度长期存在原因的分析,揭示了制度选择与变迁的规律。最后,诺思在前期研究的基础上,对制度选择的原因进行了分析,认为进行何种制度安排和选择,源于国家(或者执政者)对其所处环境的反应。而不同的信念、认知、心智模式和意识决定了不同的反应,也就产生了不同的制度安排,从而在不同的国家形成了不同的经济绩效。

将诺思不同阶段的研究成果串联在一起，便形成了以"产权理论"、"国家理论"和"意识形态理论"为基石的制度变迁理论。这三个理论分别回答了不同制度为何会产生不同的经济绩效以及制度如何影响经济绩效、制度安排缘何变迁以及如何变迁、制度安排的根本原因是什么三个问题，从而从经济史的角度揭示了制度变迁的原因与规律。

（二）马克思范式下的制度变迁理论的基本阐释

虽然马克思的制度变迁理论远不如诺思那样有名，但诺思承认自己的研究受到马克思的影响，并对其予以高度评价，认为"在描述长期变迁的各种理论中，马克思的分析框架是最有说服力的，这恰恰是因为它包括了新古典分析框架所遗漏的所有因素：制度、产权、国家和意识形态"[3]。不同的是，马克思以辩证唯物主义和历史唯物主义为基本方法，认为生产力与生产关系（即制度）之间的矛盾运动是制度变迁的根本原因。马克思认为宏观的制度包括两个层次：原生的、表现为生产关系的第一层次制度（即经济基础）和次生的、表现为政治、法律和意识形态的第二层次制度（即上层建筑）。生产力对制度的影响同样可分为两个层次：一是生产力的技术条件决定了组织劳动、社会分工、资源配置形式等经济基础层面制度结构；二是生产力水平决定了对剩余劳动的具体分割方式，主要体现在对上层建筑层面制度结构的影响。第二层次制度结构受到第一层次制度结构的影响，且以前者为基础[4]。由技术变迁与创新而导致的生产力水平的变化与发展，使生产力水平的提高诱致第二层次的具体制度安排开始变化，表现在生产方式的具体组织形式上：当生产力水平超过第一层次的基本制度能够容纳的最高水平后，旧的生产关系将被新的生产关系所取代，引致基本制度的变迁[5]。

如果说诺思的制度变迁理论体现的是一种建构主义，那么马克思的制度变迁理论则体现着一种自然选择的思想，而生产力对生产关系的决定和经济基础对上层建筑的影响，以及它们之间的相互作用，便是自然选择的过程。马克思的制度变迁理论的精髓在于认为生产力是生产关系变化（制度变迁）的决定性因素，是制度变迁的首要和核心条件，体现的是物质生产方式制约着整个社会生活、政治生活和精神生活，是一种物质决定意识的理论，这也是其与诺思制度变迁理论的根本区别。

二 两种范式的比较与融合

（一）两种制度范式的比较

马克思与诺思关于制度分析的区别主要在于究竟是"生产力决定了生产关系（制度）"，还是"制度决定了绩效（可看作生产力的表现之一）"。两种理论在观点上存在矛盾，分析框架也差异明显，但对历史都具有很强的解释力，同时也存在一定的缺陷。

一方面，马克思认为制度是在一定客观环境之下"自然选择"的结果，是以生产力水平为动因的，是一个自然过程，而不是人为过程[6]，这是诺思的制度变迁理论中鲜有提及的。沿着马克思的思路，马克思的制度理论从根本上说，是生产力水平决定生产关系，具体而言则表现为包括生产力（技术）水平、社会关系（经济基础）、资源禀赋等短期内难以改变的内容（可将其看作生产力构成要素）的制度环境，对于制度安排和变迁起着约束作用。首先，制度环境限制了制度安排的范围。从宏观上说，制度环境对制度具有选择作用，只有与现实发展阶段一致、能为主要利益主体所接受和技术上可实现的制度安排才可能出现并顺畅运行的情形。而超越发展阶段、缺乏支持基础和技术难以实现的制度，即使在名义上被制定，在运行过程中也难以为继或被扭曲。为何同一个国家或社会，会在不同阶段采取不同制度安排，甚至看似相左的制度安排？这是因为制度环境的变化使制度的容纳范围发生了改变，从具体政策安排来看，政治经济体制等宏观政策，决定了制度性质与制度变迁的方向，例如计划经济体制下不可能出现市场化的交易机制。其次，制度环境决定了制度安排的最优形式。有效的制度安排要能够与制度环境相适应，并与技术水平、资源禀赋、经济水平等制度条件形成良性循环互动，从而充分促进已有技术和资源转化为经济绩效。而在不同的制度环境，最有效的制度安排也不同，因此，生产力水平相近、经济绩效相似的国家，在制度安排上存在非趋同性，乃是因为所处具体制度环境不同。最后，制度环境也影响着制度效率和绩效表现。不同形式的制度要求由不同层次的支持性基础来界定权利和义务，划分边界，[7]也就是相同的制度被安排在不同制度环境中会产生不同的经济绩效，而这种差异的根源便在于所处制度环境是否能够支撑制度的运行，以达到"理论上"的经济绩效，这也就能解释为何采取相似制度安排的两个国家，在经济绩效上会有天壤之别。

另一方面，诺思认为制度变迁是一种有意识的人为建构过程，可以看作对制度安排的"人工选择"。首先，对潜在利润的追求是制度变迁的直接动因。诺思也认为生产力水平的变化对制度变迁有着根本性的影响，但他的研究比马克思的更加细致。他认为生产力（技术）水平的变化所引起的相对价格的变化，引致产权结构和制度的调整，以降低交易费用或是获取潜在利润，而这也是制度变迁的直接动力，即制度变迁暗含着效率追求，这也回答了为什么制度会由低效向高效变迁。其次，双重约束导致了低效制度的存在。由于统治者在产权界定过程中面临交易费用约束和竞争约束，因此在界定产权时，不一定会选择长期更具有效率的制度安排，而会选择界权成本较低的制度，并在制度安排的过程中进行更为有利于政治稳定的产权界定，而不是出于效率考虑。这也就解释了为何在效率追求动因之下，还会长期存在低效的制度，而西方经济发展史也印证了这一点：制度环境相似的国家却进行了不同的制度安排，从而形成了截然不同的两种经济绩效。最后，人的心智模式是制度变迁的根源所在。诺思认为制度环境相似的国家会进行不同的制度安排，在于制度安排主体对客观环境的感知不同，而这种感知直接影响主体的行为，并在制度安排上有所反映。

两种研究范式会出现相反的结论就在于其各自研究的出发点是有区别的。诺思的研究源于对西方资本主义世界兴起的探索，对于个体、制度形式和制度运行进行了细致的研究，并分析了制度安排对经济绩效的影响，从而得出了制度决定经济绩效的结论，并解释了个人和国家在制度变迁中的作用，从微观层面上解释了制度变迁的动因和影响制度变迁的因素，体现的是人的主观能动性改造世界的能力。马克思关于制度变迁的分析框架以历史唯物主义为基础，是历史发展规律在制度变迁上的体现，是一种不可超越的宏观解释框架，体现的是客观世界对人类活动的约束。正是由于两种理论的研究层次和适用范围存在区别，才产生了两种理论之间存在根本矛盾的错觉。

（二）两种范式的差异与一致性

很明显，两种研究范式的结论观点是相反的。但无论按照何种范式对制度变迁进行研究，都会发现其分析框架存在不能自圆其说的地方，或是难以解释某些业已存在的现象。一方面，诺思的"制度—效率"框架不能解释为何相似的制度在不同的国家会产生巨大的经济绩效差异，而取得了相似经济发展成果的国家，在具体的制度安排上，也存在重大差别。很明显，将制度安排看作优异经济绩效的充分条件的理由是不充分的，诺思忽略了其他因素对经济绩效的影响。另一方面，马克思的"生产力—生产关系（即制度）"框架暗含了在一定的生产力条件下，"社会将自发形成适应生产力的经济组织，从而形成一定的生产方式"的语境。马克思的"制度"是没有任何功能的制度，更多的是一种结果，人在制度构建中并没有发挥太大的作用，更多只是制度的具体实施者。但从经济发展史来看，曾经生产力水平相近的国家，在经过长期发展后，在制度安排和经济绩效上产生了巨大的差异，这是马克思的分析框架难以回答的一个问题。

虽然两种研究范式的观点不同，但是其内容存在明显的互补性，一些本理论难以解释的问题被对方的理论较好地解释了。同时，如果对两种理论的研究过程进行详细的分析，就不难发现两者之间仍然存在一致性。

首先，诺思的制度理论框架几乎"脱胎"于马克思的历史唯物主义[8]。一方面，从分析方法上看，诺思将制度作为研究对象，分析制度的产生、发展和变迁，提出制度的动态性和历史性，这与马克思对人类社会经济制度产生、演变规律的分析，具有明显的相似性，都采用了历史分析方法，这与诺思早期的学术经历和观点有极大的关系；另一方面，从分析框架来看，诺思认为马克思的制度分析，包括了新古典分析框架所缺乏的所有因素：制度、产权、国家和意识形态[3]。而诺思制度变迁理论的三大基石，正是脱胎于此。其次，诺思与马克思在内容上也具有一定的一致性。虽然马克思与诺思在"意识与物质之间的关系"这一问题上存在矛盾，但马克思也强调在有效率的经济组织中产权的重要作用，以及在现有产权制度与新技术的生产潜力之间产生不适应性[3]。这可以看作马克思在生产力决定生产关系这一总的分析框架下，认可了制度安排对技术变迁和经济绩效有重要影响。最后，两种观点差异的根源在于研究层次的不同。如果将诺思与马克思的理论结合起来，便能够发现，其各自理论的缺陷似乎被对方解答了：马克思对生产力等客观环境的重视恰好能够回答为何相同的制度产生了不同的绩效；而诺思的制度分析，也可以解释为何相似的国家却产生了不同的发展结果。可以看出，两种理论之间的冲突在于其研究层次的差别，以及由此导致的适用范围的区别：马克思主义的生产力决定经济制度及其变迁，在最根本的层次上是永远成立的[9]，但缺乏一个逻辑一致的制度变迁理论框架和有现实解释力的"微观基础"[10]。而诺思的制度变迁理论，则是在微观层面上揭示人类行为的规律及其对制度变迁的影响，但对客观环境的考虑明显不足，使其理论在适用范围方面存在局限性。这种研究视角层次上的差异和各自侧重点的不同，是对同一问题不同层次的阐释，而不是根本上的矛盾，在某种程度上还相互补充，而不是冲突的。

（三）制度环境与制度安排：两种范式的融合

制度不是生产力发展或客观环境演变后自然形成的结果，也不是人为肆意构建便能长期存在和顺畅运行的。如果仅仅将制度安排看作人为构建或是历史发展过程中的自然选择，就难以完整地解释真实的世界和历史。将制度和制度变迁看作自然选择和人为创造过程双重力量共同作用的结果，已经得到越来越多学者的认同。将两种具有一致性基础和互补性的理论进行修正和融合，能够消除制度分析的宏观和微观之间的隔阂[11]。马克思的分析框架的重点在于制度兴起于更替的一般规律，而诺思的理论则更注重从微观层面解释世事[12]。这种层次上和适应范围上的差异与内容上的互补，使两种理论能够融合，从而更加完整和全面地揭示制度变迁的规律。因此，本文基于前文分析，在马克思宏观分析框架之下，按照诺思的范式进行微观分析，并提出一个融合性的分析框架，以求更加全面，具有现实解释力。

首先，制度安排是制度环境约束下的人为选择与建构。主要有两方面内容：一是制度安排受到特定制度环境的限制，不可能完全自由选择；二是在这个限制范围之内，制度安排主体可以根据自身偏好，选择最优的制度安排。如果制度安排超出了制度环境的约束，制度即便被安排，也会在运行过程中被扭曲，形成制度的低效率，并被还原至约束范围内的某种形态。其次，制度环境与制度安排共同决定了经济绩效。不同的制度安排与制度环境中各要素之间的互动关系不同，制度对各种要素的整合功能就存在差别，将各种生产要素转化为经济绩效，以及转化过程中所发生的成本就存在差别，也就决定了制度安排的经济绩效不同。然后，制度安排长期以来对制度环境有着型塑作用。在制度运行过程中所产生的各种绩效会积累沉淀下来，并在各个方面有所体现。长期进行有效制度安排的国家，相比于低效率制度安排的国家，必然有着更好的经济水平与实力。制度安排的绩效长期也在不断影响着制度环境的变化。最后，被改变的制度环境进一步影响制度安排，制度环境、制度安排与经济绩效之间的相互作用再一次进行循环影响。

上述分析可以简化为"制度环境—制度约束—制度安排—经济绩效"。在这一分析框架之下，制度环境决定了经济绩效的上限，而制度安排则决定了经济绩效的具体表现，进而参与构成下期的制度环境。如果以某一时点为起点，环境相似的两个国家在采取不同制度安排的那一刻起，就已经走上了不同的道路。这种不同不仅表现在制度安排和因此而产生的经济绩效上，还表现在长期经济绩效对制度环境的反作用与塑造上。而被改变的制度环境将进一步影响制度的运行和变迁，从而使两个国家或组织之间的差异愈加明显。而制度环境不同的两个国家，由于受到制度环境的约束，即便能够各自采取"最优"的制度安排，其具体绩效表现也可能出现巨大差距。

三 国防知识产权制度变迁概况

(一) 国防知识产权制度简要回顾

新中国成立以来，国防知识产权相关的法规制度经历了一个从无到有、不断健全的过程。在不同时期和阶段，国防知识产权制度又呈现不同的特点。

计划经济时期，中国国防知识产权制度曾参照苏联相关制度，与国防相关的发明创造，以国家奖励的方式来代替授权私人垄断获利，不允许授予专利，而是为国家所有，相关权利的调整、占有、使用和流转都由国家或军队相关部门主导。虽然对创造者给予经济奖励，以保护和激发其创造热情，但私人权利仍然难以体现，并未形成对知识产权的保护，实际上是一种共有产权制度。经济转轨时期，受改革开放影响，国家先后出台《专利法》和《国防专利条例》，对与国防相关的创造发明进行了规范，开始注重对于发明人权利的保护，使用国防专利的单位须支付使用费或补偿费，发明人或组织可以依法拥有对相关发明创造的专利权，认可其国防专利权，这对国防知识产权制度的建立和完善有着里程碑式的意义。当市场经济体制确立及深化时，国家进一步对《专利法》和《国防专利条例》进行修订，提高了相应的使用费和补偿费的标准，并先后提出知识产权发展战略与发布《国防知识产权战略实施方案》，明确了国防知识产权发展的新方向，在产权归属、利益分配、有偿使用方面都更加体现对研发方应享有权利的尊重，这也体现了国家更加注重运用市场化的方式进行国防知识产权的管理。

(二) 国防知识产权制度变迁的主要特点

国防知识产权制度建立、发展和完善的过程，也是从计划经济向市场经济转轨的过程[13]，主要表现在两个方面。

一方面，产权配置方式发生改变。计划经济时期，政府通过权力直接对与国防相关的发明创造进行配置和指定使用，体现了公权力的强制性和资源配置功能。随着市场经济的确立与深化，公权力更多的是一种保障力量，维持着市场制度的运行，确保国防知识产权在既定的经济制度框架之下进行配置与流转，不再直接作用于国防知识产权的配置。知识产权的生产和流转开始依靠交易和价格机制来实现。这种变化实际上是市场机制与国家公权力发生了替代，体现了市场力量的参与。

另一方面，产权性质发生变化。从前文的历史检视中可以看出，在计划经济时期，并不存在真正的知识产权，因为发明人并不具备排除他人使用权，而是由国家统筹和指定使用。从法理的角度来看，发明人只享有不能排他的使用权，而不享有收益权和质押权，因而，在当时的中国并不存在真正的产权，也就不存在现代意义的知识产权制度，或者说，只存在国有的知识产权。在市场经济逐步建立之后，研发单位或发明者开始作为国防知识产权的归属主体之一，并可以通过合同来获得经济收益，享受国防知识产权带来的经济利益。虽然与一般知识产权相比，依然受到较多的限制，但国防知识产权已经开始出现财产权的特征，并越来越明显。

实际上，上述两种变化是相互关联的：正是由于产权配置方式发生了变化，需要市场力量来参与资源配置，因此需要承认国防知识产权的私权性质，否则市场机制难以发挥作用；同时，也是因为国家公权力的直接干预减少，国防知识产权才能由公权向私权过渡和转变。

（三）制度环境对国防知识产权制度变迁的影响

从前文的历史回顾中可以看出，当中国的经济基础、社会体制和主要任务都发生重大而深刻的变化时，国防知识产权制度也经历了相应的调整。

新中国成立初期，中国薄弱的经济基础决定了需要发挥计划经济"集中力量办大事"的优势，此时计划经济相比于市场经济要具有更高的效率。在这样的计划经济体制之下，除了获得国家奖励以外，个人缺乏获取经济利益的渠道，所以当时关于国防科技成果相关的制度安排，既有效仿苏联的原因，也与当时的经济体制相适应，是符合国情的。但随着社会发展，国家经济基础逐步坚实，全盘的公有制已经难以满足经济生活与发展要求，经济体制开始向市场经济体制转轨。此时关于国防知识产权的相关法规制度，开始注重尊重知识产权和国防知识产权人的合理经济利益，也意味着知识产权开始呈现私人产权的特征，发明人权益开始受到重视和保障。这既是意识形态变化所带来的对个人权益的尊重，也因为市场经济体制发展必须进行转变。随着市场经济和全球化的发展及国家政治体制改革的推进，国家权力进一步下放，政治结构也发生变化。在这样的情况下，国家对知识产权制度进行了相应的调整，以适应经济环境的变化。

可以看出，国防知识产权制度的变迁，是制度环境变化而诱致的一种适应性变迁，体现了制度安排对制度环境的适应性。这是由制度环境变化带来的整个经济体制的变化，在特定体制下，必然存在不同效率的制度安排，在效率牵引之下，形成了制度变迁的动因，从而推动国防知识产权制度变迁。

四　当前制度环境分析

国防知识产权制度作为一项制度安排，对国防科技创新和成果转化有重要作用。现行国防知识产权制度制定于特定的历史时期，对国防建设起到了重要的推动作用。但近年来，我国社会经济体制和国防建设发生了巨大变化，市场经济体制不断深化，也确立了新的国家和国防战略目标，现行国防知识产权制度与当前制度环境已经存在某种程度的不适应，存在变革的空间与需求。国防知识产权制度作为一项对国防科技成果相关权利进行配置的制度，主要受到国家经济体制、国防战略等因素的影响，必须与之相适应。

从国家经济体制来看，党的十八届三中全会决定指出，要"紧紧围绕使市场在资源配置中起决定性作用深化经济体制改革"，明确了全面深化改革的重点所在，体现了市场机制在经济建设和发展中的重要地位。2016年9月中央全面深化改革领导小组第二十七次会议，审议通过了《中共中央　国务院关于完善产权保护制度依法保护产权的意见》，强调产权制度是社会主义市场经济有效运行的基础，明确提出非公经济财产权不可侵犯的观点，不仅要保护物权、债权、股权，也要保护知识产权和其他无形财产权。这些方针政策的出台，都体现了市场化的管理思维和治理模式，要求在资源配置过程中尽量运用市场化的方式来解决问题。从国家发展战略来看，2008年6月出台的《国家知识产权战略纲要》将国防知识产权作为一项专项任务，并就权利归属、利益分配、使用和激励机制等内容提出了相应的发展目标。2009年12月制定出台的《国防知识产权战略实施方案》则对国防知识产权的发展提出了更加细致的要求，明确提出要在国防领域建立知识产权制度，通过合理的知识产权政策来引导技术双向流动，并确立了完善的国防知识产权制度，规范营造国防知识产权制度运行环境和提高国防知识产权质量等工作重点[14]。从国防发展战略来看，军民融合发展战略的提出，也对国防知识产权制度构建提出了新要求。"军民融合发展战略"要求依靠党和国家的意志力，发挥市场的力量，实现包括技术成果在内的全要素的融合，促进资源的双向流动[15]。在技术成果的军民融合过程中，不仅要做好体制机制保障，为各项资源流转提供顺畅的渠道，解决"融不融得进去"的问题，还要加强制度建设，为各主体提供有效激励，解决"愿不愿意融"的问题。

可以看出，无论是国家经济发展还是军队国防建设都处于一个深刻变革和转型的时期，整体社会环境都正在并将继续发生深刻变化，而这些都为国防知识产权制度安排提出了新要求，也为国防知识产权制度优化提供了有利的条件。

五 制度变迁理论视角下国防知识产权制度框架的构建

按照前文提出的"制度环境—制度约束—制度安排—经济绩效"框架，国防知识产权制度构建受到当前制度环境的约束，最优的制度安排必然是某种与之相适应的制度选择，国防知识产权制度只有适应当前环境与发展趋势，才有可能具有激励创新、促进转化的功能。由于国防知识产权涉及面广，影响力大，具体制度安排必须以实际工作为基础，因此本文只在此提供一个"放权式"的制度框架，而不能给出具有针对性的制度建议。

（一）国防知识产权制度应以私权为基础

国防知识产权制度变迁过程也是国防科技成果的相关权利由国家向私人让渡、越来越尊重私人权利的过程，这一过程又伴随着市场经济的建立和深化而形成。目前，市场经济仍将继续深化，国防知识产权制度的构建必须以私权为基础，尊重科技创新人员的合理利益诉求，保护合法权益。以私权为基础，即将国防知识产权看作一项特殊的财产性权利，是"私人"（包括自然人、法人和其他社会组织）的权利，国家或军队与其他经济主体在一般情况下都拥有平等的经济地位，权利的配置与流转也将更多地运用市场机制来实现，任何主体都不能随意剥夺或侵占国防知识产权权利人对国防科技成果的支配权，也不能阻止其获取正当经济利益。以私权为基础的国防知识产权制度，能够为国防科技创新人员获取经济利益提供更多的制度渠道和保障，对国防科技成果创新和转化都有积极的促进作用。需要指出的是，以私权为基础，并不意味着国家公权力不再发挥作用，国家在特殊情况和场合之下，依然保留着干预与调节的作用，解决市场机制不能解决的低效率的问题，以实现其引导功能。

（二）国防知识产权须依靠公权力进行规制与介入

由于国防知识产权管理事关军队和国防建设，与一般知识产权相比具有明显的特殊性，在管理上依然需要公权力的干预。一方面，在特殊情况下，国防知识产权由国家行政力或公权力进行配置，并对其流转范围和方式进行限制与调节。此时，相比于市场经济规律，更多体现的是国家意志力，是政府对市场失灵的一种补充。另一方面，由于国防科技成果事关国防建设，因此在保密方面有更为严格的规定，其传播范围受到限制，这也是由国防知识产权客体的特殊性所决定的。随着市场经济的完善与深化，国家公权力对国防知识产权限制的总体范围和力度应逐步缩小，逐步转向市场化的配置方式和流转方式，以提高资源配置与使用效率。但是对于一些不可损抑的事关核心国防安全的国防科技成果，则要通过国家公权力进行调节和干预，从而形成一个"外松内紧"的管理框架。

实际上，对国防科技成果相关权利的限制与一般知识产权限制并无本质区别，都是为了协调各种权利和避免权利冲突，维持一个稳定的权利秩序。不同的是，国防知识产权客体对国家安全有着重要作用，在公权力干预的力度和限制范围上有所不同，体现了国防知识产权制度作为一项政策工具，在私权保护与国家安全之间的取舍。

（三）采取分割式的复合产权安排

产权作为一个权利束，包括所有权、使用权、处分权和收益权等多项权能，不同的配置方式也会产生不同的经济效率。单一笼统地将国防知识产权划归国家所有，并由其进行配置的方式在市场经济环境之下是低效的，难以促进国防科技成果的流转、转化与运用。对国防知识产权进行细分，是适应市场经济体制和军民融合发展战略的基础[16]。在具体的安排上，作为母权的所有权，应归国家或中央政府所有。这是因为国家或中央政府作为人民利益的代理人，其决策直接向全国人民负责，同时国防知识产权的产生也主要由中央政府或其下属部门投资形成，因而应由国家所有。但这种所有权只是一种法律意义上的终极所有权[17]，一般情况下并不直接在权利配置与流转环节中体现，只是保留前文中所提到的"干预和介入"，以体现国家对国防科技成果的控制。使用权与处分权归发明人或其团队所有。将使用权与处分权分配给明确的主体，能够促进国防科技成果的运用和转化，使其能够运用是市场化方式进行的处置，为发明人或发明团队提供新的获取经济利益的渠道。这种权利配置方式，是发明主体享有收益权的基础，能够增强国防知识产权制度的激励功能。收益权由国家、发明人或团队及发明单位共享。在收益权的分配上，主要体现为对发明主体经济利益的尊重与维护。因为国防知识产品在运用过程中，已经为国家提供国防安全这一公共产品，且经济利益不是国家的主要利益诉求，而发明主体所在单位并不直接参与到国防科技成果的生产当中，因此收益权的分配应向发明主体倾斜。但考虑到在国防科技成果的生产过程中，国家进行了大量的投入，在制度供给与运行过程中亦消耗成本，而发明主体所在单位也为发明主体提供必要的环境与设施，因此在利益分配方面也应有所考量，但主要以补偿投入和消耗为目的，而不是"与人争利"。国防知识产权之间所产生的受益分配，依然以发明主体为主。

（四）为国防知识产权流转提供市场化的制度渠道

在对国防知识产权进行初始配置之后，通过契约的形式来实现国防知识产权的流转，在不同主体之间形成稳定的预期，减少不确定性，能够有效降低权利流转的交易费用，提高国防科技成果的经济效益和使用效率。

一方面，为国防科技成果进入生产领域提供渠道。通过建立专门的国防知识产权运营机构，并允许国防科研部门以许可、转让或委托转化的形式将国防知识产权交由运营机构直接处置，实现国防科技成果与市场对接，并进行市场化的运作。国防科研部门则通过收取许可费、转让费或分红的形式，获得相应的经济利益。同时，在市场化运营的过程中，要有新的与之适应的制度进行规范，以避免国防利益受到损害。另一方面，补偿标准要以市场价值为参照。一些事关核心安全的国防科技成果，不能进入市场进行运作，其经济价值难以体现。对此要建立具有弹性的价值评估机制，对其实际价值进行评估，并以此为依据对发明主体或其单位进行必要的经济补偿，以维护其研发的积极性。这个过程虽然更多地体现了行政力在资源配置和流转中的作用，但也看作一种事后的"权利交易"，即国家通过合适的"价格"换取国防科技成果的处置权，以限制其在市场上流通，体现了行政干预之后，资源配置方式再次向市场机制复归。

六　结　论

制度效率受到制度环境与人为建构的双重影响，前者是约束条件，后者则是一个选择过程。有效率的制度安排是在制度环境特定约束下，所有制度安排集合中的最优选择，其顺畅运行需要具备客观的支撑条件。国防知识产权制度作为一项制度安排，要破除对现行制度的路径依赖，在特定政策目标牵引之下，通过学习借鉴国外经验来寻找新的路径，进行制度创新、设计和安排。更重要的是，要从制度环境这一根本层面进行分析，看到现阶段制度环境背后的约束条件，这是建立有效的国防知识产权制度的基础。基于此，本文分析了当前制度环境及其对国防知识产权制度安排的约束，以促进国防科技创新与成果转化为目标，提出了国防知识产权制度的基本框架，以期对现行国防知识产权制度有所修正。

参考文献

[1] 〔美〕道格拉斯·诺思、〔美〕罗伯特·托马斯：《西方世界的兴起》，厉以平、蔡磊译，华夏出版社，1989。

[2] 贺卫：《试论诺思的经济增长学说——制度变迁理论》，载《上海市经济学会2005年年会论文集》，2005，第134~148页。

[3] 〔美〕道格拉斯·C.诺思：《经济史中的结构与变迁》，陈郁、罗华平等译，上海三联书店，上海人民出版社，1994，第68页。

[4] 陈书静：《诺思经济哲学思想研究》，上海人民出版社，2008，第106~107页。

[5] 乔洪武、李新鹏：《目标模式、门阶条件、动力系统及伦理评价——诺思的制度变迁思想与马克思的比较》，《马克思主义与现实》2015年第4期，第140~147页。

[6] 程恩富等编《现代政治经济学新编》，上海财经大学出版社，2008，第366页。

[7] 李建标：《经济制度变迁的基本逻辑与制度安排的可设计性》，《经济评论》2001年第2期，第29~34页。

[8] 卢现祥、罗小芳：《两种制度范式比较》，《经济学动态》2010年第8期，第34~40页。

[9] 孙圣民：《制度变迁理论的比较与综合——新制度经济学与马克思主义经济学的视角》，《中南财经政法大学学报》2006年第3期，第31~34页。

[10] 张福军：《关于国内马克思制度变迁理论研究的述评》，《山东社会科学》2008年第1期，第105~108页。

[11] 方建国：《制度变迁中的"诺思问题"及其范式超越》，《福州大学学报》（哲学社会科学版）2011年第4期，第28~34页。

[12] 刘和旺：《马克思与诺思制度分析框架比较的新视角》，《经济纵横》2011年第1期，第6~10页。

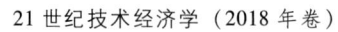

［13］周姝：《新中国成立以来我国国防知识产权立法建设检视》，《南京政治学院学报》2013年第3期，第105~110页。

［14］宗兆盾：《国防知识产权战略将全面实施》，《解放军报》2009年12月4日第1版。

［15］姜鲁鸣：《军民融合深度发展的四个标志和实现途径》，《中国双拥》2014年第3期，第10~11页。

［16］纪建强、黄朝峰、张继东：《产权分离与产权分割——职务发明国防专利权归属的新思路》，《科技进步与对策》2015年第13期，第106~110页。

城市群协同创新研究：基于长三角的协同创新实践

马 茹　王宏伟[*]

摘　要：本文首先构建了涵盖微观创新主体、中观产业以及宏观城市三个维度，以创新资源的流动和共享为连接纽带的城市群协同创新概念模型。其次，基于概念模型，采用空间计量模型、加权相对泰尔指数法等对长三角城市群协同创新表现进行全方位考察。研究表明，我国长三角城市群构建协同创新共同体成效显著。微观层面，除了科技人才外，长三角城市群 R&D 经费与创新产出的流动共享程度较高；中观层面，长三角城市群凭借较成熟的产业分工协作模式将各地区紧密连接，为区域协同创新发展提供了良好的产业基础；宏观层面，长三角城市群逐步形成了"龙头"（上海）引领、城市互补、圈层扩散的协同创新发展模式。相比而言，长三角城市群构建协同创新共同体更加依赖于相似产业结构产生的知识溢出以及中心城市上海的带动作用。

关键词：城市群　协同创新　长三角　中心城市

---

[*] 马茹，中国科协创新战略研究院博士后，研究方向为区域创新和人力资本；王宏伟，中国科协创新战略研究院创新环境研究所所长、研究员，研究方向为科技创新与经济增长、科技创新政策分析和评估等。

一　引言

随着经济全球化和区域经济一体化的不断推进，城市群的经济社会功能日益凸显，发展成为支撑和引领区域发展的重要增长极，以及参与全球竞争的重要地域单元。我国"十三五"规划提出要建立健全城市群发展协调机制，实现城市群一体化高效发展，而创新是当前引领和支撑经济社会发展的第一动力，因此有序、高效地推进城市群一体化建设从根本上应依靠创新驱动，关键是打造城市群协同创新共同体。协同创新是打破区域发展瓶颈的核心力量，并通过促进区域资源优化配置、推动产业结构升级以及转变经济发展方式等途径作用于区域一体化进程，为地区协同发展开辟了新道路，开创了新局面。与此同时，城市群是以经济较发达的中心城市为核心，以空间集聚与扩散功能为实现手段，与地域相邻的若干周边城市保持密切联系，从而带动周边地区经济社会发展和推动地区一体化的城市地域实体[1][2]，因此中心城市在构建城市群协同创新共同体过程中也必然会通过与其周边地区发生"集聚"与"辐射"关系来拉动周边城市创新，并由此推进整个城市群的协同创新建设。

那么，城市群协同创新体系具备哪些特征？我国城市群具有怎样的协同创新表现？中心城市是否在我国城市群协同创新共同体建设中发挥了应有的作用？对于上述问题的深入研究，有助于充分认识城市群协同创新的相关内容和准确把握我国城市群协同创新发展的相关事实，为科学制定地区创新发展战略，特别是城市群协同创新发展战略提供了决策依据。

二　文献回顾与评述

"协同"的现象和概念早已普遍存在，而"协同学"正式成为一门跨学科理论是由德国著名物理学家 Hermann Haken 确立的。随着相关研究的不断深入，国内外学者从不同层面运用"协同"的思想和方法来阐释和分析经济学问题，取得了较多有益成果。近年来，社会经济发展的现实需要把"协同"的概念引入区域创新领域，关于区域协同创新的研究不断兴起。而城市群创新体系是区域创新系统的重要表现形式，城市群协同创新也因此引起了学术界的高度关注。Meijers（2005）深入剖析了城市群协同创新机理，他认为城市群内部的"协同"源自城市间关系的本质，即城市之间的相互作用。城市间协作产生的互补性和外部性引发了大于个体参与者之和的协同效应。城市群通过合作机制、互补机制、扩散和放大机制等作用于节点、节点之间的连接和网点等构成要素实现协同创新[3]。与此同时，考虑到城市群协同创新在我国经济社会发展中的重要地位，我国学者也对该问题进行了颇多有益尝试。解学梅（2013）、解学梅和刘丝雨（2013）系统梳理了都市圈协同创新的内涵、运行机理以及演化轨迹，指出都市圈协同创新与一般区域协同创新的差异在于更加关注创新行为主体间的产业互补、政府在协同中的作用以及更加强调都市圈整体的协同效应[4][5]。杨耀武和张仁开（2009）以跨区域产业集群协同创新为研究切入点，考察了长三角产业集群协同创新现状，并提出了"点、线、面"相结合的产业集群协同创新路径[6]。李国平（2014）分析了京津冀城市群科技创新一体化进程中的基础与现状、存在的问题与成因，并提出促进地区科技创新一体化发展的政策建议[7]。岳鹄和朱怀念（2015）运用博弈论的基本原理探讨了如何推动珠三角科技资源共享促进地区协同创新[8]。

总体来看，城市群协同创新研究仍处于起步阶段，相关文献尚不多见，而已有文献无论在深度和广度上都还需进一步提升。具体来说，一是多停留在对现象的描述上，浅尝辄止。对于城市群协同创新的特征、运行机制、影响因素等缺少深入而系统的分析，对于不同城市群的协同创新特色缺乏充分的认识和有效凸显。二是以创新主体（企业、研究组织与政府等）间协作研究居多，而从产业层面、空间层面等展开的相关分析较少，特别是中心城市在城市群协同创新中发挥的作用基本没有涉及，从微观、中观和宏观多个维度对城市群协同创新展开立体式、全面分析的文献更是鲜有发现。

鉴于此，本文围绕中国城市群协同创新这条研究主线，首先，尝试性地提出了城市群协同创新的概念模型，并详细阐释了其内部构成和运作机理；其次，基于上述概念模型，从微观、中观和宏观三个维度对长三角城市群协同创新表现进行实证分析，并突出了中心城市上海在长三角协同创新中发挥的重要作用；最后基于全文研究结论对完善城市群协同创新机制提出合理化建议。本文的主要贡献如下。一是提出了城市群协同创新的概念模型，为正确理解城市群协同创新相关问题提供了强有力的理论分析工具。二是围绕当前城市群协同创新共同体建设、中心城市功能以及区域一体化发展等经济社会发展中的热点问题展开研究，为制定相关政策、规划提供决策参考。三是基于城市视角，以多维度、定性定量相结合方法考察了长三角城市群协同创新态势，为区域创新、协同创新、空间知识溢出等提供了新的研究思路。

三 城市群协同创新的概念模型

城市群是围绕一个或多个中心城市形成的、彼此间联系紧密的城市集合体，各城市之间凭借区位邻近优势而产生要素流动、企业集聚扩散、产业联系、交通网络、信息网络等一系列经济社会联系[9]，其中，中心城市通过对隶属于同一城市群的城市产生辐射效应来逐步实现区域经济一体化发展[10]。与此同时，Kahn等国外学者认为区域协同创新释放其积极作用需要满足三个条件：一是创新要素和创新行为主体之间的"互动"和"合作"；二是创新资源在区域内部以及区域之间的流动共享；三是区域创新资源不能仅仅停留在"整合"阶段，而是要通过协同行为获得单个创新主体无法取得的"1+1>2"的协同效果。

通过将城市群的结构特征与区域协同创新的发展要点相结合，本文将城市群协同创新系统定义为：某一城市群创新系统内部，以城市为载体，各类创新主体（企业、高校、科研院所、政府和中介等）通过创新要素（人才、资金、知识、技术等）的流动和共享，实现微观（创新主体）、中观（产业）、宏观（城市）等多个维度内部以及维度之间的创新关联，并经过复杂的非线性相互作用产生大于部分之和的整体协同效应。基于城市群协同创新系统的定义，本文尝试性地提出了以微观创新主体为基本节点，以创新资源的流动和共享为连接纽带，微观（创新主体）、中观（产业）、宏观（城市）三个层面层内耦合、层间互动的城市群协同创新的概念模型（如图1所示）。

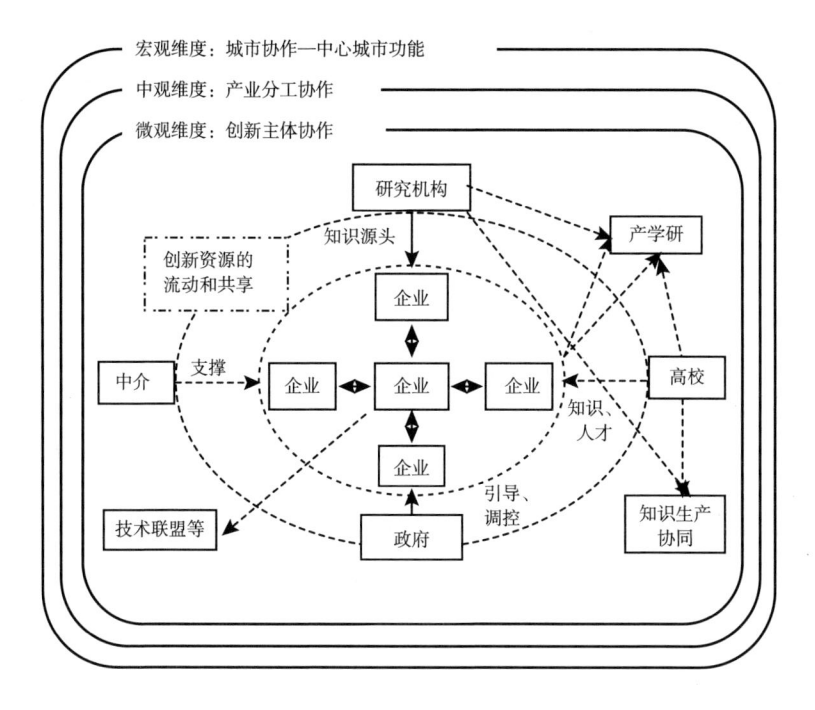

图1 城市群协同创新概念模型

创新主体是践行创新活动的基本单元，因此城市群协同创新发展从根本上要依赖创新主体间的协同合作。各类创新主体构成了城市群协同创新体系中的关键节点，并围绕企业这个绝对核心发生不同形式的创新联系，如企业与企业之间形成的技术联盟或创新联盟、企业与高校或科研院所形成的产学研合作、政府和中介机构等为创新活动提供的相关支撑等。而以企业为中心的多主体共同参与和协同互动又催生了产业关联和空间关联等复杂的多维协同关系，即产业层面和空间层面的协同创新效应。其中，创新主体通过产业互补开展相互协作并由此构筑纵横交织、联系紧密的产业协同创新网络，通过跨地区合作而促使城市之间发生创新关联。需要指出的是，与一般的区域创新系统相比，城市群协同创新更加强调中心城市在其中发挥的重要作用。中心城市凭借其与周边地区发生的"集聚"与"辐射"关系拉动周边城市创新发展，并由此推动整个城市群的协同创新进程。与此同时，城市群内部的人才、资金、知识、技术和信息等各类创新资源分布在企业、高校、科研院所、政府等创新主体内部，而人才链、资金链、知识链、技术链和信息链等基于知识的产生、转化和共享以及技术发现、应用和扩散实现跨部门、跨行业、跨地区的自由流动,将微观、中观和宏观不同维度,以及创新主体、产业和城市等关键节点连接成为一个相互联系的有机整体。

由此可见,城市群协同创新模型是以最大化"协同效应"为目标,以创新主体间的协同联动为根本,以创新资源的流动共享为纽带的多维度协同创新网络。高效的城市群协同创新体系,就是通过政府政策引导和机制安排,调动、激活企业、高校和科研机构等各类创新主体的积极性和创造性,并由此促进不同行业、不同地域以及不同组织深度合作和开放创新,实现创新资源的整合、集成、开放、共享,实现城市群创新体系各个节点、各个维度高效协同运作。

四 研究设计

根据前文构建的城市群协同创新的概念模型,本文以长三角城市群为例,从微观(创新资源的流动共享)[1]、中观(产业)和宏观(城市之间,突出中心城市功能)三个维度对其协同创新现状展开实证研究。具体来说,首先,采用 Bickenbach 和 Bode(2008)[11] 提出的加权相对泰尔指数法测算长三角创新要素的空间分布非均衡度,以此来反映长三角各类创新要素流动和共享态势。其次,以空间知识溢出效应为切入点,通过从不同维度构建空间权重矩阵来考察长三角在产业层面、地区层面的协同创新表现。

(一)研究方法

1. 加权相对泰尔指数法

泰尔指数法是非均衡度研究中较为常用的一种方法。Bickenbach 和

---

① 由于企业、高校、科研院所、政府、中介等创新主体间创新协作的相关数据不可获得,因此本文未能对创新主体间的创新协作展开实证分析。

Bode（2008）基于传统泰尔指数法提出了"加权相对泰尔指数"（Weighted Relative Theil Index）的概念，使该法在非均衡度测算过程中能够较充分地考虑样本个体间在诸如经济水平、人口数量等方面的差异[12]。其基本公式如下：

$$T = \sum_{i=1}^{I} w_i \frac{\frac{X_i}{\Pi_i}}{\sum_{i=1}^{I} w_i \frac{X_i}{\Pi_i}} \ln\left[\frac{\frac{X_i}{\Pi_i}}{\sum_{i=1}^{I} w_i \frac{X_i}{\Pi_i}}\right] \quad (1)$$

其中，T 代表泰尔指数值，本文指代长三角各类创新要素的空间分布差异；I 为样本数量，本文指代长三角25个地级市；X_i 为第 i 个样本在研究变量 X 中的观测值，本文 X 指各类创新要素；Π_i 和 w_i 分别为样本 i 在研究变量 X 中的参照基准和赋予的权重。T 值非负，且值越高表明个体间差异越大。当 T = 0 时，表明个体间均衡发展。

2. 空间计量模型

空间计量经济学方法诞生于20世纪70年代，此方法将地区间经济活动的相互影响引入经济问题的分析过程中，对经典的计量方法进行了很好的继承和发展。目前，较为常用的空间计量模型主要包括空间自回归模型（Spatial Autoregressive Model，SAR）、空间误差模型（Spatial Error Model，SEM）以及空间杜宾模型（Spatial Durbin Model，SDM）等。考虑到篇幅限制，本文仅对研究中用到的 SAR 和 SEM 进行介绍。

空间自回归模型（SAR）是指不同观测样本的被解释变量存在相互依赖性，其空间关联程度由空间距离来决定。数学表达式为：

$$y = \rho w y^* + \beta x + \varepsilon \quad (2)$$

其中，w 为空间权重矩阵，其内部元素排列方式具有多样性。空间回归系数 ρ 刻画了空间依赖程度，称为"空间自回归系数"。y 为因变量。wy^* 为空间滞后因变量，指的是某观测样本受到的其他观测样本的加权平均影响。x 为解释变量矩阵，β 为相应的系数，ε 为残差扰动项。

空间误差模型（SEM）是通过误差项的关联性来反映空间依赖性。

数学表达式为：

$$y = \beta x + \mu \tag{3}$$

其中，扰动项 μ 的生成过程为：

$$\mu = \lambda m \mu^* + \varepsilon, \varepsilon \sim N(0, \sigma^2 I_n) \tag{4}$$

式中，m 为空间权重矩阵，λ 反映了扰动项存在空间依赖性。该模型说明，其未被包含在解释变量 x 中，但与被解释变量 y 有影响的遗漏变量存在空间相关性，或者与不可观测的随机冲击存在空间相关性。

（二）实证模型建立的理论基础和经济学逻辑

正如前文所言，本文以空间知识溢出为切入点，采用空间计量模型来考察长三角城市群在产业层面、地区层面的创新关联以及中心城市的创新辐射作用。具体来说，本文基于 Griliches-Jaffe 知识生产函数的理论基础，借鉴空间计量模型的构建思路，建立了同时涵盖自身研发投入、地区间知识溢出、国际知识溢出以及其他相关影响因素在内的创新生产函数，并考虑到研发投入在时间上的延迟性。根据本文的研究目的，实证模型主要采用空间自回归模型（SAR）来考察城市群中城市之间在创新产出方面的关联性，而空间误差模型（SEM）则进一步反映了不可观测的外生冲击对城市群整体的影响①。

空间自回归模型：

$$\ln P_{it} = \rho \sum^{N} w_{ij} P_{jt} + \beta_A \ln A_{it-\theta} + \beta_K \ln K_{it-\theta} + \delta_F \ln FDI_{it-\theta} + \delta_I \ln IEP_{it-\theta} + \varphi \ln C_{it-\theta} + \mu_i + \varepsilon_{it} \tag{5}$$

空间误差模型：

$$\ln P_{it} = \beta_A \ln A_{it-\theta} + \beta_K \ln K_{it-\theta} + \delta_F \ln FDI_{it-\theta} + \delta_I \ln IEP_{it-\theta} + \varphi \ln C_{it-\theta} + u_i + \varepsilon_{it}$$

---

① 由于城市群具有地理区位邻近、经济联系紧密等特征，因此城市群内部各个城市可能面临共同的宏观冲击，造成共同的经济波动。如果考察城市群内部知识溢出过程总忽略由共同外生冲击造成的样本扰动项之间的相关性，就可能导致空间相关检验系数存在偏误。

$$\varepsilon_{it} = \lambda \sum_{}^{N} m_{ij}\varepsilon_{jt} + \mu_{it} \qquad (6)$$

式（5）和式（6）中，P_{it}表示第i个城市第t年的创新产出。A和K分别表示相对应的当地可利用的知识存量和R&D经费支出。FDI和IEP分别表示由外商直接投资和国际贸易两条渠道获得的国际知识溢出。C为控制变量。u_i为城市个体效应。θ为创新投入和产出间的滞后时间。式（5）中$\sum^N w_{ij}P_{jt}$为解释变量空间滞后项，对应系数ρ衡量了某城市从所在城市群中获得的空间知识溢出对自身创新产出的影响。$\sum^N m_{ij}\varepsilon_{jt}$为空间误差滞后项，相应的系数$\lambda$反映了城市群内部知识溢出过程中由共同外生冲击而造成的扰动项空间相关性。

实际操作中，本文主要使用stata 12.0软件。

（三）变量的选取与说明

本文的研究对象为长三角城市群25市，考察时间为2007~2014年。文中所用的数据来自《中国城市统计年鉴》、中国工业企业数据库以及相关省份的统计年鉴和知识产权局。

1. 创新产出（P）。创新产出表征形式多样，包括专利数量、能检索到的科研论文数量、新产品销售收入等，其中，专利是目前学术界最常用的创新产出替代指标。据此本文选用各市历年专利申请量来表征创新产出，创新产出与创新投入的滞后时间为一年，即$\theta = 1$。

2. R&D经费支出（K）。由于数据限制，R&D经费根据各市"公共财政支出中科学技术支出"在对应省份中的比重来拆分省级层面的研究与发展经费内部支出得到。

3. 创新人力资本（L）。采用"科学研究、技术服务和地质勘查业从业人员数"表示。

4. 知识存量（A）。选取各市历年的专利授权量，并采用永续盘存法构建知识存量。具体计算公式为$A_{i,t} = (1-\lambda)A_{i,t-1} + R_{it}$，其中$A_{i,t}$和$A_{i,t-1}$分别表示第$i$个城市$t$年和$t-1$年的知识存量，$R_{it}$为当期专利授权量，折旧率 λ 采用多数文献观点，取 $\lambda=15\%$。基年知识存量计算公式为 $A_{i,0}=R_{i,0}/(\lambda+g)$，其中 g 为考察期内专利申请量年均增长率，$A_{i,0}$ 和 $R_{i,0}$ 分别为基年的知识存量和专利授权量。

5. 空间权重矩阵。空间权重矩阵的构建是本文考察城市群各个维度协同创新现状的核心工具。根据研究需要，本文基于产业结构差异、地理距离以及创新产出能力三个特征建立了三种空间权重矩阵，来分别考察城市群在产业层面、地区层面的创新关联情况以及中心城市的作用。上述空间权重矩阵在实际应用中均经过标准化处理。

（1）中观产业维度空间权重矩阵（w_{ij}^F/m_{ij}^F）

本文借助 Jaffe（1986）[13] 和 Griffith 等（2004）[14] 提出的技术相邻指数①来测算长三角地区各城市间的产业结构相似度，并由此构建产业维度空间权重矩阵来分析长三角城市群在产业层面的协同创新现状。具体测试公式如下：

$$F_{ijt}=\frac{\sum_{k=1}^{k}f_{ikt}f_{jkt}}{\sqrt{\sum_{k=1}^{K}f_{ikt}^2\sum_{k=1}^{K}f_{jkt}^2}}, 当 i\neq j$$
$$F_{ijt}=0, 当 i=j \tag{7}$$

其中，F_{ijt} 表示第 t 年城市 i 和城市 j 之间的产业结构相似程度，f_{ikt} 和 f_{jkt} 分别表示城市 i 和城市 j 的 k 产业的年末从业人员数占全部行业从业人员数的比重。城市 i 和城市 j 从业人员行业分配情况越接近，说明这两个城市间的产业结构越相似，F_{ijt} 越接近于 1；反之，则说明城市 i 和城市 j 之间的产业结构存在差异，F_{ijt} 越接近于 0。本部分行业从业人员数据来源于中国工业企业数据库② 2007～2009 年中国工业制造业 39 个行业大类从业人员数据。在实证模型中，本文利用 2007～2009 年的平均值构建产业维

---

① Jaffe（1986）和 Griffith 等（2004）提出的该产业结构差异测算公式在学术界得到了广泛应用，具体使用的指标包括行业的专利数量、专利引用量、产量、人员数量以及科研经费投入量等指标。

② 该数据库是由国家统计局每年对销售额 500 万元以上的大中型制造业企业进行统计整理的，涵盖中国工业制造业 40 多个大类、中国 31 万多家企业、100 多项财务会计指标。此处非常感谢赣南师范学院黄小兵老师对于相关数据的提供和支持。

度的权重矩阵。

(2) 宏观城市维度空间权重矩阵（w_{ij}^G/m_{ij}^G）

空间计量经济模型中普遍采用邻接标准或者距离标准来反映地理区位差异对空间依赖性的影响。邻接标准假定有共同边界的地区间相互影响程度为"1"，而无共同边界则相互影响程度为"0"。距离标准则认为距离越近，则观测样本间的联系越紧密。本文认为，邻接标准在当前区域经济研究中是不符合客观现实的。例如，上海市和杭州市并不相邻，但是我们不能认为上述两地在创新发展中彼此之间没有任何联系。基于这样的事实，本文选取距离标准来构建城市维度的空间权重矩阵，具体公式如下：

$$G_{ij} = e^{(-\tau g_{ij})}, 当 i \neq j$$
$$G_{ij} = 0, 当 i = j \quad (8)$$

其中，g_{ij}表示城市i和城市j之间的地理距离。G_{ij}衡量了两城市的相互影响程度，随着两者间地理距离的增大，呈现指数型递减。当$g_{ij} \to 0$时，$G_{ij} \to 1$；当$g_{ij} \to \infty$时，$G_{ij} \to 0$。τ是距离衰减参数，本文选择0.05，也就是说，当两个空间单元的地理距离超过14km时，将有50%的知识无法从一个城市传递到另一个城市[①]。

(3) 宏观中心城市功能维度空间权重矩阵（w_{ij}^P/m_{ij}^P）

本文主要借鉴朱虹等（2012）[15]的研究思路来构建宏观空间权重矩阵，以考察中心城市在长三角城市群协同创新中的作用。本文认为，城市群内部每个城市对周边地区的影响力主要取决于其创新产出能力。一般而言，中心城市的创新产出能力在城市群中表现出绝对优势，因此，中心城市对其他地区影响力较强，这也正是"中心—外围"辐射模式在城市群协同创新中的集中体现。基于此，本文建立如下权重矩阵：

$$P_{ijt} = \frac{p_j}{\sum_{n=1}^{N} p_n}, 当 i \neq j$$
$$P_{ijt} = 0, 当 i = j \quad (9)$$

其中，P_{ijt}定义了城市群中城市j对城市i的创新影响取决于城市j的

---

① 在实证过程中，本文尝试运用不同衰减指数值，实证结果保持稳健。

创新产出在城市群中所占的比例（N 为长三角地区 25 个城市），具体采用专利申请量 2007~2014 年的均值表征[1]。由于中心城市的创新产出水平在城市群中远远领先于其他城市，因此被赋予的权重也相对较大，空间回归系数在很大程度上能够反映出中心城市对周边城市创新活动的影响[2]。

需要指出的是，式（5）中空间滞后回归系数 ρ 和式（6）中空间误差回归系数 λ 的大小和方向是我们的观测重点。如果 ρ 和（或）λ 为正值，则表明长三角城市群中具有相近产业结构的城市间存在知识溢出效应，距离相邻的城市间具有知识溢出效应以及中心城市对周边地区产生积极的创新辐射作用，也就说明长三角在中观产业、宏观城市层面实现了创新协同发展。如果 ρ 和（或）λ 为负值，则表明各个城市在中观产业、宏观城市层面未能实现创新协同发展。

6. 国外知识溢出（*FDI* 和 *IEP*）。本文选取各市吸收的外商直接投资额占 GDP 的比重来体现通过外国直接投资渠道获取的国际知识溢出，通过进口贸易总额占 GDP 的比重来体现通过国际贸易渠道获取的国际知识溢出。

7. 控制变量（C）。本文对各市人均 GDP（PGDP）差异进行控制。

8. 个体效应（u_i）。由于各个城市在自然条件、资源禀赋等方面存在相对固定的异质性，如果忽略对此类因素的控制，就可能使检验系数 ρ 和 λ 的估计结果包含与空间知识溢出无关的因素，从而对创新产出影响。为了避免该估计偏误出现，本文选用空间面板的固定效应模型。

五 实证结果分析

（一）长三角城市群创新资源的流动和共享

利用式（1），本文计算得到 2007~2014 年长三角城市群 R&D 经费支

---

[1] 由于本文将专利产出作为知识溢出的来源，我们在确定长三角中心城市的时候主要参考了各市 2007~2014 年的年均专利授权量，由此将排名第一的上海市作为长三角城市群的中心城市。
[2] 我们必须承认，该方法存在以下风险：尽管构建空间权重过程中中心城市被赋予了较大权重，但这毕竟不能完全代表中心城市，因为其他地区之间创新活动的空间相关性也被包含在其中。

出、创新人力资本和专利申请量对应的加权相对泰尔指数值（见表1）①，并据此了解长三角城市群创新资源的流动和共享情况。

表1　2007~2014年长三角城市群创新资源的流动和共享情况

指标	城市群	年份							
		2007	2008	2009	2010	2011	2012	2013	2014
R&D经费支出	长三角	0.04	0.04	0.04	0.04	0.04	0.04	0.04	0.04
	京津冀	0.50	0.49	0.45	0.44	0.44	0.43	0.38	0.32
	珠三角	0.13	0.11	0.16	0.19	0.10	0.05	0.14	0.09
创新人力资本	长三角	0.63	0.70	0.74	0.78	0.58	0.57	0.50	0.54
	京津冀	1.04	1.02	1.10	1.09	1.10	1.01	0.98	0.97
	珠三角	0.56	0.56	0.56	0.61	0.58	0.57	0.52	0.48
专利申请量	长三角	0.30	0.31	0.31	0.32	0.31	0.32	0.27	0.20
	京津冀	0.91	0.95	0.94	0.96	0.94	0.9	0.93	0.94
	珠三角	0.68	0.64	0.61	0.56	0.50	0.47	0.41	0.41

从长三角城市群的创新活动来看，2007~2014年，R&D经费支出的泰尔指数值始终维持在较低水平（不足0.05），创新人力资本的泰尔指数值先升后降但一直处于"高"位，专利申请量小幅波动，近年来下降趋势明显。由此不难看出，长三角城市群创新人力资本地区分布非均衡性凸显，换句话说，长三角创新要素流动和共享不畅集中体现在创新人力资本方面。事实上，以2014年为例，上海市创新人力资本占总人力资本的比重是长三角城市群平均水平的5倍，表明长三角地区创新人才高度聚集与人才流动不畅。与此同时，与京津冀和珠三角两大城市群相比，一方面，长三角城市群R&D经费支出和专利申请量的泰尔指数值明显偏低，表明长三角R&D经费支出和专利申请量的流动和共享整体优于我国其他两大城市群；而另一方面，长三角创新人力资本的泰尔指数值略高于珠三角城市群，再次凸显了长三角科技人才流动不畅的严峻现实。长三角城市群创新人力资本流动不畅主要是由于人才本身具有趋利特性，会不断向经济水平较高、发展空间较大、开放程度较高和综合环境较佳的地区，诸如上海聚集，而致使周边地区人力资本大量流失。

---

① 为了更加全面地反映长三角城市群创新资源的流动和共享状况，本部分同时将京津冀和珠三角两大城市群对应的加权相对泰尔指数值罗列至表中进行对比研究。

（二）长三角城市群中观产业层面协同创新现状

表2展示了长三角城市群在中观产业层面的知识溢出现状。可以看出，对应的空间滞后回归系数 ρ 和空间误差回归系数 λ 均在1%的水平上显著为正，表明长三角内部具有相似产业结构的城市之间存在明显的知识溢出效应，也就是说，产业结构相近的城市创新活动协同发展。长三角地区各城市在产业层面上具有较强的关联性和互补性，使城市群内部经济联系十分紧密，为知识、技术等通过产业链在城市之间溢出扩散提供了有利的条件，有力推进长三角产业层面协同创新。

（三）长三角城市群宏观城市层面协同创新现状

表2展示了长三角城市群在宏观城市层面的知识溢出情况，可以看出，对应的空间滞后回归系数 ρ 和空间误差回归系数 λ 分别在10%和1%的水平上显著为正，表明长三角各城市之间存在明显的知识溢出效应，创新过程中彼此相互影响、相互依存、共同增长的特征较为明显。实际上，长三角地区坚持"接轨上海、重点突破、梯度推进、形式多样、分工融合、优势互补、协同竞争、错位发展"的发展思路，逐步形成了较为明晰的中心（上海）、次中心（苏州、杭州、宁波、无锡、南京）、梯度逐层推进的城市圈层结构，各市之间通过良好的产业链连接以及合理的分工协作关系形成了高效的区域功能性整体，表现出日益紧密的联动合作态势，为长三角构建协同创新共同体提供了有利条件。

（四）长三角城市群协同创新的中心城市功能

表2展示了长三角中心城市上海的知识溢出效果，可以看出，对应的空间滞后回归系数 ρ 和空间误差回归系数 λ 均在1%的水平上显著为正，表明中心城市上海对周边地区的创新产出活动产生了积极的辐射带动作用。也就是说，中心城市上海通过引领长三角其他城市创新发展而有效助

推长三角协同创新共同体建设。根据相关数据，长三角城市群中的上海市和苏州市 2007~2014 年年均专利授权量均占据长三角地区总数的 16% 左右，然后依次是宁波（占比为 9.6%）和杭州（占比为 8%），远远领先于其他 21 个城市，因此确切地说，长三角地区围绕上海中心形成的城市圈层结构对城市群内部协同活动创新发展产生了积极效果。正如前文所说，长三角地区借助内部较为合理的城市功能划分，围绕核心城市上海形成了梯度合理的城市圈层结构。依托该圈层结构，长三角在构建协同创新共同体的过程中逐步形成了核心（上海）带动、互补并存、圈层扩散型的协同创新发展模式，有效提升了地区整体的创新资源利用效率和创新发展水平。

表 2 长三角城市群协同创新现状

指标	中观产业层面 SAR	中观产业层面 SEM	宏观城市层面 SAR	宏观城市层面 SEM	中心城市功能 SAR	中心城市功能 SEM
ρ/λ	0.417***	0.570***	0.211*	0.292***	0.478***	0.374***
	(0.118)	(0.155)	(0.123)	(0.0666)	(0.113)	(0.139)
A	0.421***	0.483***	0.454***	0.529***	0.434***	0.507***
	(0.0959)	(0.0928)	(0.109)	(0.0895)	(0.0954)	(0.0897)
K	-0.124	0.119	0.0116	0.105	-0.0702	0.215
	(0.218)	(0.218)	(0.165)	(0.177)	(0.199)	(0.184)
IEP	0.461***	0.447***	0.480***	0.487***	0.457***	0.486***
	(0.147)	(0.148)	(0.131)	(0.120)	(0.137)	(0.139)
FDI	0.0626	0.0361	0.00626	0.0207	0.0634	0.00969
	(0.0565)	(0.0604)	(0.0582)	(0.0506)	(0.0563)	(0.0578)
$PGDP$	-0.00913	0.0150	-0.00351	0.00169	-0.0204	-0.00665
	(0.0143)	(0.0396)	(0.0144)	(0.0209)	(0.0140)	(0.0219)
$sigma^2$	0.0414***	0.0425***	0.0438***	0.0429***	0.0403***	0.0441***
	(0.00832)	(0.00808)	(0.00843)	(0.00793)	(0.00803)	(0.00816)
观测数	175	175	175	175	175	175
R^2	0.765	0.827	0.724	0.820	0.779	0.829

注：系数下面括号中为各回归系数所对应的 t 统计量；***、**、* 分别表示该变量估计系数在 1%、5%、10% 水平上显著。

进一步来看，我们对比分析长三角城市群在不同维度下创新活动的空间关联性或空间协同创新程度。不难看出，长三角城市群中观产业层面产生的知识溢出效应（$\rho = 0.417$）和中心城市功能（$\rho = 0.478$）明显高于宏观城市层面的知识溢出效应（$\rho = 0.211$），表明长三角城市群构建协同创新共同体更加依赖相似产业结构产生的空间知识溢出以及中心城市的辐射引领作用。这是因为，长三角城市群交通、网络等发展较为成熟，知识在地区间的传播和溢出已经不仅仅局限于区域之间是否邻近。与此同时，合理的产业分工协作模式是长三角城市群经济发展的关键力量，而上海作为中心城市的辐射引领功能不断凸显，因此相似的产业结构产生的知识溢出以及中心城市的创新辐射带动作用在推进长三角城市群协同创新进程中显得更加重要。

六 结论和启示

区域一体化建设的深入开展为我国城市群创新体系建设提出了新的要求，打造城市群协同创新共同体成为我国加快区域一体化发展的关键环节。在此大背景下，本文尝试性地提出了城市群协同创新的概念模型，并据此对长三角城市群协同创新表现展开全面分析，旨在为加快我国城市群协同创新发展提供实践依据和有效的对策建议。

本文的主要研究结论如下。总体来看，长三角城市群构建协同创新共同体正在稳步有序推进。从微观层面来看，长三角地区 R&D 经费支出和创新产出流动共享程度较高，但创新人力资本流动不畅的现实还较为严峻。从中观产业层面来看，长三角城市群凭借较成熟的产业分工协作机制紧密连接各个城市节点，为区域协同创新发展提供了良好的产业基础。从宏观城市层面来看，长三角各城市依托合理的城市圈层结构逐步形成了核心（上海）辐射带动、城市间互补并存、圈层梯次扩散的协同创新发展模式。相比于区位临近产生的知识溢出，产业结构相似产生的知识溢出以及中心城市上海的辐射引领功能对长三角城市群协同创新发展的推动作用更加明显。

基于研究结果，本文为加快构建我国城市群协同创新共同体提出如下几点建议。一是要明确城市创新功能定位，深化地区间创新协作。二是要培育壮大区域创新主体，持续增进主体间创新联动效用。三是要以产业链布局创新链，由产业协作促进创新协同。四是要使"无形的手"和"有形的手"有效结合，推动创新要素流动和共享。五是要增强中心城市的引领辐射功能，带动地区创新协同发展。

不可否认，本文还存在一定的局限性，如由于相关数据不可获得，本文对创新主体协作未能提供有效的实证支撑，这将是未来努力的方向。

参考文献

［1］ 高汝熹、罗明义：《城市圈域经济论》，云南大学出版社，1998。

［2］ 袁家冬等：《基于"日常生活圈"的我国城市地域系统的重建》，《地理科学》2005年第1期，第17~21页。

［3］ Meijers E. , "Polycentric Urban Regions and the Quest Forsynergy: Is a Network of Cities More Than the Sum of the Parts?" *Urban Studies*, 2005, 42 (4): 765 – 781.

［4］ 解学梅：《协同创新效应运行机理研究：一个都市圈视角》，《科学学研究》2013年第12期，第1907~1919页。

［5］ 解学梅、刘丝雨：《都市圈中观视角下的协同创新演化研究综述》，《经济地理》2013年第2页，第68~75页。

［6］ 杨耀武、张仁开：《长三角产业集群协同创新战略研究》，《中国软科学》2009第S2期，第136~139页。

［7］ 李国平：《京津冀地区科技创新一体化发展政策研究》，《经济与管理》2014年第6期，第13~18页。

［8］ 岳鹄、朱怀念：《协同创新背景下珠三角科技资源共享策略的博弈分析》，《科技管理研究》2015年第4期，第54~58页。

［9］ 赵勇：《区域一体化视角下的城市群形成机理研究》，西北大学博士学位论文，2009。

［10］ 孟可强、陆铭：《中国的三大都市圈：辐射范围及差异》，《南方经济》2011年第2期，第3~15页。

［11］ Bickenbach F. , Bode E. , "Disproportionality Measures of Concentration, Specialization and Localization ," *International Regional Science Review*, 2008 (4): 359 – 388.

［12］ 马茹、王宏伟：《中国城市群创新非均衡性》，《技术经济》2017年第3期，第54~60页。

[13] Jaffe A. B., "Technological Opportunity and Spillovers of R&D: Evidence from Firms' Patents, Profits, and Market Value," *American Economic Review*, 1986, 76 (5): 984 – 1001.

[14] Griffith, R., Redding S., Reenen J. V., "Mapping the Two Faces of R&D: Growth in a Panel of OECD Countries," *Review of Economics and Statistics*, 2004, 86 (4): 883 – 895.

[15] 朱虹、徐琰超、尹恒：《空吸抑或反哺：北京和上海的经济辐射模式比较》，《世界经济》2012 年第 3 期, 第 111~124 页。

生态复杂性视角下能源系统演化模式和机制探讨

穆献中　李国昊[*]

摘　要：本文基于生态复杂性原理，分析能源系统与生态系统和复杂系统的协同效应，并建立能源系统的共生演化框架，探究能源系统的复杂性反馈机理和自组织演化机制，研究认为：现代能源系统在宏观上表现出和自然生态系统类似的层级结构，可以通过正负反馈调节维持系统的稳定；在微观上由大量主客体及复杂关系组成，具有网络化、动力学、涌现性、对称性破缺、路径依赖、适应性六大特征；此外现代能源系统具备开放性、远离平衡态、微小涨落和非线性相互作用四个条件，因此能源系统的演化过程也是系统自组织形成和发展的过程。

关键词：能源系统　生态复杂性　系统演化　自组织

一　问题提出

21世纪以来中国的经济保持高速增长，与之对应的能源发展方式却仍以粗放低效为主，由此导致了大量浪费以及日益严峻的环境问题。"十三

---

[*] 穆献中，教授，博士生导师，研究方向为区域经济、技术经济、能源经济；李国昊，硕士研究生，研究方向为能源系统建模。

五"期间中国政府解决能源问题的主攻方向为建设清洁低碳、安全高效的能源体系,其中特别提出构建智慧能源系统,提高可持续自适应能力的要求。为实现这一目标,既要从社会系统的顶层出发考虑满足经济发展所需的能源供应要求及达到可持续发展要求的减碳策略,还要从资源禀赋和技术水平的角度考虑各能源品种之间的替代效应。传统的系统论在剖析能源系统内部的结构、层次、功能方面有明显的优势,但这样的系统是静止的[1],而真实的能源系统是随内外环境动态演化的。探究能源系统的演化规律,对于制定合理有效的能源规划方案、确保能源系统可持续发展具有一定的指导意义。

演化指系统的结构、状态、功能、行为等属性随时间的推移而发生连续变化,最早属于生物学范畴。在达尔文主义的推动下,演化思想在经济学中广泛传播,并被用于分析社会经济结构变迁、技术创新与扩散[2]、博弈等动态问题。20世纪60年代以来出现的组织生态学、商业生态系统[3]、创新生态系统[4][5][6]等理论,研究了以企业或者区域为生态个体的产业组织发展演化的规律。同时,近30年兴起的复杂性领域也将演化视为系统的两个基本问题之一(另一个基本问题是涌现)。学术界对能源系统的演化还未有明确的提法,但相关研究进行已久,主要集中于分析和预测能源结构的"变化"(主要是能源品种之间的替代)趋势,以及分析引起这些"变化"的外在驱动力,而未深入探究其演化的内在规律,且对于能源系统中除结构以外的其他属性的演化较少涉及。能源系统由大量的物理设施和社会网络在经济制度和政治结构的约束下集合而成。一方面,社会网络是能源系统的主体,各主体之间相互作用又相互联系,并有机结合成一个整体,这是能源系统具有生态系统特点的集中表现;另一方面,随着新技术不断被开发出来,能源品种、能源服务的组织方式均越来越多样,能源系统的复杂性特点也更加明显。

目前,学术界已经分别从生态系统和复杂系统的视角对能源系统进行了重新定义和描述,并剖析了能源系统的组成要素及要素的不同组成方式所呈现的不同特征和内涵,这些理论构成了本文的思想来源。张雷等借鉴生态系统理论的基本思想,以生态学、工业生态学为基础,首次正式提出能源生态系统的概念。[7]能源生态系统不仅强调能源开发与利用系统自身的平衡状态,还强调能源开发与利用系统与其外部环境的平衡状态,系统的规模、种群结构和演进方向均会随着能源开发内外发育环境的变化而变化,并不断由低级状态向高级状态有序进化。该理论自创建后,已被多次尝试用于分析区域能源系统的发育和演化状态,由于该理论拟解决的是能源资源开发利用和生态环境破坏之间的矛盾,故研究的区域集中在中国西部地区[8]和能源禀赋较高的山西、内蒙古[9]等省份,研究范围主要是能源供给环节。现代能源系统研究的另一个视角是复杂系统,复杂系统里的许多成熟概念已经开始被运用于能源系统研究中。Catherine 等认为,能源系统可以被理解成一个由具有众多相互联系且异构的元素集合而成的复杂自适应系统,整个系统没有确定的控制中心,所以无法通过分析各组分的行为来推断系统整体自组织涌现行为的产生。[10]他将能源系统中的要素分为主体、对象和环境三种。Tieju 和 Nakamori[11]研究了能源系统建模技术从优化到基于主体的转变,这种转变的内在原因即现实的能源系统本身的复杂性演化。从人类对能源的利用历史看,能源和复杂性的关系是螺旋式上升的,社会的发展促进了能源新品种的产生及能源技术和制度的创新,同时带来了新的浪费和环境、气候等问题,能源系统的复杂性不断增强,反过来促使能源系统朝着对人类更加有利的方向演化[12]。

这些研究尽管已经从不同视角比较系统地论述了现代能源系统的发展问题,但各有侧重:能源生态系统理论侧重于解决生产环节能源开发利用和外部环境之间的矛盾,具有完整的理论体系;而能源复杂系统理论则侧重于对能源系统发展过程中技术、制度、组织方式等创新主体的自组织及涌现行为进行解释,目前还未形成一致的研究框架。本文尝试将二者统一起来,构建能源系统的生态复杂性研究框架,并以此框架探究能源系统模式演化的规律和路径。

二 能源系统的生态复杂性原理

(一) 生态复杂性

"生态复杂性"这一概念最早由生态学家提出,用以在群落或生态系统层面探讨系统的稳定性与复杂性之间的关系[13]，其后发展为利用复杂学的原理和方法来研究群体进化过程中物质、能量和信息的转换、流动、传输，以及生态系统内不同层次结构和功能的多样性、自组织性和有序性[14]。Wang Rusong等将生态复杂性概括为生态系统呈现的空间异质性、组织结构连通性和时间上的偶然性的程度，并首次将这一概念引入社会—经济—自然复杂系统。[15]在生态复杂性理论框架里，系统往往表现出生态系统和复杂系统双重的特征。这并非一般系统的共性，而是那些在微观层面上具有大量相互作用的元素及元素之间的复杂连接，在宏观层面上却表现出井然有序、层次分明的系统特性。实际上，复杂系统和生态系统并非两个相互独立的系统，二者既有从属关系，又互相促进、相辅相成。生态系统作为典型的复杂系统，为完善复杂性科学的理论基础和内涵提供了大量素材，促进了复杂性科学的发展，而复杂系统的相关理论和方法也为深入认识生态系统提供了新的途径。

现代城市能源系统是社会—经济—自然复杂系统的子系统，整个系统以能量的供需关系为纽带，覆盖能源生产、传输、消费、存储、转换的整个链条，参与者为社会全体成员，每个成员的能源消费方式各异，但表现出的总体能源消费结构的变化是平稳的。例如，对单一家庭而言，可能因为天然气管道的建成而放弃使用煤炭，也可能因为气价高企而重新使用煤炭，但总体上天然气替代煤炭的趋势难以反转。可见，城市能源系统在微观上表现出了一定的复杂系统的特点，在宏观上则与生态系统的表现形态保持一致，这为本文运用生态复杂性原理，阐释城市能源系统与生态系统和复杂系统的协同效应提供了依据。

（二）能源系统与生态系统的协同效应

生态系统是自然界中一定空间范围内的生物与其环境通过能量流动、物质循环和信息传递而形成的统一整体，具有整体性、开放性、自我调控性和可持续发展等特点。生态系统通过生物与生物之间的相互作用，以及生物和环境之间的适应与改变，维持系统稳定进化。能源系统在发展过程中也呈现了一定的生态系统特征。

自然生态系统在个体以上依次形成种群、群落、生态景观、生态系统、区域生物群系以及生物圈。递阶的结构是系统稳定性的基础之一。能源系统在个体层面包括每单位的能源物质中聚集的能量和独立的自然人。事实上，能源最终的服务对象是具体的人，而能源的服务过程则是将聚集在化合物中的能量释放出来。在种群层面，能源按照化合物组分不同或产能驱动力不同构成不同的能源种群，城市范围内的能源种群主要包括煤炭种群、石油种群、天然气种群、风电种群、生物质能种群等，各能源种群的划分并不绝对独立，可以有交叉部分，例如风电种群和水电种群都可汇入电力种群。自然人作为能源的消费者和生产者，按其功能定位和在社会系统中的组织方式，构成企业、家庭、政府等部门种群，其中能源生产企业属于能源种群前端，能源运输、配送企业和其他企业均属于能源种群后端。能源群落是具有一定形态的空间内所有能源种群（包括能源前端种群和能源后端种群）的集合。与生物群落在时间和空间上通常表现出一定的规律相似，能源群落根据其城市功能区位与产业布局，表现出明显的空间异质性：商业区、居民区、交通区、大学城、工业园区等地理单元的能源供应结构、能源服务功能及差别较大；不同区域在昼夜、季节、年份等时间尺度上均存在用能的高峰和低谷，这反映出能源群落时间上的动态性。最后，能源群落和物理基础设施及社会经济环境构成能源生态系统（见图1）。能源系统由能源基本单位、能源种群、能源群落和能源生态系统四个层级构成。能源系统具有结构和功能上的双重性。从个体、种群、群落到生态系统，层层递进，低一级是高一级的基础。不同层级的结构具有不同的特征，从而产生不同的规律和模式。每一层级具有各自的时空尺度，表现出不同的功能。

能源系统的另一个典型的生态系统特征是它的稳态机制。能源系统不断地受到外界的冲击，例如来自金融市场的异常波动、能源供应国的通货膨胀，以及目前人工智能的飞速发展对传统能源行业的冲击，但最终能源系统总能恢复至一种稳定状态，使能源始终能满足社会经济发展的需要。稳态表现在能源系统对外界负向冲击的抵御能力和遭受损失后的恢复能力方面。稳态机制主要通过反馈实现。反馈分为正反馈和负反馈。这两种反馈相互交替，但在维持系统稳态的过程中，负反馈起主导作用，而正反馈则一般用于对系统局部功能的加强和协助负反馈环形成，例如在能源系统中涉及经济和环境问题方面时，存在这样的反馈环：在城市发展的起步阶段，经济的发展导致化石能源的消耗迅速增加，这一时期化石能源消耗是经济增长的支撑条件，与经济增长的关系为相互促进；化石能源的消耗同时导致温室气体和污染型气体排放量大幅度增加，当增加的累积量超过大气和环境自有的吸纳能力时，化石能源成为经济增长的制约因素，城市发展也由高速转向低速。人们转而寻求化石能源的替代方案，出于对环境和资源存量等方面的考虑，新能源成为理想的替代品，但由于技术和成本的制约，其替代速度较为缓慢。从上述反馈关系还可以看出能源系统中的促进因素（正反馈）和制约因素（负反馈）是共存的，相对于不同的对象同一个因素促进和制约的关系可能不同，且在系统演化的不同阶段，这种关系也可能随之改变。

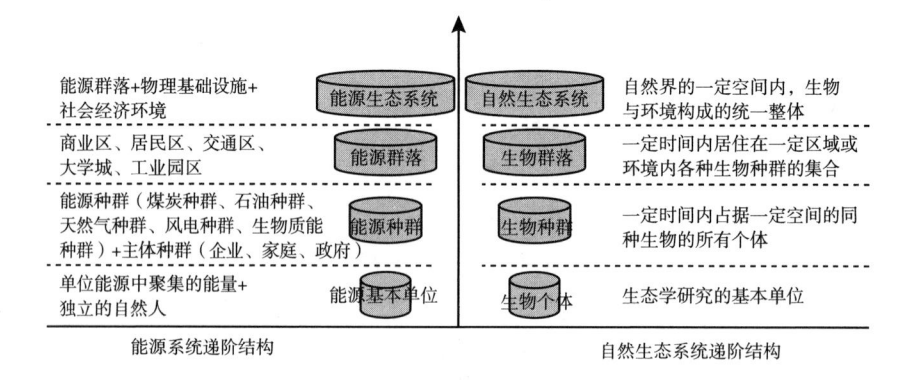

图 1　能源系统的递阶性

（三）能源系统与复杂系统的协同效应

能源系统是一个动态的复杂系统，包含三个要素：主体要素、客体要素和环境要素。主体要素是能源系统中的主要参与者，包括家庭和企业的能源用户、能源转换和供应公司、经济和环境监管机构、政府。主体要素作为能源系统中有生命的部分，能够感知和适应系统中其他要素及其他主体的变化并做出相应的决策，但主体具有明显的异构性，即各主体的感知能力和适应能力千差万别，同时，由于主体的本质为自然人类聚成的群落，因此主体的决策行为并非完全理性。主体要素决策过程的不确定性是能源系统成为复杂系统的根本原因。客体要素是能源系统中的物质基础，包括能源载体，实现能源生产、转换和运输的物理设施，能源技术。客体要素在短期内较为稳定，例如电网或者天然气管道一旦建成将长期为能源系统服务，一项新技术一经采纳也难以在短期内被新技术完全代替。客体要素短期内的稳定性通常是由其高昂的成本决定的。环境要素既包括提供能源资源的自然环境，也包括支持能源系统稳健运行的社会、政治和文化环境，例如各级政府颁发的能源发展规划或法律文件，以及主体不断进化的节能环保意识。

能源系统之所以可以被认为是复杂系统，是因为它具备了复杂系统的一些基本特征。这些特征如下。①网络化。能源系统中主体之间的相互作用形成社会网络，客体之间的相互连接形成物理网络，社会网络和物理网络交织在一起构成整个能源网络。例如，国家电网是国家层面上电力系统最大的网络，由大量的发电机、变压器、输电线等物理设施（客体）和发电厂、配电公司、用电单位等社会关系链（主体）组成。②动力学。能源系统是在一个吸引域中运行的动态系统，它在反馈机制的作用下处于长期的稳态，但并非平衡态，其结构随时间改变。人口、生活方式、技术和成本的变化都会引起能源系统结构的变化。③涌现性。能源系统的涌现性指能源系统的宏观状态由系统内部与其环境之间的微观行为和相互作用决定，但不能通过对系统各部分状态的线性相加去理解和预测（即非还原论的思想）。能源新技术的发明是能源系统中典型的涌现现象。④对称性破缺。能源系统在空间上的对称性破缺是显而易见的，不同区域的能源系统结构差异较大，这是分布不均的能源在区域间重新调配的结果。时间上的对称性破缺体现在能源系统中各种微观行为是非线性的且不可逆。能源系统中广泛存在的对称性破缺，一方面导致了能源系统的不确定性；另一方面为能源系统带来了创新和活力。⑤路径依赖。路径依赖成功地解释了制度变迁和技术演进，能源系统中不仅存在政策法规和技术的路径依赖，系统的其他部分也具有一定程度的路径依赖。此外，在整体上，能源系统也在类似惯性力的作用下，沿着特定的方向自我强化。⑥适应性。能源系统中的主体可以对环境的变化和其他主体的行为做出反应，例如，企业通常会根据政府的政策法规调整其生产经销策略甚至发展战略,用户可以通过监测仪器反馈的数据改变能源组合或者淘汰部分高耗能设备。

三 能源系统的演化机制分析

由上文分析可知,能源系统包含大量的变量和参量,但并非无迹可寻,而是表现出极强的规律性。本文基于能源系统兼具生态系统和复杂系统两方面的特征,在生态复杂性理论的基础上,建立能源系统共生演化框架,然后对能源系统的复杂性反馈和自组织演化机制进行分析。

(一) 共生演化框架

能源系统的演化不是孤立的[16]。从能源系统的演化历程不难看出,能源系统的演化很大程度上受到社会经济系统的影响。而社会经济系统中的大量主体往往也是能源系统中的主体。这些主体包括个人及家庭、企业和政府。社会经济系统中通过主体的行为决定能源系统的演化方向,将这些主体纳入能源系统的范畴实际上是将能源系统的外部因素内部化。除此之外,生态系统和技术也是能源系统中不可缺少的组成部分。生态系统代表了能源系统对可持续发展的要求,例如,对当地空气质量、噪声和土地使用的影响,以及应当承担的全球减碳份额。技术代表了创新与能源系统演化之间无法分割的关系,能源系统的演化从本质上讲就是创新过程,但技术创新并不是随机发生的,是个人、政府和企业围绕能源的消费和生产的博弈的结果,技术创新的发展方向受市场条件和政策环境的影响。个人及家庭、企业、生态系统、政府和技术五个方面共同构成能源系统共生演化的基础(见图2)。能源效率是一个表征能源在使用过程中实际能耗与能源中包含的可用能量的比值的物理量,升级到能源系统层面,能源效率则反映了一个区域内能源可持续的能力,提高能源效率是能源系统演化的最终目标。

在能源系统内部,能源供给型企业面临行业内激烈的竞争,为保住甚至拓展市场份额,企业必须为消费者提供优质的能源服务,在追求利益最大化的宗旨的推动下,通过改进技术,不断提高能源的转化利用效率以降低成本是这类企业的长期发展战略。而能源消费型企业通常将能源作为企业成本的一部分，虽然不同的企业能源消费在其成本结构中的比例差异较大，但所有企业追求更加廉价、高效、环保（避免缴纳环境税）的能源服务是一致的。企业、个人及家庭、政府、生态系统和技术在共同的目标——提高能源效率的驱动下求同存异，是能源系统演化的内在动力。而对于一个系统来说，在没有能量耗散的前提下，内在动力最多维持系统不退化，源源不断的负熵流为能源系统内部的共生演化提供原始动力。

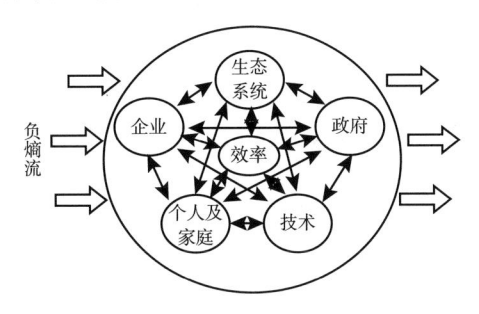

图 2　能源系统共生演化框架

（二）能源系统复杂性反馈的演化机理

根据非线性动力学和协同学理论，基于郎之万方程，建立如下动力学模型。

设 Y 为能源系统的状态向量，则其状态变化方程可表示为：

$$\frac{dY}{dt} = F(Y,\Lambda_1,t) + R(Y,\Lambda_2,t)\Gamma(t) + \epsilon(t) \tag{1}$$

其中 $F(Y,\Lambda_1,t)$ 为宏观状态向量 Y 及参数集 Λ_1 在 t 时刻的漂移函数，它对应了系统的确定性演化项；$R(Y,\Lambda_2,t)$ 为宏观状态向量 Y 及参数集 Λ_2 在 t 时刻的耗散函数，它对应了系统在 t 时刻受到的非同质的随机涨落力；$\Gamma(t)$ 为与 δ 有关的高斯白噪声，其系综平均为 $\langle\Gamma(t)\rangle = 0$，方差 $\langle\Gamma(t_1)\Gamma(t_2)\rangle \geq \delta(t_1-t_2)$，时间的函数表示随机变量在任意时间间隔 t_1 和 t_2 之间没有相关性，是独立的随机变量；$\epsilon(t)$ 为能源系统模型在 t 时刻相对于真实的能源系统的近似误差。

除误差项外，式（1）将系统的非线性运动问题分为内生演化 $F(Y,\Lambda_1,t)$ 和外部随机输入 $R(Y,\Lambda_2,t)$ 两部分。由于这两种非线性作用对系统的演化作用是不同的，Y 这一状态向量各分量也对应地被分作"慢变量"及"快变量"。在未达到临界阈值即 $Y=Y^*$ 附近时，随机涨落力 $R(Y,\Lambda_2,t)$ 按一定的概率分布影响系统的演变过程，但它只是使状态变量瞬时值并不精确地处在平均值上，系统并未发生质变。而当系统达到临界阈值即 $Y=Y^*$ 附近时，具有提供共时性的"慢变量"会对余下的"快变量"施加趋向性的影响，这时，原先由随机部分造成的偏差不能被系统消化并被内生的非线性作用所放大，系统远离平衡并打破旧式，触发新的宏观状态。

能源系统中主体间的交互常涌现出一些不确定的客体，例如由于环境问题凸显而派生出的一系列法律法规、企业为研发人员设立的激励制度，这些客体反过来使主体通过自我控制、自我调整等行为改变交互方式，促使系统整体表现出适应性的结构。式（1）中非线性项 $F(Y,\Lambda_1,t)+R(Y,\Lambda_2,t)\Gamma(t)$ 包含了这些不确定客体的波动情况。系统的内生变量和外生变量在其间有不同的发展路径，自变量与因变量间、输入和输出间也存在这种难以量化和预测的不确定关系。通过对其反馈过程分析，可以避免这些缺陷，进而"描绘"能源系统中由微观主体的交互行为演化而成的主动适应能力。

（三）能源系统自组织演化机制

能源系统的演化过程表现出很强的自组织过程特征。根据耗散系统理论，系统产生自组织现象，形成耗散结构，必须满足以下条件：开放性、远离平衡态、微小涨落和非线性相互作用[17]。当前信息技术飞速发展，可为涵盖能源生产、存储、传输、转换和消费整个能源链条的效率、经济、安全提供有效支撑，能源系统这些自组织形成的条件显得更加明显和充分（见图3）。

（1）能源系统的开放性。开放性是系统自组织形成的必要条件。城市能源系统的开放性是由于能源资源的富集程度和城市的发展水平不匹配产生的，且往往表现出负向关系。任何城市的能源不可能完全自给自足，能源资源禀赋较高的城市向外输出能源产品，依靠能源的生产带动其他产业的发展，能源资源禀赋较低或者不适合发展能源产业的城市是能源的输入方，更要足够开放，它们在获得能源输入的同时往往还伴随着技术、资本、信息的输出。我国的"西气东输"和"西电东送"两大工程均是能源系统开放性的实例。此外，城市能源的输入和输出并非绝对的。煤炭资源极为丰富的山西省内城市，相对煤炭而言是能源输出型城市，而相对成品油而言则成了能源输入型城市；化石能源资源较为贫瘠的区域中心城市武汉是化石能源的输入方，又是生物质能源的输出方。

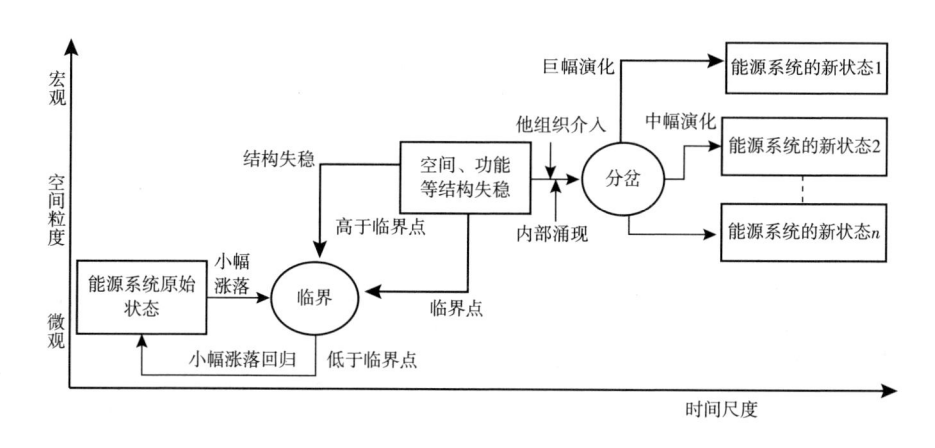

图3 能源系统的自组织演化过程

（2）能源系统的远离平衡态。远离平衡态是系统演化的源泉。能源系统远离平衡态意味着系统内部存在的物质转换、能量流动、信息传递等各种活动状态呈现激烈的交锋和碰撞。这种碰撞表现为能源系统中主体要素的行为，主要是企业行为、政府行为和消费者行为。企业行为一般是企业间的竞争，在能源系统远离平衡态的过程中居于核心地位，提供同种能源服务的能源企业的种内竞争和提供不同能源服务的能源企业的种间竞争，共同主导企业间的横向整合和纵向应用，能源领域中具有变革意义的新技术往往均诞生于企业内部。政府行为指政府从社会整体发展的要求考虑，制定相关法律政策法规，以达到对能源企业的监管和对用户约束的目的。消费者行为指消费者对能源企业提供服务的选择和对政策的接受程度。以上三方面构成了能源系统远离平衡态的条件。

（3）能源系统的微小涨落。微小涨落指系统参量在任意时刻相对平均值均存在一定偏差的现象，它是系统演化的内部诱因，也是系统形成有序结构的原始动力。能源新技术的发明、大型油气田的发现、政府政策的变动、世界金融市场的波动、用户消费观念的转变，甚至局部战争的爆发都可能成为能源系统涨落的因素。涨落是偶然的、杂乱无章的、随机的，由于能源系统对外足够开放，其内部又联系紧密，故往往微小涨落能够形成巨大的扩散效应和规模效应。例如，美国页岩气革命动摇了世界液化天然气市场格局，并且这一影响还将愈加显著，进而改变世界能源格局，而这一革命的源头是页岩气开发技术的突破。当远离平衡态的能源系统处在临界点（即阈值）附近时，微小涨落被放大，最后促使系统达到新的宏观状态，从而推动能源系统的演化。

（4）能源系统的非线性相互作用。非线性相互作用是系统演化的根本保证。能源系统中存在大量的相互作用。各主体内部及主体之间，竞争和合作是并存的，某一燃气公司与煤炭公司和区域内另一家燃气公司均存在竞争关系，同时与天然气生产企业保持着合作关系。施加在一个主体上的作用力越大，它的非线性相互作用就越显著。在非线性相互作用情况下，一方面，即使是弱扰动系统，也不可能在任意时间内预测其动力学性质，这就意味着某种程度时序的丧失，即系统的不确定性增加，演化也就成了必然；另一方面，非线性相互作用越强，系统中各节点之间的连接越稳固，反映在系统整体上就越稳定，因此，非线性相互作用是保证系统必然演化且在演化过程中不至于崩溃的原因。

四　结论

本文基于生态复杂性原理分析现代能源系统的演化机理。在生态复杂性理论框架下，现代能源系统兼具生态系统和复杂系统两方面的特征，但各有侧重，生态系统方面主要体现为能源系统宏观上的有序性和稳定性，而在复杂系统方面则体现为微观层面上结构和组成的复杂性。

基于对能源系统生态复杂特征和内涵的分析，本文提出两种能源系统演化模式，分别为共生演化和自组织演化。共生演化认为能源系统中主要参与者个人、政府和企业连同生态系统和技术在效率的驱动下共同演化，系统内部的竞争、选择、管制等行为是演化的内部动力，而系统外源源不断的负熵流是演化的外部动力。自组织演化认为现代能源系统具有足够的开放性、远离平衡态、微小涨落和非线性相互作用四个形成自组织的条件，能源系统由原始状态出发，由于微小涨落存在，系统具有了演化的可能性，低于临界点的涨落使能源系统结构回归至原始状态，而高于临界点的涨落使能源系统结构功能失稳，在他组织的介入下，出现较大幅度的涨落，能源系统达到新的宏观状态。

参考文献

[1] Zhang Yan, Yang Zhifeng, Fath Brian D., Li Shengsheng, " Ecological Network Analysis of an Urban Energy Metabolic System: Model Development, and a Case Study of Four Chinese Cities," *Ecological Modelling*, 2010, 221 (16): 1865 - 1879.

[2] Foxon Timothy J., " A Coevolutionary Framework for Analysing a Transition to a Sustainable Low Carbon Economy," *Ecological Economics*, 2011, 70 (12): 2258 - 2267.

[3] 潘剑英、王重鸣:《商业生态系统理论模型回顾与研究展望》,《外国经济与管理》2012 年第 9 期,第 51~58 页。

[4] Shaw Duncan R., Allen Tim, " Studying Innovation Ecosystems Using Ecology Theory," *Technological Forecasting and Social Change*, 2016.

[5] 金帆:《价值生态系统:云经济时代的价值创造机制》,《中国工业经济》2014 年第 4 期,第 97~109 页。

[6] 吴金希:《创新生态体系的内涵、特征及其政策含义》,《科学学研究》2014 年第 1 期,第 44~51 页。

[7] 张雷、谢辉、陈文言、姜巍、吴映梅:《现代能源生态系统建设:一种理论探讨》,《自然资源学报》2004 年第 4 期,第 525~530 页。

[8] 张雷:《能源生态系统发育——兼论西部能源资源开发》,《自然资源学报》2006 年第 2 期,第 188~195 页。

[9] 张敏、姜巍、高卫东、熊天琦:《晋陕蒙地区能源生态系统演进过程及影响因素分析》,《资源科学》2014年第9期,第1933~1940页。

[10] Bale Catherine S. E., Varga Liz, Foxon Timothy J., "Energy and Complexity: New Ways forward," *Applied Energy*, 2015, 138: 150-159.

[11] Tieju Ma, Nakamori Yoshiteru, "Modeling Technological Change in Energy Systems: From Optimization to Agent-Based Modeling," *Energy*, 2009, 34 (7): 873-879.

[12] Tainter Joseph A., "Energy, Complexity, and Sustainability: A Historical Perspective," *Environmental Innovation and Societal Transitions*, 2011, 1 (1): 89-95.

[13] 张知彬、王祖望、李典谟:《生态复杂性研究——综述与展望》,《生态学报》1998年第4期,第99~107页。

[14] 葛永林:《生态复杂性研究中㶲、能值理论的哲学意义》,《系统科学学报》2008年第1期,第82~86页。

[15] Wang Rusong, Li Feng, Hu Dan, Larry Li B., "Understanding Eco-Complexity: Social-Economic-Natural Complex Ecosystem Approach," *Ecological Complexity*, 2011, 8 (1): 15-29.

[16] Rutter Paul, Keirstead James, "A Brief History and the Possible Future of Urban Energy Systems," *Energy Policy*, 2012, 50: 72-80.

[17] IñigoEdurne A., Albareda Laura, "Understanding Sustainable Innovation as a Complex Adaptive Aystem: A Systemic Approach to the Firm," *Journal of Cleaner Production*, 2016, 126: 1-20.

城市能源代谢系统的协同演化研究[*]

胡广文 穆献中[**]

摘 要：本文构建基于生态网络的城市能源代谢系统模型，运用可达矩阵对城市能源活动中能源代谢的累积流转效应进行描述和测算。在此基础上，本文进一步对城市能源代谢系统中影响其协同演化的关键性因素进行识别，基于哈肯模型对城市能源代谢路径中的支配要素序列进行计算。最后选取北京市进行实证检验，结果表明煤在第一、第二产业中的使用强度以及天然气在第二产业中的使用强度是影响北京市能源代谢系统有序演进的关键要素，其中煤在第二产业中的使用强度是序参量，在北京市能源代谢系统协同演化过程中起主导作用。

关键词：城市能源代谢系统 累计流转效应 协同演化 哈肯模型

---

[*] 国家自然科学基金项目"能源输入型城市能源生态系统建模及优化路径研究"（批准号：7167030506）；"海外化石能源投资环境动态模拟和风险博弈研究"（批准号：71273021）。

[**] 胡广文，博士，主要研究方向为循环经济、技术经济；穆献中，博士，教授，博士生导师，主要研究方向为循环经济、技术经济。

一 问题提出及文献回顾

能源是城市发展基本投入要素之一。随着城市化进程不断推进，能源供需矛盾日渐突出，能源已经成为制约城市经济发展和社会建设的关键因素。能源逐渐由城市生产活动基本投入要素向推动城市结构升级、提升城市生活水平的核心要素转变。在国家"十三五"规划中明确提出了"推动能源结构优化升级""构建现代能源储运网络"，建设"安全高效的现代能源体系"的发展战略。作为主要的能源消费体，城市能源代谢研究是深化这一战略的有力切入点。

城市能源代谢研究是对城市内部生产消费过程中发生的能源生产、转化、传输和最终消费进行定量分析，反映城市活动中能源流动、投入与产出，尤其对分析城市能源经济系统中的生产消费关系，识别影响系统功能的关键因子具有十分重要的作用。

长期以来，对城市能源的研究在于将能源作为经济活动要素投入进行供需分析（张欢等，2011；朱发根、单葆国，2013；孟凡生、李美莹，2014；王启洋、任荣明，2014；林卫斌等，2014）、绩效研究（魏楚、沈满洪，2008；范丹、王维国，2013；汪克亮等，2013；姜彩楼等，2012）以及对基于"经济—环境"视角的城市能源结构进行功能优化（马丽梅、张晓，2014；吴江等，2013；原毅军等，2012；范德成等，2012；王锋、冯根福，2011；林伯强等，2010）等，这些研究一方面倾向于将城市能源系统视为"黑箱"，仅关注系统整体的投入和产出而并不进行系统内部结构和机理的分析，另一方面侧重于描述能源结构的静态特征，评测特定情境下城市能源经济运行状态和未来走势。

这些研究尽管使城市能源系统研究取得了卓有成效的进展，但对揭示城市能源系统运行机理，尤其其代谢过程鲜有涉及。一个非常重要的原因在于城市能源系统内包含了庞大的要素群以及复杂的要素关联，是典型的复杂系统，传统经济研究模式在这一领域受到了局限，因此，一些学者开始尝试运用复杂科学和系统理论对城市能源系统的结构，尤其是自组织以及功能涌现进行探究。张宏民和葛家理（2002）针对传统"数量能源经济理论"的局限性，以"结构牵动论"代替传统数量能源观的"速度牵动论"，进行了我国能源经济复杂系统仿真研究探讨；周明等（2011）基于自组织竞争神经网络算法从系统动力学角度对区域生态工业系统的演化规律进行了探讨，分析了系统内物质能量交换的共生关系；崔立志（2013）构建了能源、经济、环境（3E）复合系统，并对其系统演化的过程进行了分析。

在城市能源系统分析中，其难点之一在于城市能源代谢过程中存在隐含能流和累积产出难以度量的问题，其原因在于能源代谢路径中各节点间的代谢活动存在时滞和回流，进而导致能源代谢路径中各环节的协调性缺乏一种合理的描述和测量方式。针对这一问题，本文的贡献体现在两个方面，一是构建能够反映能源隐含回流的城市能源代谢系统，二是对城市能源代谢系统中的协同关系进行度量。

其中，基于生态网络分析的城市代谢研究为解释城市内生结构运作机理、量化分析能源绩效提供了较好的方法支撑，该方法来源于 Leontief（1966）提出的经济系统投入产出网络分析，由 Hannon（1973）改进并应用于生态系统。生态网络分析适用于系统内部的关联和反馈，对多要素、多层次的复杂网络系统具有较强的针对性，尤其适用于存在隐含能流的网络分析中，因此该方法在社会经济系统，尤其是城市能源代谢系统被广泛应用（Bailey, et al., 2008；Li, et al., 2009；Zhang, et al., 2009, 2010, 2011）。然而该方法没有被应用在城市经济—能源代谢系统远离平衡态情境下及系统内部的协同演化过程中。

针对这一问题，考虑到城市能源代谢系统自身的复杂特性，本文认为基于协同理论和哈肯模型的分析思路具有较好的针对性，因此，本文尝试将这一分析框架应用到城市能源代谢协同演化机制的研究中，以探究其形成过程和运行规律。

二 模型及框架设计

本文涉及两方面的研究内容，一是构建城市能源代谢的生态网络模型，以描述城市能源代谢过程中的隐含回流；二是基于哈肯模型识别和测度城市能源代谢网络中的支配路径。

（一）城市能源代谢的生态网络模型

生态网络模型能够反映城市能源活动过程中的基础代谢以及各部门间的能量流动关系，按照城市活动的实际流动关系，绘制简化的城市能源代谢系统概念模型（见图1）。

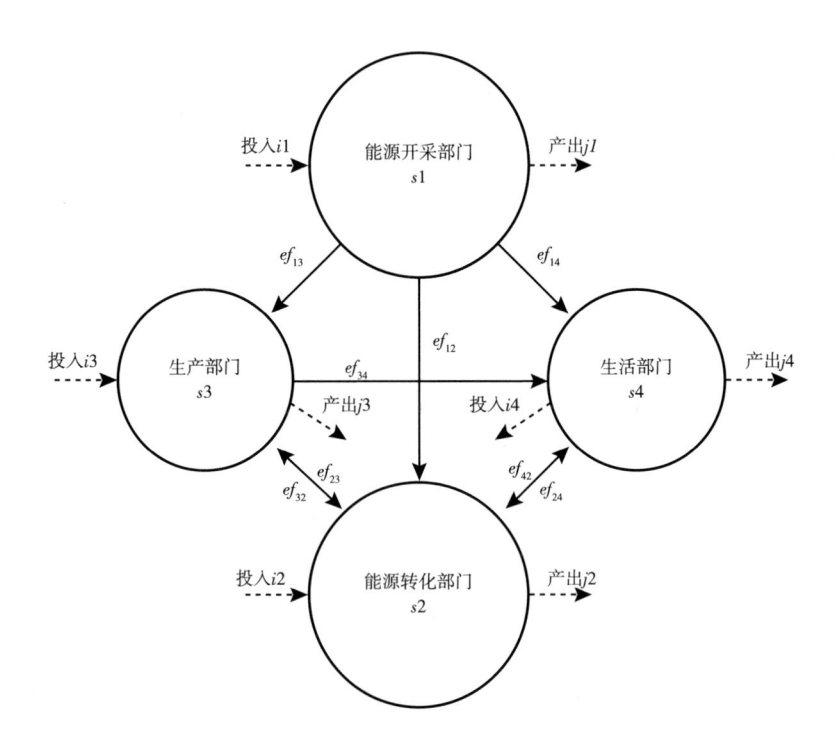

图1　城市能源代谢系统概念模型

在城市能源实际代谢过程中，按照能源"开采—转化—消费"将代谢过程系统抽象为四部门能源供需模型，包括能源开采部门、能源转化部门、生产部门和生活部门，每个部门通过能源的供需结构形成一定的依存关系，且每个部门包含多个子部门，同一部门内的子部门间相互独立，但不同部门间的子部门存在能量流动关系。

在该模型中，投入 i 代表从外部环境流入各部门的投入，产出 j 代表各部门的产出，ef_{mn} 代表由部门 m 流向部门 n 的能流。

$s1$ 代表能源开采部门，在整个环节中扮演能源生产者的角色，是整个城市能源代谢系统的源点，其能源流出主要为一级能源。

$s2$ 代表能源转化部门，其职能包含两个方面：一是将由能源开采部门流出的一级能源转化为二级能源，以供生产部门和生活部门消费；二是将由生产部门和生活部门产生的废能转化为能源，并再次流入生产部门和生活部门。

$s3$ 和 $s4$ 分别代表生产部门和生活部门，是整个城市能源代谢系统的消费终端。

其中，各部门的能量总流入 Ti_s 满足：

$$Ti_s = i_s + \sum_{m=1}^{n} ef_{ms}$$

各部门的能量总流出 To_s 满足：

$$To_s = j_s + \sum_{n=1}^{n} ef_{sn}$$

在 Zhang 等（2010，2011）的研究中，考虑到平稳情境下部门能源总流出难以准确计量，做出了各部门的能源总流入与总流出相等的假设。这在一般情形下是可以接受的，因此在本文的分析中延续这一假设，即 $To_s = Ti_s = T$。

因此，可以构造能流的总流入矩阵 $diag(T) = diag(T_1, T_2, \cdots, T_n)$。

同时，可绘制能流矩阵 ef_{mn}。

在城市能源代谢的生态网络分析中，通过量化网络流，能够反映出网络内节点间的输入、输出以及流转关系。由于网络中存在双向流动的能流，即城市能源代谢网络中存在能量回收利用的情况，因此需要考量网络中能流的累积效应。为便于计算，首先将能流矩阵（ef_{mn}）做无量纲处理，得到无量纲矩阵 $G = (g_{mn})$，其中：

$$g_{mn} = \frac{ef_{mn}}{T_n}$$

进而可求累积矩阵 N：

$$N = (n_{ij}) = G^0 + G^1 + G^2 + \cdots + G^m = (I - G)^{-1}$$

其中，$G^0 = I$ 为单位矩阵，G^m 表示矩阵 G 累积 m 次步长的可达矩阵，

G^0 的含义为由自身流向自身的流矩阵，G^1 为网络内节点间存在 1 次流动关系的直接流矩阵，依此类推，G^m 为经 m 次流动到达的间接流矩阵。可以看出，可达矩阵能够反映出系统内要素间的累积能流。矩阵 N 反映了节点间累计效应，可通过列昂惕夫逆矩阵计算获得。

（二）城市能源代谢的协同演化要素识别

通过构建城市能源代谢的生态网络模型可得到当前网络中的能流累积效应矩阵，但仍存在两个问题：一是该矩阵是静态的，不能反映城市能源代谢系统的变化趋势；二是该矩阵不能识别城市能源代谢过程中要素间的协同关系和关键影响要素。因此，本文在城市能源代谢生态网络分析得出的能流累积矩阵的基础上引入了哈肯模型，以解决这一问题。

哈肯模型的思想是将系统中变量区分为快、慢两类，通过计算系统中快变量和线性失稳点，得出系统的序参量方程与演化方程，从而分析系统的协同演化过程。哈肯模型如下：

$$q_1 = -\lambda_1 q_1 - a q_1 q_2$$

$$q_2 = -\lambda_2 q_2 + b q_1^2$$

其中，q_1 和 q_2 为状态变量，a、b、λ_1、λ_2 为控制变量，λ_1、λ_2 表示阻尼系数，a、b 表明 q_1 与 q_2 的相互作用强度。设 $|\lambda_2|>|\lambda_1|$，即 λ_2 为衰减迅速的快变量，运用绝热消去法可得：

$$q_2 \approx \frac{b}{\lambda_2} q_1^2$$

进而得到：

$$q_1 = -\lambda_1 q_1 - \frac{ab}{\lambda_2} q_1^3$$

解得 q_2 随 q_1 变化而变化，因此 q_1 为系统序参量，即 q_1 支配系统的协同演化过程。

开放条件下，系统呈现多种动态演化行为。

(1) a 反映 q_2 对 q_1 的协同影响，当其为负时，q_2 对 q_1 起推动作用，且绝对值越大，推力越大；反之，当其为正时，q_2 对 q_1 起抑制作用，绝对值越大，阻力越大。

(2) b 反映 q_1 对 q_2 的协同影响，当其为正时，q_1 对 q_2 起推动作用，且绝对值越大，推力越大；反之，当其为负时，q_1 对 q_2 起抑制作用，绝对值越大，阻力越大。

(3) λ_1 反映 q_1 对系统的支配程度，当其为负时，q_1 对系统的有序演化具有正向反馈，且绝对值越大，有序性越高；当其为正时，q_1 对系统的有序演化具有负向反馈，且绝对值越大，无序性越高。

(4) λ_2 反映 q_2 对系统的支配程度，当其为负时，q_2 对系统的有序演化具有正向反馈，且绝对值越大，有序性越高；当其为正时，q_2 对系统的有序演化具有负向反馈，且绝对值越大，无序性越高。

需要注意的是，将上文计算的城市能源代谢的能流累积矩阵 N 进行哈肯模型计算时应首先做如下处理。

(1) 求能流累积矩阵 N 的时间序列矩阵

由于矩阵 N 为独立时间点上的能流累积矩阵，不能够反映能源代谢系统的演化趋势，因此需首先将矩阵 N 扩充为连续的时间序列矩阵 $\{N_1, N_2, N_3, \cdots, N_t\}$。

(2) 简化矩阵，将矩阵转化为关键因素矩阵

为便于计算，可将矩阵中不满足以下条件的要素删除：

$$\frac{d_{ijk}}{\sum_{i=1}^{m} d_{ijk}} < 1$$

$$D_k = (d_{ijk}) = N_{k+1} - N_k, k \in [1, t)$$

其中，保留满足条件次数 $\geq 60\%$ 的要素。

(3) 将哈肯模型离散化

由于能流的累积矩阵是离散的，为便于计算，将哈肯模型离散化：

$$q_1(k+1) = (1 - \lambda_1)q_1(k) - a\, q_1(k)q_2(k)$$

$$q_2(k+1) = (1 - \lambda_2)q_2(k) + b\, q_1^2(k)$$

三 北京市能源代谢系统协同演化的实证检验

北京市能源清洁化发展正在全面推行,从机动车限行到发电实现"无煤"化意味着北京市能源代谢系统也发生了重大的变化。为探究新背景下北京市能源代谢系统协同演化机制,本文选取北京市2010~2015年城市数据进行实证分析。

按照《北京统计年鉴》数据分类,绘制北京市能源代谢的生态网络模型(见图2)。

为探究新背景下北京市经济—能源代谢系统协同演化机制,本文选取北京市2015年城市能源生产、消费和经济活动历史数据进行实证分析。

按照《北京统计年鉴》数据分类,构建北京市经济—能源代谢的生态网络模型。

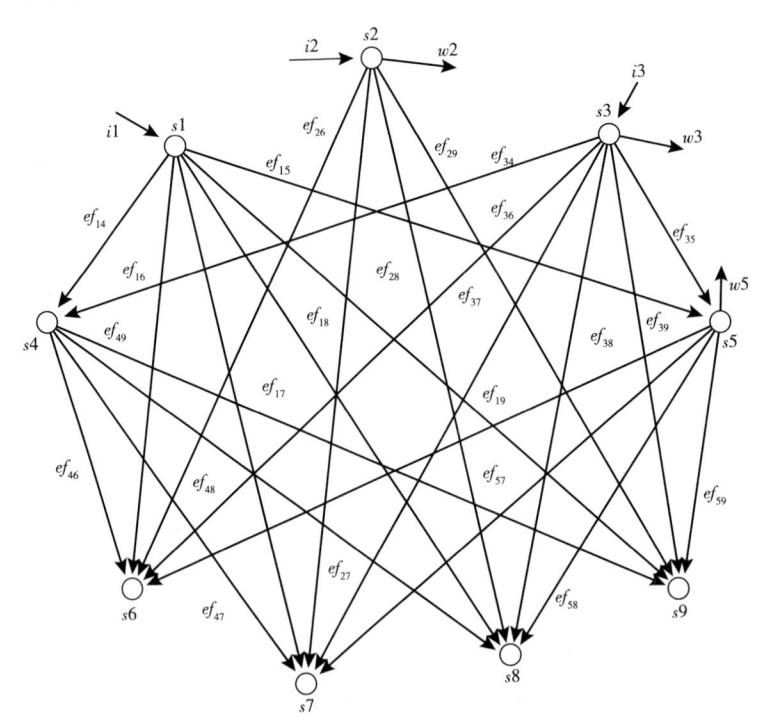

图2 北京市能源代谢的生态网络模型

模型中按照一级能源、二级能源以及终端消费对系统内要素进行了区分和归类，同时将要素间的能源流向进行了标识。其中，$s1$、$s2$、$s3$ 为一级能源部门，$s1$ 为原煤及煤制品，$s2$ 为石油及石油制品，$s3$ 为天然气；$s4$、$s5$ 为二级能源部门，$s4$ 为热力部门，$s5$ 为电力部门；$s6$、$s7$、$s8$、$s9$ 为终端消费部门，$s6$ 为第一产业，$s7$ 为第二产业，$s8$ 为第三产业，$s9$ 为消费部门。

以 2015 年数据为例，北京市能源流动数据无量纲后如表 1 所示。

表 1　2015 年北京市部门能源流转

	$s4$	$s5$	$s6$	$s7$	$s8$	$s9$
$s1$	0.283	0.159	0.024	0.128	0.142	0.265
$s2$	0.011	0.003	0.004	0.222	0.537	0.223
$s3$	0.167	0.491	—	0.073	0.184	0.085
$s4$	—	—	—	0.232	0.517	0.251
$s5$	—	—	0.021	0.281	0.502	0.196

将该表扩充为 $s1$ 至 $s9$ 的 9×9 矩阵，进而求得可达矩阵 G^m 及累积可达矩阵 N。经计算，$m = 3$，N_{2015} 如表 2 所示。

表 2　2015 年北京市累计能源流转

N_{2015}	$s1$	$s2$	$s3$	$s4$	$s5$	$s6$	$s7$	$s8$	$s9$
$s1$	1	0	0	0.849	0.477	0.082	0.715	1.104	1.102
$s2$	0	1	0	0.033	0.009	0.001	0.676	1.633	0.679
$s3$	0	0	1	0.501	1.473	0.031	0.749	1.55	0.669
$s4$	0	0	0	1	0	0	0.696	1.551	0.753
$s5$	0	0	0	0	1	0.063	0.843	1.506	0.588
$s6$	0	0	0	0	0	1	0	0	0
$s7$	0	0	0	0	0	0	1	0	0
$s8$	0	0	0	0	0	0	0	1	0
$s9$	0	0	0	0	0	0	0	0	1

同理可计算 $N_{2011} \sim N_{2014}$。

进一步统计满足精简条件的要素序列，即：

$$D_1 = \{d_{17}, d_{27}, d_{37}, d_{48}, d_{58}\}$$
$$D_2 = \{d_{17}, d_{37}, d_{57}, d_{28}, d_{29}, d_{39}, d_{49}, d_{57}\}$$
$$D_3 = \{d_{15}, d_{16}, d_{17}, d_{19}\}$$
$$D_4 = \{d_{14}, d_{16}, d_{17}, d_{24}, d_{26}, d_{27}, d_{37}, d_{38}\}$$
$$D_5 = \{d_{14}, d_{16}, d_{19}, d_{29}\}$$

保留满足条件 ≥60% 的要素，即：

$$\{d_{16}, d_{17}, d_{37}\}$$

因此，精简后的北京市能源代谢生态网络中累积能流矩阵的关键流为 $\{n_{16}, n_{17}, n_{37}\}$，其含义为第一产业和第二产业中煤产品的累积能源流转以及第二产业中天然气的累积能源流转，其是北京市能源代谢的关键要素。将能源累积流转矩阵中这三个关键流的时间序列抽取出来，带入哈肯模型中，以计算其对北京市能源代谢的协同演化效应。

设 n_{17} 为序参量，即为 q_1，n_{16} 为 q_2，利用广义矩法 GMM 回归得到第一、二产业中煤产品的累积能源流转动态演化方程：

$$n_{17}(k+1) = 13.8 n_{17}(k) + 172 n_{17}(k) n_{16}(k)$$
$$R^2 = 0.9996 \text{Adjusted } R^2 = 0.9996 F = 215.33$$
$$n_{16}(k+1) = 0.15 n_{16}(k) - 0.05 n_{17}^2(k)$$
$$R^2 = 0.9997 \text{Adjusted } R^2 = 0.9997 F = 60.819$$

拟合度 R^2 很高，F 检验显著水平达到 0.000045 和 0.00052，效果显著。

继续设 n_{17} 为序参量 q_1，n_{37} 为 q_2，同样利用广义矩阵法 GMM 回归得到煤产品和天然气分别在第二产业中的累积能源流转的动态演化方程：

$$n_{17}(k+1) = 6.31 n_{17}(k) - 7.96 n_{17}(k) n_{37}(k)$$
$$R^2 = 0.726 \text{Adjusted } R^2 = 0.706 F = 35.752$$
$$n_{37}(k+1) = 1.27 n_{37}(k) - 0.18 n_{17}^2(k)$$
$$R^2 = 0.814 \text{Adjusted } R^2 = 0.800 F = 58.912$$

拟合度 R^2 较高，F 检验显著水平达到 0.00037 和 0.022，效果良好。

故无论是从拟合度 R^2、调整后 R^2 还是从 F 检验值来看，拟合效果良好，能够反映出煤产品在第二产业中的累积能量流转对北京市能源代谢系统的主导作用。同时，由 n_{16} 和 n_{17} 的分析可知，$a = -172, b = -0.05, \lambda_1 = -12.8, \lambda_2 = 0.85, a < 0, b < 0, |a| \gg |b|$ 且 $|\lambda_1| \gg |\lambda_2|$，证明 n_{17} 是阻

尼系数较小、变化缓慢的序参量，而 n_{16} 则是快变量。由 n_{17} 和 n_{37} 的分析可知，$a=7.96, b=-0.18, \lambda_1=-5.31, \lambda_2=-0.27, a>0, b<0, |a|>|b|$ 且 $|\lambda_1|\gg|\lambda_2|$，同样证明 n_{17} 是阻尼系数较小、变化缓慢的序参量，而 n_{37} 则是快变量。

在北京市能源代谢生态网络中累积能流矩阵关键流 $\{n_{16}, n_{17}, n_{37}\}$ 的比较分析中，煤在第二产业中的累积能源流转 n_{17} 是北京市能源代谢系统的序参量，而煤在第一产业中累积流转以及天然气在第二产业中累积流转是快变量，因此控制第二产业中煤的使用强度是北京市能源代谢协同演化的关键。

在关键流的协同演化分析中，λ_1 反映出煤在第二产业中的使用强度已经在北京市能源代谢系统有序演化过程中形成了十分稳定的正反馈机制，一方面，这意味着发电"无煤"化以及新能源替代等措施对完善北京市能源代谢系统，推动北京市能源代谢系统有序演进具有十分重要的作用；另一方面，通过对关键流哈肯模型计算结果的间接传递分析，认为天然气在第二产业中的累积流转对推动北京市能源代谢系统的有序演进同样具有正反馈作用。同时，通过分析 n_{17} 和 n_{37} 的计算结果，$a>0, b<0$，反映出二者间存在抑制关系，也与天然气与煤在第二产业中的替代竞争关系相符合，$|a|>|b|$ 的比较结果也表现出改善第二产业中煤的使用强度对推进以天然气为代表的清洁能源的使用具有促进作用。

四 基本结论与政策建议

针对目前城市能源系统研究的主要问题，本文进行了以城市能源代谢系统为切入点的城市能源系统演化机制研究。首先构建了基于生态网络分析的城市能源代谢系统的概念模型，然后创新性地运用可达矩阵将城市能源流转过程中能流的累积效应进行了表示，再采用哈肯模型对城市能源代谢系统中协同演化集中的关键参量进行识别和分析，并针对北京市能源代谢系统功能结构协同演进进行了实证检验。研究表明，一方面，北京市能源代谢系统中煤在第二产业中的累积流转是该系统的序参量，因此控制第二产业中煤的使用强度是推动北京市能源代谢系统有序演进的关键；另一方面，推动天然气在第二产业中的应用有利于保障能源代谢系统的有序演进，但需处理好天然气与煤的替代效应。

形成的主要结论和建议主要概括为以下几点。

（一）城市能源代谢系统分析的核心是能源累积流转效应

能源累积流转是城市能源代谢系统的一个显著特征。由于城市能源代谢系统中各部门间的能流不是单向的，因此系统中不可避免地会产生回流，导致单次计量的能流分析不能准确地反映城市能源代谢过程中的基本特征。针对这一问题，本文运用生态网络分析中的可达矩阵工具对城市能源代谢系统中累积能源流转进行了测度，本文的实证结果验证了该方法具有可行性。

（二）城市能源代谢系统的协同演化取决于能源累积流转的变化态势

城市能源代谢系统的协同演化是多部门、多能流共同作用的结果，但其中部分能流是推动这一过程发生的主导因素，基于生态网络分析的能源累积流转矩阵在时间维度上的变化趋势能够简化出关键性的要素矩阵，运用哈肯模型对其进行分析能够识别出关键性能流，即推动城市能源代谢系统协同演化的序参量。

（三）煤在第二产业中的使用强度是北京市能源代谢系统的序参量

北京市能源代谢系统的实证分析结果表明，影响系统有序演进的关键能流包括煤在第一、第二产业中的使用强度以及天然气在第二产业中的使用强度。其中，煤在第二产业中的使用强度是序参量，天然气在第二产业中的使用强度虽然不是序参量，但其对北京市能源代谢系统协同演化仍具有较强的推动作用，需处理好在这一过程中天然气与煤的替代效应。

参考文献

[1] Bailey R., Bras B., Allen J. K., "Measuring Material Cycling in Industrial Systems," *Resour Conserv Recy*, 2008, 52 (4): 643 – 652.

[2] Hannon B., "The Structure of Ecosystems," *J. Theor Biol*, 1973, 41 (3): 535 – 546.

[3] Leontief W. W., *Input – Output Economics* (New York: Oxford University Press, 1966).

[4] Li Y., Chen B., Yang Z. F., "Ecological Network Analysis for Water Use Systems: A Case Study of the Yellow River Basin," *Ecol Model*, 2009, 220 (22): 3163 – 3173.

[5] Zhang J., Zhang Y., Yang Z., "Ecological Network Analysis of an Urban Energy Metabolic System," *Stochastic Environmental Research and Risk Assessment*, 2011, 25 (5): 685 – 695.

[6] Zhang Y., Yang Z. F., Fath B. D., Li S. S., "Ecological Network Analysis of an Urban Energy Metabolic System: Model Development, and a Case Study of Four Chinese Cities," *Ecol Model*, 2010, 221 (16): 1865 – 1879.

[7] Zhang Y., Yang Z. F., Yu X. Y., "Ecological Network and Emergy Analysis of Urban Metabolic Systems: Model Development, and a Case Study of Four Chinese Cities," *Ecol Model*, 2009, 220 (11): 1431 – 1442.

[8] 崔立志:《能源、经济和环境复合系统演化路径实证分析》,《软科学》2013年第7期,第37~41页。

[9] 范丹、王维国:《基于低碳经济的中国工业能源绩效及驱动因素分析》,《资源科学》2013年第9期,第1790~1800页。

[10] 范德成、王韶华、张伟:《低碳经济目标下一次能源消费结构影响因素分析》,《资源科学》2012年第4期,第696~703页。

[11] 姜彩楼、徐康宁、朱琴:《经济增长是如何影响能源绩效的?——基于跨国数据的经验分析》,《世界经济研究》2012年第11期,第16~21、87页。

[12] 林伯强、姚昕、刘希颖:《节能和碳排放约束下的中国能源结构战略调整》,《中国社会科学》2010年第1期,第58~71、222页。

[13] 林卫斌、谢丽娜、苏剑:《城镇化进程中的生活能源需求分析》,《北京师范大学学报》(社会科学版)2014年第5期,第122~129页。

[14] 马丽梅、张晓:《中国雾霾污染的空间效应及经济、能源结构影响》,《中国工业经济》2014年第4期,第19~31页。

［15］孟凡生、李美莹：《我国能源供给影响因素的综合评价研究》，《科研管理》2014年第9期，第50~57页。

［16］汪克亮、杨力、杨宝臣、程云鹤：《能源经济效率、能源环境绩效与区域经济增长》，《管理科学》2013年第3期，第86~99页。

［17］王锋、冯根福：《优化能源结构对实现中国碳强度目标的贡献潜力评估》，《中国工业经济》2011年第4期，第127~137页。

［18］王启洋、任荣明：《对外直接投资与我国外部能源供给的相关性研究》，《科技管理研究》2014年第2期，第233~236页。

［19］魏楚、沈满洪：《结构调整能否改善能源效率：基于中国省级数据的研究》，《世界经济》2008年第11期，第77~85页。

［20］吴江、孙彤、石磊：《基于偏离份额法的河北省能源终端消费结构研究》，《资源科学》2013年第1期，第109~114页。

［21］原毅军、郭丽丽、孙佳：《结构、技术、管理与能源利用效率——基于2000—2010年中国省际面板数据的分析》，《中国工业经济》2012年第7期，第18~30页。

［22］张宏民、葛家理：《我国能源经济复杂系统仿真研究》，《系统仿真学报》2002年第11期，第1443~1446页。

［23］张欢、成金华、王来峰：《中国工业化进程与能源矿产供需均衡的研究》，《中国人口·资源与环境》2011年第3期，第165~170页。

［24］周明、梁培培、石风光：《区域生态工业系统演化数值模拟》，《系统工程理论与实践》2011年第5期，第970~975页。

［25］朱发根、单葆国：《基于情景分析模型的2030年中国能源供需格局研究》，《生态经济》2013年第12期，第22~25页。

信息技术硬件投入、软件投入与制造业微观绩效

李 涛 曹海东[*]

摘 要：基于"信息技术生产力悖论"相关理论，本文构建了以"高学历员工数"为调节变量的层次回归模型，利用A股上市制造业公司的财务报表数据，考察信息技术的硬件投入、软件投入对企业产出的影响。实证结果表明，在其他条件不变情况下，增加企业信息技术硬件投入能够促进产出；增加企业信息技术软件投入，反而会抑制产出。然而在高学历员工的调节下，硬件投入、软件投入的效果都得到加强，且调节的方向均为增进企业绩效的方向，因而，信息技术硬件投入、软件投入及高学历员工数三者的相互关系是影响制造业信息技术投入微观绩效的关键。

关键词：信息技术投入 制造业 微观绩效 调节回归分析

自2007年党的"十七大"报告首次提出信息化与工业化融合发展，走新型工业化道路的新思想以来，信息化日益成为工业企业经营管理的常规手段，对信息化建设的投资已经成为许多企业一项十分重要的投资。

---

[*] 李涛，南京理工大学经济管理学院副教授；曹海东，南京理工大学经济管理学院硕士研究生。

2015年国务院印发的《中国制造2025》是我国实施制造强国战略的第一个十年行动纲领，是中国版的"工业4.0"，其主线便是信息技术与制造技术的深度融合。在这个背景下，制造业的生产模式发生了巨大的变化，从而信息技术的投入对制造业绩效的影响也成为学界所关注的问题。

一 研究背景

美国经济学家索洛（Robert M. Solow）于1987年推荐科恩（Stephen S. Cohen）和齐斯曼（John Zysman）即将上市的新书《制造业的麻烦》（Manufacturing Matter）时撰文指出，信息技术投入的影响随处可见，在产出中却看不到。[1]这一观点被称为"信息技术生产力悖论"（The Productivity Paradox of Information Technology①）并激发了广大学者对信息技术投入绩效评估的兴趣。[2]相关研究通常有两个视角，一是投入—产出视角，考察信息技术投入对产出的影响，即信息化的直接效应；二是转换效率视角，通过信息技术投入对其他要素生产率（信息化的转化效率）的影响，来考察信息技术投入对绩效的影响，即信息化的间接效应。

在投入—产出视角，大部分实证研究从宏观层面展开，即通过关注产出来研究信息技术投入效率。国外学者的研究主要采用不同国家和地区的宏观经济数据，验证实证信息技术投入与GDP、GDP增长率的相关性。一些研究结果支持了"信息技术生产力悖论"，代表性的研究如1991年Roach的研究[3]、1995年Jorgenson和Stiroch的研究[4]；另一些研究结果则得到截然相反的结论，如1995年Kivijarvi和Timo的研究[5]、1997年Tam的研究[6]以及1999年Kraemer和Dedrick的研究[7]。

在转换效率视角，实证研究主要从微观层面展开，即通过收集企业数据，选取信息技术投入相关变量为自变量，企业绩效相关变量为因变量，建立线性回归模型测算信息技术投入的微观绩效。由于研究者在这一视角采用不用的样本、指标和数据，从而对微观层面"信息技术生产力悖论"

---

① 又称"索洛的生产力悖论"（the Solow Productivity Paradox）或"索洛悖论"（Solow Paradox）。

产生的原因做出了不同的解释。主要观点包括 Kivijarvi 和 Timo[5] 1995 年提出的"时间效应说",即长期企业信息技术投入能够提高绩效,但是在短期企业信息技术投入和绩效之间,并不存在直接的相关关系;Brynjolfsson 和 Hitt 于 1996 年、2000 年和 2002 年合作的一系列文章[8][9][10]先后提出的"四因素说",即①对投入和产出的不正确衡量;②学习和调整的滞后性;③利润的分散和重新分配;④信息技术的不当管理;Anandhi[11]在 2000 年提出的"组织能力转换说":信息技术投入转换成组织能力,使高信息化能力的企业绩效高于同类企业,且具有持久的信息化能力。总体上,上述研究都是以信息要素可以转换为生产力为理论基础的,其思想可以归纳表述为:如果信息要素能够转换为生产力,提高企业效率,那么信息技术投入就能促进企业绩效,否则,就会产生"信息技术生产力悖论"。

国内学者与信息化绩效相关的实证研究是伴随信息化进程而展开的。总体上,研究较少,且受样本、数据影响较大。汪淼军等 2006 年的研究采用浙江省 1200 家企业 2004~2005 年的调查数据,建立了截面回归模型,分析企业信息技术投资与企业绩效的相关性,结果表明,企业信息技术投入效率高于物质资本,增加企业信息技术投入会促进企业产出绩效,且企业信息化的长期绩效高于短期绩效,大企业信息化的绩效高于中小企业,国有和集体企业则高于私营和外资企业[12];常亚青和宋来 2009 年根据 9 家中国电子信息百强企业的数据,采用非参数数据包络分析法进行实证研究,结果表明,企业信息技术投入对企业效率和生产率的提升作用有限。[13]之后,研究者更多地关注如何测度信息化水平、构建信息化指标体系。这些研究关注的信息化绩效与"信息技术生产力悖论"没有直接关系。至此,国内外关于信息技术微观绩效方面的实证研究大体告一段落。

总体上,企业层面有关"信息技术生产力悖论"的实证研究受数据制约较大,已有研究数据规模与时间跨度都比较小,结论也难以从样本推断到总体,因此,本文拟以制造业上市公司为研究对象,选择其中若干年具有连续数据的公司为样本,分析信息技术投入与公司产出二者之间的关系,揭示提高信息化要素转换效率的路径,为实现《中国制造 2025》提供借鉴。

二 理论分析及待检验的假设

(一) 信息技术投入影响企业绩效的路径

汪淼军等[12]认为，信息技术投入对企业绩效的影响一方面由信息处理成本下降直接导致绩效提高；另一方面则通过组织变革间接影响企业绩效，说明企业信息技术投入产生两种效应。其一是直接效应，表现为通信成本和协调成本下降导致生产绩效提高；其二是间接效应，表现为通信、协调成本下降引发企业生产、管理、销售和采购模式发生变化，产品和服务也相应出现创新，这些伴随性创新进一步导致企业对人力资本的需求增加。伴随组织创新和技术创新的出现以及人力资本的增加，信息技术投入推动了企业绩效提高，两种效应同时存在。

微观层面"信息技术生产力悖论"的相关研究的关注重点是信息技术转换效率，这就要求实证模型必须建立在信息技术转换为生产力的路径分析基础上。参考汪淼军等[12]的观点，两条路径及相互关系如图1所示。

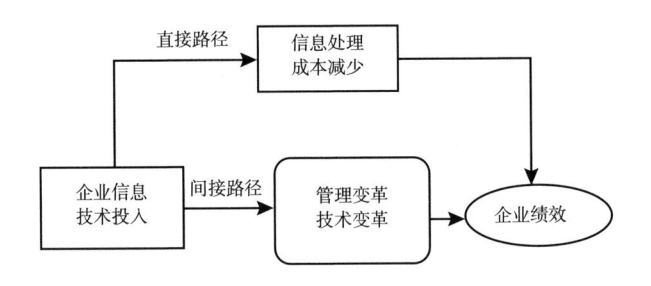

图1　信息技术投入影响企业绩效的路径

图1中的两条路径与前述两个研究视角基本一致，其中投入—产出视角对应信息技术投入影响公司绩效的直接路径，转换效率视角对应信息技术投入影响公司绩效的间接路径。

在实证研究方面，直接路径可以通过构建以信息技术投入指标为自变量的回归模型来考察企业绩效，间接路径研究的重点确定了信息技术投入影响公司绩效的中间变量,通过转换效率将信息技术投入与信息化产生的影响相关联。中间变量取决于信息技术投入的方向或结构。如 Weill 将信息技术投入分为市场战略型、日常管理型和生产型三类,并以这三种类型生产力的情况为中间变量,将其通过信息技术投入转换为生产力的效率,来分析不同用途的信息技术投入与企业绩效的关系。[14] Tallon 等则细化了信息技术的投入领域,运用结构方程(SEM)建模证明了信息技术投入通过企业供应链、生产线、企业效率、市场支持、产品和服务的提高、顾客关系、竞争力等中间过程影响企业经营业绩的路径。[15] Sabherwal 等通过研究信息技术投入在信息基础设施不同方面的分配,来比较这些设施的多项绩效指标,并根据这些指标来评价信息技术的影响。[16]

结合制造业上市公司的年报数据,本文拟以公司"高学历员工数"为中间变量来考察信息技术投入影响企业绩效的间接效应,原因在于这一指标不但能反映公司人力资本的需求,还能体现组织创新、技术创新的特征。同时,将信息技术投入按软件投入和硬件投入进行分类,来考察信息技术投入的间接效应。

如图 1 所示,直接路径和间接路径是并行的,这就意味着,在考察间接效应的同时,应该可以观察到直接效应。

(二)待检验的假设

如图 1 所示,信息技术投入影响公司绩效在理论上的推演反对"信息技术生产力悖论",微观层面已有的实证研究结果也多支持信息技术投入与公司绩效两者正相关的观点,即信息技术投入在公司的应用可以提高公司绩效,由此可以做如下假设。

H1:信息技术投入与公司绩效正相关。

通常受教育程度越高的群体创新能力以及学习能力越强,信息技术作为先进技术正处于高速发展阶段,相关知识也在不断地进行更新换代,为了能更好地利用信息化资源,相应的知识水平以及学习能力必不可少。高学历员工具有较强的学习能力,能快速运用电子信息设备、办公设备、软件和系统,信息技术的发展会促进企业人力资本、公司员工的结构发生变化，而这些变化与企业信息技术投入交互作用，又进一步影响公司的绩效，因此高学历员工数对信息技术投入对企业绩效的影响应该起到调节或中介作用，由此提出如下假设。

H2：高学历员工数与信息技术投入之间存在交互作用，并且增强了企业信息技术投入的效果。

三　实证分析

（一）变量、指标和数据

实证模型拟采用的几个主要变量为被解释变量（企业绩效）、解释变量（信息化硬件投入、软件投入）、调节变量（高学历员工数），因而以这些变量为基础来确定实证研究采用的指标。

本文的研究样本选取于沪深证券交易所的制造业A股上市公司，行业分类和财务数据来自RESSET金融数据库，其中信息技术硬件投入、软件投入数据由人工整理。尽管以上市公司为样本，但本文的研究是基于"信息技术生产力悖论"进行的，因此，各变量对应指标选取的依据是生产要素投入和产出的内在逻辑关系。按照Ruekert等的观点，企业绩效直接由投入与产出的比来反映。[17]考虑到信息技术投入在制造业企业资本中占比较小，企业产出选择了"主营业务收入"指标，采用其年度期末值作为研究数据，既能反映公司绩效，又能在行业层面反映生产效率。

查阅数据的时间为2005~2015年，考虑到信息技术硬件投入、软件投入来自总投入，是流量，且在期末汇入存量"公司资产"中，因此本期的期初数据就是上期的期末数据，这样就要求样本公司必须有完整的期初、期末数据。经过筛选，最终选择了139家于2009~2013年存在连续且完整数据的公司为样本。

详情如表1所示。

表1 变量、指标和数据说明

变量属性	变量名称	符号	对应指标	数据来源
被解释变量	企业绩效	Y	主营业务收入	RESSET
解释变量	硬件投入	ITH	电子信息设备资产、办公设备资产	人工整理
	软件投入	ITS	系统软件资产、办公软件资产	人工整理
调节变量	高学历员工数	N	大专以上员工人数	RESSET
控制变量	公司资产规模	SIZE	资产总额	RESSET
	资产负债率	DER	资产负债率	RESSET

（二）计量模型

参考 Li 和 Ye[18]关于检验调节效应的模型设计方法，考虑到信息技术硬件投入和软件投入不可能完全分离，为此将高学历员工数与信息技术投入的交互项分解为高学历员工数和硬件投入、高学历员工数和软件投入两个交互项，构建两层级多元回归模型：

$$\ln Y = \alpha + \beta_1 \ln(SIZE) + \beta_2 DER + \beta_3 \ln(ITH) + \beta_4 \ln(ITS) + \beta_5 \ln(N) + \varepsilon \quad (1)$$

$$\ln Y = \alpha + \beta_1 \ln(SIZE) + \beta_2 DER + \beta_3 \ln(ITH) + \beta_4 \ln(ITS) + \beta_5 \ln(N) + \beta_6 \ln(N) \times \ln(ITH) + \beta_7 \ln(N) \times \ln(ITS) + \varepsilon \quad (2)$$

其中，Y 代表企业的主营业务收入，SIZE 代表企业的总投入，DER 代表企业的资产负债率，ITH 代表企业的信息技术硬件投入，ITS 代表企业的信息技术软件投入，N 代表高学历员工数，ln（N）×ln（ITH）和 ln（N）×ln（ITS）为交互作用项，其系数分别是 β_6、β_7，如果这两个系数显著，则说明信息技术投入对企业绩效的影响受到高学历员工数增长率的影响。

调节回归分析的目的是检测调节回归模型中的交互作用项，判断其对方程的预测能力，因此回归分析的思路是通过回归方程（1）考察信息技术投入对企业绩效的直接影响，然后再通过回归方程（2）考察高学历员工数的调节效应。

（三）描述统计分析

样本公司2009~2013年各变量按年份统计的结果如表2所示。

表2 样本描述统计

年份	ITH(百万元) 均值	ITH(百万元) 标准差	ITS(百万元) 均值	ITS(百万元) 标准差	N(人) 均值	N(人) 标准差
2009	5.7753	22522.39	242.97	732.59	1293.71	2796.57
2010	7.0844	26845.20	302.36	876.56	1462.24	3181.64
2011	9.0591	32924.63	430.96	1138.67	1801.14	3624.54
2012	10.3860	35713.62	636.31	1689.82	2150.02	4125.12
2013	11.1921	36237.68	756.65	2244.41	2121.09	3662.18

年份	Y(百万元) 均值	Y(百万元) 标准差	SIZE(百万元) 均值	SIZE(百万元) 标准差	DER(%) 均值	DER(%) 标准差
2009	291836.53	685923.22	279390.68	644009.19	43.62	20.19
2010	433225.31	1136050.90	365246.69	804301.07	39.63	21.89
2011	485961.14	1171020.05	432279.07	1004338.83	41.54	21.09
2012	492305.39	1158574.47	480104.63	1081362.33	42.31	20.13
2013	533389.55	1184791.97	519811.04	1066630.21	43.19	20.59

如表2所示，2009~2013年样本公司与信息技术相关的投入呈现持续增长态势。其中，软件投入相对于硬件投入增长更快，5年间软件投入的均值约增加了2倍，硬件投入均值约增加了1倍。

（四）回归分析

根据回归方程（1），采用面板数据进行相关性分析。各变量的相关系数如表3所示。

表 3　相关系数

变量	Y	SIZE	DER	ITH	ITS	N
Y	1	—	—	—	—	—
SIZE	0.8588 *** (44.0251)	1	—	—	—	—
DER	0.4939 *** (14.9196)	0.3659 *** (10.3290)	1	—	—	—
ITH	0.7404 *** (28.9386)	0.7459 *** (29.4170)	0.3502 *** (9.8214)	1	—	—
ITS	0.5252 *** (16.2103)	0.5861 *** (19.0030)	0.2686 *** (7.3272)	0.5306 *** (16.4430)	1	—
N	0.71751 *** (27.05832)	0.7068 *** (26.252)	0.3284 *** (9.1333)	0.6159 *** (20.5360)	0.5542 *** (17.4929)	1

注：*** 表示在 1% 的显著水平上显著。

由表 3 可知，解释变量 ITH、ITS 与 Y 之间存在显著的相关关系，控制变量 SIZE、DER 与 Y 之间也存在显著的相关关系，调节变量 N 与 Y 也呈现显著的相关关系，说明变量之间具有较强的相关性。

采用 F 检验来判断选择面板数据回归的方法是混合效应模型、个体固定效应模型还是个体随机效应模型？经过对原数据的 F 统计量的计算，可以得到其值 $F = 0.1112$，而在 0.1 的显著性水平上 F 对应的临界值为 1.9531，实际的 F 值比临界值要小，因此接受原假设，不能建立个体固定效应模型，故直接考虑建立混合效应模型。

各自变量间的共线性通过考察其 VIF 值（变异量膨胀系数）来判断，第一层次回归中［方程（1）］各自变量的 VIF 值如表 4 所示。

表 4　各自变量 VIF 值

指标	SIZE	DER	ITH	ITS	N
VIF 值	3.067654	1.182675	2.404204	1.651255	2.188749

根据表 4 中的数据可知，各自变量的 VIF 值均小于 10，说明模型中所采用的各个变量存在共线性的可能性非常小。

运用 Eviews 8.0 软件，在混合效应模型下，采用调节效应回归方法进行回归，方程（1）和方程（2）的估计结果如表 5 所示。

表 5　回归结果

	方程（1）系数	方程（2）系数
C	2.1403 *** (0.5382)	3.6487 *** (1.5107)
$\ln(ITH)$	0.1539 *** (0.0240)	−0.1201 (0.1074)
$\ln(ITS)$	−0.0306 ** (0.0153)	0.1993 ** (0.0873)
$\ln(N)$	0.1956 *** (0.0274)	−0.0041 (0.1853)
$\ln(N) \times \ln(ITH)$	—	0.0404 *** (0.0153)
$\ln(N) \times \ln(ITS)$	—	−0.0346 *** (0.0129)
$\ln(SIZE)$	0.7045 *** (0.0366)	0.6999 *** (0.0370)
DER	1.1041 *** (0.1118)	1.1276 *** (0.1118)
R^2	0.8054	0.8077
调整 R^2	0.8040	0.8057
F 统计量	567.7469 ***	410.42 ***

注：***、**、* 分别表示在 1%、5%、10% 的显著水平上显著。

根据表 5 的数据，方程（1）的回归结果为 $R^2 = 0.8054$，调整 $R^2 = 0.8040$，F 统计量为 567.7469，整个模型总的 Prob. 值小于 1%，说明该模型各自变量对因变量的解释程度达到 80%，模型拟合度较高，显著性也很好。此外，分别观察常数项、各个解释变量、各个控制变量以及调节变量，其中 C、SIZE、DER、ITH 和 N 的系数均在 1% 的显著性水平上通过了检验，ITS 的系数也在 5% 的显著性水平上通过了检验，说明方程（1）总体回归效果较好。

方程（2）的回归结果为 $R^2 = 0.8077$，调整 $R^2 = 0.8057$，F 统计量为 410.42，整个模型总的 Prob. 值小于 1%，说明该模型各自变量对因变量的解释程度也达到 80%，模型拟合度较高，显著性也很好。两项交叉项的系数均通过了显著性为 1% 的检验，说明高学历员工数对信息技术投入起到显著的调节作用。

两个方程的回归结果中，控制变量公司资产规模（$SIZE$）和资产负债率（DER）与企业绩效的关系都呈显著正相关关系，说明实证过程较好地控制了企业资产规模和资产负债率的影响。同时，公司资产规模和资产负债率对被解释变量的影响巨大并十分显著，充分体现了制造业行业特征。

（五）实证结果

观察表 5 中方程（1）各变量的系数，硬件投入 ITH 的系数显著为正，说明信息技术的硬件投入与企业绩效呈正相关关系；与之相反，软件投入 ITS 的系数显著为负，说明软件投入与企业绩效呈负相关关系。结合上文的分析，说明信息技术投入在硬件方向和软件方向恰好形成了对"信息技术生产力悖论"的相反效应，即硬件投入的直接效应表现为对企业绩效的正向影响，反之，软件投入的直接效应则表现为对企业绩效的负向影响。比较两个变量系数的数值，ITH 的系数 0.1539 大于 ITS 的系数 0.0306，表明总体上正向影响大于负向影响，信息技术投入与公司绩效呈正相关关系。假设 H1 得到验证。

如图 1 直接路径所示，信息技术投入减少了公司信息处理成本，相当于直接增加了公司收益，因此信息技术投入直接效应是减少了成本的。结合现实分析，电子信息设备和办公设备的使用确实提高了信息处理效率，节约了人力、物力，因而硬件投入对企业绩效的促进作用应该是符合实际的。至于软件投入对企业绩效的抑制作用可能与理论和观察到的现实不符合，原因可能是软件更新换代十分迅速，员工在熟悉新软件的过程中生产率下降，而样本的时间跨度较短，软件投入直接影响的长期效应尚未显现。

而表 5 方程（2）的回归结果中，$\ln(N) \times \ln(ITH)$ 的系数在 1% 的显著水平显著为正，说明高学历员工数对信息技术硬件投入效果有显著促进作用。进一步分析发现，在加入交互项后，硬件投入 ITH 对公司绩效的影响系数为负且不显著，说明高学历员工数对信息技术硬件投入影响公司绩效在模型中未能体现，即硬件投入的间接效应不显著；与此同时，$\ln(N) \times \ln(ITS)$ 的系数显著为负，说明高学历员工数对信息技术软件投入的效果起到显著抑制作用。进一步分析发现，在加入交互项后，ITH 的系数为负（不显著），ITS 的系数为正（显著），与方程（1）的结果中 ITH 和 ITS 的系数符号正好相反。可见，高学历员工数 N 是一个调节变量[19]，该变量改变了两个解释变量 ITH 和 ITS 与被解释变量 Y 的关系。

同时，方程（2）的回归结果中，ITS 的系数为正，并且在 1% 的显著水平上显著，说明高学历员工数对信息技术软件投入影响公司绩效的负效应进行抑制后，软件投入 ITS 对企业绩效 Y 的消极影响转变为积极影响，即软件投入的间接效应显著为正。

综合方程（1）和方程（2）的结果，在加入调节变量高学历员工数后，高学历员工数对硬件投入的直接效应有促进作用，对软件投入的直接效应有着抑制作用，对企业信息化的效果有着正的调节作用，说明高学历员工数与信息技术投入之间存在交互作用，并且增强了企业信息技术投入的效果。假设 H2 得证。

观察和比较两个方程回归结果中高学历员工数 N 的系数，方程（1）的结果是 N 的系数显著为正，方程（2）的结果是 N 的系数为负且不显著，说明高学历员工数增长率对主营业务收入增长率的影响是间接的。由于高学历员工数与硬件投入、软件投入显著相关，而且理论分析中直接效应、间接效应在实证结果中部分得到体现，这说明 N 既是调节变量，又与 ITH、ITS 交互影响，故不再对调节效应进行检验。

此外，两个层次回归结果的 R^2 几乎没有变化，而且常数项 C、资产负债率 DER 和公司资产规模 SIZE 的回归系数十分显著且数值远大于硬件投入 ITH 和软件投入 ITS，说明考察期间样本企业主营业务收入增长率稳定，且信息技术投入增长率对其影响很小，符合当前我国制造业企业的基本特征。

（六）实证结果小结

梳理上述实证结果，总结如下。

（1）硬件投入和软件投入对公司绩效都有显著的直接效应，但二者的影响正好相反：信息技术硬件投入对公司绩效有显著正向影响，而信息技术软件投入对公司绩效产生显著负向影响。

（2）信息技术硬件投入和软件投入对公司绩效影响的效果都受到高学历员工数的调节，调节效应显著，但作用的方向不同：对硬件投入的调节效应与原始效应相同，对软件投入的调节效应与原始效应相反，但作用的方向都同样是促进主营业务收入增长的方向。

（3）受高学历员工数调节效应的影响，最终软件投入对企业绩效的间接影响呈现为显著正向效应，说明调节效应有效抑制了软件投入的直接效应。

（4）硬件投入对企业绩效的间接影响为负且不显著，说明硬件投入对企业绩效的间接影响不显著。

四　结论

本文尝试运用流量、存量关系，将研究"信息技术生产力悖论"的两个视角：投入—产出和转换效率结合起来，厘清信息技术投入两个基本构成要件——硬件投入、软件投入影响产出的路径，探索高学历员工数通过信息技术投入影响制造业微观绩效的作用。实证结果表明，硬件投入主要通过直接路径促进企业绩效，而软件投入则主要通过与高学历员工数的交互作用间接促进企业绩效。总体上，高学历员工数的变动对信息技术投入与企业绩效的关系产生调节作用，因此，硬件投入、软件投入和高学历员工数三者的交互作用是影响信息技术投入绩效的关键。

由相关实证结果可以得出如下三个方面的主要结论。

第一，软件投入抑或硬件投入对公司绩效的影响存在显著差异。通常硬件投入和软件投入在信息技术投入时是同步的，因此有关信息技术投入的决策往往忽略了二者的差异，相关研究也多将信息技术硬件投入与软件投入合并，但从属性看，硬件是物质产品，软件是无形产品，信息化硬件设备的更新与软件系统的升级换代速度相差甚远，这种差异随着企业信息化水平的提高而逐渐显现，因此对企业绩效的影响也在路径上呈现差异。这就意味着企业的信息技术投入决策应该充分考虑到二者作用的差异。

第二，高学历员工数是制造业企业信息化的"催化剂"。从实证结果看，高学历员工数增加会直接促进企业绩效增加，高学历员工数对信息技术硬件投入、软件投入与企业绩效关系的调节效应十分显著，尤其是对软件投入效果的负向影响产生了显著的抑制作用，可见高学历员工数在制造业企业信息化过程中发挥了十分积极的作用。

第三，信息技术硬件投入、软件投入及高学历员工数的交互作用是影响制造业企业信息技术投入微观绩效的关键。在信息技术投入增加的过程中，随着软件投入与高学历员工数交互作用消除了初期由软件系统不适应带来的对产出的负向影响，从而使"信息技术生产力悖论"可能呈现时间效应；高学历员工数的增加改变了企业的组织结构，提高了组织能力，也会使"信息技术生产力悖论"消失，因而，前述"时间效应说"、"四因素说"和"组织能力转换说"等大都可以用信息技术硬件投入、软件投入、高学历员工数三者关系来解释。高学历员工数的调节作用未能充分发挥可能是微观层面产生"信息技术生产力悖论"的重要原因之一。

本文的实证结果是基于制造业上市公司样本面板数据，采用混合效应回归估计得到的，不能推论到制造业企业总体，但结论对制造业企业仍然有一定的借鉴意义。原因如下。

第一，回归方程的解释变量"公司绩效"对应的指标是制造业上市公司的"主营业务收入"，能够较好地反映样本公司在制造业领域生产经营的持续状况，是制造业微观绩效的代理变量。

第二，样本是2009~2013年持续5年在沪深股市存续的制造业公司，是制造业公司中稳健经营的代表，其信息技术投入的效应正是稳健经营能力的体现，对于业内公司具有示范性。

本文所关注的制造业微观绩效仍然是行业层面的。由于我国制造业企业信息化水平差异较大，传统制造业正面临转型升级，要深入了解制造业信息化的微观绩效，还应该从技术、产品等层面考察信息技术硬件投入、软件投入及高学历员工数三者的交互关系，相关研究有待后续开展。

参考文献

［1］ Solow, R. M., "We'd Better Batch out," *New York Times Book Review*, 1987, 7 (12)：36.

［2］ Brynjolfsson, E., "The Productivity Paradox of Information Technology," *Business Computing*, 1993 (36)：10 – 12.

［3］ Roach, S. S., "Service under Siege – the Restructuring Imperative ," *Harvard Business Review*, 1991, 69 (5)：82 – 91.

［4］ Jorgenson D. W., K. Stiroch, "Computers and Growth ," *Economies of Innovation and New Technology*, 1995 (3)：295 – 316.

［5］ Kivijarvi, H., Saarineri Timo, "Investment in Information System and the Financial Performance of the Firm," *Information and Management*, 1995 (23)：143 – 163.

［6］ Tam, K., "Analysis of Firm Level Computer Investments：A Comparative Study of Three Pacific Rim Economic," *IEEE Transactions on Engineering Management*, 1997, 45：276 – 286.

［7］ Kraemer, K. L., J. Dedrick, "Payoffs from Investments in Information Technology Lessons from Asia Pacific Region," *World Development*, 1999 (22)：1921 – 1931.

［8］ Hitt, L. M., E. Brynjolfsson, "Productivity, Business Profitability, and Consumer Surplus：Three Different Measures of Information Technology Value ," *MIS Quarterly*, 1996 (2)：121 – 142.

［9］ Brynjolfsson, E., L. M. Hitt, "Computing Productivity：Firm – Level Evidence," *Computers and Productivity Growth*, 2000 (4)：12 – 18.

［10］ Brynjolfsson, E., L. M. Hitt, "Intangible Assets：Computers and Organizational Capital ," *Brookings Papers on Economic Activity*, 2002 (3)：137 – 198.

［11］ Anandhi, B. S., "A Resource-Based Perspective on Information Technology Ability and Firm：An Empirical Investigation," *MIS Quarterly*, 2000, 24 (1)：169 – 196.

［12］ 汪淼军、张维迎、周黎安：《信息技术、组织变革与生产绩效——关于企业信息化阶段性互补机制的实证研究》，《经济研究》2006年第1期，第65~76页。

[13] 常亚青、宋来:《R&D 与信息化投资对 IT 企业效率和生产率的影响研究》,《科技管理研究》2009 年第 7 期,第 38~42 页。

[14] Weill, P. , "The Relationship between Investment in Information Technology and Firm Performance: A Study of the Valve Manufacturing Sector," *Information Systems Research*, 1992 (3): 307-333.

[15] Tallon, P. P. , K. L. Kraemer, V. Gurbaxani , J. G. Mooney, "A Multidimensional Assessment of the Contribution of Information Technology to Firm Performance," *Scholarship Repository*, 1996 (12): 1-2.

[16] Sabherwal, R. , A. Jeyaraj, C. Chowa, "Information System Success: Individual and Organizational Determinants," *Informs*, 2006, 52 (12): 1849-1864.

[17] Ruekert, R. W. , O. C. Walker , K. J. Roering, "The Organization of Marketing Activities: A Contingency Theory," *Journal of Marketing*, 1985, 49 (1): 13-25.

[18] Li Mingfang, L. R. Ye, "Information Technology and Firm Performance: Linking with Environmental, Strategic and Managerial Contexts," *Information and Management*, 1999 (35): 43-51.

[19] Baron, R. M. , David A. Kenny, "The Moderator-Mediator Variable Distinction in Social Psychological Research: Conceptual, Strategic, and Statistical Considerations," *Journal of Personality and Social Psychology*, 1986, 51 (6): 1173-1182.

高新技术企业研发人员的创新网络嵌入与创新绩效关系研究

李永周[*]

摘　要： 高新技术企业研发人员的创造力及创新绩效是构建企业核心竞争力及企业长期稳定发展的重要源泉。本文以高新技术企业研发人员为研究对象，探讨创新网络嵌入、创新效能感与创新绩效的关系及其作用机理。实证研究结果表明，高新技术企业研发人员的结构嵌入对创新绩效具有显著正向影响，关系嵌入仅对过程创新绩效具有正向影响；结构嵌入、关系嵌入对创新效能感均具有显著正向影响，创新效能感对创新绩效具有显著正向影响；创新效能感在组织网络嵌入与过程创新绩效的影响中起完全中介作用，在结构嵌入对创新绩效影响中起部分中介作用。基于实证研究结果，本文提出要优化和完善创新网络的知识共享与交流平台、培育基于信任的创新关系网络、营造鼓励沟通和交流的创新氛围、强化企业研发人员的网络位置管理等政策性建议。

关键词： 高新技术企业　研发人员　创新网络嵌入　创新效能感　创新绩效

---

[*] 李永周，博士，武汉科技大学管理学院教授，博士生导师，研究方向为创新性人力资源开发、区域创新网络。

高新技术企业研发人员是一种异质性人力资本，具有典型的高供给稀缺性、高价值创造性、高治理主导性，以及高信息需求及高创新需求等异质性特征。[1]自20世纪70年代辉瑞公司开始实施以来，以技术入股为核心的股票期权通过控制权激励、社会化评价、利益捆绑以及社会化筹资等机制创新，有效激活了企业核心人力资本，并成为微软、谷歌、苹果以及华为、联想等高新技术企业制胜的不二法宝。但随着移动互联网和工业4.0时代的到来，高新技术企业的组织架构和核心人力资源也发生急剧变化。企业研发人员成为高新技术企业核心人力资本，股权激励制度开始出现明显的"保健化"趋势，迫切需要进行组织激励和文化制度创新，以有效激活其异质性需求特质，提高高新技术企业及其研发人员的创新绩效。

由于高新技术企业研发人员的高创新需求和高信息需求特征，高新技术企业组织及其赖以生存和发展的区域创新网络具有创新要素集成、知识和信息共享以及竞争合作氛围等制度功能。而波兰尼（Polanyi，1944）的嵌入理论也指出，人类的经济行为不是简单的个体行为，而嵌入并缠结于经济与非经济的制度之中。高新技术企业的组织和区域创新网络嵌入不仅有助于发现和挖掘技术创新机会，促进技术创新、创新网络和组织氛围优化，还能够显著提升研发人员的创新效能，从而产生明显的内化激励作用，提升组织和个体创新绩效。本文拟从高新技术企业的组织创新网络嵌入视角，运用异质性人力资本、创新网络、网络嵌入以及创新效能感、创新绩效相关理论，探究高新技术企业研发人员的组织创新网络嵌入、创新效能感与创新绩效的关系机理，针对性提出创新网络嵌入的激励与开发策略。

一 问题提出与研究述评

20世纪90年代后，特别是近年来工业4.0、移动互联网时代的到来，创新、创业以及高新技术产业化越来越引起人们的广泛关注，高新技术企业研发人员的特质及其创新绩效也成为国内外理论研究与实践管理部门关注的重点和难点。与"绩效"概念界定存在的分歧相似，高新技术企业研发人员个体创新绩效的界定同样存在明显分歧。有学者认为，高新技术企业研发人员的个体创新绩效涉及个人提出的对企业创新有辅助作用的想法或产品,强调创新绩效的"结果论"[2];另有学者则认为,创新绩效涉及从创新思想产生到实施直至成功的一系列过程,支持创新绩效的"过程论"[3];还有学者认为,创新绩效应包含创新整个过程和创新成果[4][5]。鉴于高新技术企业研发活动的复杂性和高度不确定性,本文认为,高新技术企业研发人员的个体创新绩效涉及有利于企业创新的意愿与行为,或对企业创新有促进作用的想法、产品和技术,涉及创新过程与创新成果的综合和统一,是高新技术企业持续进行研究开发与技术成果转化、形成企业核心自主知识产权的重要基础和前提。

尽管对高新技术企业研发人员个体创新绩效的内涵界定存在明显分歧,但对其影响因素的探索是研究者关注的重点。由于个体特质是员工的一种稳定表现,包括外在能力及内在心理因素,外在能力因素最先进入学者们的研究范畴。实证研究结果表明,创新能力、对信息和知识的消化吸收理解能力均对高新技术企业研发人员的创新绩效具有显著正向影响[6][7][8]。但随着现代人力资本和创新理论研究的不断深入,对个体创新绩效的研究也开始转而关注更加具有隐蔽性的心理因素。Fredrickson 和Algoe、顾远东等以积极情绪理论为基础,对积极情绪与个体创造力的关系进行实验和现场研究,发现无论是自发的积极情绪还是诱发的积极情绪,所引发的思想和行为都更富创造性和灵活性[9][10];张学和等从动机理论出发,揭示了以学习目的为导向或以绩效目标为导向,都会对个体创新绩效产生显著影响[11];赵西萍和孔芳[12]、李永周等[13]从积极心理学角度,通过实证研究发现高新技术企业研发人员的自我效能感、程序公平与工作绩效呈显著正相关关系。还有学者从个体人格特质角度进行研究,如张婕等认为,前摄型人格在员工工作行为中扮演积极主动的角色,是一种行动导向,对其创新绩效具有正向影响[14]。不少学者还从组织角度研究,认为组织创新氛围对研发人员创新绩效有积极影响,同时在创新能力对创新绩效的作用中起到显著调节作用[15];而 LMX(Leader – Member Exchange,领导下属交换关系)、变革型领导对个体研发人员创新行为及其绩效有直接的正向预测作用[16][17][18]。

除个体、组织环境因素外,近年来出现了一种新的研究视角即网络嵌入观,其实质是复杂而深刻的社会关系网络中的社会互动对高新技术企业组织和研发人员个体创新绩效的影响。1985 年,Granovetter 将嵌入引入新经济学领域,提出"嵌入性"概念,认为个人经济行动不是孤立存在的,而受到其所在关系网络的影响,并把嵌入分为以双边交易质量为基础的关系嵌入和以创新主体在网络中的地位为基础的结构嵌入。Simsek 在 Coleman 研究基础上提出,创新网络主体的强联结有助于高新技术企业组织形成共同的态度、主张及信念,提高创新网络的凝聚力和向心力,而网络内异质性人力资本的频繁交流互动有助于产生创新协同效应。Brambila 等发现,企业研发人员与合作伙伴的合作频率对创新产出质量有显著正向作用[19]。Burt 的"结构洞"理论则认为,位于创新网络中"结构洞"位置的个体起到中介代理作用,扮演着知识传递角色,使其更容易表达和产生有价值的观点,因而具有更强的创造性[20]。而 Zhou 等的研究则指出,由强联结带来的从众压力和相近效应导致观点多样性不足,因而呈现强联结数量与个体创造性负相关关系[21];Xiao 和 Tsui 也认为,结构洞不但不利于员工创造性的提升和职业发展,反而会起到一定的阻碍作用[22]。马庆国和杨薇从创新文化与人格特征两个角度探讨研发人员参与非正式创新网络的频率与意愿,发现创新文化环境是影响研发人员参与创新网络频率的重要因素[23]。张首魁等从"嵌入"观点关注个体对网络资源的获得能力及其是否能占据中心地位等问题,提出由于隐性知识的网络黏性,只有高度嵌入才能使其显性化,从而成为嵌入主体可利用的资源[24]。芮雪琴等认为,异质型科技人才的聚集效应和创新绩效密切相关,当人才聚集的密度足够大且创新网络的对外延展性较好时,其内部个体互动联系有利于形成密切的人际关系,从而填补网络的"结构洞"[25]。

2012 年,戴维·尤里奇(Dave Ulrich)以理念引领人力资源转型,提出"由外而内"(HR from the outside in)的人力资源发展新阶段理论,认为企业要将人力资源政策投向企业之外的客户、投资者和社区,根据企业的商业环境、利益相关者需求而调整自身的工作内容[26]。从网络嵌入的社会互动视角探究组织和个体的创新绩效,是移动互联网时代人力资源管理理论及实践演进的必然结果。现有文献的研究成果充分反映了这一新趋势。但从整体看,现有文献中关于网络嵌入、创新绩效的研究较多集中在宏观和中观国家、区域(包括城市、高新技术产业开发区、经济技术开发区等)以及产业集群方面,关注创新网络中企业主体的创新行为和绩效，而对微观层面组织网络（如高新技术企业、高校、科研院所以及科技企业孵化器、留学人员创业园等）内的人格主体——个体研发人员的网络嵌入及其影响创新绩效的作用机制进行的实证研究相对不足甚至缺失。从创新驱动实质是人才驱动角度看，创新网络嵌入包括创新组织（企业）对创新网络社区嵌入以及创新人才对创新组织（企业）网络嵌入两方面，创新人才通过创新组织网络嵌入实现创新网络社区嵌入。现有文献关注创新组织（企业）的创新网络社区嵌入，对创新人才的创新组织网络嵌入研究不够，难以实现创新人才的有效开发和创新绩效的提升。基于此，本文运用异质性人力资本、创新网络组织、网络嵌入和创新绩效相关理论，探究高新技术企业研发人员的创新网络嵌入、创新效能感与创新绩效关系机理，厘清影响高新技术企业研发人员创新绩效的关键因子，有针对性地提出高新技术企业研发人员开发策略。

二 理论基础与研究假设

从社会网络分析的角度看，社会网络是由许多节点构成的一种社会结构，是社会个体成员之间因为互动而形成的相对稳定的关系体系。随着创新理论研究与实践不断演进，创新演变为一个多机构耦合、多主体交互的"经济—技术—社会"系统网络集成过程。高新技术企业是组织网络化过程中内部权力结构扁平化和外部交易边界虚拟化，由一系列团队、工作小组、非正式组织等组成的新型网络组织。高新技术企业一方面强调其创新创造的企业性质，强调内部各工作单元及员工个体之间进行有效知识联结和沟通；另一方面强调企业组织对创新网络外部环境的应变性、灵活性，促进创新网络信息全方位沟通及知识共享，进而提高组织应变力和创新力。从嵌入视角看，高新技术企业的网络嵌入包括创新企业对创新网络社区嵌入（外网），以及研发人员对企业的组织嵌入（内网），其中研发人员是双重网络嵌入的关键（如图1所示）。高新技术企业研发人员的组织网络嵌入不仅影响其所处创新情境相关性及强弱程度、自我效能感，在激活其内部创新特质的同时也强化其外部动机，促使创新行为产生，同时决定了其在创新网络社区的位置并影响所获得的信息及资源，从而影响其个体创新绩效。

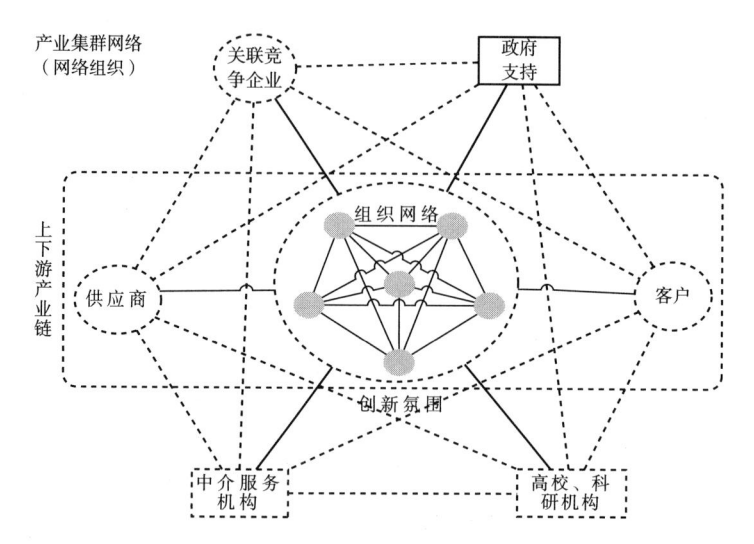

图 1　高新技术企业研发人员组织网络嵌入模型

注：虚线边框表示组织无明确边界，实线边框表示组织有明确边界；虚线连接线表示在产业集群内除与中心企业连接的其他机构之间的连接。

（一）组织网络嵌入对创新绩效的影响

作为异质性人力资本，研发人员的异质性需求特性决定其网络嵌入的必要性，其经济行为基础即其在网络中的结构，以及与网络中各行为主体间的关系。已有文献表明，研发人员嵌入企业内部创新网络，便能获得在网络内流动的知识与信息，尤其是异质性信息与隐性知识，同时还能从中获得网络成员间的相互信任与支持，进而影响创新绩效。Rowley 认为，高新技术企业创新网络作为一个协同系统，能有效集聚各网络节点的资源和信息，使之多元化从而促使更多创新想法及行为的产生。Cialdini 认为，在个体认知水平存在限制和偏差的现实条件下，亲近中心性高的个体可以尽可能多地与其他个体产生信息交换，由此所带来的信息获取优势将对个体创造性水平产生直接影响。

高新技术企业组织网络内的主体资源和结构资源提供了满足异质性人力资本高创新水平、高信息需求的丰厚条件，包括信息资源获取与整合平台、知识流动与共享机制、创新文化氛围支持、决策权等，能够激发研发人员对工作的兴趣以及挑战性。在个体认知水平存在限制和偏差条件下，处于组织网络中心位置的研发人员同时处于社区网络的有利位置，获得更多重复性低且多样性高的信息、更大的影响力，意味着其更容易表达各种观点、较少忽略其他观点并且更容易产生有价值的观点，纷繁复杂的社会互动将对个体创新能力及创新结果产生直接影响。而研发人员网络嵌入的高密度性，则往往预示着高存量的社会资本，这将有助于网络中各个节点形成一种自觉的协同关系，以更加有效应对创新风险和不确定性。同时，由于组织网络内竞争压力、资源不足以及隐性知识网络黏性，基于关系嵌入的相互信任能促进研发人员提高合作深度，减少隐性知识共享阻力。同时，创新过程也是学习过程，研发人员间的信息共享极有可能带来溢出效应，有助于加快创新过程并减少技术与市场带来的风险。研发人员组织网络嵌入开发机制见图2。

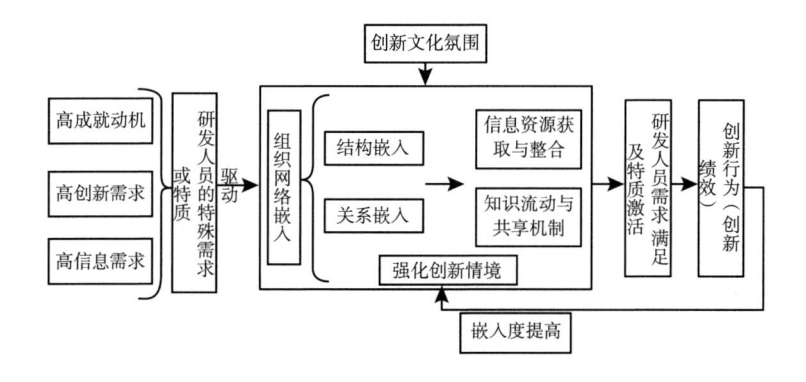

图2 研发人员组织网络嵌入开发机制

综上所述，本文提出如下假设。

H1a：结构嵌入对研发人员过程创新具有显著正向影响。

H1b：结构嵌入对研发人员结果创新具有显著正向影响。

H1c：关系嵌入对研发人员过程创新具有显著正向影响。

H1d：关系嵌入对研发人员结果创新具有显著正向影响。

（二）组织网络嵌入对创新效能感的影响

"自我效能感"是个体在执行某一任务之前对自己能够在何种水平上

完成该任务所具有的信念、判断或自我感受，它涉及的不是技能本身，而是自己能否利用所拥有的技能去完成工作行为的自信程度。而"创新效能感"是指个人对自己在工作上能否有创造性表现和获取创造性成果的信念，包括有创造性地克服困难与挑战，有信心创造性地完成工作任务，达到工作目标等[30]。根据社会认知理论的"三元交互决定论"，人的行为与环境之间交互影响，而创新效能感作为从事创新活动的人（如研发人员）对自身创新能力及创新成功与否的积极心理认知，无疑会受周围环境的影响[18]。组织网络嵌入作为研发人员获取互补性知识与技能的一种有效机制，能为研发人员创新效能感的构建提供条件，包括信息资源获取与整合平台、知识流动与共享机制、创新文化氛围以及创新社会支持等。

影响创新效能感构建条件存在差异的网络嵌入的位置、结构及关系强度等因素，无疑会对研发人员创新效能感产生重要影响。一方面，研发人员的结构嵌入起着信息传递渠道的作用，影响了资源和信息流动的速度、数量以及质量。位于网络中心的研发人员通常拥有更多的信息和更频繁的人际互动，并拥有更大的非正式权力，优厚的创新条件必然会对研发人员内在创新效能感的构建起到积极作用。而由此带来的信息与资源的控制感，无疑也会增强研发人员创新活动的信心，同时有效降低创新的风险及不确定性，一定程度上减轻了研发人员对创新失败的负面心理认知。另一方面，关系嵌入所带来的成员之间的紧密联系、相互信任等动态互动同样会对其创新效能产生积极影响。网络成员之间频繁的交流互动，以及借助网络位置、结构等增强此种交流互动，使成员间形成了相互信任的亲密关系。考虑到隐性知识的高不可复制、不可模仿及网络黏性，关系嵌入所形成的强联结无疑会促进隐性知识与信息的流动，为研发人员提供创新必需的资源，减少创新的风险性，从而有利于提高研发人员的创新能力与创新成功的信心。关系嵌入还能在不确定环境下为研发人员提供所需的社会支持（包括资源与情感），提高研发人员的行动力和创新努力程度。

综述所述，本文提出如下假设。

H2a：结构嵌入对研发人员创新效能感具有显著正向影响。

H2b：关系嵌入对研发人员创新效能感具有显著正向影响。

（三）创新效能感的中介作用

由于创新的复杂性和高风险性，研发人员创新行为与创新结果的实现不仅需要外在条件的推动，还需要自身内驱力的牵引。Gist 等指出，个体对自身所处环境、掌握资源、制约因素认知与评价直接决定个体自我效能感水平，并由此决定其努力程度、可达目标层次及实现行为的效果。Tierney 和 Farmer 在 Gist 和 Mitchel 研究基础上，分析了创新效能感的形成与作用机制，并实证检验了创新效能感对个体创新行为及绩效的积极作用，他们还发现，创新效能感比工作效能感（Job Self-efficacy）更好地预测了个体的创新行为及绩效[27]。更多研究表明，自我效能感在情境因素与工作绩效或取得创新成果之间发挥着重要的中介作用。Amabile 指出，无论是社会工作环境还是物理工作环境，员工对其感知的内容比实际存在的对其创新绩效的影响的作用还大，外界环境因素需要通过研发人员个体感知及心理因素对其创新绩效产生作用。Eun、周浩和龙立荣研究发现，创新效能感在主管预期、管理者支持对创新行为及绩效的影响中起中介作用[28][29]。

组织网络嵌入强化研发人员对知识、信息、信任与支持等的获取，提高自身努力程度，促进创新绩效的提高。具备高创新效能感的研发人员更可能打破现有常规模式的束缚，主动寻找创造性解决方案，同时享受创造力带来的乐趣，特别是当个体从事创新性活动面临困境和挑战时，更需要创新效能感提供内在动力机制。研发人员通过组织网络嵌入，包括静态结构嵌入和动态关系嵌入，对有利于自身创新的知识与信息等资源获取情况产生认知与进行评价。当研发人员处于网络中心位置或与网络成员具有强联结关系时，其对自身创新活动有更积极的认知及评价，能够提高创新信心，有更丰富的心理弹性以应对困难与阻碍，最终外在独特的资源优势在内在心理信念即创新效能感的作用下促使更多创新结果产生。根据创造力成分理论和创造力交互理论，任务动机是影响创造力的关键成分，自我效能感是个体动机的主要成分之一，也是个体创造力重要的内部影响因素，而个体创造力是个体特征与组织情境共同作用的结果,组织网络作为研发人员身处的具体组织情境,无论是扁平化结构还是协同关系,均有益于其创新需求特质丰富和创新效能感提高,进而提高创造力。

综上所述,本文提出如下假设。

H3a:创新效能感对研发人员过程创新具有显著正向影响。

H3b:创新效能感对研发人员结果创新具有显著正向影响。

H4a:创新效能感在结构嵌入对过程创新的影响中起中介作用。

H4b:创新效能感在结构嵌入对结果创新的影响中起中介作用。

H4c:创新效能感在关系嵌入对过程创新的影响中起中介作用。

H4d:创新效能感在关系嵌入对结果创新的影响中起中介作用。

网络嵌入、创新效能感与创新绩效假设结构模型见图3。

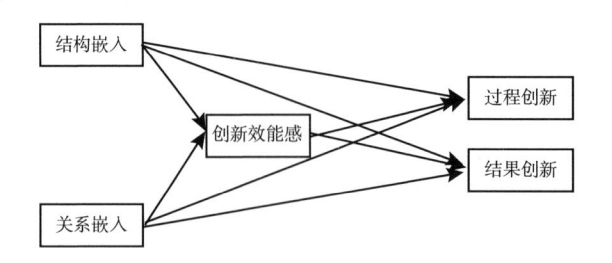

图3 网络嵌入、创新效能感与创新绩效假设结构模型

三 研究方法与数据分析

(一)问卷设计与变量测量

对于相关变量的测量,本文均以 Likert 5 级刻度来衡量,"完全不符合"至"完全符合"的选项分别给予 1~5 分评价,要求调查对象对问题描述做出回答。所选取的网络嵌入、创新效能感和创新绩效量表,均为相关研究领域中被国内外众多学者广泛应用,且结果证明各量表均具有良好的有效性,各问卷设计和变量测量说明如下。

(1) 网络嵌入。基于 Granovetter 等的研究，从关系和结构两个维度进行测量。关系维度从创新主体间信任、信息共享和共同解决问题共 7 个题项进行测量；结构维度从网络位置、规模和密度共 7 个题项进行测量。

(2) 创新效能感。结合研发工作的具体特点，包括 8 个题项。

(3) 创新绩效。基于 Loch 和 Tapper 的研究，从过程和结果对创新绩效进行测量。具体题项设计时结合 Janssen 和 Yperen、韩翼等的研究成果，最终形成过程创新绩效 5 个题项、结果创新绩效 6 个题项的创新绩效量表。

(二) 信度、效度检验

在大规模调查前，首先进行小范围预调查以调整、修订量表，提高实证调查与模型检验的有效性和适用性。预调查选取了武汉某特种建筑材料及生物制药公司，共发放电子问卷 98 份，收回 86 份。剔除个别答案连续出现及某些题目未作答等无效问卷，剩余 72 份，问卷有效率为 84%。

运用 AMOS 20.0 与 SPSS 19.0 对预调查数据进行处理。首先，对各潜变量之间的相关性进行分析，结果见表 1。结果显示，各潜变量间均存在显著相关性。其中各解释变量的方差膨胀因子 VIF 值如下：关系嵌入为 2.029、结构嵌入为 1.956、创新效能感为 2.162。所有解释变量的 VIF 值均小于 10，排除了各变量间多重共线性的可能。

对于各量表的信度，本文采用 Cronbach's α 系数来判定。各潜变量的 Cronbach's α 系数均大于 0.8，且各量表的 KMO 值分别为 0.865、0.913、0.906、0.877、0.859。通过因子分析，剔除载荷值低于 0.6、交叉载荷大于 0.4 的题项，提取特征值大于 1 的因子，最终确定的量表如表 2 所示。组合信度 (CR) 均大于 0.7，平均方差萃取值 (AVE) 均大于 0.5，且潜变量间的相关系数均小于 AVE 的平方根，表明量表具有较好的聚合效度和区分效度，因此，本文所用量表具有较好的信度、效度。

表1　各变量之间的相关性分析

变量	1	2	3	4	5
关系嵌入	0.745	—	—	—	—
结构嵌入	0.590**	0.751	—	—	—
创新效能感	0.610**	0.609**	0.785	—	—
过程创新绩效	0.544**	0.570**	0.722**	0.752	—
结果创新绩效	0.393**	0.666**	0.597**	0.607**	0.852

注：** 在0.01水平（双侧）上显著相关，对角线上的值为AVE的平方根。

表2　各变量信度、效度检验结果

变量	测量项	因子载荷	CR	AVE	Cronbach's α
关系嵌入	RE1（组织网络中的合作伙伴与我都能信守承诺）	0.828	0.861	0.554	0.882
	RE2（组织网络中的合作伙伴与我在沟通时能实事求是）	0.786			
	RE3（组织网络中的合作伙伴与我能尽可能地相互提供所需的信息）	0.748			
	RE4（我信赖我的合作伙伴，并能与之保持长久、亲密的社会关系）	0.746			
	RE5（我与合作伙伴能相互帮助解决问题）	0.716			
结构嵌入	CR1（相对于组织网络内其他成员，我与更多身处金融机构、中介机构、政府、科研机构的人保持联系）	0.809	0.866	0.564	0.902
	CR2（相对于组织网络内其他成员，我与更多身处上游、下游、同行企业的人保持联系）	0.753			
	CR3（组织网络内其他成员常通过我获得行业、市场或他人信息）	0.743			
	CR4（我的合作伙伴之间主要通过我建立联系）	0.695			
	CR5（在与我经常联系的人员中，关键和重要人员占比较大）	0.690			

续表

变量	测量项	因子载荷	CR	AVE	Cronbach's α
创新效能感	IE1（我自信能创造性地完成许多不同研发任务）	0.880	0.928	0.617	0.927
	IE2（即使任务再艰巨,我也能创造性执行）	0.837			
	IE3（我相信自己创造性的努力能获得成功）	0.825			
	IE4（面对困难任务时,我确信我能创造性地完成）	0.785			
	IE5（通常来说,我能以创造性的方式取得有意义的成果）	0.760			
过程创新绩效	PIP1（我常常尝试创造性提出解决问题的方案）	0.786	0.796	0.566	0.883
	PIP2（我常因提出创意获得同事、领导的认可）	0.785			
	PIP3（为改善现状,我常提出有创意性的新想法）	0.748			
	PIP4（对于有创意性的想法,我会给予支持）	0.718			
	PIP5（我会想方设法获得创新所需要的资源）	0.708			
结果创新绩效	RIP1（过去五年,我获得了较多的专利）	0.912	0.889	0.727	0.889
	RIP2（过去五年,我研发改进了较多的产品/服务/技术）	0.896			
	RIP3（我研发改进的产品/服务/技术能阻止新竞争者进入）	0.859			

（三）数据收集

正式调查主要采取问卷调查的方法收集数据。通过自身关系网络和渠道，联系相关企业，采用电子邮件和网络在线调查两种方式回收数据，结合个别访谈完成。调查对象分布在北京、上海、武汉、广州等，涵盖生物医药、新材料技术、电子信息、新能源与节能技术等国家重点支持的高新技术领域。最终，共收回245份调查问卷，剔除无效问卷后，剩余有效问卷为203份，有效率为82.8%。

本次被调研人员中，男性占总人数的64%，高于女性，与一般高新技术企业研发人员的构成特征相符合;从年龄来看,36岁以下的样本量的百分比高达78%,这一方面可能是由于所采取调查方式如网络在线调查为"80后""90后"等年轻人较常使用,另一方面也可能是因为新生代员工逐渐步入职场且日益成为企业发展的核心力量;具有本科及以上学历的共有136人,占总样本的67%,工作年限集中于2~10年(共占63%),这也与研发人员普遍高学历有关(如表3所示)。

表3 样本描述性统计

单位:人,%

项目	类别	人数	百分比
性别	男	130	64
	女	73	36
年龄	25岁及以下	63	31
	26~35岁	95	47
	36~45岁	37	18
	46岁以上	8	4
教育背景	大专及其以下	67	33
	本科	99	48
	硕士及其以上	37	19
婚姻状况	未婚	105	52
	已婚	98	48
工作年限	1年以内	54	27
	2~5年	95	47
	6~10年	33	16
	10年以上	21	10
所在领域	电子信息	59	29
	新材料技术	35	17
	生物医药	49	24
	改造传统产业	32	16
	新能源与节能技术	28	14

(四)假设检验

在进行假设检验之前,对各人口统计变量进行了单因素方差分析,以揭示其对各潜变量的影响。结果发现性别对研发人员组织网络嵌入具有显著影响；工作年限、年龄仅对研发人员结构嵌入具有显著影响；性别、教育背景对研发人员创新效能感的影响具有显著差异性，工作年限对研发人员的创新效能感的影响作用并不明显。其中女性具有更高的组织网络嵌入度，原因可能是女性更具亲和力，善于沟通及与人相处，因此更容易同他人建立关系、共享资源。研发人员作为具有专业知识与专业能力的异质性人力资本，具有较强的流动能力，而关系嵌入本质是较为稳定的联结，因此年龄与工作年限对关系嵌入影响不显著。男性的创新效能感要略高于女性，这可能由传统观念中男女社会分工不同的偏见引起。具有较长工作年限的研发人员，研发失败的挫折较多，而年轻研发人员缺乏经验，因此更加充满热情和干劲，从而具有较高的创新效能感。

为验证文中所提出的假设，本文首先建立了模型一，验证研发人员网络嵌入与创新绩效的影响，如图4所示；其次构建模型二，验证创新效能感对研发人员创新绩效的影响，如图5所示；最后构建模型三，验证创新效能感的中介作用，如图6所示。采用AMOS 20.0对模型进行检验，模型的拟合指标如表4所示，所选拟合指标绝大部分在标准区间内，表明三个结构方程模型的整体拟合度较好。

表4 结构方程模型适配度指标值

模型	χ^2/df	RMR	GFI	CFI	TLI	NFI
模型一	1.819	0.048	0.896	0.955	0.956	0.907
模型二	1.595	0.044	0.934	0.980	0.973	0.950
模型三	1.689	0.049	0.867	0.952	0.942	0.892
拟合指标建议值	3	0.05	0.9	0.9	0.9	0.9

数据分析结果：结构嵌入对过程创新的路径系数为0.374（$p < 0.001$），对结果创新的路径系数为0.916（$p < 0.001$），关系嵌入对过程创新的路径系数为0.462（$p < 0.001$），表明结构嵌入对创新绩效（过程创新和结果创新）具有显著正向影响，这与之前学者们的研究结

论一致，说明研发人员所处组织网络规模越大，其在网络中的中心性越高，所获社会资本、创新资源及信息越多，不仅激发了更多的创新想法，同时也能够促进想法转化为创新成果。而关系嵌入仅对创新绩效中的过程创新影响显著，对结果创新影响不显著，甚至呈现负向影响的趋势。这与以往网络嵌入理论中一直存在的关系强度对创新绩效影响的悖论相关，即当关系强度达到一定程度时，网络内冗余信息较多，群体一致性压力更大，导致创新性降低。就本文而言，在组织网络内，关系嵌入所带来的基于信任的群体互动，以及各种情感或物质支持，无疑会碰撞出创新的火花，并且可以为应对创新过程中遇到的困难及挑战提供帮助，助其顺利攻克难关。而创新绩效不仅需要创新想法，还需要坚持及专注，一方面较频繁的互动使网络内信息多样性降低，产生从众行为；另一方面维持关系会引发注意力分散，占据其创新思考时间，从而不能促进创新产出甚至对其有阻碍作用，因此假设H1a、H1b、H1c成立，H1d不成立。其中由于关系嵌入对结果创新影响不显著，因此停止对这条路径进行中介效应检验[30]。

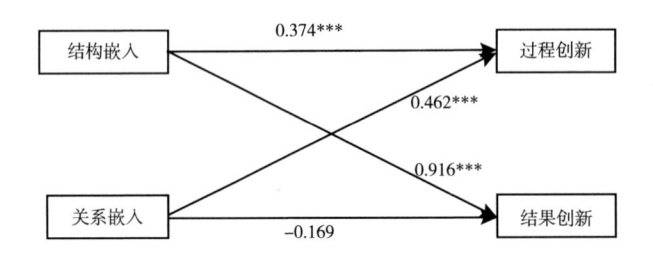

图4　网络嵌入与创新绩效的关系路径（模型一）

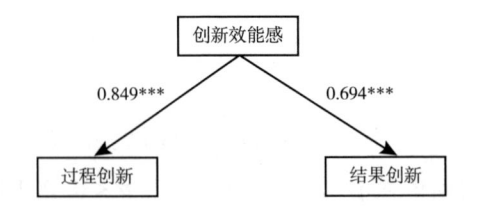

图5　创新效能感与创新绩效的关系路径（模型二）

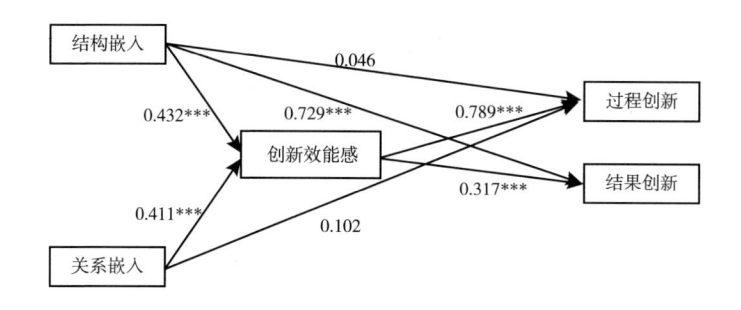

图6 网络嵌入、创新效能感与创新绩效的关系路径（模型三）

由图5可知，研发人员创新效能感对过程创新和结果创新均有显著正向影响，路径系数分别为0.849、0.694（$p<0.001$），H2a、H2b通过检验，表明无论是创新想法的产生还是创新成果的产出，自身对于能够采取创造性地解决方式这一信念具有重要作用。一方面，信念本身就是推动自身采取某种行为的力量；另一方面效能感能够增强内部动机，从而进一步激发研发人员的创新行为。由图6可知，结构嵌入及关系嵌入对创新效能感具有显著正向影响，路径系数分别为0.432、0.411（$p<0.001$），H3a、H3b通过检验。组织网络内的结构嵌入与关系嵌入对于提升创新效能感具有显著预测作用，创新效能感很大程度上受周围环境的影响，而孵化创新的高新技术企业组织网络无疑会极大地增强其创新效能感。在控制创新效能感后，结构嵌入与关系嵌入对过程创新影响的路径系数都不显著，表明创新效能感在网络嵌入与过程创新的影响中起完全中介作用；结构嵌入对结果创新影响的路径系数有所降低，表明创新效能感在结构嵌入对结果创新影响中起部分中介作用，因此，H4a、H4b、H4c成立，H4d不成立。组织网络嵌入对于研发人员产生创新想法以及创造性解决问题的影响，完全是通过研发人员自身有能力创新的信念来实现的，进一步验证了网络内鼓励创新、宽容失败的氛围营造的重要性。另外，结构嵌入所带来的创新资源及多样化信息转化为创新成果，不仅需要对自身坚定的信心，同时还需要研发人员自身具备较强的学习能力以及批判性思维，才能有效利用相应资源和信息，并将其转化为产出。

四　研究结论与展望

组织网络嵌入激励模式，是继高薪酬、高股权激励后，满足异质性人力资本高创新需求、高信息需求偏好的有效激励方式。本文在异质性人力资本、网络嵌入及创新效能感等相关理论基础上，构建了组织网络嵌入、创新效能感与创新绩效三者关系的理论模型并进行实证验证。研究结果显示，结构嵌入对创新绩效具有显著正向影响，关系嵌入仅对过程创新具有正向影响；网络嵌入（包括结构嵌入、关系嵌入）对创新效能感具有显著正向影响，创新效能感对创新绩效具有显著正向影响；创新效能感在网络嵌入与过程创新的影响中起完全中介作用，在结构嵌入对结果创新影响中起部分中介作用，因此，在聚焦研发人员创新网络嵌入时，也要关注其创新效能感的增强，进而提升其创新绩效。本文提出如下管理建议。

（1）优化和完善知识共享与交流平台，打造"隐性墙"。一方面，企业应加强自身内部网络的建设，通过内部知识管理系统、内部咖啡吧等线上线下平台，不断促进网络内研发人员的正式与非正式交流互动，促进知识和信息的交流、转移和创造，利用内部网络将研发人员牢牢吸引住，发挥其"隐性墙"的作用；另一方面，关注并加强跨组织的外部协同创新网络的建设，包括与供应链企业、研发机构、政府机构、中介组织以及目标客户等的网络建设，为企业之间的信息交流和合作提供良好的平台。"内网""外网"协同发展，共同促进研发人员效能感提高进而促进创新绩效提升。

（2）培育基于信任的创新关系网络，增大网络内资本存量。对于企业内部组织网络，研发人员应与其他网络主体通过频繁的沟通与交流建立共同语言和相互信任关系，使交往各方都愿意向对方提供有价值的知识，从而极大地提高隐性知识搜寻和获取效率。同时，要重视与外部组织的交往并不断提高相互间的信任度，将外部资源内部化，共享技能和知识，从而减少不确定性，提高研发人员创新绩效。另外，应重视团队成员个人所拥有的外部关系资源，要为成员拥有外部关系资源创造有利条件，促进和鼓励其成员拥有更多更好的外部关系资源，以提高整个团队的创新绩效。

（3）营造鼓励创新和宽容失败的组织氛围，坚定创新信念。创新文化营造氛围是研发人员发挥创造性力量的重要外在表现，因此，应加强创新生态文化和制度建设，携手营造鼓励创新、宽容失败的文化氛围，培育勇于进取的创新精神；积极给予研发人员相关研发行为正反馈，对创新行为予以认可与激励，增强研发人员创新效能感及内部动机；及时协助解决创新过程中遇到的难题，减少研发人员创新阻力，并用成功的创新经验帮助研发人员树立自信，激发其创新动力。

（4）强化企业研发人员组织网络的位置管理，优化内部创新网络体系。加强企业创新网络的规模、结构和位置管理，消除企业创新网络中低效甚至无效的"结构洞"现象。高新技术企业要增加研发经费投入，加强多学科、复合型优秀研发人才和团队的引进、开发和保留，促进异质性人力资本的聚集与开发，优化创新人才的知识、技能、学科甚至性别、年龄结构，促进更多、更优质的知识和信息资源流动。同时要切实加强研发活动的过程管理和服务管理，配置精干、高效专业管理人员，提高研发管理服务水平，消除研发管理"结构洞"所造成的"信息截流"和无效、低效传递。

由于时间和条件限制，本文还存在一些局限性。首先，样本的选取不够。本文所用样本数据主要来自武汉、上海、北京、广州四个城市，集中在一线城市，覆盖面不够广。若想获得更为理想的统计分析结果，需进一步增加样本的获取量，扩大样本来源的地域范围。其次，应加入追踪与评价的方法。受时间与成本的限制，本文只在预调查后修订问卷并发放，没有在后期持续追踪并进行模型及数据的调整，以更好地支持研究结果。另外，问卷是由被调查对象主观填写的，缺少更加充分细致的沟通，以及深入企业调查以佐证研发人员的创新绩效，这对结论的验证具有一定的影响。

参考文献

［1］李永周、王月、阳静宁：《自我效能感、工作投入对高新技术企业研发人员工作

绩的影响研究》,《科学学与科学技术管理》2015 年第 2 期,第 173~180 页。

[2] 郑建君、金盛华:《中国企业中员工创新能力与创新绩效的关系:以组织创新气氛为调节变量》,《心理与行为研究》2010 年第 4 期,第 274~278 页。

[3] Janssen O., Yperen N. W. V., "Employees' Goal Orientations, the Quality of Leader-Member Exchange, and the Outcomes of Job Performance and Job Satisfaction," *Academy of Management Journal*, 2004, 47 (3): 368 - 384.

[4] Loch C. H., Tapper U. A. S., "Implementing a Strategy-Driven Performance Measurement System for an Applied Research Group," *Journal of Product Innovation Management*, 2002, 19 (3): 185 - 198.

[5] 韩翼、杨白寅、张鹏程:《组织承诺会导致创新:目标定向的调节作用》,《科学学研究》2011 年第 1 期,第 127~135 页。

[6] Torugsa N., Arundel A., "Private-Public Collaboration and Innovation Performance: Does Training Matter?" *International Journal of Innovation Management*, 2014, 17 (3): 13 - 40, 11.

[7] 李永周、黄薇、刘旸:《高新技术企业研发人员工作嵌入对创新绩效的影响——以创新能力为中介变量》,《科学学与科学技术管理》2014 年第 3 期,第 135~143 页。

[8] 汤超颖、叶琳娜、王菲等:《知识获取与知识消化对创新绩效的影响研究》,《科学学研究》2015 年第 4 期,第 561~564 页。

[9] Algoe S. B., Fredrickson B. L., "Emotional Fitness and the Movement of Affective Science from Lab to Field," *American Psychologist*, 2011, 66 (1): 35 - 42.

[10] 顾远东、周文莉、彭纪生:《组织支持感对研发人员创新行为的影响机制研究》,《管理科学》2014 年第 1 期,第 109~119 页。

[11] 张学和、宋伟、方世建:《成就动机理论视角下的知识型员工个体创新绩效实证研究——基于部分科技型组织的调查数据分析》,《科学学与科学技术管理》2013 年第 1 期,第 164~170 页。

[12] 赵西萍、孔芳:《科研人员自我效能感与三维绩效:工作复杂性的调节作用》,《软科学》2011 年第 2 期,第 104~107 页。

[13] 李永周、王月、阳静宁:《自我效能感、工作投入对高新技术企业研发人员工作绩效的影响研究》,《科学学与科学技术管理》2015 年第 2 期,第 173~180 页。

[14] 张婕、樊耘、张旭:《前摄性行为视角下的员工创新——前摄型人格、反馈寻求与员工创新绩效》,《南开管理评论》2014 年第 5 期,第 13~23 页。

[15] 顾远东、周文莉、彭纪生:《组织创新氛围、成败经历感知对研发人员创新效能感的影响》,《研究与发展管理》2014 年第 5 期,第 82~94 页。

[16] Özaralli N., "Effects of Transformational Leadership on Empowerment and Team Effectiveness," *Leadership & Organization Development Journal*, 2003, 24 (6): 335 - 344.

[17] Piccolo R. F., Colquitt J. A., "Transformational Leadership and Job Behaviors: The Mediating Role of Job Characteristics," *Academy of Management Journal*, 2006, 49 (2): 327-340.

[18] 曲如杰、王桢、焦琳等：《领导—成员交换关系对研发人员创新的权变影响》，《科学学与科学技术管理》2013 年第 7 期，第 156~165 页。

[19] Gonzalez-Brambila C. N., Veloso F. M., Krackhardt D., "The Impact of Network Embeddedness on Research Output," *Research Policy*, 2013, 42 (9): 1555-1567.

[20] Burt R. S., "Structural Holes and Good Ideas," *American Journal of Sociology*, 2004, 11 (2): 349-399.

[21] Zhou J., Shin S. J., Brass D. J., "Social Net-Works, Personal Values, and Creativity: Evidence for Curvilinear and Interaction Effects," *Journal of Applied Psychology*, 2009, 94 (6): 1544-1552.

[22] Xiao Z., Tsui A. S., "When Brokers May Not Work: The Cultural Contingency of Social Capital in Chinese High-tech Firms," *Administrative Science Quarterly*, 2007, 52 (1): 1-31.

[23] 马庆国、杨薇：《创新文化、人格特征与非正式创新网络》，《科学学研究》2007 年第 4 期，第 772~776 页。

[24] 张首魁、党兴华、李莉：《松散耦合系统：技术创新网络组织结构研究》，《中国软科学》2006 年第 9 期，第 122~129 页。

[25] 芮雪琴、牛冲槐、陈新国等：《创新网络中科技人才聚集效应的测度及产生机理》，《科技进步与对策》2011 年第 18 期，第 146~151 页。

[26] Ulrich D., *HR from the outside in: Six Competencies for the Future of Human Resources* (Business Expert Press, 2012).

[27] Tierney P., Farmer S. M., "Creative Self-Efficacy Development and Creative Performance over Time," *Journal of Applied Psychology*, 2011, 96: 277-293.

[28] Eun H. S., "Self-Efficacy as a Mediator in the Relation ship between Self-Oriented Perfectionism and Academic Procrastination," *Social Behavior and Personality*, 2008, 36 (6): 753-764.

[29] 周浩、龙立荣：《工作不安全感、创造力自我效能对员工创造力的影响》，《心理学报》2011 年第 8 期，第 929~940 页。

[30] 温忠麟、叶宝娟：《中介效应分析：方法和模型发展》，《心理科学进展》2014 年第 5 期，第 731~745 页。

[31] Polanyi, Karl, *The Great Transformation: The Political and Economic Origins of Our Time* (Boston: Beacon Press, 1944).

[32] Rowley, T. J., "Moving beyond Dyadicties: A Network Theory of Stakeholder Influences," *Academy of Management Review*, 1997, 22: 887-910.

[33] Cialdini, R., *Influence: The Psychology of Persuasion* (New York: Quill, 1984).

产业集群网络中核心企业与非核心企业技术创新博弈研究[*]

王伟光　刘苹　佟勃然[**]

摘　要：本文引入斯坦克尔伯格博弈模型，将完美信息动态博弈与系统仿真相结合，从竞争的视角，界定和分析了产业集群网络中核心企业和非核心企业技术创新行为相互作用的博弈过程，得出了核心企业和非核心企业技术创新行为相互影响、相互促进，技术创新能力的相对比较优势是决定企业最终市场地位的关键性因素，企业可通过提升突破性技术创新能力实现技术路线跃迁等结论，揭示了产业集群网络中不同位置企业之间创新行为的互动机理。

关键词：产业集群网络　核心企业　非核心企业　动态博弈　技术创新

不同类型企业、供应商、关联产业、各类专业化机构等利益相关者在某特定空间集聚而成的产业集群（Porter，1998），已经成为区域财富创

---

[*] 国家自然科学基金面上项目"创新价值链视角下的非核心企业创新行为模式演化机理研究"（项目编号：71573113）。

[**] 王伟光，辽宁大学亚澳商学院执行院长、教授、博士生导师，研究方向为创新管理与政策、产业创新网络等；刘苹，青岛滨海学院副教授，辽宁大学博士研究生；佟勃然，辽宁大学博士研究生。

造、竞争优势培育、新企业和新技术孕育成长的重要载体（吴利学等，2009；Baptista，Swann，1998）。在集群成长与演化的过程中，技术创新至关重要，不同类型企业之间的创新竞赛和创新关系，让产业集群逐渐演变为一个创新集聚区（于斌斌、余雷，2015）。由于资源禀赋、技术积累、市场基础以及其他历史因素方面的差异，不同类型企业在产业集群中形成不同的位置关系——核心企业和非核心企业。核心企业是产业集群中比较特殊的一种经济行为主体，在产业集群的内部网络结构中占据重要地位（朱瑞忠，2007）。核心企业的领先地位（高映红，2010）、知识转移和扩散中心性（Hansen，2002）、创新网络建构中的影响力（Perks，Moxey，2011）等特点，使核心企业网络优势（Zaheer，Bell，2005；Adner，Kapoor，2010；Hansen，2002）、核心企业影响力（Perks，Moxey，2011；Spralls，et al.，2011）和企业领导力（谢永平等，2012），核心企业对战略、创新网络演化的作用（王国红等，2010；马海涛等，2012；党兴华、王芳，2012）等受到了研究者的极大关注，而处于依附（李锦飞、向洪玉，2011）和被支配（刘国新、张巍，2016）地位的非核心企业却较少受到重视。事实上，产业集群创新绩效和竞争力不仅决定于核心企业的创新行为，也受制于非核心企业的创新活动，以及两者之间的互动共生性（王伟光等，2015）。核心企业与非核心企业创新行为良性竞争关系尤为重要。尽管关于产业集群、核心企业的相关研究较多，但其较少涉及集群中核心企业与非核心企业创新行为的博弈竞争过程。针对这一理论缺口，本文将更多地从非核心企业与核心企业创新行为选择、竞争博弈过程的视角，通过引入斯坦克尔伯格（Stackelberg）模型构建核心企业—非核心企业竞争关系框架，利用动态博弈逆向归纳法推导出两类企业创新行为的选择条件，并用 NetLogo 仿真技术进行模拟，从而揭示产业集群中不同位置企业之间的创新行为互动机理，丰富产业集群中的企业创新行为竞争相关理论。

一 理论假设

产业集群是由多条提供相同、相近产品或服务的供应链交错连接组成的复杂网络结构，每条供应链上都可能存在主导的核心企业和与之配套的非核心企业（向希尧、蔡虹，2008；钱锡红等，2010）。本文对核心企业和非核心企业的界定与上述纵向视角不同，是从横向角度进行区分的。核心企业是指在整个产业集群网络（曹丽莉，2008）中占据最重要地位、控制力最强、最占竞争优势的企业。非核心企业是指整个产业集群网络中与核心企业生产同类或替代产品，提供相同或相近服务，具有竞争关系的企业，这样的企业可能是某一条供应链的核心，但在整个产业集群网络中是非核心。产业集群网络中核心企业与非核心企业技术创新竞争模型如图1所示。

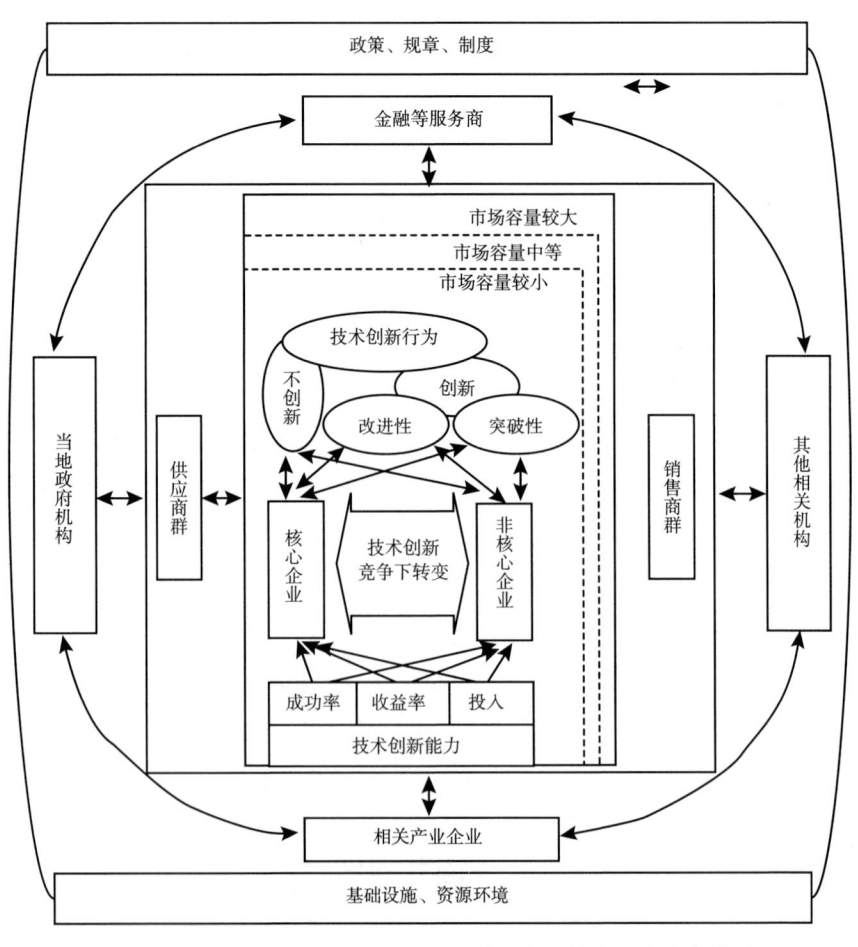

图1　产业集群网络中核心企业与非核心企业技术创新竞争模型

从里到外共分四个层级。其中，第一层级为产业集群网络的中心，包括核心企业和非核心企业；第二层级包括核心企业、非核心企业及它们的供应商和销售商；第三层级是产业集群的关联企业、组织机构和部门；第四层级是整个产业集群的外部约束条件及环境。第二层级到第四层级界定了第一层级中核心企业和非核心企业的生产可能性和面对的市场容量，在不同市场容量下核心企业和非核心企业根据自身的技术创新能力（陈力田等，2014；吴延兵，2014；陈恒等，2014）以及对方的技术创新行为（徐建中、曲小瑜，2015；曹兴等，2015）决定自身的技术创新选择。技术创新能力由技术创新成功率、技术创新收益率、技术创新投入共同衡量（吴涛，1999）。技术创新成功率反映了企业抵御来自技术研发过程的技术创新风险的能力（宋东林等，2009）；技术创新收益率反映了企业的新产品、新技术抵御市场化过程中的技术创新风险的能力（王立新等，2006；贺俊等，2012）；技术创新投入代表了企业管理维度上的技术创新风险（范波，2010）。

核心企业和非核心企业在产业集群网络中的地位不是一成不变的，而是在技术创新竞争博弈的过程中动态发展变化，它们可以选择不创新和进行技术创新，选择进行技术创新后又可以考虑选择改进性技术创新还是选择突破性技术创新。在不同的技术创新能力对比下，创新行为选择不同，导致的竞争博弈结果也不同：核心企业可能会把非核心企业挤出市场，形成垄断；非核心企业也可能实现赶超，把核心企业打败；或者，核心企业和非核心企业共同发展、壮大。为清晰地分析这个过程，我们做如下理论假设。

（一）假设1

将产业集群网络中实力最强、最具竞争优势的一家企业认定为核心企业，设为A。将与核心企业A竞争的非核心企业设为B，且只有一家。根据斯坦克尔伯格的先动者优势理论（Marvin，Montgomery，1998），将动态博弈的起点设定为核心企业A，即核心企业A在相同市场机遇面前，先行决定产出水平和技术创新投入。非核心企业B在观察到核心企业A行动后，选择自己的产出水平和最优技术创新投入。由于有限理性的企业能够通过付出一定的信息成本,变为完全理性(甄烨、王文利,2016),因此认为产业集群网络中有着千丝万缕联系的核心企业 A 和非核心企业 B 可以通过频繁的信息交流与沟通,观察到彼此的创新行为,知道对方所做出的选择,即信息流动是比较完全的,将它们之间的技术创新博弈视为完美信息动态博弈。

(二)假设 2

核心企业 A 与非核心企业 B 在同一产品市场上进行竞争,且非核心企业 B 整体实力弱于核心企业 A。可以引入斯坦克尔伯格博弈模型来分析核心企业 A 和非核心企业 B 在最优产出水平下的技术创新行为选择问题。假设在初始状态下,两个企业生产成本相同,边际成本均为 $c \geq 0$。在争夺市场份额的博弈中,企业的行动是选择产量,核心企业 A 首先选择产量 q_A,由于信息是完全的,非核心企业 B 很快就观察到核心企业 A 的选择,然后在考量市场容量的基础上相应地选择自己的产量 q_B。设简化的逆需求函数为 $p = a - q_A - q_B$。核心企业 A 的利润函数为 $\pi_A = q_A(p-c) = q_A(a - q_A - q_B - c)$,非核心企业 B 的利润函数为 $\pi_B = q_B(p-c) = q_B(a - q_A - q_B - c)$。在核心企业 A 先确定产量 q_A 的前提下,使 π_A、π_B 最大的子博弈精炼纳什均衡结果为 $\{\frac{1}{2}(a-c), \frac{1}{4}(a-c)\}$,即 $q_A^* = \frac{1}{2}(a-c)$,$q_B^* = \frac{1}{4}(a-c)$。在均衡状态下核心企业 A 和非核心企业 B 的利润分别为:

$$\pi_A^* = \frac{1}{2}(a-c)\left[a - \frac{1}{2}(a-c) - \frac{1}{4}(a-c) - c\right] = \frac{1}{8}(a-c)^2$$

$$\pi_B^* = \frac{1}{4}(a-c)\left[a - \frac{1}{2}(a-c) - \frac{1}{4}(a-c) - c\right] = \frac{1}{16}(a-c)^2$$

上述公式中的 $(a-c)$ 可以视为市场容量,是影响核心企业和非核心企业进行技术创新竞争博弈的市场初始状态。

(三)假设 3

面对同一市场机会,核心企业 A 和非核心企业 B 的创新行为选择均为不创新、改进性技术创新及突破性技术创新。技术创新是企业的一种投资行为,是需要投入成本并取得收益的,假设企业用于改进性技术创新和突破性技术创新的投入相同。将核心企业 A 用于技术创新的投入记为 c_A,改进性技术创新的成功率记为 p_{A1},成功后所降低的单位成本记为 b_{A1};突破性技术创新的成功率记为 p_{A2},成功后所降低的单位成本记为 b_{A2}。将非核心企业 B 用于技术创新的投入记为 c_B,改进性技术创新的成功率记为 p_{B1},成功后所降低的单位成本记为 b_{B1};突破性技术创新的成功率记为 p_{B2},成功后所降低的单位成本记为 b_{B2}。其中 c_A、$c_B > 0$,$1 \geq p_{A1}$、p_{A2}、p_{B1}、$p_{B2} \geq 0$,b_{A1}、b_{A2}、b_{B1}、$b_{B2} \geq 0$,b_{A1}、b_{A2}、b_{B1}、b_{B2} 被视为核心企业相应的平均单位产品、单位创新投入的预期收益率和非核心企业相应的平均单位产品、单位创新投入的预期收益率。

二 博弈模型构建及推导

(一)动态博弈模型构建

在上述假设条件下,动态博弈模型如图 2 所示,原始节点为核心企业 A 的行动点,有不创新、改进性技术创新及突破性技术创新三个策略选择,非核心企业 B 在观察到核心企业 A 的行动后根据自身情况选择不创新、改进性技术创新或突破性技术创新。

核心企业 A 和非核心企业 B 技术创新动态博弈一共有九个结果,用①~⑨表示,分别为:①不创新,不创新;②不创新,改进性技术创新;③不创新,突破性技术创新;④改进性技术创新,不创新;⑤改进性技术创新,改进性技术创新;⑥改进性技术创新,突破性技术创新;⑦突破性技术创新,不创新;⑧突破性技术创新,改进性技术创新;⑨突破性技术创新,突破性技术创新。每种博弈结局下,核心企业 A 和非核心企业 B 的利润函数如表 1 所示。

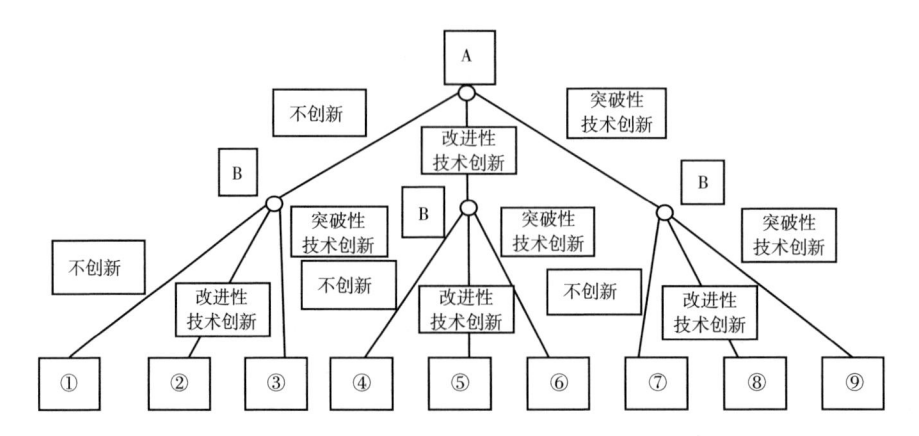

图 2　核心企业 A 和非核心企业 B 技术创新动态博弈模型

表 1　九种博弈结局下的核心企业 A 和非核心企业 B 的利润函数

博弈结局	核心企业 A	非核心企业 B
①不创新，不创新	$\pi_{A1} = q_A(a - q_A - q_B - c)$	$\pi_{B1} = q_B(a - q_A - q_B - c)$
②不创新，改进性技术创新	$\pi_{A2} = q_A(a - q_A - q_B - c)$	$\pi_{B2} = q_B(a - q_A - q_B - c + p_{B1}b_{B1}c_B) - c_B$
③不创新，突破性技术创新	$\pi_{A3} = q_A(a - q_A - q_B - c)$	$\pi_{B3} = q_B(a - q_A - q_B - c + p_{B2}b_{B2}c_B) - c_B$
④改进性技术创新，不创新	$\pi_{A4} = q_A(a - q_A - q_B - c + p_{A1}b_{A1}c_A) - c_A$	$\pi_{B4} = q_B(a - q_A - q_B - c)$
⑤改进性技术创新，改进性技术创新	$\pi_{A5} = q_A(a - q_A - q_B - c + p_{A1}b_{A1}c_A) - c_A$	$\pi_{B5} = q_B(a - q_A - q_B - c + p_{B1}b_{B1}c_B) - c_B$
⑥改进性技术创新，突破性技术创新	$\pi_{A6} = q_A(a - q_A - q_B - c + p_{A1}b_{A1}c_A) - c_A$	$\pi_{B6} = q_B(a - q_A - q_B - c + p_{B2}b_{B2}c_B) - c_B$
⑦突破性技术创新，不创新	$\pi_{A7} = q_A(a - q_A - q_B - c + p_{A2}b_{A2}c_A) - c_A$	$\pi_{B7} = q_B(a - q_A - q_B - c)$
⑧突破性技术创新，改进性技术创新	$\pi_{A8} = q_A(a - q_A - q_B - c + p_{A2}b_{A2}c_A) - c_A$	$\pi_{B8} = q_B(a - q_A - q_B - c + p_{B1}b_{B1}c_B) - c_B$
⑨突破性技术创新，突破性技术创新	$\pi_{A9} = q_A(a - q_A - q_B - c + p_{A2}b_{A2}c_A) - c_A$	$\pi_{B9} = q_B(a - q_A - q_B - c + p_{B2}b_{B2}c_B) - c_B$

（二）模型推导

利用逆向归纳法，通过求解，比较不同策略组合下核心企业 A 和非核心企业 B 的利润，推导博弈结果。

1. 当核心企业 A 选择不创新时，非核心企业 B 的技术创新选择

根据前面讨论的斯坦克尔伯格博弈模型，在核心企业 A 和非核心企业 B 都不创新的情况下，得出的子博弈精炼纳什均衡产量结果为 $\{\frac{1}{2}(a-c), \frac{1}{4}(a-c)\}$，对应的核心企业 A 和非核心企业 B 的利润分别为：$\pi_{A1}^* = \frac{1}{8}(a-c)^2$，$\pi_{B1}^* = \frac{1}{16}(a-c)^2$。

当核心企业 A 选择不创新，非核心企业 B 选择改进性技术创新时，企业 A、B 的利润函数分别为 $\pi_{A2} = q_A(a - q_A - q_B - c)$ 和 $\pi_{B2} = q_B(a - q_A - q_B - c + p_{B1}b_{B1}c_B) - c_B$，假定 c_B 已给定，则根据斯坦克尔伯格博弈模型，求得企业 A、B 在 A 先行动的情况下的均衡产量为：

$$q_{A2}^* = \frac{1}{2}(a - c - p_{B1}b_{B1}c_B), q_{B2}^* = \frac{1}{4}(a - c + 3p_{B1}b_{B1}c_B)$$

在均衡状态下企业 A、B 的利润函数为：

$$\pi_{A2}^* = \frac{1}{8}(a - c - p_{B1}b_{B1}c_B)^2, \pi_{B2}^* = \frac{1}{16}(a - c + 3p_{B1}b_{B1}c_B)^2 - c_B$$

当核心企业 A 选择不创新，非核心企业 B 选择突破性技术创新时，企业 A、B 的利润函数分别为 $\pi_{A3} = q_A(a - q_A - q_B - c)$ 和 $\pi_{B3} = q_B(a - q_A - q_B - c + p_{B2}b_{B2}c_B) - c_B$，重复上述计算推导过程得：

$$q_{A3}^* = \frac{1}{2}(a - c - p_{B2}b_{B2}c_B), q_{B3}^* = \frac{1}{4}(a - c + 3p_{B2}b_{B2}c_B)$$

$$\pi_{A3}^* = \frac{1}{8}(a - c - p_{B2}b_{B2}c_B)^2, \pi_{B3}^* = \frac{1}{16}(a - c + 3p_{B2}b_{B2}c_B)^2 - c_B$$

当核心企业 A 选择不创新时，非核心企业 B 选择不同创新行为时两个企业的最佳产量及最大利润如表 2 所示。

表 2　当核心企业 A 选择不创新时，非核心企业 B 选择不同创新行为时两个企业的最佳产量及最大利润

策略组合	企业	最佳产量	最大利润
①不创新,不创新	核心企业 A	$\frac{1}{2}(a-c)$	$\frac{1}{8}(a-c)^2$
	非核心企业 B	$\frac{1}{4}(a-c)$	$\frac{1}{16}(a-c)^2$
②不创新,改进性技术创新	核心企业 A	$\frac{1}{2}(a-c-p_{B1}b_{B1}c_B)$	$\frac{1}{8}(a-c-p_{B1}b_{B1}c_B)^2$
	非核心企业 B	$\frac{1}{4}(a-c+3p_{B1}b_{B1}c_B)$	$\frac{1}{16}(a-c+3p_{B1}b_{B1}c_B)^2 - c_B$
③不创新,突破性技术创新	核心企业 A	$\frac{1}{2}(a-c-p_{B2}b_{B2}c_B)$	$\frac{1}{8}(a-c-p_{B2}b_{B2}c_B)^2$
	非核心企业 B	$\frac{1}{4}(a-c+3p_{B2}b_{B2}c_B)$	$\frac{1}{16}(a-c+3p_{B2}b_{B2}c_B)^2 - c_B$

现在我们来分析当核心企业 A 选择不创新时，非核心企业 B 的选择。比较 π_{B1}^*、π_{B2}^*、π_{B3}^* 值的大小。当 $p_{B1}b_{B1}=0$ 和 $p_{B2}b_{B2}=0$ 时，非核心企业 B 肯定选择不创新。当 $p_{B1}b_{B1} \neq 0$ 或 $p_{B2}b_{B2} \neq 0$，$c_B \leq \frac{16-6(a-c)p_{B1}b_{B1}}{9p_{B1}^2 b_{B1}^2}$，且当 $c_B \leq \frac{16-6(a-c)p_{B2}b_{B2}}{9p_{B2}^2 b_{B2}^2}$ 时，非核心企业 B 在核心企业 A 选择不创新的情况下，选择不创新；当 $c_B \geq \frac{16-6(a-c)p_{B1}b_{B1}}{9p_{B1}^2 b_{B1}^2}$ 或 $c_B \geq \frac{16-6(a-c)p_{B2}b_{B2}}{9p_{B2}^2 b_{B2}^2}$ 时，非核心企业 B 选择技术创新，若 $p_{B1}b_{B1} \geq p_{B2}b_{B2}$，则非核心企业 B 选择改进性技术创新，若 $p_{B1}b_{B1} < p_{B2}b_{B2}$，则非核心企业 B 选择突破性技术创新。

2. 当核心企业 A 选择改进性技术创新时，非核心企业 B 的技术创新选择

当核心企业 A 选择改进性技术创新时，非核心企业 B 选择不同创新行为时两个企业的最佳产量及最大利润如表 3 所示。

比较 π_{B4}^*、π_{B5}^*、π_{B6}^* 值的大小。当 $p_{B1}b_{B1}=0$ 和 $p_{B2}b_{B2}=0$ 时，非核心企业 B 肯定选择不创新。假设 $p_{B1}b_{B1} \neq 0$ 或 $p_{B2}b_{B2} \neq 0$，当 $c_B \leq \frac{16-6(a-c-2p_{A1}b_{A1}c_A)p_{B1}b_{B1}}{9p_{B1}^2 b_{B1}^2}$，且 $c_B \leq \frac{16-6(a-c-2p_{A1}b_{A1}c_A)p_{B2}b_{B2}}{9p_{B2}^2 b_{B2}^2}$ 时，

表3 当核心企业 A 选择改进性技术创新时，非核心企业 B 选择不同创新行为时两个企业的最佳产量及最大利润

策略组合	企业	最佳产量	最大利润
④改进性技术创新,不创新	核心企业 A	$\frac{1}{2}(a-c+2p_{A1}b_{A1}c_A)$	$\frac{1}{8}(a-c+2p_{A1}b_{A1}c_A)^2 - c_A$
	非核心企业 B	$\frac{1}{4}(a-c-2p_{A1}b_{A1}c_A)$	$\frac{1}{16}(a-c-2p_{A1}b_{A1}c_A)^2$
⑤改进性技术创新,改进性技术创新	核心企业 A	$\frac{1}{2}(a-c+2p_{A1}b_{A1}c_A - p_{B1}b_{B1}c_B)$	$\frac{1}{8}(a-c+2p_{A1}b_{A1}c_A - p_{B1}b_{B1}c_B)^2 - c_A$
	非核心企业 B	$\frac{1}{4}(a-c-2p_{A1}b_{A1}c_A + 3p_{B1}b_{B1}c_B)$	$\frac{1}{16}(a-c-2p_{A1}b_{A1}c_A + 3p_{B1}b_{B1}c_B)^2 - c_B$
⑥改进性技术创新,突破性技术创新	核心企业 A	$\frac{1}{2}(a-c+2p_{A1}b_{A1}c_A - p_{B2}b_{B2}c_B)$	$\frac{1}{8}(a-c+2p_{A1}b_{A1}c_A - p_{B2}b_{B2}c_B)^2 - c_A$
	非核心企业 B	$\frac{1}{4}(a-c-2p_{A1}b_{A1}c_A + 3p_{B2}b_{B2}c_B)$	$\frac{1}{16}(a-c-2p_{A1}b_{A1}c_A + 3p_{B2}b_{B2}c_B)^2 - c_B$

非核心企业 B 在核心企业 A 选择改进性技术创新的情况下，选择不创新；当 $c_B > \frac{16 - 6(a-c-2p_{A1}b_{A1}c_A)p_{B1}b_{B1}}{9p_{B1}^2 b_{B1}^2}$，或 $c_B > \frac{16 - 6(a-c-2p_{A1}b_{A1}c_A)p_{B2}b_{B2}}{9p_{B2}^2 b_{B2}^2}$ 时，非核心企业 B 选择技术创新，且在 $p_{B1}b_{B1} \geqslant p_{B2}b_{B2}$，同时 $c_B \geqslant \frac{-6(a-c-2p_{A1}b_{A1}c_A)}{9(p_{B1}b_{B1} + p_{B2}b_{B2})}$ 时，非核心企业 B 选择改进性技术创新，否则选择突破性技术创新。

3. 当核心企业 A 选择突破性技术创新时，非核心企业 B 的技术创新选择

当核心企业 A 选择突破性技术创新时，非核心企业 B 选择不同创新行为时两个企业的最佳产量及最大利润如表4所示。

表 4 当核心企业 A 选择突破性技术创新时，非核心企业 B 选择不同创新行为时两个企业的最佳产量及最大利润

策略组合	企业	最佳产量	最大利润
⑦突破性技术创新,不创新	核心企业 A	$\frac{1}{2}(a-c+2p_{A2}b_{A2}c_A)$	$\frac{1}{8}(a-c+2p_{A2}b_{A2}c_A)^2 - c_A$
	非核心企业 B	$\frac{1}{4}(a-c-2p_{A2}b_{A2}c_A)$	$\frac{1}{16}(a-c-2p_{A2}b_{A2}c_A)^2$
⑧突破性技术创新,改进性技术创新	核心企业 A	$\frac{1}{2}(a-c+2p_{A2}b_{A2}c_A - p_{B1}b_{B1}c_B)$	$\frac{1}{8}(a-c+2p_{A2}b_{A2}c_A - p_{B1}b_{B1}c_B)^2 - c_A$
	非核心企业 B	$\frac{1}{4}(a-c-2p_{A2}b_{A2}c_A + 3p_{B1}b_{B1}c_B)$	$\frac{1}{16}(a-c-2p_{A2}b_{A2}c_A + 3p_{B1}b_{B1}c_B)^2 - c_B$
⑨突破性技术创新,突破性技术创新	核心企业 A	$\frac{1}{2}(a-c+2p_{A2}b_{A2}c_A - p_{B2}b_{B2}c_B)$	$\frac{1}{8}(a-c+2p_{A2}b_{A2}c_A - p_{B2}b_{B2}c_B)^2 - c_A$
	非核心企业 B	$\frac{1}{4}(a-c-2p_{A2}b_{A2}c_A + 3p_{B2}b_{B2}c_B)$	$\frac{1}{16}(a-c-2p_{A2}b_{A2}c_A + 3p_{B2}b_{B2}c_B)^2 - c_B$

比较 π_{B7}^*、π_{B8}^*、π_{B9}^* 值的大小。当 $p_{B1}b_{B1}=0$ 和 $p_{B2}b_{B2}=0$ 时，非核心企业 B 肯定选择不创新。假设 $p_{B1}b_{B1} \neq 0$ 或 $p_{B2}b_{B2} \neq 0$，当 $c_B \leq \frac{16-6(a-c-2p_{A2}b_{A2}c_A)p_{B1}b_{B1}}{9p_{B1}^2 b_{B1}^2}$，且 $c_B \leq \frac{16-6(a-c-2p_{A2}b_{A2}c_A)p_{B2}b_{B2}}{9p_{B2}^2 b_{B2}^2}$ 时，非核心企业 B 在核心企业 A 选择突破性技术创新的情况下，选择不创新；当 $c_B > \frac{16-6(a-c-2p_{A2}b_{A2}c_A)p_{B1}b_{B1}}{9p_{B1}^2 b_{B1}^2}$，或 $c_B > \frac{16-6(a-c-2p_{A2}b_{A2}c_A)p_{B2}b_{B2}}{9p_{B2}^2 b_{B2}^2}$ 时，非核心企业 B 选择技术创新，且在 $p_{B1}b_{B1} \geq p_{B2}b_{B2}$，同时 $c_B \geq \frac{-6(a-c-2p_{A2}b_{A2}c_A)}{9(p_{B1}b_{B1}+p_{B2}b_{B2})}$ 时，非核心企业 B 选择改进性技术创新，否则选择突破性技术创新。

三 仿真分析

本文用 Netlogo 仿真技术对核心企业和非核心企业技术创新动态博弈

过程进行分析。仿真图形的横轴表示随时间递增的博弈轮次，范围最大暂定为200轮，循环到技术创新成功率与收益率乘积大概为1时；纵轴表示核心企业和非核心企业在不同博弈结局下所获的最大预期利润。$a-c$代表市场容量，分三类：市场容量较小（$a-c=1$）、市场容量中等（$a-c=10$）、市场容量较大（$a-c=100$）。假设动态博弈过程中核心企业和非核心企业技术创新能力随时间递增，即技术创新成功率与收益率乘积随博弈轮次的增加而递增。通常改进性技术创新相对于突破性技术创新来说较容易，所以拟定改进性技术创新成功率与收益率乘积初始值大于突破性技术创新，但改进性技术创新能力增速没有突破性技术创新能力增速快，假设改进性技术创新能力增速为0.004，突破性技术创新能力增速为0.005。本文将从核心企业和非核心企业技术创新能力比较的三种情况对博弈结果进行仿真，其他参数根据情况分别设置。

（一）核心企业技术创新能力强于非核心企业

相关参数初始值设置为：$p_{A1}b_{A1}=0.015$，$p_{A2}b_{A2}=0.01$，$p_{B1}b_{B1}=0.01$，$p_{B2}b_{B2}=0.005$。当$a-c=1$时，$c_A=2$，$c_B=1$；当$a-c=10$时，$c_A=2$，$c_B=1$；当$a-c=100$时，$c_A=20$，$c_B=10$。仿真结果如图3、图4、图5所示，反映了当核心企业技术创新能力强于非核心企业时，在不同市场容量下，两家企业的技术创新行为选择及利润随技术创新能力增强而变化的情况。

1. 市场容量较小（$a-c=1$）的情况

如图3所示，非核心企业不创新，核心企业在动态博弈进行到155轮，突破性技术创新成功率和收益率乘积为0.785后，技术创新行为由不创新到突破性技术创新。图3表明在市场容量较小时，初期两个企业都不创新，利润保持不变，且核心企业利润大于非核心企业利润，如图3竖线左边反映的情况。当技术创新能力提升到一定程度时，核心企业开始根据自身改进性技术创新和突破性技术创新能力的比较优势，选择合适的技术创新行为，抢占市场，巩固竞争优势，强化在产业集群中的控制力。虽然最初创新投入及新产品、新技术存在适应市场的过程，导致核心企业利润低于非核心企业，但很快便超越非核心企业，且不断增加，与非核心企业的差距越来越大。非核心企业在核心企业进行技术创新的过程中也随之受益，利润提高，如图3竖线右边所示情况。

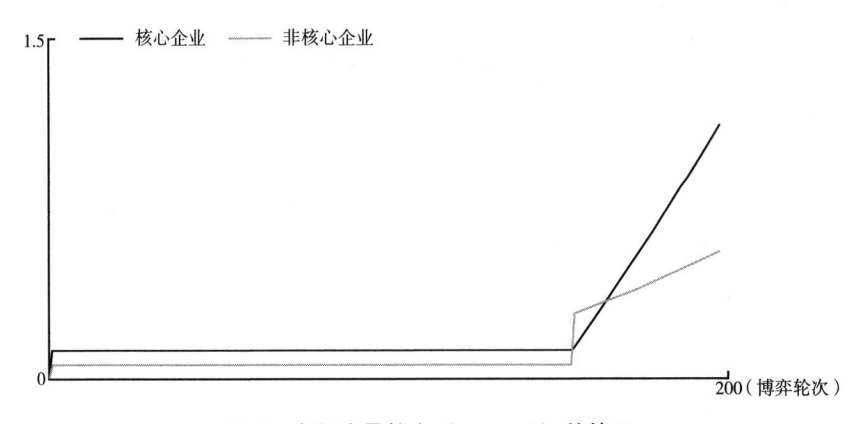

图3　市场容量较小（$a-c=1$）的情况

2. 市场容量达到中等（$a-c=10$）的情况

如图4所示，初期核心企业和非核心企业都不创新，当动态博弈进行到第37轮，核心企业突破性技术创新成功率和收益率乘积为0.195后，技术创新行为由不创新到突破性技术创新。当动态博弈进展到第57轮，非核心企业突破性技术创新成功率和收益率乘积为0.29后，技术创新行为从不创新到突破性技术创新。由图4可以直观地看出，当核心企业技术创新能力强于非核心企业，且在市场容量中等的情况下，两家企业技术创新动态博弈过程可以分三个阶段：第一阶段，两家企业都不创新，利润不变，且核心企业利润大于非核心企业；第二阶段，核心企业创新、非核心企业不创新，核心企业利润递增，非核心企业利润递减；第三阶段，两家企业都进行技术创新。当非核心企业从不创新到创新改变引起核心企业利润波动时，从总体看，核心企业利润递增，非核心企业利润递减，两家企业的利润差距越来越大。

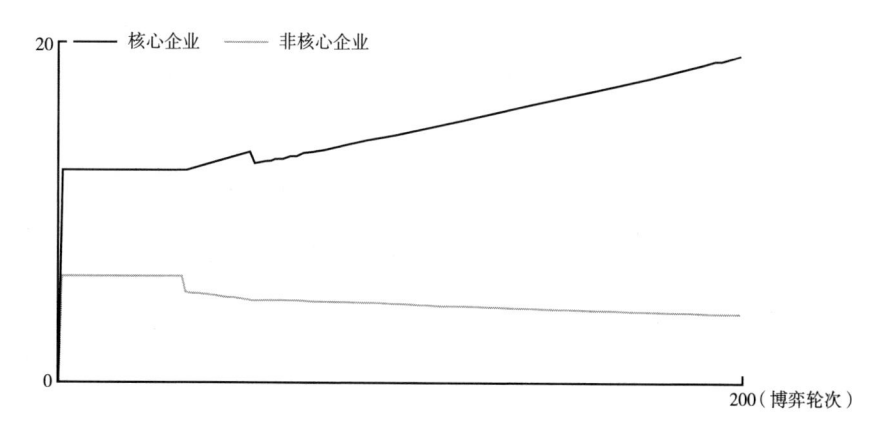

图 4　市场容量达到中等（$a-c=10$）的情况

3. 市场容量达到较大（$a-c=100$）的情况

由图 5 可以看出，无论是核心企业还是非核心企业都很快地选择进行技术创新。在其他条件相同的情况下，当改进性技术创新能力的增速小于突破性技术创新能力时，核心企业和非核心企业都进行突破性技术创新。在这个过程中，核心企业的利润递增，非核心企业的利润递减，且差距越来越大。

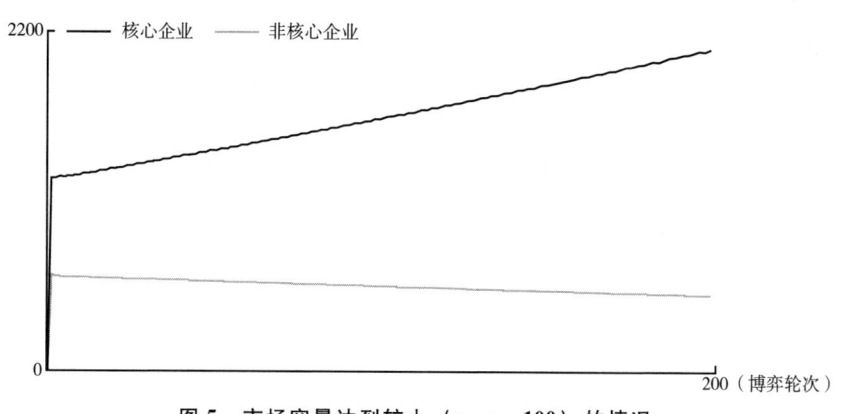

图 5　市场容量达到较大（$a-c=100$）的情况

仿真分析表明：当核心企业技术创新能力强于非核心企业，且其他条件保持不变时，非核心企业永远赶超不了核心企业，核心企业在产业集群网络中的控制力越来越强，最终形成垄断。

（二）核心企业技术创新能力相当于非核心企业

相关参数初始值设置为：$p_{A1} b_{A1} = 0.015$，$p_{A2} b_{A2} = 0.01$，$p_{B1} b_{B1} = 0.015$，$p_{B2} b_{B2} = 0.01$。当 $a - c = 1$ 时，$c_A = 1$，$c_B = 1$；当 $a - c = 10$ 时，$c_A = 2$，$c_B = 2$；当 $a - c = 100$ 时，$c_A = 20$，$c_B = 20$。仿真结果如图6、图7、图8所示，反映了当核心企业技术创新能力相当于非核心企业时，在不同市场容量下，两家企业的技术创新行为选择及利润随技术创新能力增强而变化的情况。

1. 市场容量较小（$a - c = 1$）的情况

如图6所示，核心企业和非核心企业都选择不进行技术创新，利润分别保持不变，核心企业利润大于非核心企业利润。企业在产业集群网络中的位置保持稳定。

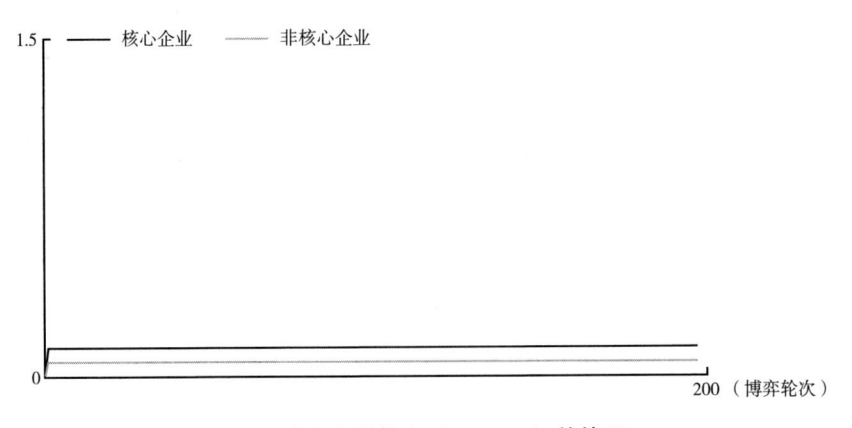

图6　市场容量较小（$a - c = 1$）的情况

2. 市场容量达到中等（$a - c = 10$）的情况

如图7所示，初期核心企业和非核心企业都不创新，当动态博弈进行到第37轮，核心企业突破性技术创新成功率和收益率乘积为0.195后，技术创新行为由不创新到突破性技术创新。当动态博弈进展到第53轮，非核心企业突破性技术创新成功率和收益率乘积为0.275后,技术创新行为由不创新到突破性技术创新。从图7可以直观地看出,当核心企业技术创新能力相当于非核心企业,且在市场容量中等的情况下,两家企业技术创新动态博弈过程可以分三个阶段:第一阶段,两家企业都不创新,利润不变,且核心企业利润大于非核心企业;第二阶段,核心企业创新,非核心企业不创新,核心企业利润递增,非核心企业利润递减;第三阶段,两家企业都进行技术创新。当非核心企业从不创新到创新引起核心企业利润波动时,从总体看,两家企业的利润都递增,但差距仍然越来越大。

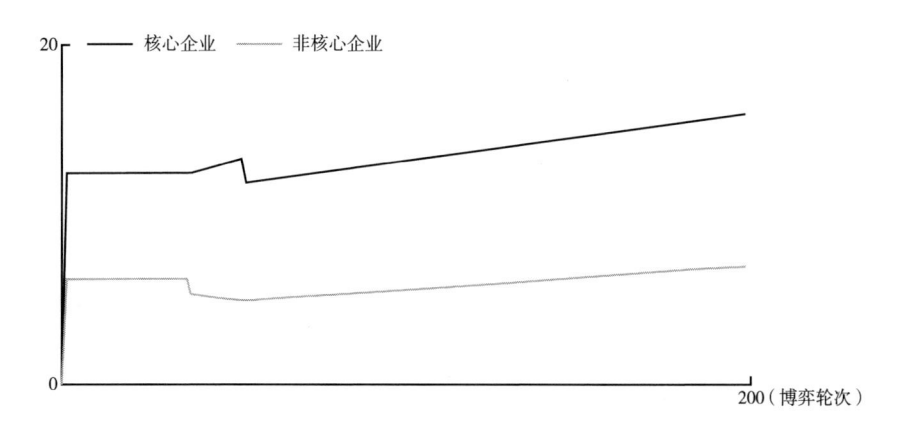

图7 市场容量达到中等 ($a-c=10$) 的情况

3. 市场容量达到较大 ($a-c=100$) 的情况

从图8可以看出,无论是核心企业还是非核心企业都很快地选择进行技术创新。在其他条件相同的情况下,当改进性技术创新能力的增速小于突破性技术创新时,核心企业和非核心企业都进行突破性技术创新。在这个过程中,核心企业的利润递增,非核心企业的利润也递增,但两家企业利润差距越来越大。

仿真分析表明:当核心企业技术创新能力相当于非核心企业,且其他条件保持不变时,两个企业通过技术创新,都可以实现利润的增加、规模的扩大,但由于非核心企业整体实力弱于核心企业,因此非核心企业仍无法撼动核心企业的地位,且与核心企业之间的差距越来越大,无法追赶上核心企业。

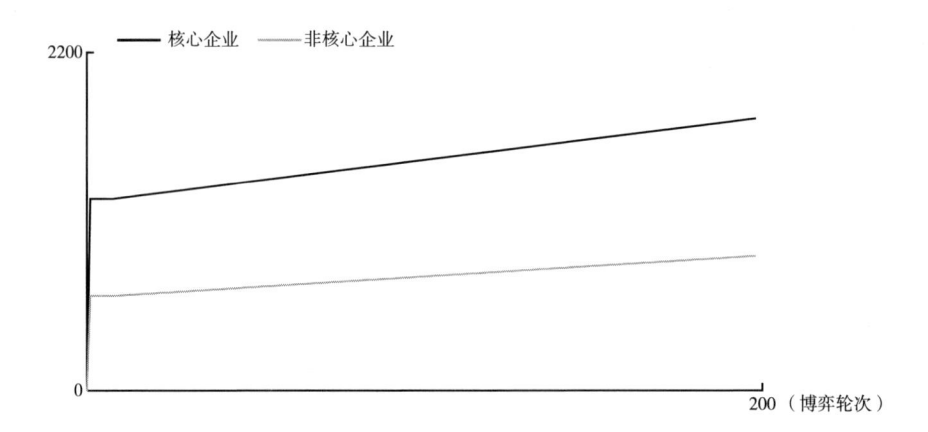

图 8 市场容量达到较大（$a-c=100$）的情况

（三）核心企业技术创新能力弱于非核心企业

相关参数初始值设置为：$p_{A1}b_{A1}=0.01$，$p_{A2}b_{A2}=0.005$，$p_{B1}b_{B1}=0.015$，$p_{B2}b_{B2}=0.01$。当 $a-c=1$ 时，$c_A=1$，$c_B=2$；当 $a-c=10$ 时，$c_A=1$，$c_B=2$；当 $a-c=100$ 时，$c_A=10$，$c_B=20$。仿真结果如图9、图10、图11所示，反映了当核心企业技术创新能力弱于非核心企业时，在不同市场容量下，两个企业技术创新策略选择及利润随技术创新能力增强而变化的情况。

1. 市场容量较小（$a-c=1$）的情况

如图9所示，核心企业不创新，非核心企业在动态博弈进行到157轮，突破性技术创新成功率和收益率乘积为0.795后，技术创新行为由不创新改为突破性技术创新。图9表明在市场容量较小时，初期两个企业都不创新，利润保持不变，且核心企业利润大于非核心企业利润，如图9竖线左边反映的情况。当技术创新能力提升到一定程度，非核心企业开始根据自身改进性技术创新和突破性技术创新能力的比较优势，选择合适的技术创新行为，赶超核心企业。核心企业利润在非核心企业采取技术创新初期递减，然后递增，非核心企业利润在其采取技术创新后递增，如果创新行为一直保持下去，则利润很快便超越核心企业，且差距越来越大，最终会取代核心企业在产业集群网络及市场当中的位置，如图9竖线右边所示情况。

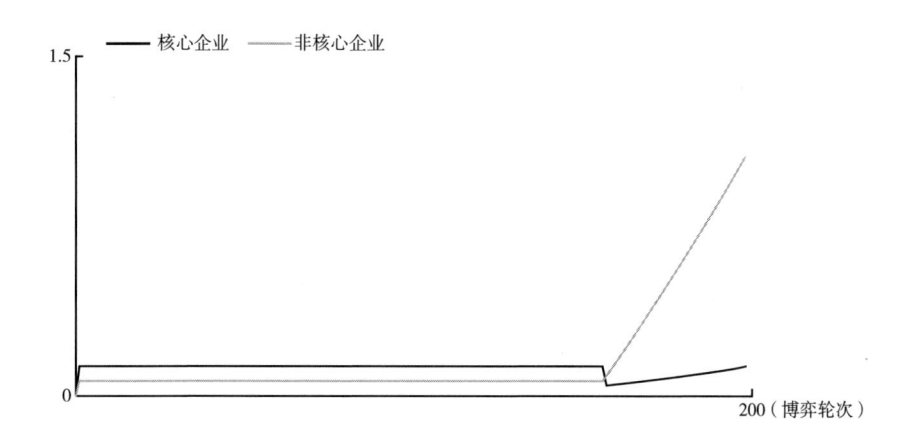

图9 市场容量较小（$a-c=1$）的情况

2. 市场容量达到中等（$a-c=10$）的情况

如图10所示，初期核心企业和非核心企业都不创新，当动态博弈进行到第39轮，核心企业突破性技术创新成功率和收益率乘积为0.2后，技术创新行为由不创新到突破性技术创新。当动态博弈进展到第50轮，非核心企业突破性技术创新成功率和收益率乘积为0.26后，技术创新行为从不创新到突破性技术创新。由图10可以直观地看出，当核心企业技术创新能力弱于非核心企业，且在市场容量中等的情况下，技术创新动态博弈过程可以分三个阶段：第一阶段，两家企业都不创新，利润不变，且核心企业利润大于非核心企业；第二阶段，核心企业创新、非核心企业不创新，核心企业利润递增，非核心企业利润递减；第三阶段，两家企业都进行技术创新。当非核心企业从不创新到创新改变引起核心企业利润波动时，从总体看，核心企业利润不变，非核心企业利润增加，两家企业的利润差距越来越小。

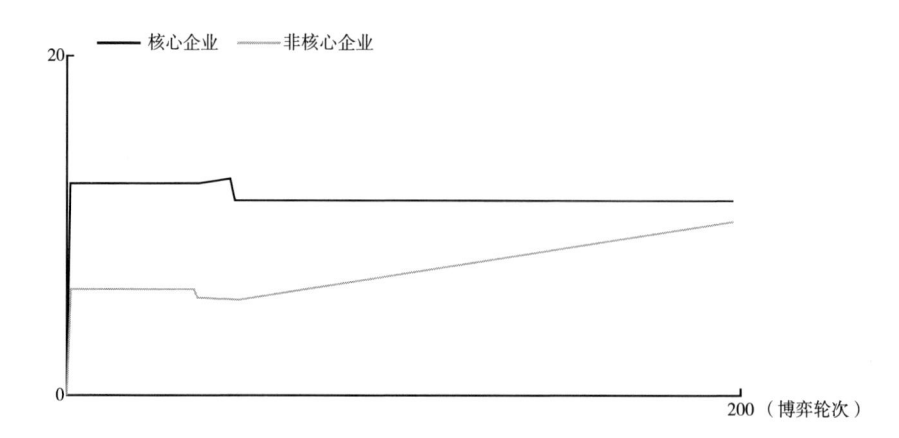

图 10　市场容量达到中等（$a-c=10$）的情况

3. 市场容量达到较大（$a-c=100$）的情况

如图 11 所示，核心企业和非核心企业很快从不创新到突破性技术创新，且长期看来核心企业利润保持不变，非核心企业利润递增，两家企业利润差距越来越小。

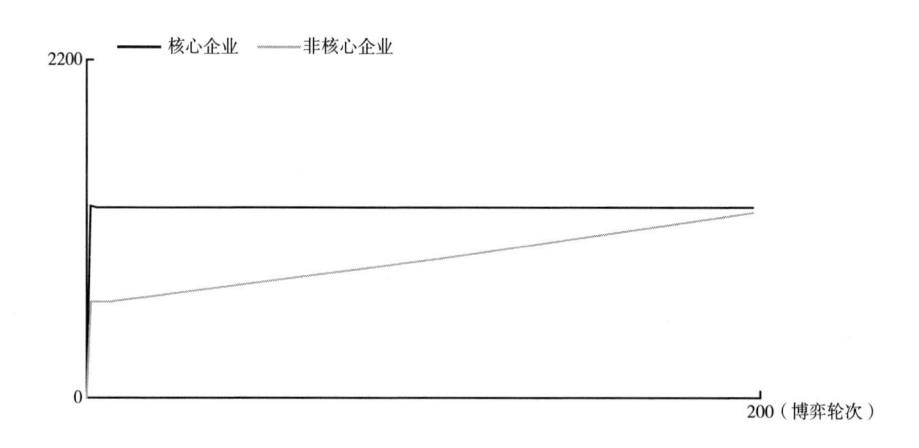

图 11　市场容量达到较大（$a-c=100$）的情况

仿真分析表明：当核心企业技术创新能力弱于非核心企业，且其他条件保持不变时，核心企业获取的利润不变，创新是为了维持市场地位和盈利水平,而非核心企业获得的利润不断增加,与核心企业之间的差距越来越小,非核心企业有可能赶超核心企业。

四 结论

产业集群中核心企业和非核心企业间的技术创新竞争是一种复杂的动态博弈过程,企业会根据不同创新策略下成本与收益的比较,选择使利润最大化的技术创新行为。本文通过动态博弈及仿真分析,得出如下结论。

(一)产业集群中核心企业和非核心企业技术创新行为相互影响、相互促进

根据分析,我们清楚地看到:在产业集群中,核心企业一般先行进行技术创新,而非核心企业所采取的技术创新行为受核心企业的引导和推动,只有当观察到核心企业采取某种技术创新行为获得较大利润后,非核心企业才会根据情况采取适当的技术创新行动。马胜利等(2015)在用静态博弈分析"装备制造产业集群中的知识溢出悖论"时发现中卫型产业集群对技术创新的投入大于实力近乎相当的寡占型产业集群,即核心大企业在促进集群技术创新方面,确实能够起到带动和辐射作用。同时也可以看出:非核心企业的技术创新行为不仅明显地受核心企业的影响,反过来也影响着核心企业获利情况及最终的技术创新行为选择。在以往的研究中大多强调了核心企业对非核心企业的影响,忽略了非核心企业对核心企业及整个产业集群的影响。产业集群网络中企业的技术创新决策绝不是孤立做出的,而是其在预见到自身技术创新行为对竞争企业的影响及竞争企业技术创新行为的反作用力,综合考虑后,采取使企业利润最大化的理性行为。

(二)技术创新能力的相对比较优势是决定企业最终市场地位的关键性因素

王伟光等(2015)认为在知识溢出效应影响下,产业创新网络中的

核心企业控制力一方面可能强化了核心企业对网络中非核心企业（主要是中小企业）的控制；另一方面也使非核心企业有可能逐渐摆脱核心企业的控制。技术创新是核心企业加强控制、非核心企业努力摆脱控制的有效途径。当市场容量达到一定程度后，如果核心企业的技术创新能力比非核心企业强，则两个企业差距会越来越大，核心企业的竞争优势越来越明显，最终形成垄断；如果核心企业和非核心企业技术创新能力相当，则核心企业和非核心企业随着技术创新能力的增强，利润都不断增加，共同发展壮大，但非核心企业仍然无法追赶上核心企业；只有非核心企业技术创新能力强于核心企业时，随着技术创新能力的增强，非核心企业利润快速增加，最终追赶上，甚至超越核心企业，实现逆袭。通过仿真模拟可以看出，在市场竞争中，企业拥有了技术创新能力的相对比较优势，就拥有了主动权，其在整个产业集群网络中的控制力逐渐增强，市场地位也会逐渐提高。

（三）可通过提高技术创新的成功率、收益率及投入水平来提升企业技术创新能力

核心企业和非核心企业技术创新行为的选择由市场的初始状况和企业的技术创新能力决定。本文中企业技术创新能力可由技术创新的成功率、收益率及创新投入水平衡量。企业是否进行技术创新与自身及竞争对手的技术创新能力有关。而提高技术创新能力，就要努力提高技术创新的成功率和收益率，增加技术创新投入，且综合考虑三个因素，而非只提高其中一个。从企业自身来讲，是进行改进性技术创新还是突破性技术创新，只要比较两种形式技术创新能力的相对强弱即可，当突破性技术创新能力超过改进性技术创新能力时，企业才会选择突破性技术创新，所以，要想使我国企业进行突破性技术创新，根本途径是建设有利于突破性技术创新的制度保障机制，使突破性技术创新更容易，更具市场价值。

（四）企业可通过提升突破性技术创新能力实现技术路线跃迁

通常来说，企业技术创新路线都是从不创新到改进性技术创新，再到

突破性技术创新，但在一定条件下，企业技术创新路线是可以跃迁的。当市场容量较小时，突破性技术创新能力强于改进性技术创新能力，并达到一定水平时，企业将直接从不创新到突破性技术创新。核心企业跃迁是为了巩固市场地位，形成垄断；非核心企业跃迁是为了后来居上，逆袭核心企业。曹巍和朱长凤（2004）研究认为：追赶型战略的短期收益比较明显，具有强烈的定向作用，以较小的成本换来较大的提升；长期则趋于被动防守，竞争优势具有刚性且不可持续。本文研究证明：当突破性技术创新能力大于改进性技术创新能力时，企业选择突破性技术创新，否则选择改进性技术创新。选择突破性技术创新可视为企业采取领先型战略，选择改进性技术创新可视为采取追赶型战略。领先型战略的短期成本很高，风险大，具有进攻性的特点，从长期看，收益会更大，由此形成的优势具有更多的柔性，同时拥有更多的选择权。产业集群网络中的企业可以在合适的时机采取领先型战略，通过努力提高突破性技术创新能力，实现技术路线跃迁。

（五）非核心企业可以通过技术创新实现赶超

研究证明：非核心企业赶超核心企业的关键在于获得在技术创新方面的比较优势。尽管非核心企业与核心企业存在很大差距，且核心企业具有先动优势，但非核心企业仍然有很多机会利用后动优势来塑造其内生的技术能力，可以通过采用突破性的新技术进行产品创新和营销创新，以差异化的竞争方式来寻求企业的快速成长（施卓敏，2005；由雷，2016）。当非核心企业技术创新能力超过核心企业后，就有可能追赶，甚至超越核心企业。技术追赶需要企业将外部技术学习、内部R&D能力改进、构筑综合管理技能等共同结合起来（喻金田等，2007）。核心企业与非核心企业在产业集群网络中的位置变化或主导权更迭，一方面表现为非核心企业成长为核心企业的过程；另一方面也可以体现为原有核心企业逐渐被某些有潜力的非核心企业替代的过程，这种企业位置变化诱导推动产业转型升级（王伟光等，2017）。

本文得出的结论与以往学者看中协同或合作创新不同，更强调企业之间在技术创新方面的良性竞争，揭示了产业集群网络中不同位置企业之间的创新行为互动机理，突出了技术创新能力的重要性。存在的研究局限有四：其一，动态博弈模型是基于完美信息、完全理性的假设条件建立的；其二，只考虑了产业集群中有一家核心企业和一家整体实力较弱的非核心企业的情况；其三，所推导的结果是在假设其他条件不变，只改变技术创新能力的前提下得出的；其四，潜在地认为核心企业和非核心企业创新速度相同。所以，要在以后的研究中进一步探讨更为复杂情况下产业集群中核心企业和非核心企业技术创新的相关问题。

参考文献

[1] Porter M. E., "Clusters and the New Economics of Competition," *Harvard Business Review*, 1998 (11/12): 77 – 92.

[2] 吴利学、魏后凯、刘长会：《中国产业集群发展现状及特征》，《经济研究参考》2009年第15期。

[3] Baptista R., Swann G. M. P., "Do Firms in Clusters Innovate More," *Research Policy*, 1998 (27): 525 – 540.

[4] 于斌斌、余雷：《基于演化博弈的集群企业创新模式选择研究》，《科研管理》2015年第4期。

[5] 朱瑞忠：《产业集群中核心企业成长研究》，浙江大学博士学位论文，2007。

[6] 高映红：《基于核心企业的集群网络式创新研究》，武汉理工大学博士学位论文，2010。

[7] Hansen M. T., "Knowledge Networks: Explaining Effective Knowledge Sharing in Multiunit Companies," *Organization Science*, 2002, 13 (3): 232 – 248.

[8] Perks H., Moxey S., "Market – Facing Innovation Networks: How Lead Firms Partition Tasks, Share Resources and Develop Capabilities," *Industrial Marketing Management*, 2011, 40 (8): 1224 – 1237.

[9] Zaheer A., Bell G. G., "Benefiting from Network Position: Firm Capabilities, Structural Holes, and Performance," *Strategic Management Journal*, 2005, 26 (9): 809 – 825.

[10] Adner R., Kapoor R., "Value Creation in Innovation Ecosystems: How the Structure of Technological Interdependence Affects Firm Performance in New

Technology Generations," *Strategic Management Journal*, 2010, 31 (3): 306 – 333.

[11] Spralls S. A., Hunt S. D., Wilcox J. B., "Extranet Use and Building Relationship Capital in Interfirm Distribution Networks: The Role of Extranet Capability," *Journal of Retailing*, 2011, 87 (1): 59 – 74.

[12] 谢永平、党兴华、毛雁征:《技术创新网络核心企业领导力与网络绩效研究》,《预测》2012 年第 5 期, 第 21 ~ 27 页。

[13] 王国红、陈大鹏、刘颖:《有核集群产业集成化过程的演化博弈分析》,《科学学与科学技术管理》2010 年第 9 期, 第 92 ~ 96 页。

[14] 马海涛、方创琳、吴康:《链接与动力: 核心节点助推国家创新网络演进》,《中国软科学》2012 年第 2 期, 第 88 ~ 95 页。

[15] 党兴华、王方:《核心企业知识权力运用对技术创新网络关系治理行为的影响——基于关系能力角度的实证研究》,《科学学与科学技术管理》2012 年第 12 期, 第 77 ~ 86 页。

[16] 李锦飞、向洪玉:《基于平衡计分卡的非核心企业供应链风险分析》,《科技与管理》2011 年第 5 期。

[17] 刘国新、张巍:《非核心企业参与分布式创新网络的风险识别》,《武汉理工大学学报》(信息与管理工程版) 2016 年第 3 期。

[18] 马胜利、王伟光、姜博:《装备制造产业集群中的知识溢出悖论——基于静态博弈的一种分析》,《技术经济与管理研究》2015 年第 7 期。

[19] 向希尧、蔡虹:《试析地理距离与社会距离对知识溢出的影响——基于专利引用研究视角》,《外国经济与管理》2008 年第 11 期, 第 18 ~ 26、42 页。

[20] 钱锡红、杨永福、徐万里:《企业网络位置、吸收能力与创新绩效——一个交互效应模型》,《管理世界》2010 年第 5 期, 第 118 ~ 129 页。

[21] 曹丽莉:《产业集群网络结构的比较研究》,《中国工业经济》2008 年第 8 期, 第 143 ~ 152 页。

[22] 陈力田、许庆瑞、吴志岩:《战略构想、创新搜寻与技术创新能力演化——基于系统动力学的理论建模与仿真研究》,《系统工程理论与实践》2014 年第 7 期, 第 1705 ~ 1719 页。

[23] 吴延兵:《不同所有制企业技术创新能力考察》,《产业经济研究》2014 年第 2 期, 第 53 ~ 64 页。

[24] 陈恒、徐睿姝、付振通:《企业技术创新能力与知识管理能力耦合评价研究》,《经济经纬》2014 年第 1 期, 第 101 ~ 106 页。

[25] 徐建中、曲小瑜:《低碳情境下装备制造企业技术创新行为的影响因素分析》,《科研管理》2015 年第 3 期, 第 29 ~ 37 页。

[26] 曹兴、傅梦韵、张亮:《网络条件下企业技术创新行为选择的仿真研究》,《系统工程》2015 年第 9 期, 第 9 ~ 15 页。

[27] 吴涛:《技术创新风险的分类研究及矩阵分析方法》,《科研管理》1999 年第 2

期，第 41~46 页。
- [28] 宋东林、谢静、薛雯霞：《马尔可夫链在技术创新成功率预测中的应用》，《数学的实践与认识》2009 年第 6 期，第 28~32 页。
- [29] 王立新、李勇、任荣明：《基于灰色多层次方法的企业技术创新风险评估研究》，《系统工程理论与实践》2006 年第 7 期，第 98~104 页。
- [30] 贺俊、王钦、邓洲、文春晖：《技术创新收益机制研究前沿探析》，《外国经济与管理》2012 年第 3 期，第 20~30 页。
- [31] 范波：《基于技术风险的并行研发联盟成员投资策略研究》，《技术经济》2010 年第 4 期，第 12~16、40 页。
- [32] Marvin B. Lieberman, David B. Montgomery, "First-Mover (Dis) Advantages: Retrospective and Link with the Resource-Based View," *Strategic Management Journal*, 1998 (19): 191-232.
- [33] 甄烨、王文利：《混合理性行为下动态古诺博弈模型的演化》，《统计与决策》2016 年第 23 期。
- [34] 马胜利、王伟光、姜博：《装备制造产业集群中的知识溢出悖论——基于静态博弈的一种分析》，《技术经济与管理研究》2015 年第 7 期。
- [35] 王伟光、冯荣凯、尹博：《产业创新网络中核心企业控制力能够促进知识溢出吗？》，《管理世界》2015 年第 6 期。
- [36] 曹巍、朱长风：《领先型 R&D 战略和追赶型 R&D 战略的比较研究——基于对美国和日本经济发展的分析》，《中国矿业大学学报》（社会科学版）2004 年第 4 期。
- [37] 施卓敏：《论寡头企业的先动优势与后动优势》，《学术研究》2005 年第 3 期。
- [38] 由雷：《创新网络中非核心企业技术创新能力评价研究》，辽宁大学博士学位论文，2016。
- [39] 喻金田、皮特、黑尔特等：《后发企业技术追赶微观机理分析》，《研究与发展管理》2007 年第 3 期。
- [40] 王伟光、由雷、臧红敏：《高技术产业创新网络中非核心企业技术创新能力研究——以沈阳市为例》，《科技进步与对策》2017 年第 2 期。

军民专利权转移过程中信息传递障碍及对策研究

黄 达[*]

摘 要：由于国防专利管理制度建设不完善、军民专利权转移中信息交流渠道不畅通等因素，目前军民专利权转移非常少，军民专利大多数只运用于本系统当中。军民专利权双向转移是对军地双方有利的双赢之举，既可以增强民营企业的核心竞争力，还鼓励广大国防专利持有人积极创新。在军民深度融合发展上升为国家战略之后，建立起良好的军民专利权双向转移机制成为打破我国军民科技两大体系分离状态、促进军民专利权资源优化配置的关键一步。

关键词：军民专利权　转移运用　信息传递　机制设计

加快建立军民融合创新体系，就是要拆除军用和民用两大体系之间的壁垒和藩篱。促进双方信息有效共享、技术双向转移，形成军民专利技术权转移机制，是实现军民优势互补、互动共生、融合发展的有力推手。科学技术是第一生产力，在经济建设中发挥着重要作用。专利技术作为科学技术的重要组成部分，自进入经济领域之后，有力推动了我国的经济发展和技术进步。国防专利具有技术含量高、创新价值大的特点，不仅对国防

---

[*] 黄达，军事经济学院博士研究生。

建设有重要作用，而且解密后的国防专利在民用领域仍可以处于领先水平，能够带动高新技术产业发展和传统工业升级改造，产生巨大的经济效益。

一　研究背景和相关文献综述

（一）研究背景

习近平主席在十二届全国人大五次会议解放军代表团全体会议上强调，军队建设要"立足经济社会发展和科技进步的深厚土壤，顺势而为、乘势而上，深入实施军民融合发展战略，开展军民协同创新，推动军民科技基础要素融合，加快建立军民融合创新体系，下更大气力推动科技兴军，坚持向科技创新要战斗力，为我军建设提供强大科技支撑"。国防科技领域是军民融合发展的重点领域，需要军地双方共同发现、开发、运用可服务于国防和经济建设的前沿尖端技术，同时强化军事需求牵引，最大限度实现民用技术转为军用。做好国防科技民用转移这篇大文章，发挥国防科技转移运用最大效益，形成多维一体、协同推进、跨越发展的新兴科技领域融合发展布局。

在军民专利权转移过程中，信息有效传递是军地双方充分了解对方需求的前提，但我国国防专利解密制度尚不完善，从信息传递的起点上无法形成国防专利信息传递内容。国防专利领域的保密性特征，使军民体系之间相互隔离的问题并未完全缓解，国防专利权查询、转移、使用还存在诸多限制。过多强调保密性不利于国防研发机构了解技术发展方向和市场需求，更不利于军民专利权双向转移。国防专利解密，有助于促进军民之间的信息分享和破除信息交流的局限，有助于让更多的科研工作者"站在前人的肩膀上"开展科研工作，大量节省科研人员的人力、物力、精力。推动国防专利向民用领域转移，既能够发挥国防专利对先进民用技术的孵化带动作用，又能使国防专利在民用转移中开拓技术创新领域，进而以创新技术反哺军事技术研究和武器装备建设。

为减少国防专利"重定密、轻解密、解密迟滞"现象带来的不良影响，国防部2017年3月发布消息称，军委装备发展部国防知识产权局集中解密国防专利3000余件，并通过全军武器装备采购信息网进行陆续发布，且30余年来首次发布解密国防专利信息2346件，涉及的领域包括材料、通信、测控、图像处理、飞行器和车辆设计等。本次发布的专利大多不涉及敏感性军事领域，都具有军民两用的显著特征和巨大潜力，这些解密专利将进一步激励谋求进入防务领域的民营企业。该项政策是探索国防知识产权向民用领域转移的重要一步，有助于激活国防领域的优质资源，加快国防专利向民用领域转移步伐。全军武器装备采购信息网的上线，有望进一步打破"民参军"的信息壁垒。

近年来军民技术越发成熟，体制更加完善，军队信息化需求日益增长，为实现军民专利技术转移，建设"国家知识产权运营军民融合特色试点平台"是其中一项重要举措。该平台以国家知识产权战略、创新驱动战略实施为指导，以推进军民深度融合为总目标，按照"政府搭台、多方参与、市场机制、政策引导、资源共享、模式创新"的原则，通过信息资源的全面汇聚、整合和利用，建立知识产权与军民融合的桥梁，打通专利技术与产业实现间的壁垒。

国防科工局和原总装备部联合印发的《关于鼓励和引导民间资本进入国防科技工业领域的实施意见》明确提出，吸引和鼓励民间资本进入国防科技工业领域。这使优秀民营企业"参军"的热情日益高涨，很多有爱国热情和报国之心的民营企业都愿意发挥企业机制、技术、人才等方面的优势，为国防建设做出应有贡献。同时，民营企业希望借助国防知识产权成果，推动民营经济的创新发展，实现双赢，但获取国防专利信息的渠道基本只在个别省份中建立，我国"民参军"获取国防专利信息渠道亟待完善。

（二）相关文献综述

面对国防专利转移问题，许多学者对国防专利制度、国防专利定密解密机制、国防知识产权保护与管理措施以及国防知识产权配置等方面进行了深入研究。国防专利进行保密十分必要，国防专利缺乏有效解密机制是制约国防专利技术从军用向民用领域转移推进的主要因素，武剑等

（2016）基于技术转移对国防专利解密机制进行研究。他们认为通过国防专利解密的有效落实，为国防专利技术向民用领域转移提供重要的机制保证，是及时有效制止国防资源消耗和提高国防资源利用率的重要手段。他们从保密顾问委员会的建立、解密依据、解密流程等方面，分类设计国防专利解密机制，为国防专利向民用领域转移扫除机制障碍。世界发达国家在国防科技转移方面进行了长期探索并取得了许多成就，新常态下我国国防专利转移对实现创新驱动发展战略目标、壮大国防科技工业发展基础均具有至关重要的现实意义。薛亚波（2006）认为，在2006年之前，我国军工技术转移工作取得了巨大成就，国防科技工业部门已向民用部门转移了3万多项军转民技术和产品，在拉动国民经济增长、促进区域经济发展等方面起到了积极作用，但是军工技术转移工作也存在许多问题，主要是产品结构还不够合理，国内外知名品牌较少，在国内外市场，特别是在国际市场中占有一定份额的产品不多等，除了一些垄断性行业外，主导民用产品和支柱民用产品在竞争性行业领域形成品牌并占据市场领先位置的不多，表现出来的是整体竞争力不足。何培育（2015）认为，当前我国国防专利转移面临权利归属、保密机制、转化模式、服务机构等多方面障碍，他从完善相关立法、构建国防专利转移多方联动机制、发挥市场资源配置作用、加强国防专利转移中介服务建设等多方面提出多项举措，以期解决军民融合背景下国防专利转移问题并提出相应对策。

国防知识产权转移是我国深化改革、促进军民融合发展面临的重要课题。对此问题，国内许多学者从不同角度进行了研究和实践，提出了诸多具有建设性的意见，为本文的深入研究提供了大量理论素材。但是学者们的研究和对军民知识产权转移的实践也存在不足，宏观研究解密制度与国防专利向民用领域转移实践较多，而针对微观层面尤其是双向转移、信息发布平台建设以及专利定价机制的研究较少。结合当前民用科技飞速发展、人们专利权意识日益增强、国防知识产权制度改进和国防专利解密与转移新措施，本文针对当前我国军民科技两大体系仍然处于未充分融合状态，两大体系之间存在的突出问题集中在主体间传递信息不完全和信息平台建设不完善方面，探寻建立军民专利权信息交流平台，完善专利权定价机制，促进两者相互转化，优化资源配置，减少军民专利权转移过程中的信息壁垒。

二 打通军民专利权转移信息传递渠道是促进军民深度融合的关键

建立运转良好的军民知识产权双向转移机制是建设创新型国家、实现军民融合深度发展的重要内容之一。国防知识产权是知识产权体系中重要的组成部分,它是指在国防科研、生产、使用、维修和军民两用产品研发过程中产生的创新成果,以及其他能够应用于武器装备和国防建设的发明创造。国防知识产权是国家重要战略资源,是维护国家利益和国防安全的基石。国防知识产权主要包括专利(国防专利)权、技术秘密、集成电路布图设计、计算机软件著作权,国防专利权在整个国防知识产权体系中占据最重要的地位。国防专利本身具有浓厚的国防安全特点,在创造、申请、审查、发表、转让和使用的全过程都有严格的保密规定,严格的保密制度对于维护国家安全利益十分重要,但势必会造成专利权资源的闲置和其他相关资源的消耗。

国防专利成果向民用领域转移是一个复杂的过程,转移过程中涉及国防利益,关乎国家安全,国防专利成果转移到民用领域的第一步就是要跨过"专利解密"这道关口。国防专利不解密或解密迟滞在经济学范畴上应该可以认为是一种对资源的浪费。我国国防专利制度长期存在的严重"重定密、轻解密"思想,使国防专利权主体申请专利解密时往往需要经过严格审批,许多国防专利权主体不敢触碰保密红线。同时有关国防专利审查解密机构无法确定哪些国防专利成果可以解密、降密和民用化,形成符合解密条件的国防专利解密不及时,更加恶化国防专利束之高阁现象。

由于信息共享交流不畅等因素,国防专利大多数仅用于国防工业领域,转化成民用的非常少,使国防专利在向民用领域转移过程中产生"睡美人"现象,既降低了广大国防专利持有主体的创新积极性,又影响到国防专利技术助力国家创新驱动发展、服务国计民生。但是,只有国防专利单向地向民用领域输送不叫融合,军民专利技术唯有双向转移才能长久融合。

一条完整的信息传递链的共性是以信息起源、信息归宿、信息渠道为基本组成要素的，在军民专利权转移过程中，无论是"军转民"还是"民参军"的专利转移，都需要专利提供方发送相关专利信息，由相应的平台取得信息，再由平台整理、归纳后经书面或者电子形式的信息传递通道，向专利接收方和社会各界发送和传递。转移信息流发生互动和循环是军民专利权双向转移过程持续、快速、健康发展的基础。信息传递是一种复杂流通活动，为了能够直观展现，本文将军民专利权转移中的信息传递进行简化处理，如图1所示。

国防领域 —描述、加工、释放传送、检索推送、修正、反馈、建议→ 信息传递平台 → 民用领域

图1 军民专利权转移中信息传递过程

军民专利权转移中信息传递是指军地双方在实际交易中通过某种载体的传递而获得相关专利信息的过程。健全军民专利权信息、畅通军民专利信息双向传递渠道能够收集到更多、更高质量的军民专利信息，这些信息将对军民双方的决策起到参考作用，对转移成功后交易主体间对专利后续开发、市场化和产品化起促进作用，对军民专利权转移管理制度起到优化作用。

由此可见，打通军民专利权转移信息传递渠道在军民融合深度发展过程中起到桥梁纽带作用。在我国探索军民专利权转移新破冰之路时，利用解密国防专利信息、加快国防专利技术转移、促进军民专利技术双向转移是实施国防知识产权战略的重要目标，也是推动形成军民融合深度发展战略的重要内容。在专利转移过程中，发布解密的国防专利信息是一项重要的举措，使军地双方充分获得专利信息，打通军民专利权转移过程中的信息传递渠道是实现军民专利权转移深度融合的关键一步。

三 军民专利权转移过程中信息传递存在的主要问题

我国军民融合深度发展战略加快推进，世界局势对军队战斗力要求日益严峻，军队为了增强自身能力做出了相当程度的努力与探索。军民两用专利作为一项战略资源，促进军民专利权双向转移能使军地双方有效利用对方优势技术，对提高军队战斗力、提升企业竞争力具有非常重要的意义。建立军民专利信息传递渠道是推进军民专利权转移的重要内容。而目前，我国国防专利信息解密发布处于起步阶段，民用专利进入军用领域时面临信息获取较难的不利条件，军民专利权转移过程中存在信息不完备、信息传递平台不完善和信息传递方式较为粗放等不足之处。

（一）信息不完备

信息不完备，指既定交易场合中的行为人掌握有关交易的信息不足够、不充分。信息不完备现象广泛存在于现实的经济活动中，导致了经济活动的效率损失，例如，信息不完备导致交易费用提高以及行为人追求自身约束条件下的利益最大化（也许是一种次优行为，是不同于制度约束的社会福利最大化选择）等。从根源上看，信息不完备源自人的认知能力有限，只要解决人的认知能力有限问题，信息不完备引致的消极外部性就自然得到根除。不过，尽管人的认知能力在不断地提高和增强，但是从未达到完美的境地。企图根除信息不完备的消极外部性是不现实的，可行的方法是尽量减少引发这种外部性的机会主义行为。在促进军民专利权转移过程中建立良好的信息传递平台，使参与交易双方都能获取完善的信息是减少不良外部性的关键步骤之一。

在军民专利权转移过程中，转移主体间也存在许多信息不完备现象。在整个交易过程中可以将交易双方分为专利技术提供方、专利技术接收方。在专利技术提供方和专利技术接收方转移实现之前，与专利相关的信息在主体间充分流动，是实现军民专利权转移交易的重要前提条件。但是，现有的军民专利技术转移交易不完全处于一个信息充分流通的完全竞争市场中，转移过程中双方存在专利信息不完备现象。如果缺乏制度因素制约，双方就会根据自身利益最大化的要求来进行决策，从而会产生偏离帕累托最优效率的选择。在整个军民技术双向转移过程当中，可以归纳出存在于交易主体双方的信息不完备现象，有以下三点。①专利技术核心信息不完备，一般情况下，专利技术提供方掌握着专利详细的技术信息，包括专利技术的核心价值、专利技术成熟度以及后续开发能力等。而作为专利技术接收方，尤其是对民营企业而言，由于军工市场准入的限制以及军地市场环境差异较大，民营企业在获取国防专利信息中面临严重的信息壁垒。民用专利向军用领域转移除准入限制外，还存在专利技术不能完美贴合武器装备需求、民用专利技术价值不能得到充分补偿等问题。此外，民营企业进入国防工业领域之后，在国际市场上交易会受到较大限制等不利影响。这些因素都造成拥有优秀知识产权的民营企业无法或者没有动机获取国防专利权信息，因此，专利技术接收方在获悉技术各项信息内容上处于劣势地位。②专利技术成本信息不完备，专利技术提供方掌握着专利在研发过程中发生的成本信息，在交易过程中处于信息优势一方，而信息优势一方往往利用成本信息优势故意提高转让或许可费用。然而，从专利转移市场开发角度来看，专利技术接收方掌握着产品生产及市场开发的成本信息，对引进的专利技术在后续开发、批量生产以及产业化、商品化等方面的成本信息具有先天优势，在专利交易过程中也会利用生产成本信息优势故意压低转移或许可费用，造成双方为了追求自身利益最大化，无法达成转移交易。成本信息处于转移过程前的研发环节，势必造成双方对成本信息的掌握不全面。③专利市场需求信息不完备，国防专利技术提供方主要由国防工业系统及军队科研生产单位等组成。国防专利权主体对所拥有的国防专利在民用领域的需求并不能完全掌握，在国防专利开发中倾向于从理论创新和军事效益角度来考量专利成果的价值，而对民用市场的实际需求几乎不考虑，必然会导致国防专利在民用领域的潜在市场价值被埋没。作为国防专利接收方，民营企业很难了解国防专利权分布的行业和具体领域。同时，民用专利技术在向国防领域转移时，军工企业缺乏权威途径来获取民用专利信息或者是公布军工企业对民用专利的需求信息，因此，从整体上看，转移双方在技术的市场需求信息上都存在不完备。主体间传递信息不完备的问题，已经成为军民专利权转移过程中的一个突出问题。

（二）信息传递平台不完善

与民用知识产权可在技术交易市场按市场规律参与自由竞争不同，在军民之间缺乏顺畅的信息平台和交易市场，难以推动国防知识产权与民用知识产权相互转移，专业性、针对性强的供需双方宣传活动较少，加之在以往受保密条例约束的国防专利仅在保密范围内公开，国防专利信息仅仅以国防知识产权局定期出版的《国防专利内部通报》为唯一渠道对外发布，使民营企业难以完全了解可利用的国防知识产权。而目前，随着信息技术的快速发展，国防专利信息发布又有了新的渠道，全军武器装备采购信息网。在该平台上发布的信息包括发明名称、专利号、专利权人、摘要和技术核心信息等。另据国防知识产权主管部门介绍，以此为突破口，在未来工作当中，将专门制定国防专利定密解密相关规定，国防专利解密信息定期公布将成为常态化工作。同时，依托全军武器装备采购信息网，还将重点开展国防知识产权门户、国防知识产权信息综合服务平台等的建设，进一步开展梳理、推送、对接等服务。此外，还缺乏相应的以军事需求为牵引机制的民用专利信息发布平台，该平台也需要在建设国防专利信息发布平台之后结合目前国家与军队长远发展计划，以科技兴军为指导原则，促进军民专利技术转移。

（三）信息传递方式较为粗放

随着全军武器装备采购信息网上线，解密后的国防专利拥有了一个全新的网络发布平台，告别以往的纸质媒介时代传播速度低下的弊端。而且随着国防专利解密制度的改革，未来在网络平台上发布国防专利信息，无论是从数量上还是从质量上，都会与以往相比有所改善。但是，当前网络平台传递信息也存在不足之处，仅仅在网络平台上简单地发布解密国防专利的发明名称、专利号、专利权人、摘要和技术核心信息等，并不能有效针对市场需求，精准地向专利技术需求方传递相关专利信息。在建立军民专利权转移信息传递平台过程中，要适当将市场需求牵引纳入信息传递要素考量范围之中，使国防专利能够更好地结合民用市场需求进行优化配置，不要让发布的国防专利信息再次陷入"沉睡"的困境之中。同时，国防科技领域也要认识到目前民用专利技术也愈发先进，加强军民两用技术研发交流，以军地两用、操作性强的具体项目为抓手，借助高科技企业平台建立科技拥军基地等措施是快速提升军队战斗力的有效途径。这就要在信息发布平台上，不仅仅发布国防专利信息，还应分门类、分产业，结合专利发展前景和军地实际需求定向精准发布专利信息。

四 打通军民专利权转移信息传递渠道的政策建议

军民专利权转移是现代中国深化改革的重要举措。围绕防范和化解信息不完备导致的种种机会主义行为及其可能引起的危害，政府、军队及优秀民营企业需要在信息交流技术、制度上不断推陈出新。人们能够利用先进信息技术来迅速、及时、低成本、准确地搜寻、处理和传递信息，从而达到对信息收集的逐渐完备化，以改善信息不完备情形，减少机会主义行为的发生。为了实现军民专利权双向转移，可以从国防专利解密和发布制度建设、定向精准平台搭建以及交易定价机制入手来完善信息传递制度建设。

（一）建立与专利权转移配套的解密机制

使军民专利权实现有效转移的首要工作就是国防专利的解密，并且通过信息发布平台向市场推送国防专利解密信息。可见改善国防专利解密与专利权信息发布机制，是促进军民双方信息共享和进一步促进军民专利权双向转移的必需基础性条件。结合当前国防专利解密机制存在的不足，可以从以下两点入手。一是尽快建立一个由掌握国家战略规划、国防战略和国防建设目标的军队人员，精通国防技术的应用人员和民用领域的高精尖技术领头人组成的解密审查机构；还可以借鉴西方发达国家关于发明保密制度的经验教训，完善我国的保密制度。二是优化国防专利密级标准和扩大信息公开范围。细化国防专利密级标准，可以使国防专利解密工作在一个良好的基础上进行，减少之前因密级标准范围过宽导致的可以解密国防专利而未解密的现象，优化资源配置。而科学技术，尤其是计算机和网络技术的发展在一定程度上缓解了信息传递效率低的问题，因此，建立军民共享信息平台是一项重要举措。2015 年上线的全军武器装备采购信息网，开辟了一条互联网发布国防专利信息的新途径，进一步打破国防专利向民用领域转移的限制。下一步需要针对"民参军"问题构建向国防工业领域发布民用专利技术以及国防工业领域对民用专利技术需求信息的综合平台。

（二）建立信息精准传递平台

现有信息发布平台在信息发布上跨出了重要一步，但还是存在无法以军地需求为导向定点向军地双方精确传递专利技术信息的不足。若不建立信息精准传递平台，粗放式地向市场传递没有经过整理的信息，则会使专利无法吸引专利权购买者，导致专利创造的效益不高，浪费前期的大量投入，无法形成资源最优配置。建立信息精准传递平台是解决信息使用效率不高、使用效果不理想，实现资源优化配置的有力手段。在现有信息发布平台上，结合拥有良好实践基础的地方军民融合专利信息发布平台，在军地专利信息初始传递前，增加转移专利的适用领域、适用行业、预期产品或者预期收益等信息，将其定向投递到该领域的专利信息发布部门。除在信息传递平台发布专利信息外，还可以通过实地调研，实现军地双方协同研究，探究军地双方的实际需求，以提供更加符合军地双方实际需求的专利信息。

（三）建立科学合理的专利权定价和采购机制

信息优势一方出于经济利益的考虑会隐藏信息或者提供虚假信息，但是可以通过建立一种激励机制使信息优势一方出于利益的考虑而做出主动披露信息的行为。制度机制在一定程度上是解决市场失效情况的一种手段，即利用"有形的手"解决信息不完备问题。这种制度设计机理是通过惩罚、奖励等手段来完成的。交易双方为了解决信息不完备问题可以设计多种定价制度和激励制度等。

1. 形成具有动态激励收入模式的专利权收购政策

目前，大部分专利收购以一次支付买断专利权形式进行。由于仍然存在供需双方信息不完备现象，专利权人掌握着专利在研发过程中产生的成本信息或者专利缺陷，在交易过程中专利提供方可能会利用信息优势故意抬高转让或许可费用。而从市场应用角度来看，民营生产企业掌握着产品生产及市场开发的成本信息，对引进的专利技术在二次开发、批量生产以及产业化、商品化等方面具有先天优势，在专利交易过程中也会利用生产成本信息优势故意压低转移或许可费用。这样必然会造成双方在交易过程中效率低下，增加交易成本。而在专利技术形成产品过程中，可能由于专利技术接收方专利获取代价过高，产品竞争力降低，影响接收方效益。此外，如果专利权对于某一行业，甚至某一企业具有战略性意义，则更加会导致专利权价值超高现象，因此，动态激励收入模式可以减少转移双方在专利权收购过程中的摩擦。动态激励收入模式，即专利收购可以由一个初期固定价格支付加上专利转移后按照产品的销售情况再支付给专利出让方一笔激励费用的形式进行。动态激励收入模式可以有效提高转移双方对专利权的交易效率，并促进专利权转移以后的市场化进程，在许多场合下可以有效解决双方关于专利权价值的决定问题。

2. 建立 VCG 竞价模型下的专利权定价机制

现实中，可能有多个意向者想要收购或取得专利权的使用权。传统意义上，多个购买者购买同一个物品，一般认为是价高者得。而现实中的公开投标竞价在有些时候不是效率最佳的选择，例如购买者不愿透露自己参加竞价的信息，或者不愿透露出价信息等。而 VCG 竞价模型，Vickrey - Clarke - Groves 竞价模型，是一种多人竞价下密封竞价形式。其原理是假设对于某一物品，n 个购买者的估价分别为 p_1, p_2, $\cdots$, p_n，从上到下依次递减，若没有购买者 1，则购买者 2 获胜，其报价等于估价 p_2，而其他购买者也没有获胜，所以由于购买者 1 出现，购买者 2 到购买者 n 一共损失的总价值为 p_2，其中购买者 2 损失价值为 p_2，购买者 3 到购买者 n 没有受此影响。这个损失的总价值 p_2 正好是购买者 1 应该支付的价格。与此同时，其他每一位购买者需支付的费用也等于他们对除自身以外的所有购买者所造成的总损失,而现在这些损失总和为0,因为在VCG模型中,购买者2到购买者n的出现与否都不会影响到任何其他购买者的利益。这时就出现了一种针对单个物品拍卖的比较特殊的思考方式,它也是在更加普遍的情况下,鼓励报出真实价格的一项基本原则,即每位购买者的支付价格等于其对其余所有购买者所造成的总损失。

具体到军民专利权转移过程中,其机制设计的内容是专利购买者提交一份关于物品价格的密封竞价信息,但是每个购买者并不了解其他购买者的报价,出价最高的购买者得到专利权,而其支付的价格则是次高的价格,即第二高的价格。VCG竞价模型下的专利权定价机制最大的优势在于它有唯一的占优策略均衡,即在报价均衡状态时,每位购买者的报价等于自身的真实估价(每位购买者说真话,即报价=真实估价)。VCG竞价模型在分配物品时可以达到一种社会最优状态:它向一位购买者收取了因为其加入而给其他购买者造成的损失,并且对购买者给出自身对物品的真实估价的动机。

五 基本结论与研究展望

(一) 基本结论

军民专利权双向转移是促进军民融合深度发展的重要步骤,而在转移过程中,获取充分的信息可以有效减少交易双方信息不完备引发的消极外部性。从总体上看,专利管理制度建设和信息传递平台搭建是共同促进军地双方信息交流共享的有效举措。专利管理制度创新可以有效简化信息,降低交易费用,规范主体的交易行为;信息传递平台优化可以让交易双方低成本地获取有效信息,使交易主体间的信息渐趋完备,从而改善交易主体间的不对称地位,降低机会主义行为的可能性。显然,完善信息传递平台和创新管理制度的良性互动,共同发挥自身作用必定能极大地解决交易主体间信息传递障碍问题。

(二) 研究展望

本文仅以文献分析为主,只研究了军民专利权转移过程中的信息传递障碍问题，为进一步深化研究内容，提高军民知识产权转移效率，还要进行大量的实地验证以及对军民知识产权转移全过程进行研究，以发现军民科技两大体系间信息传递存在的问题，构建更完善的理论框架。

参考文献

[1]〔美〕肯尼斯·阿罗：《信息经济学》，何宝玉、姜忠孝、刘永强译，北京经济学院出版社，1989，第88~99页。

[2] 武剑、郑绍钰：《国防专利技术转移信息不对称及对策研究》，《装备学院学报》2016年第1期，第48~51页。

[3] 旷毓君、翟晓鸣：《"国防专利沉睡"之因及治理之策》，《科技进步与对策》2014年第23期，第138~142页。

[4] 李萍、马曙辉、王蒙：《国防知识产权推广转化平台构建研究》，《国防科技工业》2013年第9期，第27~29页。

[5] 员智凯、桂立昌：《国防科技知识产权保护与管理研究》，《图书馆理论与实践》2006年第6期，第44~46页。

[6] 杜竹元：《保密制度下国防知识产权推广应用的机制》，《国防科技工业》2012年第9期，第50页。

[7] 武剑、郑绍钰、李子冉：《国防专利技术转移自组织形成及培育研究》，《装备学院学报》2015年第1期，第55~58页。

[8] 武剑、郑绍钰、李倩：《基于技术转移的国防专利解密机制研究》，《装备学院学报》2016年第5期，第39~45页。

[9] 宋朝利、宋朝霞：《信息不对称问题解决机制探析》，《石家庄经济学院学报》2011年第5期，第12~14页。

[10] 杨梅兰：《我国国防专利解密制度的检讨与重构》，《南京航空航天大学学报》（社会科学版）2015年第3期，第67~72页。

[11] 薛亚波：《军工技术转移的制约因素和路径选择》，《中国军转民》2006年第9期，第47~50页。

[12] 何培育：《新常态下国防专利转化的现实瓶颈与对策研究》，《科技进步与对策》2015年第22期，第105~109页。

进口能提高企业自主创新能力吗?[*]
——基于企业微观数据与微观专利数据的经验证据

李兵 陈婷 俞峰[**]

摘 要: 在"建设创新型国家"和"促进口代替压出口"的政策背景下,探讨进口与企业创新之间的关联是具有重大现实意义的研究课题。本文利用中国工业企业数据、海关微观数据和专利微观数据合并的 2000~2006 年微观数据库,以专利作为企业创新能力的代理变量,使用双重差分的方法,考察了我国企业及行业进口对创新的影响。研究发现:企业进口促进了专利活动,其促进作用主要体现在纯进口企业。而行业进口竞争效应抑制了企业的技术创新,其抑制作用主要体现在加工贸易企业。进一步来看来自 OECD 国家的进口对企业专利活动的竞争效应更明显,因此,实现加工贸易企业向价值链两端的攀升,协调进口与创新发展战略之间的平衡是我国当前的政策选项。

关键词: 进口 技术创新 专利活动 微观企业数据

---

[*] 本文得到了国家社科基金重大招标项目"转型发展新阶段中国经济增长动力研究"(项目编号:14ZDB120)和北京市自然科学基金项目"进口对企业自主技术创新能力的影响及其机制研究——基于微观专利数据的实证分析"(项目编号:9153022)的资助。感谢中央财经大学国际经济与贸易学院唐宜红、林发勤、符大海、梅冬州、刘悦、周默涵、段玉婉、孙瑾等老师的建议,感谢北京大学光华管理学院刘畅博士的宝贵建议。当然,文责自负。

[**] 李兵,中央财经大学国际经济与贸易学院;陈婷,香港科技大学社会科学部;俞峰,中央财经大学国际经济与贸易学院。

一 引言

2014年9月，习近平同志指出，"实施创新驱动发展战略，最根本的是要增强自主创新能力"[1]。近年来，随着中国的经济开放程度不断提高，2013年我国已经成为第一大货物贸易国、第二大进口国[2]。同时中国已经是研发大国，无论从研发投入还是科研成果看，都已经位居世界前列。2011年，中国超越日本成为研发领域投资额排名第二的国家，并可能在2022年左右超过美国；而中国专利申请量达到52.5万件，已经超过美国[3]。然而，虽然过去30年我国经济发展取得了令世界瞩目的成就，但是现阶段我国经济发展仍处于改革深水区，面临一系列调整。那么，我国进口促进政策对企业创新造成了什么样的影响，进口政策与创新驱动发展战略之间是否协调一致，是现阶段具有重大理论意义及实践价值的科学论题。

鉴于此，Coe 和 Helpman（1995）首创性地对进口贸易溢出效应进行了经验检验，得出发展中国家从进口中获得正溢出效应的结论，简称CH模型。Lichtenberg 和 Potterie（1998）采用不同的方法，进一步证实了上述结论，简称LP模型。自此，CH和LP这两个模型成为贸易技术溢出效应的经典模型。然而，既往有关进口与企业创新之间的研究在很多关键问题上远未能达成共识：有学者认为企业通过学习效应从进口中获益进而促进创新（Goldberg, et al., 2010），而有学者则认为进口带来的竞争效应、低端锁定效应、替代效应会抑制企业创新（Dixit, Stiglitz, 1997；张杰，2015）。究其原因主要在于以下两个方面。

一方面，数据的质量无法满足因果识别的要求。①由于数据获得困难等原因，既往研究大多数将企业生产率的提高作为企业技术进步的测量指

---

[1] 周济：《在实施创新驱动发展战略中勇挑重担建功立业（深入学习贯彻习近平同志系列重要讲话精神）》，《人民日报》2014年9月2日第7版。

[2] 《商务部：2013年中国已成为世界第一货物贸易大国》，2014年3月2日18：49：56，来源：新华网。

[3] 《国际视点：中国成为全球研发新前沿》，《人民日报》2014年1月24日第21版。

标，进行集中考察：本国企业进出口行为是否提高本国企业生产率。而对本国企业贸易行为尤其是进口行为对本国企业技术创新的影响的研究较少。②虽然部分研究使用了专利数量这样直接测量创新能力的指标，但是其通常为国家、省份或者产业层面的加总数据。即使在采用多种数据处理手段之后，也难以避免区群谬误（Ecology Fallacy），进而不能有效区分进口对企业的直接溢出效应和间接溢出效应。

另一方面，因果关系识别的困难：生产率较高的企业更倾向于进口，亦被称为企业"自选择效应"（Self-selection Effect）。简单的回归不能准确识别进口与企业技术进步之间的因果关系。

与既有研究视角不同，本文在中国情境下，从企业、行业两个层面来探究企业进口对创新的直接效应和间接效应，并结合企业异质性理论揭示其可能的作用机理。鉴于上述分析，本文的可能贡献主要为以下三点：一是本文匹配了2000~2006年中国工业企业数据、海关微观数据和专利微观数据，选取了更为合理的企业专利作为企业创新能力的测量指标，来深入探讨企业进口对技术创新的影响；二是使用双重差分（Difference-in-Differences）的方法排除自选择效应，并构造外生工具变量来解决遗漏变量、反向因果、测量误差等内生性问题，以探讨进口与企业创新之间的因果关系；三是首次区分进口的竞争效应与学习效应，探讨进口对企业自主技术创新能力的影响机制。本文研究结论为协调我国当前贸易政策与创新发展战略提供了重要参考依据。

本文余下的结构安排为：第二部分为理论框架与文献综述，第三部分为数据与描述性统计，第四部分为实证模型，第五部分为实证分析，第六部分为结论与讨论。

二 理论框架与文献综述

（一）进口对企业创新影响的研究现状

目前有关进口溢出效应的实证研究结果尚不统一。有研究认为进口能够促进企业技术进步（Amiti，Konings，2007；李小平等，2008；谢建国、周露昭，2009；陈勇兵等，2012）；有研究则不支持这一结论（Acharya，Keller，2008；Vogel，Wagner，2010；刘舜佳，2008；李新等，2013）。究其原因主要在于以下两个方面：①研究进口对技术进步的影响的主流文献多数基于国家或行业层面数据考察进口贸易的溢出效应；②即使采用企业微观层面数据，多数研究也使用企业生产率测量技术进步。

1. 来自宏观数据层面的证据

李小平等（2008）针对行业生产率，将全要素生产率进一步细分为技术进步和技术效率，指出进口能促进行业全要素生产率提高和技术进步。同样，郭峰等（2013）则从省际全要素生产率角度，指出贸易进口通过影响技术进步进而对省际全要素生产率产生正向影响。此外，钱学锋等（2011）从进口种类变化角度考察进口贸易影响制造业全要素生产率的精确机制，发现大部分上游行业进口种类的增加对中国制造业全要素生产率的提高有显著的促进作用，而大部分行业自身进口种类的增加未能有效促进全要素生产率的提高。通过进一步对进口产品种类进行细分，唐保庆等（2011）发现技术与知识密集型服务贸易进口通过国外R&D溢出效应显著促进了全要素生产率、技术效率的提升以及技术进步；而劳动密集型、资本密集型服务贸易进口则得出阴性结果。肖文和林高榜（2011）则表示中国R&D资本积累和资本品进口对中国技术进步具有较显著和较强的正向作用，消费品进口的作用则不明显。

然而，上述文献都是基于宏观层面数据进行的研究，而宏观数据的缺陷之一是无法区分企业在进口贸易中可能存在的自我选择效应和学习效应，从而无法解决自我选择效应造成的内生性问题，导致无法准确判断进口贸易对生产率提升的影响。随着数据可获得性的增强，现在越来越多的学者开始关注微观企业层面的研究。

2. 来自微观数据层面的证据

Topalova和Khandelwal（2011）对印度企业、Altomonte等（2008）对意大利企业、余淼杰（2010）对中国企业等的研究都肯定了贸易进口对企业生产率提高的正向促进作用。同样，Halpern 等（2011）发现企业从非进口转换为进口会促进其全要素生产率提高。Kasahara 和 Rodrigue（2008）、陈勇兵等（2012）则更侧重于研究进口中间品对生产率的影响，并发现进口中间品能显著促进企业生产率提高。Goldberg 等（2010）、Zaclicever 和 Pellandra（2012）、曹亮等（2012）的研究得出了同样的结论。而进口中间品和最终产品究竟是如何影响生产率的，Amiti 和 Konings（2007）以中间品和最终产品进口关税为切入点，估算中间品和最终产品进口关税下降带来生产率的提升幅度。发现较低的最终产品关税会引发更激烈的进口竞争，进而提高生产率，而较低的中间品关税则通过学习效应提高生产率。

然而，与上述研究不同，Vogel 和 Wagner（2010）、赖明勇和袁媛（2005）并未发现进口对企业全要素生产率有明显的促进作用。更有甚者，如 Acharya 和 Keller（2008）发现长期进口自由化降低了本国产业的生产率。来自中国的证据，如刘舜佳（2008）以中国 1952～2006 年 27 个省份的面板数据为基础进行协整检验，实证结果显示国际贸易长期弱化了中国全要素生产率，而且国际贸易同全要素生产率下降构成长期因果关系。进一步从进口产品种类看，Biesebroeck（2003）、王昆和廖涵（2011）、张杰（2015）研究发现，中间品进口通过替代效应和低端锁定效应抑制了企业创新。

显然，有关进口对企业创新的影响未得出一致性结论，体现了进口促进企业创新的复杂性。深入剖析进口对企业创新的影响及作用机制，对调整进口鼓励政策具有重要现实意义。基于此，本文将微观企业数据与微观专利数据在企业层面匹配，并综合运用多种计量经济学方法，全面考察进口对企业自主创新能力的影响及其作用机制。

（二）进口对企业专利活动影响的机理分析

企业进口可以通过向国外客户或竞争对手学习等多种渠道获取技术，进而提高自身创新水平。总体而言，进口对企业创新的影响分为促进效应和抑制效应两个方面。

(1) 促进效应。主要通过学习效应和创新成本减低效应发挥作用。一是学习效应。我国进口地主要为中高收入国家，因此进口商品一定程度上蕴含了国外较先进的生产技术。进口企业通过"干中学"能模仿、吸收、转化先进技术，进而促进企业创新水平的提高，增加专利活动。二是创新成本减低效应。创新活动具有高风险性和不确定性，企业为了获得自主创新能力就必须投入大量财力、物力和人力。自中国加入WTO后，我国进口壁垒大幅降低，降低了进口成本，促进了多样化产品进口，提高了企业利润，从而为企业创新提供了更丰富的资金来源，激发企业的创新活动。

(2) 抑制效应。其主要通过替代效应和低端锁定效应发挥作用。一是替代效应。长期来看，中国企业"为出口而进口"的策略很有可能会造成国外高技术产品对国内产品的替代。特别在中国加入WTO、贸易自由化的情景下，进口贸易成本的降低会加剧企业由"创造"向"购买"转变，从而削弱企业进行专利活动和提升自主创新能力的内在动力。二是低端锁定效应。我国出口的产品多数是具有低成本优势的技术成熟型或劳动密集型产品，在出口企业被国际大购买商和跨国公司主导的全球价值链所"俘获"的情形下，有可能迫使我国出口企业被锁定在生产成本较低型的生产模式和技术路径上，进而抑制我国企业的自主创新。

此外，Liu等（2014）发现行业层面的进口自由化（关税下降）抑制了国内企业的创新活动（发明专利权减少）。可见，进口企业还可能通过竞争效应抑制同行业企业的创新。而既有文献对行业进口对专利数量的影响研究无法区分是企业进口带来直接外溢效应，还是企业从其他进口企业学习得来间接外溢效应，因此，区分行业层面与企业层面进口对企业创新的不同影响，也就是区分了进口的"直接效应"和"间接效应"。虽然，Bloom等（2011）使用企业微观数据和专利数据进行研究区分了竞争效应和学习效应，发现来自中国的进口企业通过学习效应促进了欧盟企业创新成果增加，而通过竞争效应使同行企业利润减少，但是迄今为止还没有针对中国的类似研究。综上分析，本文认为进口对企业创新的影响并不是一成不变的，而是受到促进效应和抑制效应的影响。从中国情形来看，随着我国创新能力的提高，与国外先进技术之间的"差距"在缩小，因此，整体而言，企业能够通过学习效应从进口中获益，进而促进创新。进一步，不同贸易形式企业的进口性质差异会导致进口具有不同效应。一般而言，加工贸易企业处于全球价值链的低端生产制造环节，以劳动密集型组装加工的生产方式为主，因此更容易受到替代效应和低端锁定效应的影响，不利于企业创新。此外，行业进口竞争会抑制企业的创新活动。由于学习是一个过程，而不是即刻效果，因此进口不同技术含量产品对企业的竞争效应产生不同影响。来自 OECD 国家的进口产品蕴含的技术含量较高，较难在短时间内被企业模仿、吸收，进而加剧市场竞争。

三　数据与描述性统计

（一）数据来源

本文数据来源为海关的贸易数据库、国家知识产权局的专利数据库和国家统计局的工业企业数据库，通过匹配上述数据库，我们构建了本文实证分析的微观数据库。

本文所使用的企业特征及财务数据来自 1998～2007 年中国工业企业数据库，该数据库包含由国家统计局收集的年销售额在 500 万元人民币以上的全部工业企业以及全部国有工业企业的数据[①]。国家统计局使用此数据加总成《中国统计年鉴》中工业经济部分的各种指标。我们也将这些原始数据加总之后与《中国统计年鉴》中的各项指标比较，发现没有显著差异，从而确认了数据的可靠性。该数据库的优点是样本大、指标多、时间长，包括"采掘业"、"制造业"和"电力、燃气及水的生产和供应业"三大类 40 多个两位数行业、500 多个四位数行业，数十个指标，共 187 万个年度企业样本，包含样本企业数量由 1998 年的 27 万家至 2007 年的 31 万家不等。这套数据目前已被国内外经济学者广泛使

---

① 海外学者经常翻译成 "Chinese Industrial Enterprise Database"，或者 "China Annual Survey of Industrial Firms/Enterprises"。

用，研究成果也已经发表在国内外顶级期刊上，例如，*American Economic Review*（如Song, et al., 2011）、*Quarterly Journal of Economics*（如Klenow和Hsieh, 2009）和《经济研究》①等。我们参考了之前学者对工业企业数据库的处理方法（Cai, et al., 2005；聂辉华、贾瑞雪, 2011；Brandt, et al., 2012），删除了满足以下任意一条的观测值：①总收入、就业人数、固定资产、总销售额、中间产品价值、出口额中至少一项为负；②就业人数小于8人；③总销售额小于出口额，流动资产大于总资产，总固定资产大于总资产，固定资产净值大于总资产；④在样本期内出现次数小于等于3次的企业。最终用于分析的样本包括了382300家企业、1934867个观测值。另外，我们还通过企业法人代码和企业名称等信息重新链接了企业面板②，将观测值中出口交货缺省的值标记为非出口企业，并对主要变量采取了1%的收尾（Winsorize）处理。本文所使用的企业专利数据来自《中国专利数据库文摘1985—2012（光碟版）》。该数据库收录了自1985年专利法实施以来国家知识产权局授予的所有专利信息，近770万条记录。我们将数据库中专利层面的数据按企业年份加总，计算出1998~2007年每个企业累计申请专利数和当年申请专利数。按国际通行的专利分类，中国的专利系统也包括了发明专利、实用新型专利和外观设计专利三种。三种专利的研发难度、价值、审核流程，以及保护期均存在明显不同。发明专利是方法上的创新，一般来说，发明专利研发难度最大，授权标准最高，权利稳定性最强，费用最高，审查耗时最长，一旦授权也最有价值。实用新型专利的申请费用较低，技术门槛相对较低，授权可能性非常高，成功申请带来的经济收益也较低。外观设计专利的申请量是三种专利中最多的，主要原因是开发成本较低，技术要求不高，授权也相对容易。本文所使用的贸易方式数据来自2000~2006年中国海关数据库。该数据库以美元计价，基于国际通行的《协调商品名称与编码体系》HS8位码对产品进行分类，详细记录了每一笔进出口交易，包含了每个企业出口到每一个目

---

① 最近的研究如龚关和胡关亮（2013）关于中国制造业企业的进入退出与生产率动态演化的讨论；毛其淋和盛斌（2013）对于中国制造业产品替代性与生产率的讨论。
② 此处的处理方法参照了Brandt等（2012）。

的地市场的每一个 HS8 位码的商品金额及贸易类型。为了将其与工业企业数据和专利数据合并，我们首先按年对各企业的海关数据进行加总，然后根据企业名称进行匹配。从最后合并的数据来看，匹配上的海关数据出口额（按当年汇率折算）约占当年工业企业出口交货值的 45% 左右，匹配上的海关数据的出口企业（出口交货值大于 0）约占当年出口企业的 50%。匹配质量与以往研究相近。通过合并企业的海关数据，我们可以得知出口企业的贸易方式。

（二）专利数据

自改革开放以来，我国对外经贸活动逐渐活跃。2000 年后，进出口总量分别以每年 26% 和 15% 的增长率稳步发展，虽然受到 2008 年金融危机打击一度降低，但 2009 年后又恢复缓慢增长。与之同步增长的是我国专利活动的总量（见图 1）：自 1985 年中国专利法首次实施以来，中国专利申请量的年平均增长率达 17%。从 2009 年开始，中国已经超越"创新大国"美国成为年度申请总量第一的国家或主权实体［见图 2（a）］。同时，自 1992 年专利法首次修订以来，专利授予量也以每年平均 22% 的增长率稳步增加［见图 2（b）］。

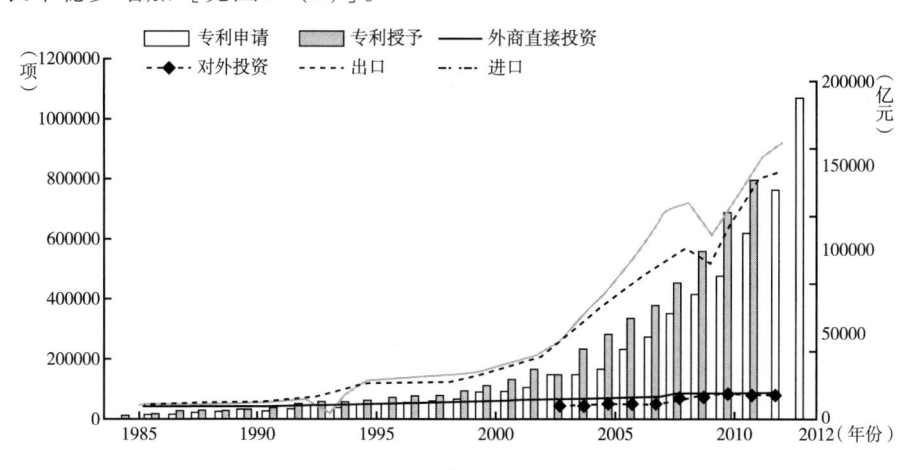

图 1　1985~2012 年中国专利申请情况与对外经济活动

资料来源：国家统计局网站。

(a)

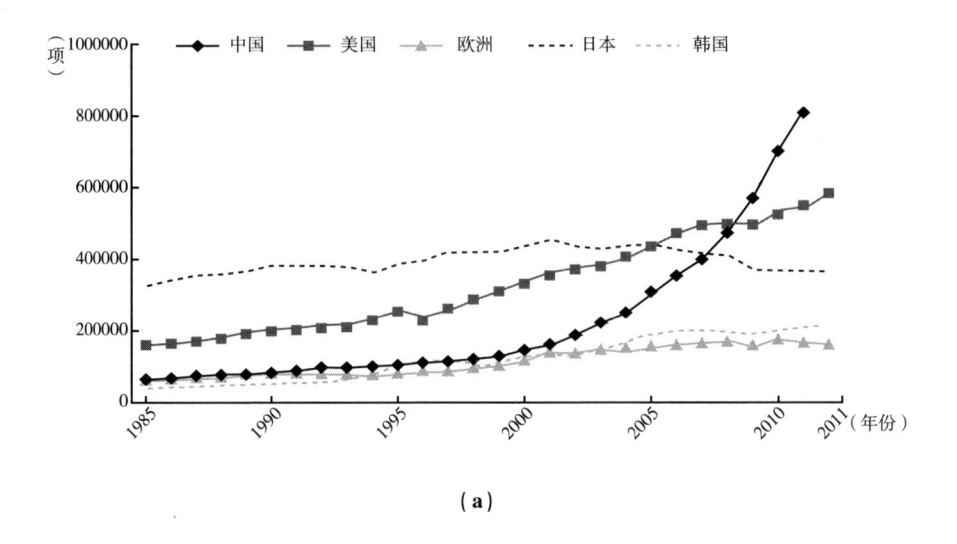

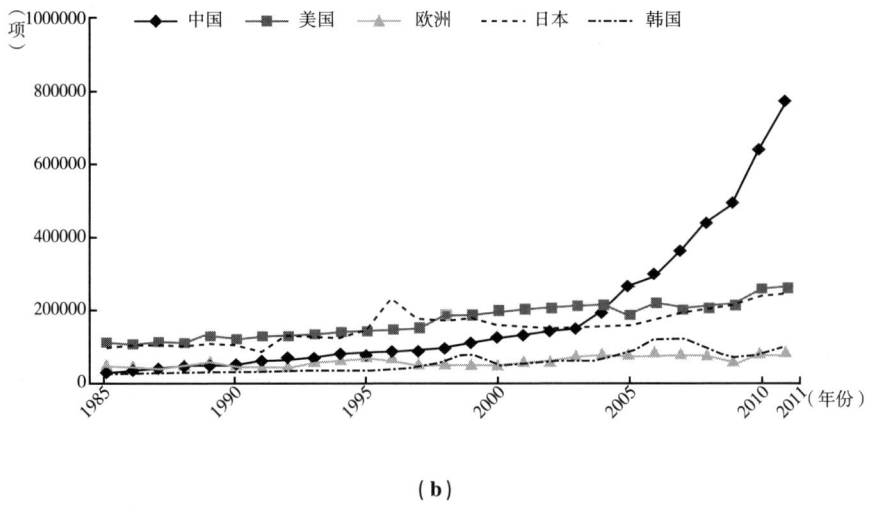

(b)

图2　1985～2011年中国专利申请量与授予量

资料来源：世界知识产权组织（WIPO）网站。

进一步对进口企业与非进口企业的平均专利量做简要的描述性统计（见表1）。从表1可以看出，进口企业的平均专利量比非进口企业高5～10倍。简单T检验的结果显示两类企业平均数的差别在0.001的水平显著。当然，其因果关系的识别还需要进一步的分析。

表 1　2000~2006 年进口企业与非进口企业平均专利量对比

专利类型	进口企业（mI1）	非进口企业（mI0）	mI1 - mI0
发明专利	0.110 (0.019)	0.003 (0.000)	0.107 *** (0.007)
实用新型专利	0.119 (0.005)	0.006 (0.000)	0.113 *** (0.002)
总计	0.229 (0.021)	0.009 (0.000)	0.219 *** (0.008)
企业数量（家）	321985	2338569	—

注：括号中数值为标准差，*** $p < 0.001$。

四　实证模型

（一）变量选择

因变量：创新通常使用的测量指标有专利、新产品、研发投入、生产率（全要素生产率 TFP）等。创新具有高风险性和不确定性，企业为了提高自主创新能力就必须投入更多财力、物力、人力，因此，创新投入更可能会首先体现在对自主研发成果的法律保护上，即专利申请活动，随后付诸实施生产，进而在国内外市场上进行销售，产生利润，最终反映到生产率水平的提升上。可见，专利活动是一个比生产率指标更提前的指标。Crepon、Duguet 和 Mairesse（1998）的研究发现创新产出（专利数量与新产品数量）与 TFP 呈弱相关关系，同时不同规模的企业之间两者的相关性差异较大，因此，TFP 不能有效地作为企业技术创新的代理指标，而 R&D 是一个投入指标，在企业研发效率异质性很强的情况下，这个指标无法测量创新能力（Hall，Mairesse，Mohnen，2010）。此外，新产品本身的定义比较模糊，我们无从得知新产品的"新"指的是新发明的产品、新的外观设计，还是将海外市场产品引入国内市场，抑或对企业自身来说引入了以前未生产过的产品，因此，使用专利数据可以更准确测量企业技术创新能力

(Hall, Harhoff, 2012)。本文拟利用我国1985年至2012年全部5472016项专利权记录数据，研究企业进口对自主创新能力的影响。同时为了便于和既往研究相比较，我们也以TFP为因变量代理指标来进行回归。

自变量：在考察企业进口对技术创新的影响中，我们不仅关心参与进口的企业自身是否实现创新能力的提高，而且更关心的是未参与进口的企业是否也能从中受益。这在以往的研究中非常难以识别。进口的技术外溢效应很难与竞争效应（或者挤出效应）区分开，即使其进口产品在市场上与未参与进口的企业竞争，使这些企业利润下降，甚至生产率水平下降，或者研发投入减少。但是如果这些企业可以从竞争对手中学习，并研发出更好的产品和技术，那么进口仍然具有正的外溢效应，因此，本文中同时纳入企业进口数据和行业进口数据进行区分。其中企业进口用进口额对数表示，而行业进口则依据四位行业代码采用行业进口加总值的对数表示。

控制变量：本文控制了影响企业创新的一系列变量，包括企业资产规模、外资资产比重、港澳台资产比重、国有资产比重和资本劳动率。企业资产规模用企业总资产的对数表示，外资资产比重、港澳台资产比重用外资资产、港澳台资产与企业总资产的比值表示，国有资产比重用国有资产与企业总资产的比值表示，资本劳动率即人均资本占有率，用企业资本与员工人数的比值表示。

（二）模型估计方法

根据Cameron和Trivedi（2005）的研究，企业申请的专利量具有计数变量的特点，符合泊松分布，对此即使对专利数据进行对数变换，普通的OLS估计结果也会产生偏误，因此，本文中为了考察企业进口行为对技术创新的影响，采用极大似然法来设计泊松回归模型。进一步，为了控制不随时间变化的企业异质性对本文结论的影响，我们采用泊松面板模型来考察企业进口后技术创新的变化情况。我们首先使用Hausman检验确定本文合适的固定效应模型，据此构建泊松面板双向固定效应模型以考察企业进口前后期专利申请量的变化。泊松面板双向固定效应模型是一种广义上的双重差分估计模型（Cameron，Trivedi，2005；聂辉华等，2009；周黎安、陈烨，2005）。其在识别处理效应同时利用了样本的横截面变异和时间变异，进而有效控制住不随时间变化同时又无法观察的企业异质性（如企业禀赋），能在一定程度上解决遗漏变量偏误问题。

五　实证分析

（一）总体回归结果

表2反映的是进口对企业技术创新影响的回归结果。由表2可以看出，企业进口额对新专利申请量影响的估计系数为0.039且在常规统计水平上显著，而行业进口额对新专利申请量影响的估计系数显著负相关（-0.186）。回归结果验证了上文的分析，进口产品往往蕴含较高的技术水平，中国进口企业能够通过"干中学"效应在一定程度上提高企业的创新水平。而相反，进口企业对同行业企业带来的竞争效应抑制其创新能力的提高。也就是说，进口产品会在国内市场上与本国企业竞争，导致本国企业市场份额减少，甚至产出绝对减少，利润下降，生产率下降。可见，进口企业确实比非进口企业获得了更多专利，但是行业层面的进口竞争也确实抑制了企业创新能力的提高。

此外，鉴于既往大多数研究以TFP来表示企业的技术进步，本文进一步以TFP为企业技术创新的代理指标进行回归[1]。由模型3和模型4可以看出，企业进口额对全要素生产率的影响系数（0.037 vs 0.006）要明显小于对新专利申请量的影响。而行业进口额对全要素生产率影响显著为正，但是对新专利申请量影响显著为负，这与上文分析相一致，即新专利申请量是较全要素生产率更为提早的一个指标。而全要素生产率的提高不全来自企业的技术创新，使用全要素生产率不能准确反映企业真实的创新能力。

---

[1] 本文在基本回归中的TFP主要参考了聂辉华和贾瑞雪（2011）、余森杰（2011）的文章，使用OP半参数方法估计得到。OP方法的基本思路是以投资作为不可观测的生产率的代理变量进行估计，能有效克服同时性偏差和样本选择性偏差等问题。

表2 2000~2006年企业和行业进口对创新能力的影响

指标	固定效应的泊松回归模型				
	新专利申请量		全要素生产率	
	模型1	模型2	模型3	模型4
企业进口额	0.039*** （0.001）	—	0.037*** （0.001）	0.006*** （0.000）
行业进口额	—	-0.186** （0.008）*	-0.179*** （0.008）	0.013*** （0.001）
外资资产比重	-0.054 （0.047）	-0.039 （0.047）	-0.035 （0.047）	-0.002 （0.008）
港澳台资产比重	0.169*** （0.046）	0.161*** （0.047）	0.168*** （0.047）	-0.003 （0.007）
国有资产比重	-0.085** （0.033）	-0.117*** （0.033）	-0.083* （0.033）	-0.080*** （0.006）
资本劳动率	-0.000*** （0.000）.	-0.000*** （0.000）	-0.000*** （0.000）	0.000*** （0.000）
企业资产规模	0.419*** （0.014）	0.480*** （0.014）	0.423*** （0.015）	0.060*** （0.002）
企业固定效应	Yes	Yes	Yes	Yes
时间固定效应	Yes	Yes	Yes	Yes
观测值	2434195	2434195	2434195	1232696

注：括号内代表稳健标准误，其中 $*p<0.05$，$**p<0.01$，$***p<0.001$；常数项系数未报告。

（二）企业加工贸易方式的影响

在中国，加工贸易是对外贸易的重要特征，也是对外贸易迅速发展的重要原因。由于"两头在外"，以加工贸易方式进口中间品的企业行为有着自身的特征，因此，本文考察不同加工贸易方式对进口促进创新的差异影响。从表3模型1~模型4可知，企业进口额对进口加工企业及纯进口企业专利活动的影响均显著为正，但是对后者的影响更明显，这与既往研究相一致，我国技术进步主要来自对最终产品而不是中间产品的进口（Vogel，Wagner，2010；王昆、廖涵，2011）。同样，Yu（2014）对中国进口行为的研究也发现，随着向发达国家学习、赶超空间逐渐萎缩，中国企业生产率的提高更多地来自对最终产品的进口，而非中间产品。中间产品进口不但对企业创新的促进作用较弱，而且可能因替代效应和低端锁定效应负向影响企业创新（张杰，2015）。行业进口额对纯进口企业专利活动影响不显著，而对进口加工企业出现负效应，这主要与企业的进口目的相关。一般而言，进口加工企业通过进口中间产品来组装产品，进而快速占领市场，追求的是自身生产效率的提高。而纯进口企业进口产品往往更注重产品所带来的技术，进而提高自身的自主创新能力，增强市场核心竞争力，因此，进口在行业层面的竞争效应更多地负向影响了进口加工企业。同样对以 TFP 为创新的代理指标进行回归发现，企业进口额均显著提高了进口加工企业和纯进口企业的生产率，但是影响程度要明显弱于对专利活动的促进作用。

由于不同国家的进口产品有不同的文化、技术水平、技术转移模式和产品特征，这些差异会导致进口溢出效应的国别差异。发达国家企业的所有权优势主要体现为技术优势，而发展中国家企业的优势则体现在非技术方面，因此，进一步将进口地细分为 OECD 国家和非 OECD 国家，来探究进口地异质性对企业进口竞争效应的差异化影响。从模型 5 和模型 6 可得：来自 OECD 国家的行业进口额对专利活动的影响显著为负，而来自非 OECD 国家的行业进口额则对专利活动的影响不显著。这可能由于来自 OECD 国家的进口产品往往具有更高的技术水平，虽然为企业提供了更大的"学习空间"，但是也提高了"模仿壁垒"。进口产品所蕴含的技术更不容易被同行企业进行模仿学习，反而加剧了市场竞争。尤其是在中国企业自身吸收能力尚不足的情形下，来自 OECD 国家进口的竞争效应相比于非 OECD 国家更为明显，这与 Bloom 等（2011）的研究结论相一致。

表 3　2000~2006 年不同企业类型、不同进口地对创新能力的影响

指标	进口加工企业		纯进口企业		不同进口地	
	新专利申请量	全要素生产率	新专利申请量	全要素生产率	新专利申请量	全要素生产率
	模型 1	模型 2	模型 3	模型 4	模型 5	模型 6
企业进口额	0.036 *** （0.002）	0.005 *** （0.000）	0.080 *** （0.006）	0.003 *** （0.001）	0.037 *** （0.001）	0.006 *** （0.000）

续表

指标	进口加工企业		纯进口企业		不同进口地	
	新专利申请量	全要素生产率	新专利申请量	全要素生产率	新专利申请量	全要素生产率
	模型 1	模型 2	模型 3	模型 4	模型 5	模型 6
行业进口额	-0.252*** (0.010)	0.026*** (0.002)	0.067 (0.054)	0.021*** (0.006)	—	—
OECD 国家行业进口额	—	—	—	—	-0.195*** (0.014)	-0.007*** (0.001)
非 OECD 国家行业进口额	—	—	—	—	0.010 (0.015)	0.022*** (0.002)
观测值	256615	231591	40920	33801	2434195	1232696
其他控制变量	Yes	Yes	Yes	Yes	Yes	Yes
企业固定效应	Yes	Yes	Yes	Yes	Yes	Yes
时间固定效应	Yes	Yes	Yes	Yes	Yes	Yes

注：其他控制变量包括企业资产规模、外资资产比重、港澳台资产比重、国有资产比重、资本劳动率；括号内代表稳健标准误，其中 * $p<0.05$，** $p<0.01$，*** $p<0.001$；常数项系数未报告。

（三）稳健性检验

为了考察进口行为对企业技术创新效果评估的可靠性，我们从多个角度设计了稳健性检验方案，具体而言：①使用不同的因变量定义，根据数据可得到性，我们将企业专利进一步细分为发明专利和实用新型专利[①]；②本文借鉴了 Yu 等（2014）的做法，以企业进口关税及行业进口关税为工具变量。表 4 反映的是进口行为对企业不同类型专利活动的影响。整体而言，企业进口额显著促进了各类专利活动，与前期回归分析相一致，表示模型具有稳健性。具体而言，从创新的类别来看，进口行为促进了企业的发明专利和实用新型专利，但是对实用新型专利影响更加显著。这与既有研究相一致，相比于实用新型专利，发明专利创新层次更高。当前中国

---

① 根据文献概念界定，发明专利是从根本上突破现有的技术，建立全新概念的技术平台和新技术标准；而实用新型专利更多的是对现有的产品和技术的延伸，或对现有的技术平台和产品进行改造。

企业通过"干中学"效应在门槛较低的实用新型专利层面已经得到了充分发展（张杰，2015）。

表4 2000～2006年进口竞争对不同类型专利的影响

指标	固定效应的泊松回归模型					
	总专利	发明专利	实用新型专利	总专利	发明专利	实用新型专利
	模型1	模型2	模型3	模型4	模型5	模型6
行业进口额	-0.081*** (0.004)	-0.223* (0.098)	-0.064 (0.069)	-1.310 (0.744)	-1.379 (0.711)	-1.016 (0.583)
行业进口额平方项	—	—	—	0.024 (0.015)	0.025 (0.015)	0.021 (0.012)
企业进口额	0.023*** (0.001)	0.025* (0.010)	0.044*** (0.008)	0.038*** (0.010)	0.026* (0.010)	0.044*** (0.008)
外资资产比重	0.041 (0.029)	-0.004 (0.309)	-0.088 (0.209)	-0.015 (0.214)	0.002 (0.307)	-0.069 (0.208)
港澳台资产比重	0.136*** (0.029)	0.358 (0.327)	-0.021 (0.214)	0.193 (0.234)	0.358 (0.325)	0.012 (0.215)
国有资产比重	0.091*** (0.018)	-0.279 (0.301)	-0.125 (0.142)	-0.069 (0.187)	-0.269 (0.299)	-0.115 (0.140)
资本劳动率	-0.000 (0.000)	-0.000 (0.000)	-0.000 (0.000)	-0.000 (0.000)	-0.000 (0.000)	-0.000 (0.000)
企业资产规模	0.399*** (0.008)	0.492** (0.188)	0.336** (0.105)	0.429** (0.147)	0.497** (0.187)	0.340*** (0.101)
企业固定效应	Yes	Yes	Yes	Yes	Yes	Yes
时间固定效应	Yes	Yes	Yes	Yes	Yes	Yes
观测值	2434195	2434195	2434195	2434195	2434195	2434195

注：括号内代表稳健标准误，其中 $*p<0.05$，$**p<0.01$，$***p<0.001$；常数项系数未报告。

表5是以企业进口关税及行业进口关税作为工具变量的回归结果。根据估计结果，企业进口额估计系数符号与基本估计结果相同，只是对发明专利影响的系数不显著，但符号仍然为正。行业进口额的系数在加入平方项考察竞争效应的非线性时也都与基本结果相同，从而构建工具变量方法也不会影响基本估计结果。

表 5　2000~2006 年进口竞争对不同类型专利的影响（工具变量的结果）

指标	固定效应的泊松回归模型					
	总专利	发明专利	实用新型专利	总专利	发明专利	实用新型专利
	模型 1	模型 2	模型 3	模型 4	模型 5	模型 6
行业进口额	0.088*** (0.024)	0.065** (0.023)	0.022*** (0.003)	-1.525* (0.716)	-1.483* (0.681)	-0.042 (0.105)
行业进口额平方项	—	—	—	0.035* (0.016)	0.034* (0.015)	0.001 (0.002)
企业进口额	0.005** (0.002)	0.002 (0.001)	0.002*** (0.001)	0.005** (0.002)	0.002 (0.001)	0.002*** (0.001)
企业出口额	0.006*** (0.002)	0.004* (0.001)	0.002*** (0.000)	0.006*** (0.002)	0.003* (0.001)	0.002*** (0.000)
外资资产比重	-0.015 (0.033)	-0.007 (0.021)	-0.008 (0.014)	-0.018 (0.033)	-0.009 (0.021)	-0.009 (0.014)
港澳台资产比重	0.033 (0.028)	0.030 (0.018)	0.003 (0.012)	0.033 (0.028)	0.029 (0.018)	0.003 (0.012)
国有资产比重	-0.006 (0.020)	0.001 (0.018)	-0.007 (0.005)	-0.001 (0.021)	0.006 (0.019)	-0.007 (0.005)
资本劳动率	-0.000 (0.000)	-0.000 (0.000)	0.000 (0.000)	-0.000 (0.000)	-0.000 (0.000)	0.000 (0.000)
企业资产规模	0.038*** (0.009)	0.025** (0.008)	0.013*** (0.002)	0.027*** (0.007)	0.015** (0.006)	0.013*** (0.002)
企业固定效应	Yes	Yes	Yes	Yes	Yes	Yes
时间固定效应	Yes	Yes	Yes	Yes	Yes	Yes
观测值	1377980	1377980	1377980	1377980	1377980	1377980

注：括号内代表稳健标准误，其中 *$p<0.05$，**$p<0.01$，***$p<0.001$；常数项系数未报告。

六　结论与讨论

本文利用海关的贸易数据库、国家知识产权局的专利数据库和国家统计局的工业企业数据库匹配构建的微观数据库，在分析和运用工具变量的基础上，结合企业异质性从企业进口、行业进口两个层次出发，实证研究了进口与企业创新活动的因果关系及作用机制。我们发现进口确实促进了企业的专利活动，但是主要体现在纯进口企业。更重要的是，来自行业层面的进口竞争也确实阻碍了企业专利活动。有趣的是，进口的负向竞争效应主要体现在加工贸易企业，并且来自 OECD 国家的进口效应更加明显。这与张杰（2015）的研究结果一致，从事加工贸易的企业的专利均会受到不同程度的进口抑制效应影响，中国当前的进口鼓励政策和创新驱动发展战略之间的冲突性是由加工贸易因素造成的。可见，我国鼓励企业进口的贸易政策是促进企业创新的一个选项。但是，对于加工贸易企业如何实现向价值链两端的攀升，进而从贸易中获益是值得深入探讨的问题。

参考文献

[1] Grossman G. M., Helpman E., "Trade, Knowledge Spillovers, and Growth," *European Economic Review*, 1991, 35 (2): 517 - 526.

[2] Coe D. T., Helpman E., "International R&D Spillovers," *European Economic Review*, 1995, 39 (5): 859 - 887.

[3] Lichtenberg F. R., Pottelsberghe de la Potterie B., "International R&D Spillovers: A Comment," *European Economic Review*, 1998, 42 (8): 1483 - 1491.

[4] 李小平、朱钟棣：《国际贸易、R&D 溢出和生产率增长》，《经济研究》2006 年第 2 期，第 31 ~ 43 页。

[5] 李小平、卢现祥、朱钟棣：《国际贸易、技术进步和中国工业行业的生产率增长》，《经济学》2008 年第 2 期，第 549 ~ 564 页。

[6] 谢建国、周露昭：《进口贸易、吸收能力与国际 R&D 技术溢出：中国省区面板数据的研究》，《世界经济》2009 年第 9 期，第 68 ~ 81 页。

[7] 高凌云、王洛林：《进口贸易与工业行业全要素生产率》，《经济学》2010 年第 2 期，第 391 ~ 414 页。

[8] 郭峰、胡军、洪占卿：《贸易进口和外商直接投资空间溢出效应研究》，《国际贸易问题》2013 年第 11 期，第 125 ~ 135 页。

[9] 唐保庆、陈志和、杨继军：《服务贸易进口是否带来国外 R&D 溢出效应》，《数量经济技术经济研究》2011 年第 5 期，第 94 ~ 109 页。

[10] 肖文、林高榜：《海外研发资本对中国技术进步的知识溢出》，《世界经济》2011 年第 1 期，第 37 ~ 51 页。

[11] Halpern L., Koren M., Szeidl A., Imports and Productivity, Centre for Economic Policy Research, 2006.

[12] Amiti M., Konings J., "Trade Liberalization, Intermediate Inputs, and Productivity: Evidence from Indonesia," *The American Economic Review*, 2007: 1611 – 1638.

[13] Altomonte C., Barattieri A., Rungi A., Import Penetration, Intermediate Inputs and Productivity: Evidence from Italian Firms, Dynreg Discussion Papers, 2008 (23).

[14] Topalova P., Khandelwal A., "Trade Liberalization and Firm Productivity: The Case of India," *Review of Economics and Statistics*, 2011, 93 (3): 995 – 1009.

[15] Kasahara H., Rodrigue J., "Does the Use of Imported Intermediates Increase Productivity? Plant – Level Evidence," *Journal of Development Economics*, 2008, 87 (1): 106 – 118.

[16] Halpern L., Koren M., Szeidl A., Imported Inputs and Productivity, Center for Firms in the Global Economy (CeFiG) Working Papers, 2011.

[17] Goldberg P. K., Khandelwal A. K., Pavcnik N., et al., "Imported Intermediate Inputs and Domestic Product Growth: Evidence from India," *The Quarterly Journal of Economics*, 2010, 125 (4): 1727 – 1767.

[18] 余淼杰：《中国的贸易自由化与制造业企业生产率》，《经济研究》2010年第12期，第97~110页。

[19] 钱学锋、王胜、黄云湖等：《进口种类与中国制造业全要素生产率》，《世界经济》2011年第5期，第3~25页。

[20] 曹亮、王书飞、徐万枝：《中间品进口能提高企业全要素生产率吗——基于倾向评分匹配的经验分析》，《宏观经济研究》2012年第8期，第48~53页。

[21] Zaclicever D., Pellandra A., Imported Inputs, Technological Spillovers and Productivity: Is There Learning-by-Importing? Finn-level Evidence from Urugua, ETSG 2012 Leuven Fourteenth Annual Conference, 13 – 15 September 2012 KU Leuven, 2012.

[22] 陈勇兵、仉荣、曹亮：《中间品进口会促进企业生产率增长吗——基于中国企业微观数据的分析》，《财贸经济》2012年第3期，第76~86页。

[23] 李新、陈勇兵、王书飞：《进口、出口与生产率——基于中国制造业微观企业的实证分析》，《财贸经济》2013年第12期，第101~111页。

[24] Biesebroeck J. V., "Revisiting Some Productivity Debates," *Nber Working Papers*, 2003: 2 – 47.

[25] 赖明勇、袁媛：《R&D、国际技术外溢及人力资本一个经验研究》，《科研管理》2005年第4期，第62~67页。

[26] 谢建国：《外商直接投资对中国的技术溢出———一个基于中国省区面板数据的研究》，《经济学》2006年第3期，第1109~1128页。

[27] 刘舜佳：《国际贸易、FDI和中国全要素生产率下降——基于1952~2006年面板数据的DEA和协整检验》，《数量经济技术经济研究》2008年第11期，第

28~39、55 页。

[28] Acharya R. C., Keller W., Estimating the Productivity Selection and Technology Spillover Effects of Imports, National Bureau of Economic Research, 2008.

[29] Vogel A., Wagner J., "Higher Productivity in Importing German Manufacturing Firms: Self - Selection, Learning from Importing, or Both?" *Review of World Economics*, 2010, 145 (4): 641 - 665.

[30] 王昆、廖涵:《国内投入、中间进口与 FDI 垂直溢出——基于非竞争型投入产出表的实证研究》,《数量经济技术经济研究》2011 年第 1 期, 第 89~103、116 页。

[31] 范红忠:《有效需求规模假说, 研发投入与国家自主创新能力》,《经济研究》2007 年第 3 期, 第 33~44 页。

[32] 王华、赖明勇、柴江艺:《国际技术转移、异质性与中国企业技术创新研究》,《管理世界》2010 年第 12 期, 第 131~142 页。

[33] Seker M., Rodriguez - Delgado J., Imported Intermediate Goods and Product Innovation: Evidence from India, Mimeo, 2011.

[34] 黄志勇:《研发、FDI 和国际贸易对创新能力的影响——基于中国行业数据的实证分析》,《产业经济研究》2013 年第 3 期, 第 84~90 页。

[35] 李习保:《区域创新环境对创新活动效率影响的实证研究》,《数量经济技术经济研究》2007 年第 8 期, 第 13~24 页。

[36] Furman J. L., Porter M. E., Stern S., "The Determinants of National Innovative Capacity," *Research Policy*, 2002, 31 (6): 899 - 933.

[37] 赵彦云、刘思明:《中国专利对经济增长方式影响的实证研究:1988~2008 年》,《数量经济技术经济研究》2011 年第 4 期, 第 34~48 页。

[38] 王静、张西征:《高科技产品进口溢出, 创新能力和生产效率》,《数量经济技术经济研究》2012 年第 9 期, 第 3 页。

[39] Bloom N., Draca M., Van Reenen J., "Trade Induced Technical Change? The Impact of Chinese Imports on Innovation, IT and Productivity," *National Bureau of Economic Research*, 2011.

[40] 杨晓云:《进口中间产品多样性与企业产品创新能力——基于中国制造业微观数据的分析》,《国际贸易问题》2013 年第 10 期, 第 23~33 页。

[41] Dixit, A. K., J. E. Stiglitz., "Monopolistic Competition and Optimum Product Diversity," *American Economic Review*, 1977, 67 (3): 297 - 308.

[42] 张杰:《进口对中国制造业企业专利活动的抑制效应研究》,《中国工业经济》2015 年第 7 期, 第 68~83 页。

[43] Liu Q., Lu R., Lu Y., et al. "Is Free Trade Good or Bad for Innovation," *Workingpaper*, 2014.

[44] Song Z., Storesletten K., Zilibotti F., "Growing Like China," *American Economic*

Review, 2011, 101 (1): 196 - 233.

[45] Crepon, B., Duguet, E., Mairesse, J. Research, "Innovation and Productivity: An Econometric Analysis at the Firm Level," *Economics of Innovation and New Technology*, 1998, 7 (2).

[46] Hall, B. H., Mairesse, J., Mohnen, P., "Measuring the Returns to R&D," *Ssrn Electronic Journal*, 2010, 2 (1).

[47] Hall, B. H., Harhoff, D., "Recent Research on the Economics of Patents," *Annual Review of Economics*, 2012, 4.

[48] Cameron A. C., Trivedi P. K., *Microeconometrics: Methods and Applications* (Cambridge: Cambridge University Press, 2005).

[49] 聂辉华、方明月、李涛:《增值税转型对企业行为和绩效的影响》,《管理世界》2009 年第 5 期,第 17~35 页。

[50] 周黎安、陈烨:《中国农村税费改革的政策效果:基于双重差分模型的估计》,《经济研究》2005 年第 8 期,第 44~53 页。

[51] 聂辉华、贾瑞雪:《中国制造业企业生产率与资源误置》,《世界经济》2011 年第 7 期,第 27~42 页。

[52] Yu, M., "Processing Trade, Tariff Reductions and Firm Productivity: Evidence from Chinese Firms," *The Economic Journal*, 2014, 125 (585): 943 - 988.

[53] Hsieh C. T., Klenow P. J., "Misallocation and Manufacturing TFP in China and India," *Quarterly Journal of Economics*, 2009, 124 (4): 1403 - 1448.

[54] Cai H., Liu Q., Xiao G., "Does Competition Encourage Unethical Behavior? The Case of Corporate Profit Hiding in China," *Social Science Electronic Publishing*, 2005, 44: 1 (Suppl 2): 311 - 312.

[55] Brandt L., Biesebroeck J. V., Zhang Y., "Creative Accounting or Creative Destruction? Firm - level Productivity Growth in Chinese Manufacturing," *Journal of Development Economics*, 2012, 97 (2): 339 - 351.

[56] 龚关、胡关亮:《中国制造业资源配置效率与全要素生产率》,《经济研究》2013 年第 4 期,第 4~15 页。

[57] 毛其淋、盛斌:《中国制造业企业的进入退出与生产率动态演化》,《经济研究》2013 年第 4 期,第 16~29 页。

日本科技创新能力构建的演变及其机制研究

刘兰剑　应海涛[*]

摘　要：截止到2016年，日本共有25位诺贝尔奖获得者，特别是2000年到2016年，平均每年一位，被学者称为"井喷"现象，且2000年到2016年获奖的都是自然科学领域的学者，这些诺贝尔奖得主的博士学习基本都在日本本土完成，大部分科学家的获奖研究也是在日本完成的。本文基于对日本诺贝尔奖"井喷"现象的分析，通过文献分析法、实证研究法等，从经济发展不同阶段的科技政策入手，分析日本科技创新能力构建的演变过程及其机制。研究发现：①初期日本大学改革对科研创新能力的提升起到了巨大的推动作用，但在20世纪90年代以后，推动作用减弱；②企业科研推动日本科技创新能力的提升，在20世纪90年代之后，基础研究不力导致日本企业竞争力下降；③产学之间合作虽然不断深化，但对科技创新能力的提升没有产生质变效果。

关键词：科技创新　创新能力　科研投入　基础研究

---

[*] 刘兰剑，长安大学政治与行政学院；应海涛，长安大学中国人文社会科学研究评价中心。

一 引言

科技创新是一个国家发展的不竭动力，创新能力的提升是其中最重要的一环。以战后改革为开端的日本，有过经济上的高速发展，创造了"经济奇迹"，也有经济的持续低迷，被称为"失去的二十年"，虽然经济发展的困局一直没能破解，但是日本的科技创新能力一直很强，特别是在高科技领域，如工业机器人、新能源汽车、医药机械等领域，国际竞争力非常强。

从1949年汤川秀树获得诺贝尔奖之后，截至2016年，日本共培养出25位诺贝尔奖获得者，尤其是2000年至2016年，获奖人数迅速增加，平均每年一个，犹如"井喷"一样，如图1所示。

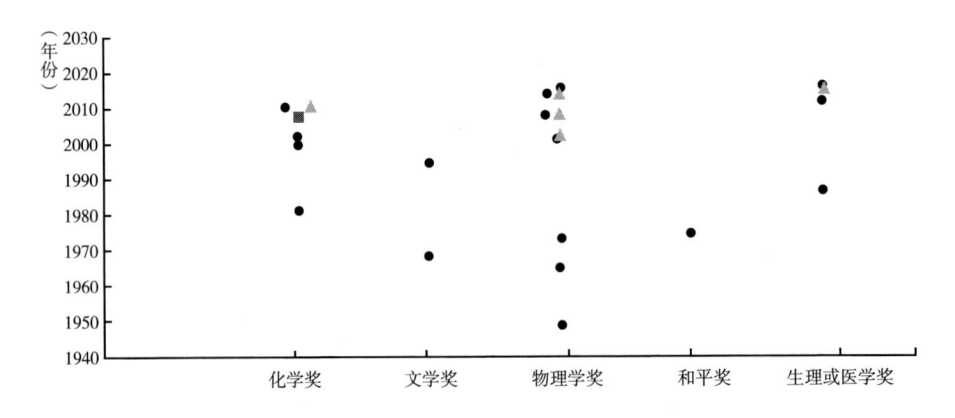

图1 日本诺贝尔奖"井喷"现象

资料来源：维基百科日本获得诺贝尔奖人数统计。

诺贝尔奖不能全面反映日本的科技创新能力，只能从一个方面反映出日本基础研究的实力。正如饶毅（2012）所言，"科学技术的发达程度，有多个衡量的标准，较高的标准是科学发现对人类文明的影响、技术发明对人类生活的影响。对一个大国来说，诺贝尔自然科学奖的情况可以从一个侧面反映其科学发达的程度。虽然它并非全面，也不绝对准确，但在一定范围和程度是可以用的尺度"[1]。

从文献来看，学界对日本科技创新能力的研究大多从日本国家创新体系角度出发，对其物理、化学、医学等领域的具体科学技术创新的研究较多。Kubo 等（2016）指出，"日本在基础研究投入方面具有足够的耐心，如对股骨头坏死等特定疾病，在厚生省的支持下，成立了专门的调查局，进行了超过 40 年的基础研究"[20]。梶田隆章（2017）提出，"与之前的基础研究相比，日本的基础研究能力在逐渐降低，大学改革等对基础研究的投入造成了影响，时间较短的，能很快出结果的基础研究经费申请较为有利，时间跨度较长的，不容易出成果的基础研究经费支持比例在下降，如果持续下去的话，日本基础研究将逐渐落后"[21]。Fujisawa 等（2015）提出，随着社会情况的日益复杂，日本的科技创新政策注重为社会提供更加广阔的视野，在技术前提下，为处理复杂的新兴社会问题提供了很大的潜力[14]。Maguire（2016）提出，"日本的科技创新集群政策，推动了日本创新系统的发展，加强了各个要素之间的联系"[15]。村上裕一（2015）提出，"日本综合科学技术创新会议作为全国科技创新政策的统筹机构，按照国家预算对科研项目进行调整，尽管部分职能受到制约，但是从行政效率来说，在创新政策的颁布实施方面迈出了重要一步"[16]。

在日本实际科技创新能力发展的过程中，每个经济发展阶段的特点都有所不同，科技创新能力提升的动力也有所不同。从不同经济发展阶段对日本科技创新能力构建进行分析的文献不多。本文从日本诺贝尔奖"井喷"现象分析入手，对日本不同发展阶段的科技创新能力提升的动力以及基础研究的推动作用进行了分析。

二 战后日本科技创新能力构建的演变

（一）复苏时期科技创新能力的构建（1945～1955年）

为了有针对性地恢复日本的科技创新能力，首先日本政府组织了专家对战后日本的社会现状进行深入研究，对于经济、社会、科技等恢复和发展的条件进行了评估。明治维新以后对教育高度重视，造就了一批高素质的人才队伍。由于美国对日本的战后改造，大量军事技术科研人员转入民企，为民企的发展注入了活力。其他资本主义国家与日本之间的贸易合作密切，海外市场较为广泛。战后的日本一片混乱，国民对社会经济的恢复信心不足，加上自然资源的匮乏、管理能力落后等增加了恢复的难度。

日本采取了许多政策措施，促进经济的发展以及科学技术的恢复。具体包括：①政府发挥主导作用，充分协调金融机构、企事业团体、企业职工以及消费者之间的关系，活跃市场经济，稳定社会经济秩序；②整合国内资本对抗海外资本的入侵，同时积极引进海外技术、专利、资源、管理方式等，全力恢复科学技术水平；③发展加工贸易型经济模式，进口海外廉价资源，进行深加工出口；④加强质量监管，创造出了一套全面质量监管体系，通过优质、低价、周到的服务占领海外市场。

出于稳定经济的目的，把有限的财力、物力、人力向钢铁、煤炭以及化肥等基础产业倾斜，优先发展。在复兴经济的过程中，对科学技术的发展同样没有落下，"非军事化"的改革给发展社会商品生产以及科学研究提供了人才以及技术力量。由于军事研究被禁止，日本成立经济科学局，对经济开始进行研究，以及研究科学技术的基础应用。从表1可以看出，私立机构开始发展，国立机构比例下降以及大学比例上升，逐渐成为研究中心。

表1 研究者数以及经费的机构分布和国家研究中心的构成

时间	指标	国立机构	公立机构	私立机构	合计	研究机关	大学	公共企业
1947年	研究者数（人）	13080	2796	7669	23545	4137	7852	1091
	比例（%）	55.6	11.9	32.6	100.0	31.6	60.0	8.3
	经费（百万日元）	1080	329	771	2180	759	310	11
	比例（%）	49.5	15.1	35.4	100.0	70.3	28.7	1.0
1949~1950年	研究者数（人）	18489	4644	9342	32475	5027	13073	389
	比例（%）	56.9	14.3	28.8	100.0	27.2	70.7	2.1
	经费（百万日元）	5349	2794	3880	12023	2836	1990	523
	比例（%）	44.5	23.2	32.3	100.0	53.0	37.2	9.8

续表

时间	指标	国立机构	公立机构	私立机构	合计	研究机关	大学	公共企业
1952~1953年	研究者数（人）	15237	4876	6921	27034	3790	10838	609
	比例（%）	56.4	18.0	25.6	100.0	24.9	71.1	4.0
	经费（百万日元）	15212	6477	19048	40737	4272	9447	1493
	比例（%）	37.3	15.9	46.8	100.0	28.1	62.1	9.8

资料来源：日本科学技术白皮书（1958）。

通过科技工作者的军民转换，复原军队技术人员除去失踪以及死亡剩余1068人，其中有725人进入民间企业，国立机关164人，高等学校、大学教师147人，10人进入联合国军最高司令部及美军，通过军民转换使濒临崩溃的民间研究机构开始有所发展。1949年9月日本政府出资20亿日元，支持科学技术研究成果的实用化，由于民间研究机构衰败，1950年扶植开始向企业倾斜。

由于对科学技术的重视和投入，1945~1955年，日本仍然有论文在国际上发表，高被引论文[1]也出现了几篇（如图2所示）。

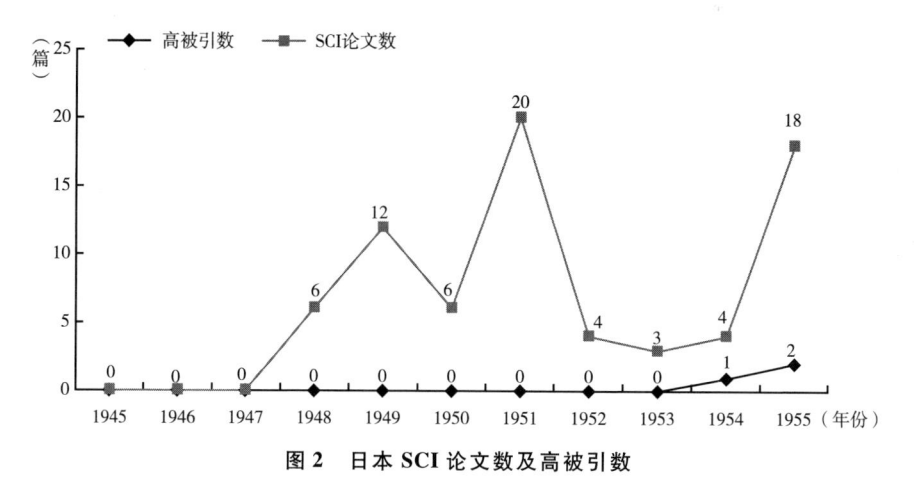

图2 日本SCI论文数及高被引数

资料来源：SCI数据库。

1949年日本物理学家汤川秀树获得诺贝尔物理学奖，更加刺激了日本政府对大学以及科学研究的投入，也极大地鼓舞了二战战败被美国占领下的日本人的志气。譬如，受到诺贝尔物理学奖的影响，日本政府加大了对物理学的投资，物理学家获得更多的资源和更多的关注。在 1952 年，京都大学以汤川秀树作为榜样，设立了"汤川秀树纪念馆"，该馆不仅仅介绍汤川秀树的个人事迹，更多的还是完善的物理学研究设施，不仅受惠于京都大学，日本学术会议也可以使用，之后纪念馆共同利用的性质得到发展，逐渐演变成了大学共同利用研究所，汤川秀树从美国回来以后，担任该研究所的所长，以此作为标志，日本的大学附属研究机构开始增加，形成了社会共同利用的研究机构，大力推动了日本的科技创新。

在 20 世纪 50 年代工业体系重建的过程中，日本引进了不少国外先进技术，同时也注意结合本国国情，进行重新研究、开发以及创新，使日本经济现代化起步。

（二）经济高速发展时期科技创新能力的构建（1955～1973 年）

从 1955 年开始，日本除了"贸易"一项外，其他主要经济指标赶上或者超过了战前的水平，之后日本的经济迎来了高速发展时期。在这一时期，日本集中精力发展经济，通过引进欧美专利和机械，并对其进行改良，用少量的研究费创造出高质量的商品。除了技术转让和专利外，在基础设施和技术人员的培训方面也进行大量的投资，推动工厂建设和商业化，政府、公司同时还热衷于基础设施建设。

在经济高速增长期间，日本创造了较高水平的教育环境、先进技术的引进，以及技术创新。明治维新以来，日本就非常重视培养科学技术人才，战后继续大力发展教育事业，培养了大批科技工作者和熟练技术工人，为日本技术创新提供了人才基础。1960～1970 年，高等学校学生人数在总人口中的比重从 0.7% 增长到了 1.6%，1970 年日本教育水平在资本主义国家中跃居第二（如表 2 所示）。

1955～1970 年，日本共引进了技术 15003 件，共支付了 25.8 亿美元，占 1970 年国民生产总值的 1.3%。技术的引进对日本经济的提升产生了巨

表2　高等学校学生人口数在总人口数中的占比

单位:%

年份	美国	日本	意大利	法国	英国	联邦德国
1960	1.8	0.7	0.4	0.6	0.5	0.5
1965	2.8	1.1	0.6	1.0	0.4	0.7
1970	4.1	1.6	1.3	1.2	1.0	0.8

资料来源：日本银行统计局《日本经济的国际比较》，1997。

大的推动作用，从1955~1960年的制造业生产总值来看，从276亿日元增长到15080亿日元，增加了54倍；制造业总体产值在国民生产总值的占比也从4.8%上升到10.8%。

首先，日本在技术引进之后，先吃透技术方法，并以此作为基础，加大技术创新力度，战后的日本技术创新体系以日本产业界为主体，日本政府负担产业界技术创新研究费的27.5%，日本的大中型企业负担64.9%的研究费。日本产业界的科研人员都深入生产实践第一线进行研究，比如日本丰田汽车企业将日本理工大学的在校研究生和毕业生大部分都派入生产第一线，让其对现场的"看板"、管理方式、钢铁连铸连轧技术等进行学习，与工人和现场技术人员一同研究课题。这种实践与科研共同结合的方法，能够真正解决日本在生产过程中的技术问题，真正提高日本的汽车生产技术水平。其次，日本政府将研究的重点放在民用科学领域，主要研究目标是提高日本人民的生活水平和日本基础设施水平，很少进行国防和宇宙开发。

弗里曼在对日本国家创新系统的成功的概括和总结中提出，"日本成功的四个方面：日本通产省的作用、企业研发战略所起的作用及其与技术进口及反求工程间的联系、教育培训的作用和相关的社会革新，以及工业的集聚结构。政府和企业层面的政策使日本的国家创新系统在20世纪后半叶成为全球最具效率的系统"[3]。

在这一阶段，中小企业成为日本政府关注的主要对象，1963年，日本制定了《中小企业基本法》，该法的制定不仅改善了日本中小企业的外部经营环境，也保障了日本中小企业的基本权利，包括在金融、税收、优惠政策和其他事项方面享受公平公正并且合理的待遇，促进日本中小型企业健康发展。

另外,日本社会经济快速发展,专业技术人才的紧缺成为主要的障碍,日本政府扩建公立大学,鼓励设立私立大学,采取针对性的措施培养所需要的科学技术人才,对私立大学给予一定的财政补贴。1957 年文部省颁布了《科学技术人员培养扩充计划》,这就是为了补充日本的紧缺型技术人员,主要增加的是理工类专业技术人才,该项计划的颁布使日本大学增加了 8000 多名理工类技术专业人才。到《国民收入翻番计划》发布后,日本培养的理工类专业技术人才超过 2 万余人。其他类型的技术人才也在同期有很大幅度的增长,图 3 是 1955~1975 年日本大学理工类学生人数变化,从该图可以很明显发现该时期日本大力培养理工类技术人才。

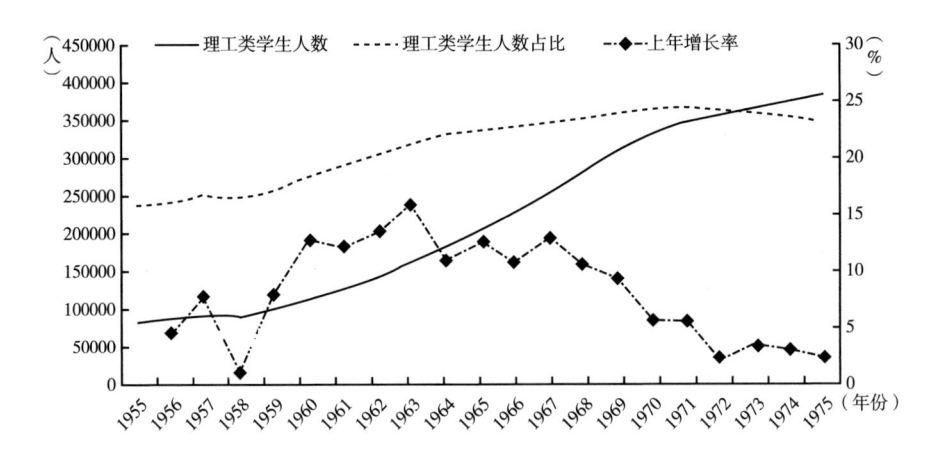

图 3　日本大学理工类学生人数变化

资料来源:日本文部省学校基本调查报告。

日本在成功采取通过大学来培养专业技术人才的同时,在客观上却弱化了大学作为研究阵地的主要功能,主要原因在于,日本的大学虽然规模上急速扩大,学生和老师的数量也在激增,但是大学的基础设备和教育研究经费并没有及时增加,基于设备和研究经费的缺乏,日本的科研能力在该阶段并没有凸显出来,日本大学内部出现贫困化的状态,导致日本大学、政府部门和产业界出现不和谐情况,成为本该是高速增长期的一个阻碍。

初期日本的工科大学受到了"为学术而学术"思想的影响，认为学术应该出于自身的兴趣和爱好的探索，而不应该受到实用性和经济性的影响，成为产业界的服务者。战后初期到战后高速发展时期，日本东京大学和京都大学的教授的主要工作就是阅读、抄写并向学生概括地介绍、解说海外的文献。让学生享受大学的自治和学术的自由，认为日本的学术应该向国际水平靠拢，而不是出于发展社会经济的目的，因此，战后日本的工科大学虽然获取了国外先进的技术情报，但没有与日本产业界建立合作关系，导致日本的工科大学没有发挥其应有的作用，缺乏实践应用技术，只学习国外的先进技术理论，没有将国外的技术与企业实践相结合，导致在经济高速发展初期阶段，日本 SCI 论文数很少（如图 4 所示）。

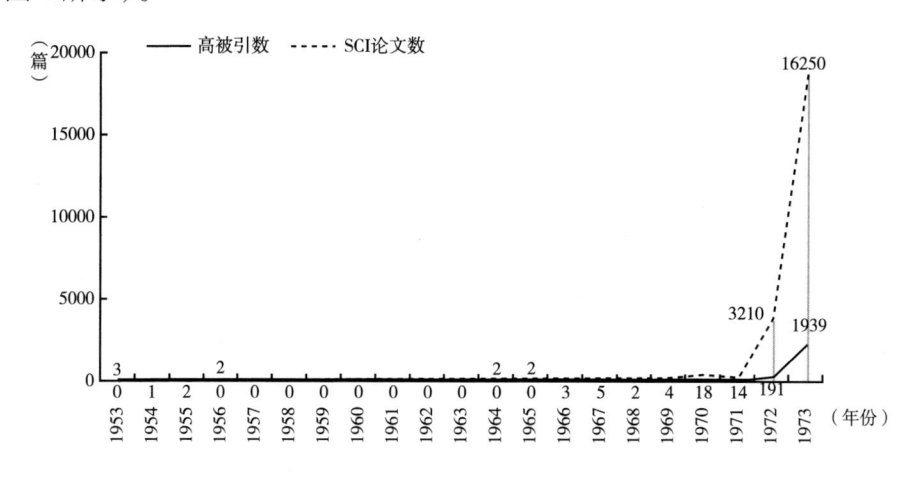

图 4　日本 SCI 论文数及高被引数

资料来源：SCI 数据库。

但是，1962 年科学技术厅发表了日本政府的第一份《科学技术白皮书》，这反映出政府开始建立自己的学术行政体制。除政府采取的措施之外，在战后高速发展期，日本的企业中掀起了建立中央研究所的高潮，出现了促进科研发展的较好环境。

1955～1973 年，日本共有 4 人获得诺贝尔奖，分别为物理学奖的朝永振一郎和江崎玲於奈、文学奖的川端康成，以及和平奖的佐藤荣作。特别是江崎玲於奈给日本科研领域带了重大的变化，促使日本政府和学界以及企业更加重视科研,以及三者之间的协作。

江崎玲於奈获奖的研究是在日本东京通信工业股份有限公司(也就是今天的索尼公司)的实验室完成的,表明日本尤其是日本企业一直很重视国际科学前沿,对科学发展的动向关注较多。由于江崎的卓越贡献,在通商产业省的支持下,日本半导体产业的科研创新能力有了巨大的提升,直到现在其科研水平在世界上都名列前茅。

(三)经济低速增长时期科技创新能力的构建(1973~1991年)

在遭受第一次石油危机的打击之后,日本经济直线下滑,直到现在日本的经济还没有恢复。进入20世纪70年代,日本企业和政府对经济进行了较大的调整,使日本经济从高速发展转变为低速发展。20世纪80年代,在国内外政治形势变化不太大的情况下,日本经济继续走20世纪70年代的发展道路。在这个时期,日本经济可能略低于本国20世纪70年代的发展速度,但仍高于其他主要资本主义国家。

公害问题是对低速增长期的日本科研产生重要影响的一个事件。20世纪60年代初开始出现公害问题,一直持续到20世纪70年代末期,光化学烟雾事件和水俣病事件对日本民众造成的影响较大,而由此引发的反公害游行示威活动对这一时期的科学技术政策模式,即从20世纪50年代末开始推行的"产官学民"的模式产生了影响。从20世纪70年代开始,这一模式发生转变,日本民众对科学技术产生怀疑,社会对科学技术飞速发展产生的负面效应进行反思,要求企业承担起更多的环境保护责任,民众的声音和力量对科学技术政策产生了影响。

在低速发展期,政府主导的国家科研机构的科技创新力量和企业的科技创新力量逐渐增强,成为日本科技创新能力提升的强劲动力。与此同时,日本的大学科技创新能力也在逐渐提升,在20世纪80年代,日本的科技创新迎来了高潮,在国际上产生了重要的影响。

20世纪80年代以后,世界科技发展进程加快,从基础研究到商业应用的周期缩短。科学技术与社会生活的联系也更加紧密,资源、能源、环境、癌症等问题成为科学界（基础研究）的热点，日本社会也同样要求科学界对其进行研究，为了适应时代的变化，日本产学官合作进一步加强。

虽然日本面临众多问题，但是对科研的基础和应用研究的投入仍然非常重视，每年稳定增加，如图5所示。由于经济朝着低速增长过渡，对科研的大幅投入几乎不可能，因此日本把科研中心转向了节能、环保、绿色创新领域，投资也在逐渐增多，自然科学经费在总科研费的占比也非常高。

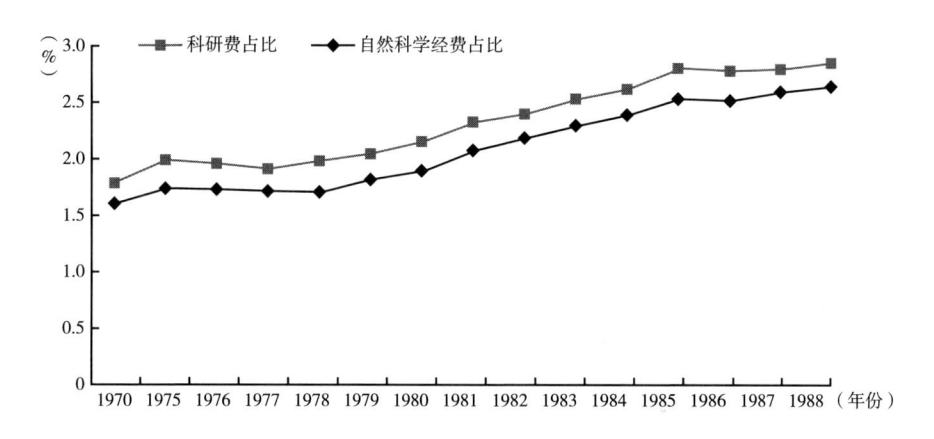

图5 1970~1988年日本科研费及自然科学经费占比

资料来源：日本科学技术白皮书。

除了科研经费的投入外，人才的培育也是重振经济的重要支撑，这一阶段延续了高速发展时期的人才政策，继续大力培育科研人员，科研人员数量逐年上升，如图6所示。但是由于经济下滑，政府对大学以及科研机构的投入逐渐减少，大学以及科研机构科研人员涨幅很小。

20世纪80年代，国际上认为日本经济的迅猛增长主要是依靠欧美的技术输出，认为日本"搭便车"的言论在世界风传，因此日本政府改变了以往的科研政策，不仅加大了对创新技术的投入、对大学和科研单位的投入，更多的还是对青年研究人才的培养和与发达国家进行人才交流的合作。这一时期，日本的产业界迎来了"科研创新繁荣期"。日本政府加大对科研创新的投入，更多的是希望能够提高日本的自主创新能力，追上欧美发达国家的科研水平，维持日本社会经济的发展，保证日本的核心竞争能力，因此在这批政策的影响下，日本的科研技术水平不断提升，科研机构和研究所的数量又有了大幅度的增加，日本企业研究人员的数量也不断增加，到了该时期末尾，日本的科研创新能力已经达到了国际水平。

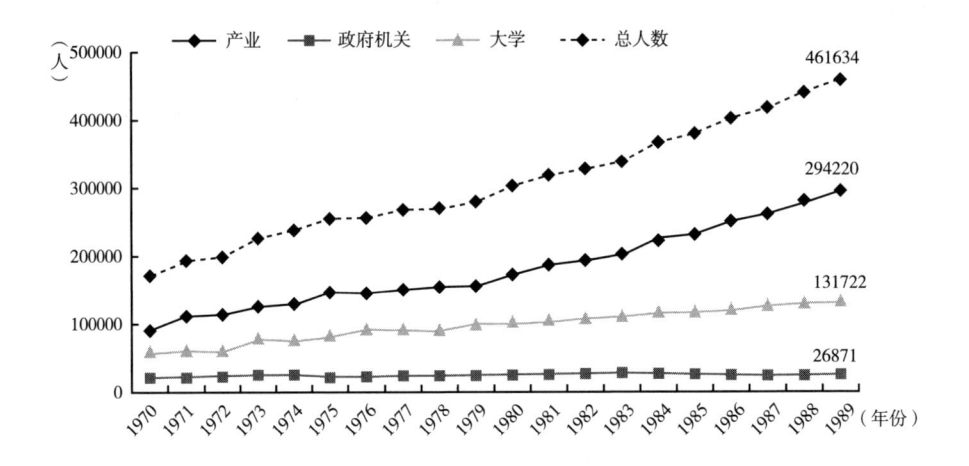

图 6　日本 1970～1989 年科研人员数量变化

资料来源：日本科学技术白皮书。

20 世纪 70 年代之后，日本的技术输入仍然在不断增长，如图 7 所示。通过技术输入，不断提高日本的科研基础水平，在 20 世纪 80 年代之后，日本的技术出口额快速增长。

早在 20 世纪 70 年代，在日本科研实力追上当时科研实力最强者美国的时候，国际舆论就出现日本技术"搭便车"的声音。20 世纪 80 年代，日美之间的"技术摩擦"不断加剧，这种声音就逐渐盛行起来，对日本政府的科研政策和科研投入带来了巨大的压力，日本更加重视科研，国际合作得到进一步加强。

科研得到加强之后，结合大量的技术引进以及再创新，日本的科研实力迅速提升。SCI 论文数快速上升，高被引论文数也在平稳上升（如图 8 所示）。

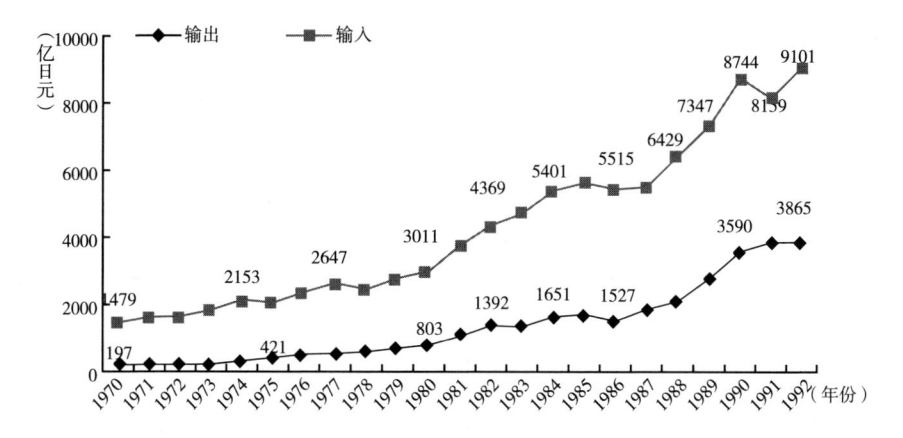

图 7 日本 1970~1992 年技术贸易额变化

资料来源：日本总务省统计局。

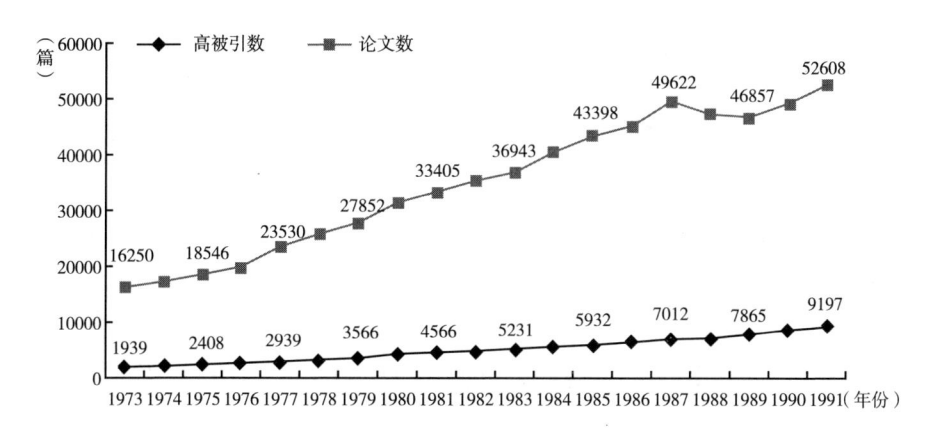

图 8 日本 1973~1991 年 SCI 论文数以及高被引数

资料来源：SCI 数据库。

与此同时，一直都对专利非常重视的日本，在专利方面也取得了巨大的成功。专利申请数量增长迅猛（如图 9 所示）。

到了 20 世纪 80 年代，专利战略使日本公司在国际竞争中占据了优势，通过两次建立企业研究所高潮所积攒的经验，日本产业界的科研能力大幅度提升，日本企业通过专利战略达到世界一流水平，由于社会经济基础日趋雄厚，日本企业具备优秀的科研人才和先进的科研设备，日本的科研主体也从大学向企业方面倾斜和转移。该段时期内，日本企业

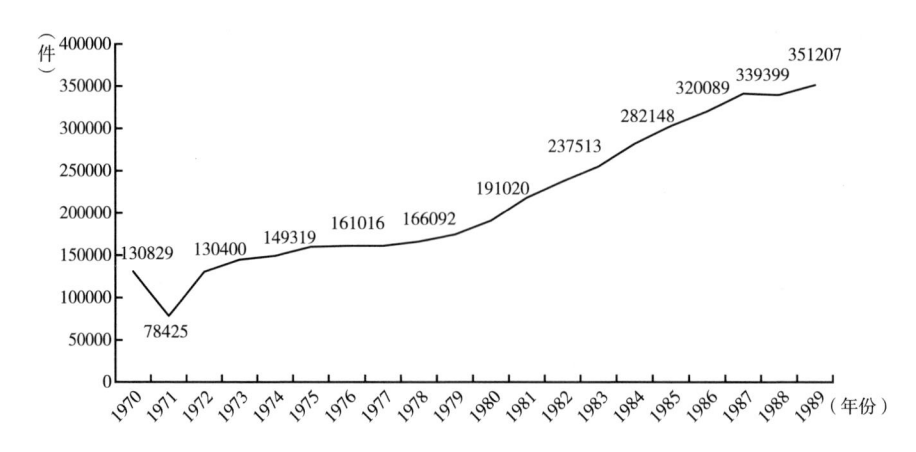

图 9　日本 1970~1989 年专利申请数量

资料来源：日本专利厅。

重视专利，认为专利方面的学术研究成果的发表不利于保护企业的商业成果，因此反对企业科研人员对专利研究成果进行发表，只让科研人员注重自己的成果在市场中的反应和评价，而不注重学术界的反应和评价，大部分科研成果通常都发表在产业联合会议中，成为产业内的会议论文，很少出现在国际杂志中，导致该段时期海外学者无法准确判断日本的整体科研水平。

（四）经济低迷时期科技创新能力的构建（1991 年至今）

进入 20 世纪 90 年代后，日本出现了"泡沫经济的破灭"，经济发展长期不景气。这一时期，日本最大的问题是，技术引进的难度和成本都逐渐上涨，原来依靠技术引进推动经济快速发展的模式，已经难以适应现阶段的发展需要。其原因有：①日本科技创新能力已经站在世界前列，只有不断提高自身科技创新能力才能维持领先地位；②日本的崛起已经对美国企业发展构成了较大的威胁，技术引进的难度和成本不断加大。

可见，对于这一阶段的日本而言，为了突破这种困局，社会各界出现了强烈的共识，就是走"科学技术创造立国"之路。这成为日本科技创新能力提升的新契机。为此，日本政府出台了一系列科技创新发展政策，使这一时期日本的科技创新无论在创新水平上，还是在创新环境上都进入了一个大变革时期。

进入20世纪90年代以后，受经济影响，日本企业的研发投资力度有所降低，而日本政府采取了积极的财政政策，公共领域的研发费用快速增长，特别是国立科研机构的研究费，增长迅速，日本通过科研经费引导并规划科学技术发展的方向。

走"科学技术创造立国"之路，必须重视和加强基础研究。1992年，"日本科学技术会议在国际问题恳谈会报告的基础上发表了《关于面向新世纪应该采取的科学技术的综合基本方针》的第18号答询，把振兴基础研究列为日本科学技术政策的三个新目标之一"[27]。1994年12月，科学技术会议又通过了《关于确保科学技术类人才的基本指针》，基础研究人才队伍的建设在这个指针里得到了充分的体现。在此基础上，1995年，日本政府颁布了《科学技术基本法》，这是日本科学技术史上的一件大事，是日本基础研究发展史上一个新的里程碑。

1995年11月15日《科学技术基本法》颁布，为日本科学技术政策提供了基本的框架，也是在这项法规中确立了"科学技术创造立国"的战略目标，为科学技术的振兴提供了强力的支撑。1996年7月2日颁布了《科学技术基本计划》第一期，此后每隔五年更新一次。随着科学技术基本计划的颁布，科技发展有了好的政策环境，但是，与此相适应的评价体系相对滞后，在计划公布之后，1996年10月到1997年5月召开了科学技术会议，成立了政策委员会、评价指导指定预备委员会。1997年在政府政策制度改善的提议中，提出了国家研究开发评价体系的构建，当年便颁布了《国家研究开发评价指导大纲》，大纲颁布之后，各个行政部门、教育机构、研究机构都在大纲的指导下，制定与本单位契合的评价制度上报内阁，内阁根据各单位的汇总再次深化、拓展大纲。

国际上对日本通过引进技术使其科技水平追赶上美国科技水平的发展模式的评判越来越多，使日本政府开始重视科技创新投入，特别是对基础研究的投入。面对发展陷入泥潭，日本企图走出一条"科学技术创造立国"的道路。

1992年，受到泡沫经济的影响，日本GDP增长率降至2.62%，之后就再也没有超过2.5%，但是日本的科研经费占比没有因此下降，科研人员数量仍然缓慢增长。在科研方面，日本企业投入大量人力和物力，企业科研人员快速增加，企业科研经费贡献率超过75%，在2005年之后更是达到80%。1986~2014年日本科研经费在国内生产总值中的占比如图10所示，日本科研人员总数及各个机构科研人员数量如图11所示。

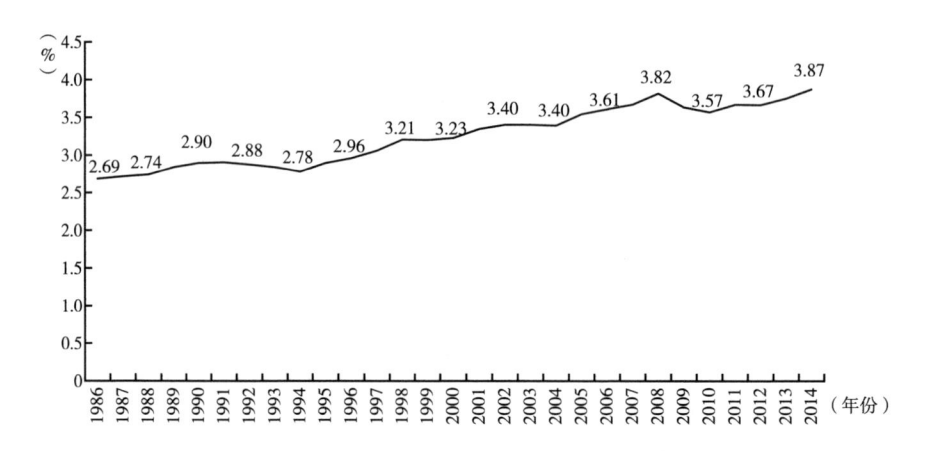

图10　1986~2014年日本科研经费在国内生产总值中的占比

资料来源：日本文部省科研统计。

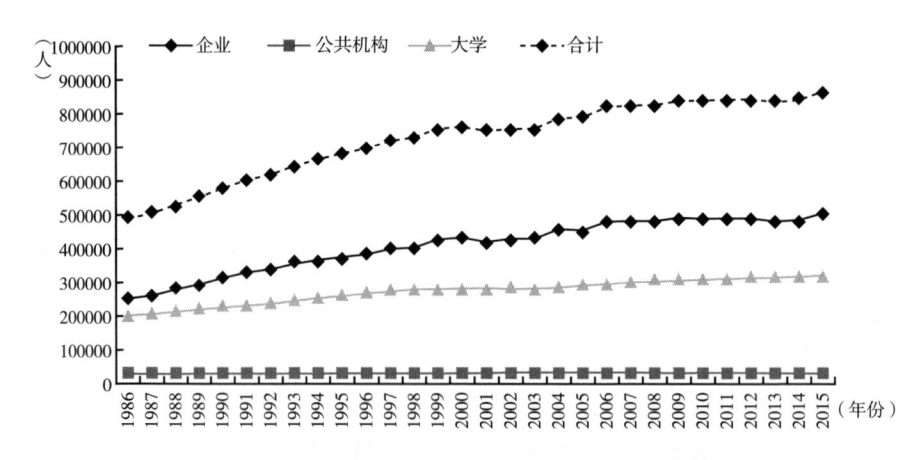

图11　日本科研人员总数及各个机构科研人员数量

资料来源：日本文部省科研统计。

民间组织包括企业、私立大学以及非营利组织。

科研人数曲线与企业科研人数变化情况相符，并且企业科研人数超过科研人员总数的50%，说明企业在日本科研机构中占据最主要地位。由于对科研和专利的重视，日企在国际竞争中占得先机，特别是在机器人研究、汽车自动驾驶，以及大数据等方面，日本布局的专利战略作用凸显，其中日企机器人市场份额为60%。日本科研经费来源如图12所示。

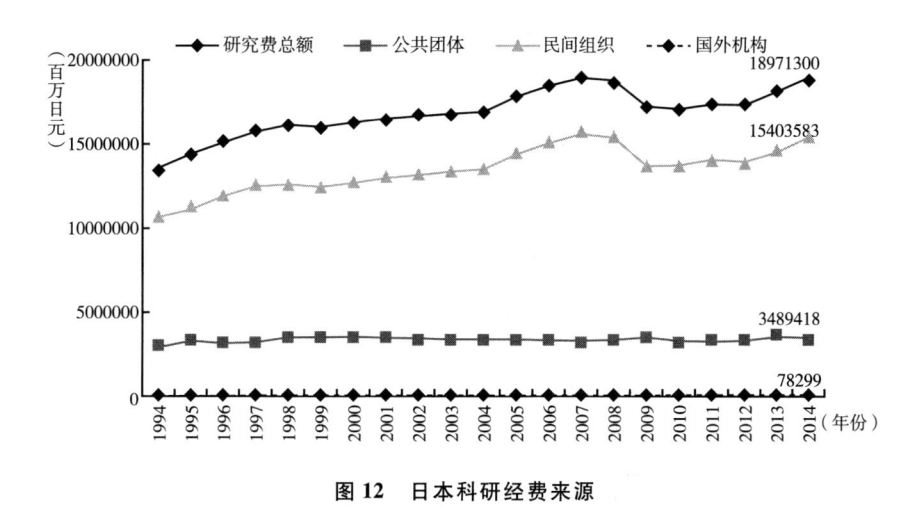

图12 日本科研经费来源

资料来源：日本文部省科研统计。

日本由于自然条件所限，认为人才是最宝贵的财富，是科技创新能力提升的不竭动力。对于科技创新能力的提升，人才是最关键的因素，要实现科技发展目标，必须有年轻有活力的人才队伍。《研究开发能力强化法》中，明确提出要着力培养青年研究人员，创造有利于青年研究人员发挥才能的环境。同时科研经费也在向青年研究人员倾斜，在科研项目的申请中，列出了青年项目。为了推动人才建设，日本人均科研经费维持在较高水平（如表3所示）。

高额的科研支出，使日本的科研水平稳步提升，1991年之后，日本的SCI论文数维持在较高水平，高被引数量也在稳定增长，由于论文的引用周期问题，从2005年开始，高被引数量有所下降（如图13所示）。

表 3　日本人均科研经费

单位：万日元

年份	全体	企业	非营利组织	公共机构[29]	大学
1996	2168	2512	4056	(3935)4393	1214
1997	2234	2637	4241	(4155)4326	1208
1998	2203	2516	4432	(4134)4539	1257
1999	2165	2451	4379	(4298)4782	1239
2000	2237	2577	4457	(4358)4847	1235
2001	2185	2659	3232	(6171)4391	1254
2002	2202	2685	3037	(6194)4376	1273
2003	2135	2563	3102	(6967)4331	1248
2004	2141	2603	2981	(7304)4418	1223
2005	2176	2647	3471	(6217)4061	1257
2006	2234	2757	3826	(7544)4258	1224
2007	2290	2859	3709	(7460)4218	1237
2008	2241	2767	3303	(8931)4516	1231
2009	2052	2443	3151	(6936)4455	1260
2010	2030	2448	3194	(9098)4369	1209
2011	2058	2500	3112	(6840)4152	1239
2012	2073	2528	2980	(6970)4337	1246
2013	2155	2615	2722	(9285)4949	1288
2014	2188	2684	2647	(9686)4790	1272

资料来源：日本文部省统计要览。

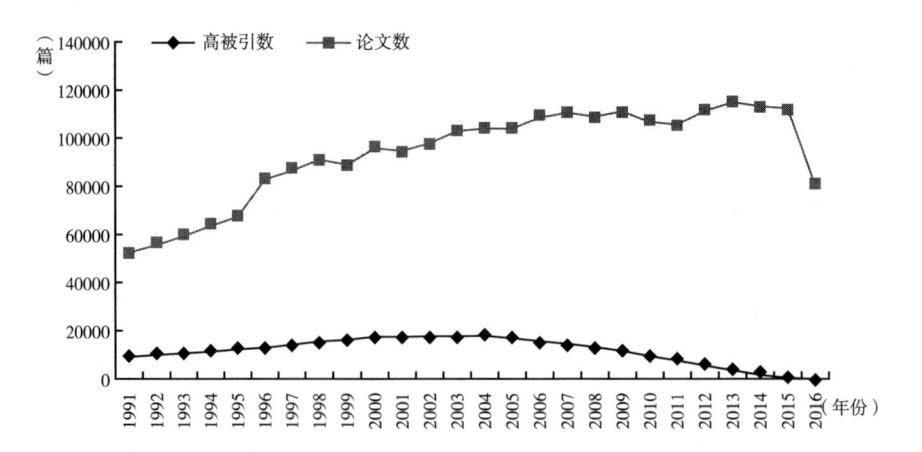

图 13　日本 1991~2016 年 SCI 论文数和高被引数

资料来源：SCI 数据库。

20世纪90年代以后，日美贸易摩擦的加剧，使美国开始重视专利，日本从美国的技术进口难度增大，费用增多。相对来说，日本政府也开始重视专利技术的布局，逐渐完善专利保护机制，鼓励企业加大对技术的研发和对专利的申请。2002年的日本议会上，首相小泉纯一郎指出，日本的科技创新能力在世界上已经位居前列，特别是专利，这些宝贵的财富将是日本继续发展的不竭动力，要将科技创新活动成果进行保护，使其助力日本企业的国际竞争，继续提升日本的科技创新能力，因此，成立了日本知识产权战略会议，出台知识产权的保护政策，加强知识产权国际交流协作，推动国际竞争力的提升。同年11月，"知识产权立国"成为国家战略。经过十多年的努力，日本成为仅次于美国的专利强国。专利申请量维持在很高水平（如图14所示）。

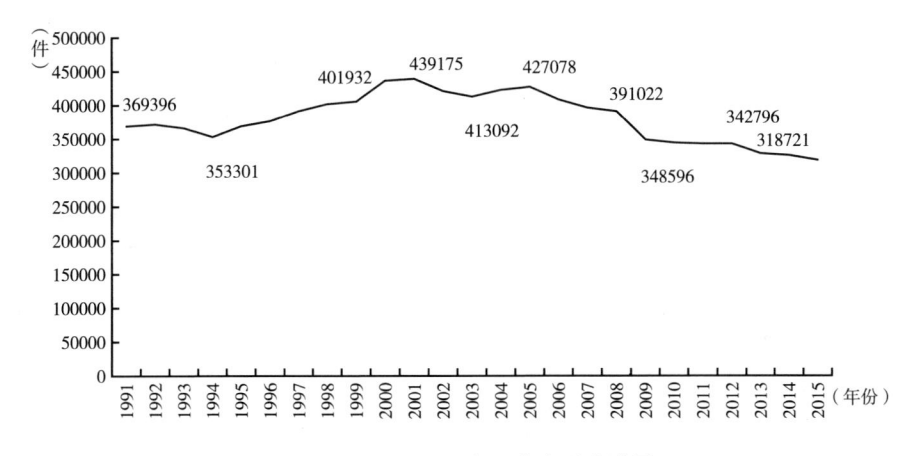

图14 1991~2015年日本专利申请量

资料来源：日本专利厅。

日本专利申请量，从2009年开始缓慢下降。基于日本专利战略，日本专利申请开始了从量到质的转变，专利厅开始对专利申请进行严格的审查，日本专利申请量开始下滑，但是专利的注册率相对上升。

三 战后日本科技创新能力构建的机制分析

第二次世界大战给日本科技界带来巨大的影响，首先，由于二战期间一切围绕战争的需要，正常的科研活动被打乱，科学研究被用于军事领域，制造武器，甚至是反人类的细菌武器。其次，由于战争动员的需要，部分科技工作者上了战场，战败返回的科技工作者很少。二战结束后日本的科研也同样陷入了混乱。

随着美国对日本的非军事化改革，一些与军事有关的单位被解散，工厂被拆，军事相关科研机构被废除，相关资料被烧毁。战争期间从事研究的大学教师成为战犯，遭到学生的排斥，不但影响了高校的科研活动，也影响到了师生的心态。

（一）大学科研体系的建立

战后日本大学改革影响最深刻的当属美国的民主思想、教育思想以及大学制度。以美国为主的联合国军司令部通过"民间情报教育局"和"美国教育使节团"调查得出的改革报告，用以指导日本的大学改革，为提升日本大学的科研能力奠定了坚实的基础。

1947年日本颁布《学校教育法》，确定了日本现代大学基本制度，根据《学校教育法》对改革实施的具体细则，进行了两年的研究，1949年正式推行新制大学改革。改革的目标围绕着"新制国立大学"展开，此次改革奠定了之后50多年日本国立大学的基础。

新制大学改革的"新"有以下几点。其一，大学改革理念新，办学观念由等级主义走向民主。打破了旧制大学依据《帝国大学令》到《大学令》的军国主义倾向，在《学校教育法》中规定"大学作为学术中心，为社会培育具有较高知识水平和职业能力的人才，探索更深层次的真理以及创造新的知识，推动社会的发展"，旨在推动大学回归教育与学术本源。其二，大学设置标准新，战前大学设置标准过于笼统，新制大学以《学校教育法》为母法，制定了《大学基准》和《大学设置基准》，规定大学为4年制，医学专业为6年，另外短期大学为2年。

新制大学的改革，极大地推动了日本生产力的恢复以及科技创新能力的提升。通过大学改革，日本的科研活动得到快速恢复，虽然战后日本大学科研水平低下，研究经费极度缺乏，基本科研工作得不到有效的保障，大量学者外流，但1949年汤川秀树获得诺贝尔奖，给日本的学界注入了活力，激活了受"科学战败论"影响、濒于崩溃的日本学术界，直接促使日本各界发出了"振兴科学技术"的号召。日本的大学科研经费开始得到保障，大学间也成立了共同利用研究所，成为日本科研的特色，不但使大学的设备得到充分的利用，也推动了科学家之间的交流合作。

随着经济的发展，大学和研究机构受到了关注，科研经费也开始增多。日本在集中全力发展经济时，专业技术人才的缺乏成为日本发展中的重要障碍，因此，为了适应该现状，日本并没有采用美国模式，直接增加科研经费投入，而是通过扩建大学，并增加理科学生招生，解决了人才短缺问题。

日本采用这种模式虽然培养了大批理工科技术人才，但是客观上，削弱了大学的科技创新能力。一方面，经济发展，大学增多，学生、教师的人数也在同步增多；另一方面，大学的基础设施建设费用，用于科研的设备采购费，教师的待遇和科研经费等大体没变。

二战结束后，日本的大学与政府、企业关系不协调，也开始逐渐成为大学在战后经济高速增长期的科研发展中发挥作用的一个障碍。实际上，战后，日本政府和企业与大学的关系并不好。当时的社会舆论出现了科学的落后导致日本战败的说法，使日本政治家与实业家对日本科学家抱有怀疑的态度。同样科学家也不想自己做出的科研成果被日本政府用于战争，所以对于政府提出的核能的提议持消极态度，更有甚者组织科研工作者进行抵制，导致政府和大学关系变差。大学也逐渐失去了政府的支持，科技创新能力下滑。

日本大学为了保持学术的自由，在科学研究上，把目标瞄准了国际水平，不愿意和企业进行合作，成为企业的服务人员。当时欧美的大学积极和企业合作，在提高科技创新能力的同时提升企业的科学技术水平，日本大学却没有和企业进行积极的科研合作。

此时，日本政府对待核能以及军事相关科学研究的积极态度和日本大学"为学术而学术"的学术自治和学术自由的态度不同，使日本政府开始推动公立科研机构的发展，与此同时，日本企业也开始积极投入科研领域，创造属于企业的科研机构，导致大学科研主力的地位开始动摇。从日本 SCI 论文数可以看出，经济高速增长初期，日本大学的科研水平没有与经济实力相似的提升速度。

20世纪六七十年代的"校园纷争"使日本大学的科研活动陷入了短暂的停滞，学校也开始重视对学生的思想教育活动，学校教授在对学生进行思想教育的同时也在反思日本的学术传统，科研人员开始认识到，科研活动也要适应社会需求，承担起一定的社会责任。

社会开始要求政府承担更多的责任，推动科学技术的发展与社会需求的结合，解决如资源、环境、癌症等主要社会难点。此时，日本政府奉行的是"项目主义"，这一方式也促进了科研与社会现实的结合，加之大学与企业的思想转变，产学官合作进一步强化。

这一阶段大学开展了"讲座制"。日本政府奉行的是项目主义，实行竞争性经费制度，导致科研经费分配不均。但是这一阶段，维持大学科研活力的仍然是以讲座制为基础建立的经费分配方式。"讲座制从日本大学成立初期一直延续下来，尽管也因其固有的局限性受到许多诟病，但是它对日本大学基础研究发展所产生的深远影响是谁都无法否认的：自主性及不受外部干涉原则的贯彻落实，保证了学术研究与教育的自由，从而使'讲座自治'成为讲座制的一个重要特点；由于教授在讲座中的绝对地位，即所谓'教授负责制'，因此学术研究与教育分工清楚，责任明确；由于讲座一旦确定下来，一般在相当时期内不会轻易变动，因此有些重要但并非流行的学科领域不会因人而废。"[28]

20世纪90年代后期，日本希望通过以大学教师任期制度和国立大学独立行政法人化为代表的大学改革来改善科研的环境，使大学能够充分发挥科研主体的作用，同时也希望利用大学改革推动社会经济的发展。但是对于日本政府对大学进行的改革，有批评的，也有赞扬的，多数还是批评的，认为非但没有推动大学的发展，反而有所限制。

为了解决日本大学教师流动不足和"近亲繁殖"等问题，在此次大学改革中引入了任期制。实际上，推动教师任期制最主要的目的是给大学在录用教师方面更多的灵活性，其在实际实行过程中，被许多大学人士诟病为"教师解雇制"，多数教师认为其可能产生教学科研混乱，对大学活力产生消极影响。有学者还担心，"导入任期制将把大学改革的方向引向追求短期的教育、研究成果，而对中长期的教育、研究自由产生否定的影响"[28]。

对于国立大学独立行政法人化,部分大学人士认为,它所带来的"校费"的减少,可能会使大学基础研究受到影响。有学者认为,独立行政法人化改革以后,政府对大学的监管不但没有减少,反而增多了,也加重了。大学并没有脱离政府的管控,最重要的财政权仍掌握在政府手中,中期目标的最终审定权也在政府手中,大学并没有达到预期的独立的目标,反而失去了更多,学术自治与学术自由成为空话。

大学的自主性与学术自由是这一时代大学的重要特征,为了适应时代的潮流,虽然艰难,但是日本政府还是坚定地走了下去。在2012年,文部省出台了《大学改革实施计划》,对改革提出了两个重点。第一,大学应适应社会的变化:社会变化日益加剧,大学需要及时转变功能以更好地服务社会。第二,在大学转变的过程中加强管理。由于老龄化、少子化等社会问题的加剧,日本在对大学改革的过程中,更加注重大学的国际化,增加奖学金支持人数,推出全英文授课等措施,吸引更多的外国留学生。

(二) 企业科研体系的建立

从"岩户景气"的出现开始,企业研究所数量真正获得快速增长,出现几乎每个有一定实力的企业都有研究所的情况。"此后的几年,在科学技术史上,学者们称之为中研繁荣,在企业研究所数量激增的情况下,有的企业甚至发出了我们的研究人员数量已经能够和大学匹敌的豪言壮语。"[29]

"中研繁荣"的出现与日本经济高速增长相吻合。企业科研创新实力提升以后,对于未来的发展,企业开始布局,对于继续走技术引进模式,还是走自主创新的发展道路,经过了一段时间的研究。这一阶段,日本科技创新能力与欧美的差距逐渐缩小,还没有超越,所以日本企业界选择了技术引进与自主创新相结合的模式。同时日本企业界也认识到,科技创新能力是企业竞争的核心点,应提前布局,企业的研究所在这一阶段得到快速发展。经济高速发展时期,日本政府和企业资金充足,为研究所的建立提供了物质基础。

由于政府对大学支持力度减弱的关系，大学的科研主体地位开始下降，研究所的发展，大大提升了企业科技创新能力，出现了科技创新主体由大学向企业转移的变化，这是日本战后以来科研方面发生的一个重要变化。

这一阶段的日本企业又一次迎来了发展的高潮，出现了"研究所繁荣"。政府在努力寻找转变的契机，企业也同样加大投入，推动科技创新能力的提升。与第一次"中研繁荣"不同，这次"研究所繁荣"是因为技术引进模式效率下降，企业期望通过加大对科技创新的投入，提升企业科技创新能力，增强市场竞争力。并且，此时日本企业技术水平已经追赶上了欧美，达到了国际前列，强劲的基础研究实力才是企业提升的核心，因此，与第一次相比，企业研究所数量增长更加迅猛。

事实上，20世纪80年代日本企业科研水平已经很高了。首先，企业科研人才实力较高，为了确保能够招聘到优秀的科研人员，企业提前进入大学选择实习生，同时，在日本企业内部，已经制定了一套科研人员选拔机制，使企业的优秀人才能够脱颖而出，更好地发挥作用。其次，企业从制度层面提高研究所的科研效率，为了能使研究所更好地做科研，研究所的管理与其他部门的管理是分开的。最后，企业科研环境优越，企业研究所往往能够获得更加优厚的资金支持，实验设备也达到国际先进水平。

经济困局一直没有突破，日本企业开始对一直追求后福特制的做法进行了反思，认为今后产品应向多元化和个性化方向发展，因此，加大对企业科研的投入，提升科技创新能力是非常必要的。

企业的研发投入，易受企业经济状况的影响。当企业的效益不佳时，部分管理者会认为企业科研没有产生预期效果，科研投入会减少，这是世界上大部分国家企业科研投入的普遍情况。从20世纪80年代后半期开始，日本企业科研经费一直维持在较高水平，在科研费中的占比超过60%。即使20世纪90年代之后受到泡沫经济崩溃的影响，日本企业科研经费仍然在增长（如图15所示）。

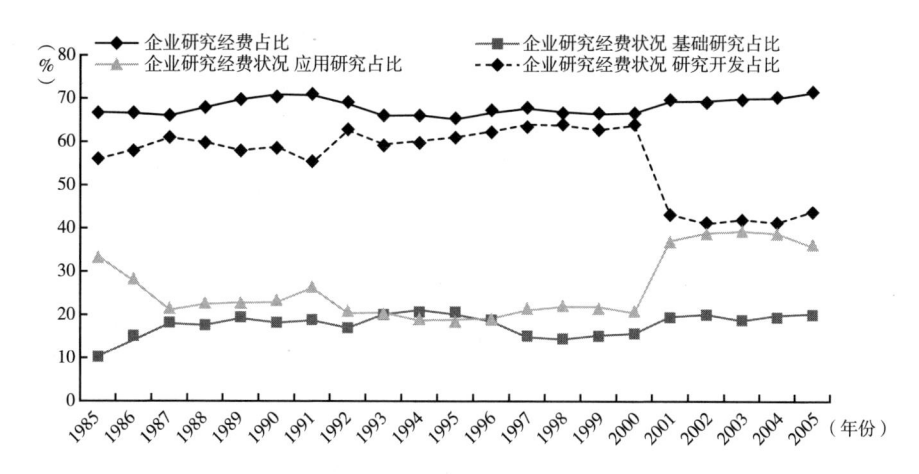

图 15 1985～2005 年日本企业科研经费占比及分配情况

资料来源：日本内阁府统计局。

企业科研经费没有减少，反而有所上涨，特别是基础研究的投入，2000 年之后占比超过 20%，人力酬劳增长，研究人员人数在同步增加，企业科技创新能力并未削弱。泡沫经济崩溃后带来的经济长期不振，使日本企业认识到科技创新能力提升对未来企业发展的重要性，即使在经济状况不佳的状态下，科研投入同样没有减少，因为这是未来企业发展甚至腾飞的基石。

（三）产学官合作制度的建立

从 20 世纪 80 年代开始，日本产学官之间才真正形成互惠互利的合作关系。产学官三者之间不再是高校仅仅为产业供应人才，教授与企业不是校企合作，而是私人合作，又或者是政府主导下的高校为企业提供服务，高校与企业之间联系更加紧密。

政府在这一时期变成了中间人，扮演联络者的角色，推出了一系列政策，加强产学官之间的合作，推动日本科技创新能力提升。这一时期高校与企业之间合作的意愿也在增强。

高校与企业合作可以在一定程度上解决经费问题。高校的经费主要来自文部省的拨付，由于经济发展缓慢，经费增长也同样很缓慢，此时，高校研究者与企业科研人员相比，经费很少，获得企业资金的支持，可以很好地推动大学科技创新能力的提升。由于社会环境的变化，民间对高校基础研究关注度提高，民间资金不断投入高校，也推动了高校与企业之间的联系。

从科学技术自身发展来说，科技与社会的结合变得更加紧密，社会也要求科学界关注民生问题，如地震、海洋环境、绿色环保等，社会要求科学界研究民生热点的呼声高涨，企业也主动承担起更多的社会责任，推动了两者之间的联系。

初期，由于高校与企业以及政府的关系不和谐，企业科研产生了不依靠高校的倾向，寻求海外大学进行合作。但是随着日美之间贸易摩擦的加剧，企业技术引进的成本增加，难度加大，企业开始出现研究所繁荣，与日本高校之间的合作在政府的引导下也更加积极。

日本希望通过创新人才培养，带动技术创新能力的提升，以技术创新振兴经济，且在国际上树立"技术大国"的形象。在这一战略目标的引导下，对产学官合作提出了新要求：希望大学和公立科研机构能够和企业一同开展基础研究；对于基础研究，应着力解决企业在科技创新过程中面临的关键性基础课题。

随着老龄化、少子化等社会问题进一步加剧，产学研合作也开始出现了新的变化。首先，在科技创新方面，要求直面尖端科技。在科技创新方面，日本一直处于世界一流水平，世界上几乎所有的高科技企业与日本企业都有密切的联系。为了进一步提高在高科技领域的创新能力，日本企业和大学以及公立科研机构全力推进在尖端科技领域的合作。其次，在社会生活领域，鼓励通过科研解决社会问题，由少子化和老龄化带来的社会问题日益增加，民众对医疗、智能社会等领域的要求也越来越高。

对于产学官合作，文部省推出了尖端融合领域项目、独创性创新产出项目和举办开放式创新产出会议，推动产学官合作和社会生活领域的结合。尖端融合领域项目2017年开始推出，主要是鼓励产学官协作，由基础研究逐渐拓展到研究开发，推动合作进一步深化。目前开展的领域主要是医学，目标是构建未来的医疗体系，开发出前沿的医疗技术。独创性创新产出项目于2013年设立，开始是以推动大学的科研成果转化为目的设立的项目，之后逐渐发展为企业以及大学研究者共同探讨未来社会发展动态，企业为大学优秀成果进行投资，并邀请大学与企业就重要基础研究进行合作的平台，现在成为社会研究的战略重点，在此项目中，重点关注未来社会的发展动态，项目支持社会重点领域的研究，如智能社会、社会健康医疗、社会福祉等。开放式创新产出会议的举办，是日本振兴战略的补充，推动民间企业扩大对高校的投资，实现企业与高校之间的对接，培育创新团体。

四 战后日本科技创新能力构建对我国的启示

2015年路透社全球创新企业前100名中，日本以40家企业入围，高居榜首，美国35家企业入围，位列第二，中国无一企业上榜，且从2014年开始，日本超过美国，可见日本在基础研究方面的投入获得了丰厚的回报，通过对科研的巨额投入，日本的科技创新能力得到巨大的提升。

（一）加大对基础研究的投入

日本科研经费占国内生产总值的比例1970年达到了1.8%，1979年达到了2.04%，之后一直上升，2015年更是达到3.87%。日本对基础研究非常重视，1965年基础研究投入在科研经费中的占比超过30%，虽然之后占比下降，但是1975年之后仍维持在15%左右（如图16所示）。

巨额的基础研究投入，使日本的科技创新能力获得了巨大的提升。在基础研究领域，最为直接的体现是获得诺贝尔奖，2001年的日本科学技术基本计划中提出，50年内培养出30名诺贝尔奖获得者。截至2016年，日本共有25人获得诺贝尔奖，仅次于美国。其中17人在2000年以后获得，在2000年之后，平均每年出1人，并且产生诺贝尔奖"井喷"现象，诺贝尔奖计划目标快要实现。

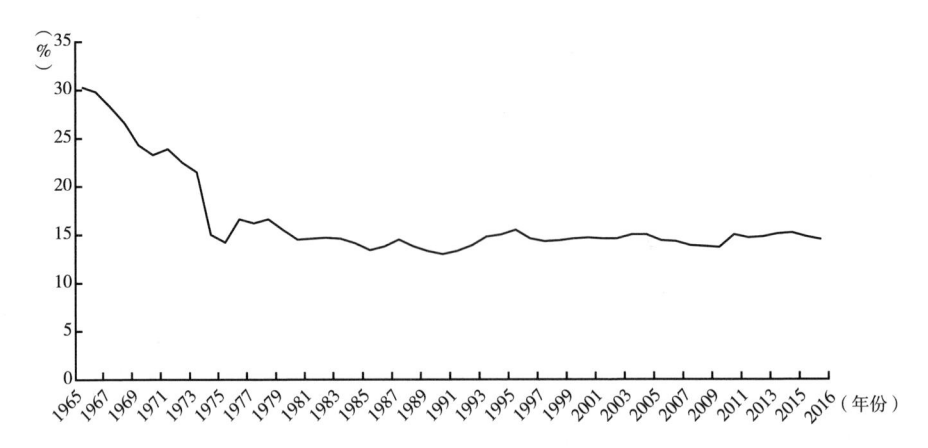

图 16　1965~2016 年日本基础研究投入在科研经费中的占比

资料来源：日本科学技术白皮书。

改革开放之后，我国取得巨大的经济成就，收入水平提高，对科研的投入也逐渐增多。但是我国对基础研究的重视程度还不够，根据《中国统计年鉴 2016》数据，2015 年，我国的科研经费占 GDP 比例在 2014 年才超过 2%，其中基础研究投入在科研经费中的占比徘徊在 5% 左右（如图 17 所示）。

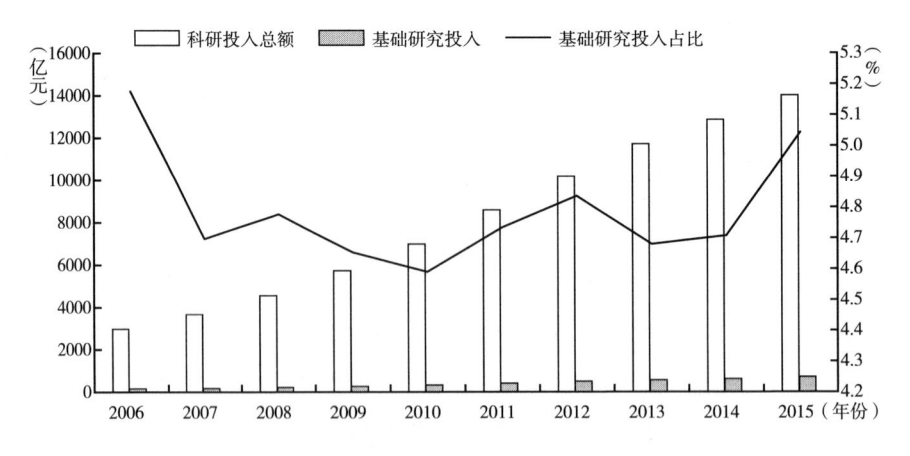

图 17　我国基础研究及科研投入总额及其占比

资料来源：2007~2016 年《中国统计年鉴》。

2006年我国的基础研究投入占比超过5%，但是之后一直在下降，相对于发达国家，我国的基础研究投入还有一定的差距，同时期的发达国家基础研究投入占比大多超过10%[51]，日本更是达到了15%。基础研究水平代表一个国家科学技术创新能力的上限，我国要增加基础研究投入，特别是对自主创新的、国际前沿的研究，以及对青年科研人员的支持。

（二）推进专利战略的实施

在企业竞争中，专利是重要的武器。日本在20世纪90年代之后，经济增长速度放缓，为了激活日本经济，开始实施"科学技术创造立国"战略，为提升科技创新能力，日本把专利战略上升到了国家战略。由于专利布局，日本企业在国际竞争的过程中占据了主动地位。

我国企业由于技术积累不足，在国际竞争中失利的例子比比皆是，华为公司在进入美国市场时，遭到专利流氓公司"无线星球"的专利诉讼，已经败诉，进入美国市场受阻。如今，我国企业也逐渐开始了专利的布局，华为、中兴等企业的专利申请量在迅速增长。现阶段我国政府、企业、高校等都非常重视专利的申请，我国的专利申请量有了巨大的提升。在中国社会科学院发布的《法治蓝皮书（2017）》中也表明，现阶段我国产品存在整体质量不高的现状，科技创新能力低，我国的专利申请虽然数量增长幅度已经跃居世界第一，但是注册量没有跟上，专利的质量也较低，不仅保护力度不够，还存在保护成果过高的问题，阻碍了对企业科技创新能力的提升。

日本专利战略的实施具有以下特点。第一，推进专利网络的建设。日本企业积极利用法律，在各个主要国家申请专利，并构建完善的专利网络。以基础性核心专利为基点，围绕其广泛申请延伸的小专利，构建起专利网络，在专利的竞争中占据优势。第二，专利局对专利保护予以推进。世界科学技术迅猛发展，科学技术的更新时间缩短，把握专利申请的时间对企业竞争来说，特别是对高科技企业，乃至国家竞争都有重要的影响。对于本国专利的申请，日本适当加快申请进程，对于国外专利的申请，延长审批时间已经成为日本专利局的潜规则，延迟15年以上是常有的事，例如，美国梅苏克斯公司在日本专利局申请红外传感技术，该公司的专利已经在德国、美国和瑞典获批，但是，在日本申请被延长了快20年。这期间，日本专利局不断地利用审批程序要求该公司公布技术细节，之后日本一家公司通过模仿改进，申请了大量专利，并抢先通过了专利申请，获得专利权，使该公司在日本市场的份额下降。第三，鼓励专利商品化的实施。专利的商品化是专利战略实施的关键，日本企业非常重视专利商品化的推进。美国的一家智库对日本专利商品化的调查表明，日本在专利商品化方面位居世界前列。日本专利局对专利的调查表明，日本专利技术商品化率为52%，高于世界平均水平。

（三）重视科技创新制度的建设

科技创新是经济发展基础的重要支撑。科技创新能力的提升需要诸多条件来支持，其中创新制度是重要的基础。日本在1996年的《科学技术基本计划》第一期中提出，日本以"科学技术创造立国"的思想，在之后的一系列政策中，日本不断推动其科技创新能力的提升，陆续出台了《研究开发力强化法》《独立行政法人通则法》《关于研究开发评价的大纲指南》《国立大学法人法》等相关法律，完善日本科技创新相关制度建设，对于人才培养、科研效率的提高、科研机构责任和义务的规范、科研评价体系的构建等，利用法律进行规范，推动科技创新制度迅速建立并完善。

我国科技创新法律制度建设已经得到有关部门的高度重视，已颁布了《科技进步法》《促进科技成果转化法》《专利法》等一系列法律，这推动了我国创新制度的建设。习近平总书记强调："要以推动科技创新为核心，引领科技体制及其相关体制深刻变革。"我国的科技要实现从追赶阶段到并列乃至超越阶段，就必须解放思想，深化科技创新体系的改革，提升科技创新活力。但在科技创新发展的过程中，仍然存在一些问题。我国也在引导科研人员的科研工作更多地与社会生活紧密结合，使其参与国家的经济建设。

我国的科研经费在逐渐增加，在2015年开始超过国民生产总值的

2%，在总绝对值方面已经超过日本。但是，我国科研成果转化率与发达国家相比，仍然不高。如何推动我国科技创新能力的提升，将其迅速转化为生产力，推动我国产学研合作，成为亟须解决的问题。

参考文献

［1］饶毅：《知耻而后勇：中国科学百年能否赶上日本?》，饶毅的个人博客，http：//blog. sciencenet. cn/blog - 2237 - 639688. html，2012 年 12 月 6 日。
［2］杜传忠、刘忠京：《基于创新生态系统的我国国家创新体系的构建》，《科学管理研究》2015 年第 4 期，第 6～9 页。
［3］〔英〕克里斯多夫·弗里曼：《技术政策与经济绩效：日本国家创新系统的经验》，张宇轩译，东南大学出版社，2008。
［4］周文莲、周群英：《试析日本国家创新体系的现状及特点》，《日本研究》2007 年第 3 期，第 42～46 页。
［5］王承云、朱奕希、杜德斌：《日本构建知识创新体系的举措、经验及其借鉴》，《世界地理研究》2015 年第 4 期，第 39～45、66 页。
［6］阮晓东：《日本，值得尊敬的创新巨人》，《新经济导刊》2016 年第 5 期，第 52～57 页。
［7］山口栄一「科学者とは何か―その3：新しいイノベーション・エコシステムの構想」『情報管理』、58（10）、2016、771 - 77 頁、9 頁。
［8］鈴木高宏「EVが拓く新しいエコ地域社会モデル：長崎 EV&ITS プロジェクト」『環境研究』（167）、2012、106 - 116 頁。
［9］藤野洋「日本のイノベーション・エコシステムに対するベンチャー・ファイナンスの課題」『商工金融』65（8）、2015、52 - 91 頁。
［10］野村敦子「イノベーション・エコシステムの形成に向けて：EUのスマート・スペシャリゼーション戦略から得られる示唆」『*Japan Research Institute Review*』2016（6）、2 - 36 頁。
［11］樊春良：《日本科技创新政策科学的实践及启示》，《中国科技论坛》2014 年第 4 期，第 20～26 页。
［12］甄子健：《日本科技创新政策评价的方法与实例》，《全球科技经济瞭望》2015 年第 2 期，第 41～55 页。
［13］平力群：《日本科技创新政策形成机制的制度安排》，《日本学刊》2016 年第 5 期，第 106～127 页。
［14］Fujisawa Y., Ishida Y., Nagatomi S., et al., "A Study of Social Innovation Concepts：

A Japanese Perspective," *Japan Social Innovation Journal*, 2015, 5 (1): 1 – 13.

[15] Maguire K. Davies, "A Competitive Regional Clusters: National Policy Approaches," 2016.

[16] 村上裕一「司令塔机能强化のデジャ・ヴュ—我が瞗の科技术政策推进体制の整备を例に」『公共政策学』2015、158 頁。

[17] 張晶「日本の基礎研究についての考察」、日本科学技術政策研究所、1993。

[18] 曾国屏、荀尤钊、刘磊：《从"创新系统"到"创新生态系统"》，《科学学研究》2013 年第 1 期，第 4~12 页。

[19] 刘娅：《日本基础研究领域国际合作态势的文献计量分析》，《世界科技研究与发展》2010 年第 2 期，第 263~267 页。

[20] Kubo T., Ueshima K., Saito M., et al., "Clinical and Basic Research on Steroid - Induced Osteonecrosis of the Femoral Head in Japan," *Journal of Orthopaedic Science*, 2016, 21 (4): 407 – 413.

[21] 梶田隆章「ノーベル賞受賞者からの警鐘このままでは日本の基礎研究はダメになる」『中央公論』131 (2)、2017、64 – 69 頁。

[22] 西方篤「電気化学会の発展のために」『*Electrochemistry*』、85 (1)、2017、1 頁。

[23] Bartholomew J. R., "Japanese. Nobel Candidates in the First Half of the Twentieth Century," *Osiris*, 1998, 13: 238 – 284.

[24] 中山茂『科学技術の戦後史』東京：岩波書店、1995、107 – 120 頁。

[25] 杨舰：《日本科学技术史界的东京工业大学学派》，《中国科技史杂志》2005 年第 4 期，第 362~369 页。

[26] 佐々木力『科学技術と現代政治』、東京：筑摩書房、2000、30 – 50 頁。

[27] 塚原修一『研究開発活動の国際展開』、東京：社団法人研究産業協会、2009。

[28] 胡建华：《战后日本大学史》，南京大学出版社，2001，第 187 页。

[29] 中山茂『科学技術の戦後史』東京：岩波書店、1995、85 頁。

高校主导型校企科研项目合作虚拟网络组织设计[*]

李存金　张茜茜　武玉青[**]

摘　要：本文以一个实际项目为依托，探究高校主导型校企科研项目合作虚拟网络组织设计问题。基于互联网时代背景，结合现代先进的组织理念与模式，讨论高校主导型校企科研项目合作组织系统构建应遵循的设计原理，提出了平面型虚拟网络组织设计、矩阵型虚拟网络组织设计、立体型虚拟网络组织设计三类高校主导型校企科研项目合作组织系统结构设计范式。最后，针对一个具体的高校主导型校企合作研究课题，给出了其组织设计具体方案与应用效果的案例解析。

关键词：高校主导型　校企科研项目合作　组织设计　虚拟组织　网络组织

---

[*] 科技部创新方法工作专项课题"新能源汽车产业中的创新方法应用研究与示范"（项目编号：2015IM030100）；北京经济社会可持续发展研究基地科技支撑专项预研项目"北京新能源汽车产业创新生态系统研究"（项目编号：10YJA880056）。

[**] 李存金，北京理工大学管理与经济学院教授，博士生导师，研究方向为现代组织管理理论与管理创新、技术创新与投融资、人力资源管理；张茜茜，北京理工大学管理与经济学院博士研究生，研究方向为技术创新管理；武玉青，北京理工大学管理与经济学院博士研究生，研究方向为技术创新管理。

一 引言

熊彼特（Joseph A. Schumpeter，1990）最早提出技术创新理论以后，创新问题研究很长时间内主要聚焦在单个主体上[1]。"直到20世纪90年代，学术和商业文献都试图把创新和创业描绘成是由单个实体所开展的活动。"[2]随着知识经济时代到来和互联网兴起，产学研合作议题开始得到学术界重视。所谓产学研合作主要强调产、学、研在研发活动中在利益、知识和专业技术的共享基础上的协同创新行为，它可以打破组织边界壁垒，广泛集成与利用社会资源，产生研发创新的"1+1＞2"的协同效应。

产学研合作可以被理解为一个泛称，在实际活动中往往并不一定限于产、学、研三方的合作，可以是两个单位间的合作，也可以是包括政府、科技中介机构、金融机构等相关主体参与下的多方合作。本文将"校企科研项目合作组织"研究中的主体定位于"高校主导型"，其一是想重点讨论"高校主导型"的校企合作这一具体类型下的组织问题；其二是想结合具体实践项目探讨"项目合作"这一微观层面的组织问题；其三是想着重讨论"校""企"这两个主体间科研项目合作中的有效组织系统设计问题。本文的案例项目中实际上也涉及其他参与单位。

2011年4月24日，时任中共中央总书记的胡锦涛同志在庆祝清华大学建校100周年大会的讲话里，强调实现国家创新驱动发展战略中要"积极推动协同创新，通过体制机制创新和政策项目引导，鼓励高校同科研机构、企业开展深度合作，建立协同创新的战略联盟"[3]。这是我国高层领导人"第一次从国家战略高度出发对产学研协同创新提出新的要求"[4]，它不仅体现了党中央高瞻远瞩的见识，还为我国推动产学研合作广泛而深入地开展奠定了政策基础。

产学研合作中的合作各方是以自身利益为基础开展活动的[5]，其合作成功最重要的保障要素是协同与信任，即合作各方在风险共担、利益共享、公平诚信的基础上为实现同一个目标而通力协作[6][7]。但综观现实，有很多产学研合作成功的例子，也有不少的不成功例子，究其原因可能涉及多层次、多维度的因素，例如，组织壁垒问题、利益分享问题、知识产权问题、观念问题、信任问题、组织运作问题、合作机制问题、政策引导问题、环境氛围问题等，因此，积极探究产学研合作中的影响因素及作用机制，探索能够实现协同创新的有效路径、组织与运作机制，对产学研合作实践活动具有重要的指导意义。

本文研究的重点为高校主导型校企科研项目合作的组织设计问题，这是因为，组织设计是构建最适宜组织的前提，而有机组织的构建又是校企科研项目合作成功的根本保证。同时，科研项目合作属于最基本的校企科研合作类型，而高校主导型校企科研项目合作是现实中客观存在但又经常被理论界所忽视。毋庸置疑，企业是创新及其成果应用的重要主体，研究重点集中在企业主导型产学研合作模式方面也是符合情理的。但高校、科研机构是知识创新的源发点，也是社会创新的重要主体。事实上，一些早期技术探索性研究或偏研究型的课题往往都是由高校或科研机构领衔的。特别是在我国，国家设立的一些重大科技项目的承担者很多都是高校与科研机构，例如，由我国教育部、财政部联合启动的"2011计划"，旨在建立一批"2011协同创新中心"，其以科研项目方式引领，以创建高水平研究型大学为目标，着力打造高水平创新平台和创新团队，采用的就是高校主导、以企业为应用对象的产学研合作类型模式，因此，本文基于一个具体课题研究案例，试图对高校主导型校企科研项目合作的组织设计问题进行探讨。

二 高校主导型校企科研项目合作组织系统构建应遵循的设计原理

组织设计已形成了许多成熟的基本原理，校企科研项目合作组织设计应在遵循这些原理基础上，积极融入当代先进的组织思想、理论与方法，紧密结合校企科研项目合作的性质及具体研发项目的特点，科学、合理地设计出一个高效能的组织系统。

（一）虚拟性原理

虚拟概念源于计算机虚拟现实技术，其原理逐渐被扩展应用到各个领域中（包括组织理论研究中）。虚拟组织是一种区别于传统组织的以信息技术为支撑的人机一体化组织，《商业周刊》把虚拟组织（企业）定义为"运用技术手段把人员、资产、创意动态地联系在一起"[8]。虚拟组织完全突破了以内部组织制度为基础的传统的管理方法，具有柔性化、灵活性、分享各成员核心能力等特点。

高校主导型校企科研项目合作组织系统的虚拟性是由校企科研项目合作本身的性质决定的，故这类组织设计中需要遵循虚拟原理，不能完全按照传统组织的刚性结构原理进行设计。一般而言，项目组织因项目开展而设立，而项目一旦结束组织系统也就会自然解体。项目成员来自企业和高校实体单位，根据项目的需要成立项目领导小组、项目研究团队和具体的研发小组，由此构成的项目运行期间的组织系统本身必然具有临时性和虚拟性特征，因此，基于虚拟原理设计并构建高校主导型校企科研项目合作的虚拟组织，可以突破原有实体组织的有形边界，有利于整合各成员单位的资源能力、技术特长，增强组织灵活性、协同性和提高研发效率。

（二）网络性原理

美国学者Richard认为，网络型组织是由单个组织相互作用所形成的跨组织集合，它以自由市场组织模式替代传统的纵向层级组织[9]。网络组织能带来比市场联系更持久而分散、比等级制度更互惠而平等的组织绩效。通过沟通、协调来建立一种信任关系，其声誉、承诺、信任成为维持网络组织的基本因素（Powell，1990）[10]。

网络型组织是知识经济时代挑战"金字塔形组织"缺陷而产生的新型有机组织。网络型组织中，相连接的机构之间并不存在资本所有关系和行政隶属关系，但通过相对松散的契约纽带，通过一种互惠互利、相互协作、相互信任和支持的机制来实现密切的合作。它既可以是基于公司产品价值链构建的虚拟企业，即由供应商、经营企业、代理商、顾客，甚至竞争对手共同组建的网络组织，也可以是公司职能部门的虚拟化，也就是公司通过生产外包、销售外包、研发外包、策略联盟等方式与其他企业形成业务关系。网络化组织中的部门化程度很低，管理结构呈现"宽幅度、少层次"的扁平形态。由此，网络化组织可以大大减少管理费用，提高管理效率。

遵循网络性原理设计是因为校企科研合作组织系统的构建跨越了多个单位系统，其组织单元既有隶属于原单位的实体机构，又有因任务需要临时成立的虚拟机构，从而在组织单元间形成了纵横交错的网络型关系。网络组织在信息传播、权力分配、人员激励以及推动创新方面都能体现出比传统层级结构更优的作用，故非常适宜于在提倡自由和宽容文化的创新活动中应用，因此，校企科研合作组织采用网络结构有利于技术创新能力互补，产生组织整体力量的汇聚和放大效应。当然，在高校导向型校企科研合作的网络组织设计中，不仅要体现自上而下的领导链关系，还要强调能够实现高效交流与沟通的横向协作关系。特别是，要注意分权和授权的平衡，强调通过自主权赋予和责任落实的有机结合来激发人的积极性、能动性与提升自我管理能力。

（三）分工合作原理

校企科研合作从大的方面看涉及高校与企业两大类组织系统，从小的方面看涉及众多的基层研发小组单元，故研究任务的完成必须建立在科学的分工与合作基础上，因此，在组织活动中，要做好任务分解方案，明确各个层次组织单元承担的职责，把考核指标落到实处。同时，要注意各个层次组织单元研究任务的关联性，通过交流、沟通、研讨、督促活动，保障研究工作的有机衔接、耦合与研究进度的协同一致。

（四）模块化原理

模块化思想起源于生产组织创新设计中，可以说是分工合作与网络组织融合下产生的新设计理念。模块化组织是"通过内部相互联系的协调和自组织的过程，以达到满足组织柔性和学习曲线效应的一种新型的组织范式"（Daft，Lewin，1993）[11]。通过拆分成各个组成单元（或成员企业）或将各组成单元集合成一个共同组织的行为即为"企业组织的模块化"（Sanchez，1996）[12]。实际上，它是将组织中各种要素柔性地重整所形成的松散耦合的组织形态（Schilling，Steensma，2001）[13]。

产学研合作需要成员单位跨越各自边界来共同完成一项研发任务，每个单位都有自己独特的核心能力，关键是如何最大限度地发挥它们的特长和形成协同合力。通过模块化设计（如划分研究团队），可明确各自的分工职责，构建具有高度自律性的模块化单元，形成相当于一个个"内部市场"的可以自主创新的活动单元。同时，通过信息沟通机制、整体协调机制将各模块连接起来，建立起一个既具有自主决策权，又互助互利的有机协同整体合作组织。

（五）自主性原理

科研是需要发挥想象力、创新力的特殊工作，自由的思维迸发、新颖的创意产生都需要研究成员的自主能动性和积极性，因此，校企科研项目合作组织设计，要以研发小组为核心单元，充分赋予它们自主开展研究的权利，减少命令型指挥与权威型领导，鼓励智慧集成型的团队协同研究方式。

（六）灵活性原理

灵活性原理是强调在能有效监控进度前提下，让各研究单元及成员能够灵活安排自己承担的研究工作。高校教师和学生有自己日常的工作与学习任务，企业人员也有自己单位的正常工作职责，因此，校企科研合作组织构建上应提倡结果导向性原则，其研究时间可由各研究团队和研发小组自行决定，项目成员也可在运行期间允许有一定的动态调整。

（七）监控性原理

项目研究提倡自主性、灵活性，但并不意味着完全放弃组织的刚性约束。项目领导小组应随时跟踪项目研究进展，通过定期的工作会议和必要的临时会议把握工作进程。项目领导小组、各研究团队、参与项目实体部门负责人、研发小组组长要形成自上而下的监管体系，及时发现研究过程中出现的问题，讨论并形成有效的解决措施。同时，在项目组织建立初期，就要配套构建明确的考核指标、考核制度、奖惩制度，使整个项目研发工作在明责、监控、严考机制基础上获得有序推进。

三 高校主导型校企科研项目合作组织系统单元及责任分工设计

高校主导型校企项目合作组织设计中，要基于研发项目的性质、内容及参与单位确定组织系统构架方式和具体的组织系统单元。高校主导主要体现为项目总体承担者是高校，项目负责人是高校教师且其为项目领导小组组长。组织系统单元间的关系及任务分工要通过组织多方参与的讨论会，在反复酝酿基础上清晰地确立下来。

（1）项目领导小组：是因承担任务而成立的项目最高层领导机构，负责任务项目整体组织工作与运作管理。主要由项目负责人、企业高层领导、高校中的项目核心教师、企业相关部门负责人构成。

（2）学校科研团队：由参加项目研究的高校全体成员组成，主要负责完成高校分担的科研任务。学校科研团队不一定只有一个，可根据参与学校数量及子课题承担情况具体设置若干个团队，每个团队下又可根据技术攻关问题具体设置若干高校研发小组（可简称校研发小组或校小组）。

（3）企业工程研究院：在不同企业，其称谓可能有所不同，但都是承担企业技术研发工作的核心部门。在校企合作项目中，它也是分担研发任务的主要执行部门。

（4）企业战略规划部：负责项目运作中企业与高校的具体协调工作及企业内部的组织管理。

（5）企业科技发展部：将合作项目纳入企业技术发展计划并实施过程管理。

（6）企业质量部：是项目质量监督及相关研发任务的直接负责者。

（7）企业人力资源部：负责项目相关人力资源管理，如培训事宜、绩效管理等。

（8）企业相关部门：与校企合作项目工作相关的一些企业管理部门，如企业财务部，负责项目研究经费管理；企业法规部，负责项目合同管理；等等。

（9）企业技术研发小组：执行企业分担研发任务的技术攻关小组。

（10）其他参与者：如邀请的项目顾问小组，提供相关服务的中介机构等。

四 高校主导型校企科研项目合作组织系统结构设计

在确立组织系统单元、组织系统架构基础上，要遵循组织设计的基本原理并结合校企合作项目的具体特点，积极探讨灵活、有机、高效的组织系统结构设计方案。在具体设计工作中，应充分考虑当代互联网环境背景，合理吸收现代先进的组织思想、组织模式、组织方法，针对研发项目性质、各系统单元分工职责及相互关系、参与方的资源和研发能力，系统地构建科学、适宜的组织结构体系。

本文认为，以虚拟化、网络化为组织模式导向，最能体现当代环境背景和产学研合作的特性。同时，由于不同情境下的校企合作项目的组织复杂程度不同，应注意以能最清晰表述组织系统单元关系为基本原则确定具体的组织结构表达形式。由此，本文提出了三个高校主导型校企科研项目合作组织结构设计范式：①平面型虚拟网络组织设计，在二维空间中将各组织单元及其纵横交错关系清晰表述出来，主要体现虚拟性、网络性、纵向管理、横向协同的组织关系特征（见图1）；②矩阵型虚拟网络组织设计，将管理单元、研发单元及其相互关系清晰表述出来，主要体现虚拟性、网络性、资源支持、项目小组分工与合作的组织关系特征（见图2）；③立体型虚拟网络组织设计，在三维空间中以分层分布形式将各组织单元及其相互关系清晰表述出来，主要体现虚拟性、网络性、领导链、协同管理的组织关系特征（见图3）。

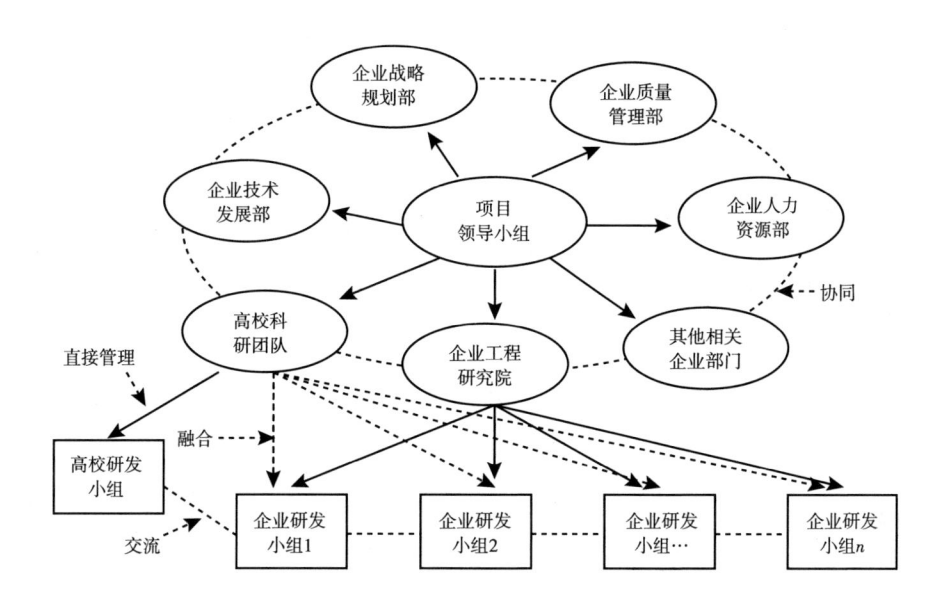

图1 一个校企科研项目合作平面型虚拟网络组织设计

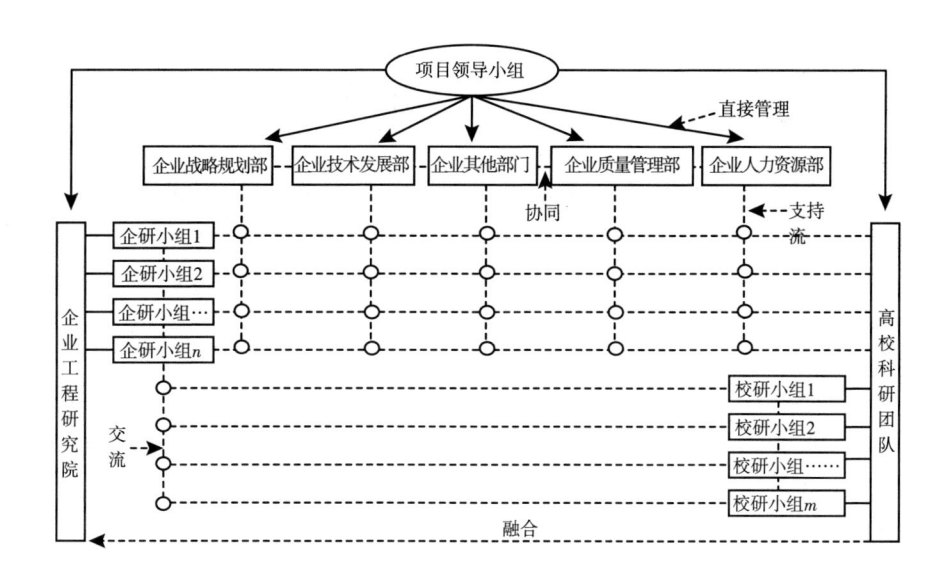

图2 一个校企科研项目合作矩阵型虚拟网络组织设计

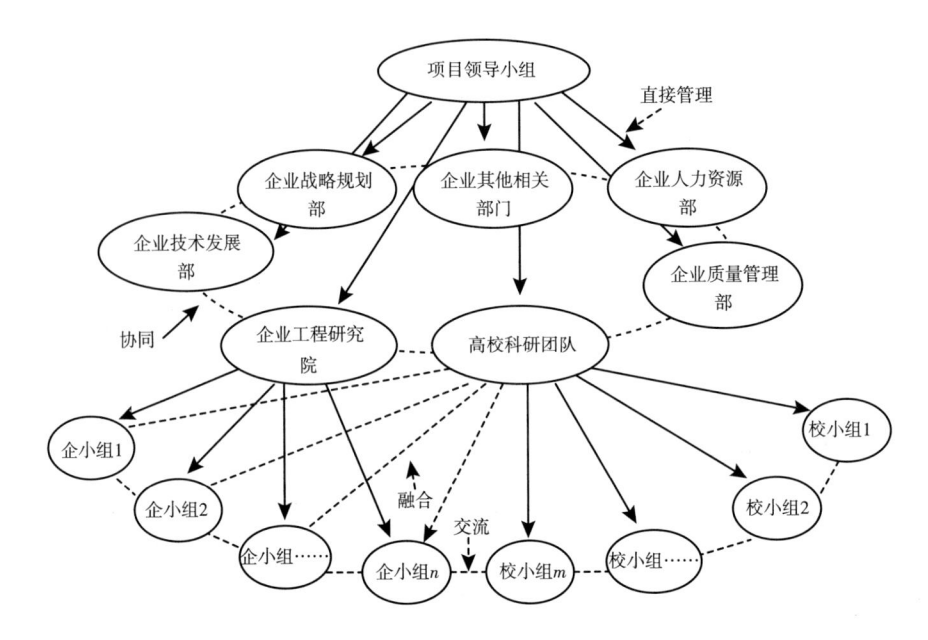

图3　一个校企科研项目合作立体型虚拟网络组织设计

五　实际应用案例分析

北京理工大学与北京新能源汽车股份有限公司（简称北汽新能源）等单位共同合作，由北京理工大学牵头承担了中国科技部创新方法工作专项2015年度项目"新能源汽车产业中的创新方法应用研究与示范"，其主要任务是支持北京新能源汽车股份有限公司完成12项新能源汽车关键技术难题攻关，形成10项新能源汽车关键技术解决的创新方法应用范例。为此，需要构建高效而能协同运行的校企项目合作研究组织系统。为了表述方便，我们后面将"新能源汽车产业中的创新方法应用研究与示范"科研项目简称为A科研项目。

（一）组织设计方案选择

前文已根据校企项目合作研究的特点给出了三种组织系统设计方案。

基于本课题研究需求和特色，结合北京理工大学研究资源和企业研究资源，项目合作研究组织系统设计采用了"项目合作平面型虚拟网络组织"的构建模式（具体组织系统设计见图4）。选择该组织模式是项目领导小组通过充分研讨、沟通后达成的共识，采用该模式有三个重要原因。①该合作研究项目是高校主导的国家研究课题，意义当然重大，但从 R&D 经费投入远小于企业许多研发项目资金投入来看，要得到企业科研人员的重视，必须体现出组织的强制性功能。②北京新能源汽车股份有限公司是一个国企，合作研究项目组织既要保证横向自主沟通和灵活性，还要发挥组织垂直命令链的领导作用，以强化项目研发任务被各研发小组有效执行。③平面型设计可以比较简明、清晰地表述各层次、各维度组织单元之间的复杂关系。

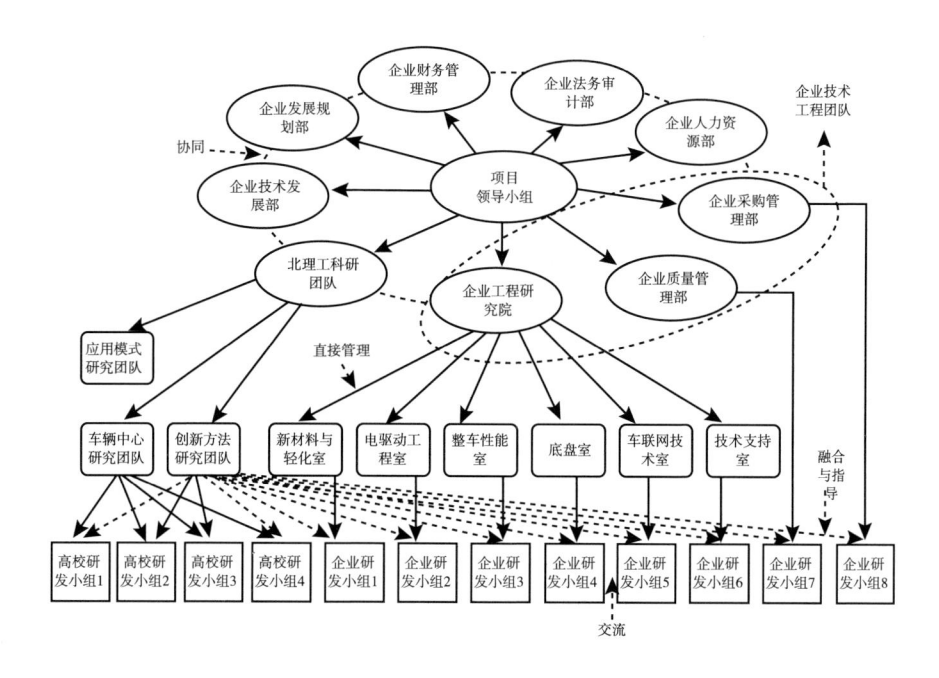

图4　A 科研项目的校企项目合作平面型虚拟网络组织

由北京理工大学项目申请人及若干骨干人员，北京新能源汽车股份有限公司总经理、总工程师及七个部的部长组成项目领导小组，履行整个项目运作的领导与组织协调管理职能。

北京新能源汽车股份有限公司七个职能部门与北京理工大学科研团队构成负责项目运作管理的具体组织管理层。

北京理工大学科研团队下设三个具体研究团队：创新方法研究团队（以北京理工大学创新方法研究推广中心为核心组建的团队）、技术研究团队（以北京理工大学电动车辆协同创新中心为核心组建的团队）、创新方法应用模式研究团队（以河北工程大学作为协作研究单位组建的研究团队）。北汽新能源以企业工程研究院为主，与企业采购管理部、企业质量管理部共同组建企业技术工程研发团队。这四个具体研究团队构成了项目执行层，负责具体理论研究与技术攻关任务。

北京新能源汽车股份有限公司设有企业技术发展部、企业工程研究院等15个部门，其中企业技术发展部、企业发展规划部、企业财务管理部、企业法务审计部、企业人力资源部、企业采购管理部、企业质量管理部、企业工程研究院八个部门与课题研究运作相关，被纳入校企科研合作组织体系中。企业工程研究院下设14个研究部门，其中新材料与轻化室、电驱动工程室、整车性能室、底盘室、车联网技术室、技术支持室各承担1项攻关研究任务，共设立6个攻关研究小组。企业质量管理部、企业采购管理部各承担1项攻关研究任务，分别设置1个攻关研究小组。

创新方法研究团队成员与车辆中心研究团队技术研发攻关成员融合形成学校系统的四个独立技术研发小组，企业工程研究院的六个研究科室的技术攻关成员、企业采购管理部技术攻关成员、企业质量管理部技术攻关成员组合形成8个攻关研发小组，由此，整个项目研发工作中共组成12个技术攻关小组。

（二）组织领导与组织运行协同机制

通过构建A校企科研项目合作平面型虚拟网络组织与明确定位各组织系统单元的分工职责，形成了一个系统的"项目领导小组—北京理工大学研究团队、北汽新能源相关部门—四个具体研究团队—技术研发攻关小组"领导链。

A 科研项目研究任务具有跨学科、综合性、复杂性的特征，而且研究周期较短。为了保证项目高水平、高质量顺利完成，项目综合运用系统工程方法与项目管理方法构建科学的组织管理模式，将项目整体管理、范围管理、进度管理、费用管理、质量管理、人力资源管理、沟通管理、风险管理的原理及原则融入组织制度制定及过程管理中，建立起了一个高效能的 A 校企科研项目合作组织运行机制（见图5）。

项目领导小组把控全局，行使决策、设计、计划、组织、协调等综合管理权。同时，通过进展汇报会、工作协调会、学术研讨会等督促四个具体研究团队的工作进度，帮助它们解决实际工作中遇到的问题。此外，与一些汽车公司建立良好联系，以支持研究团队完成一些调研与外协工作；与北京新能源汽车协会积极沟通，组织一些行业专家进行指导、评估活动，在行业内开展成果示范与推广活动。

由北京新能源汽车股份有限公司8个职能部门与北京理工大学科研团队构成的项目运作具体组织管理层的功能是发挥"承上启下"的纽带作用。在项目活动中，及时将任务落实到下层组织中，积极跟踪项目进展，监督各研究小组工作进度，提供相关资源支持，帮助各研发小组解决实际中遇到的困难。

各项目研究团队，按照任务分工，在计划的不同阶段保证完成自己承担的研究工作。在具体组织工作中，重视各研究小组人员结构的合理配置，选择有能力、有经验的科研人员以组成实力雄厚的技术研发攻关小组。倡导各小组内进行问题研讨、智慧碰撞活动，鼓励小组间进行积极学术交流与信息沟通。

（三）项目组织实施的效果

2015年10月24日项目研究工作正式启动，从初步运行效果看，该校企项目合作虚拟网络组织对课题的有序进行起到了很好的保障作用。本项目研究时间为2年，截止到2017年3月，课题主要承诺指标都已基本完成或超额完成。A 校企科研项目合作组织活动及效果展示见图6。

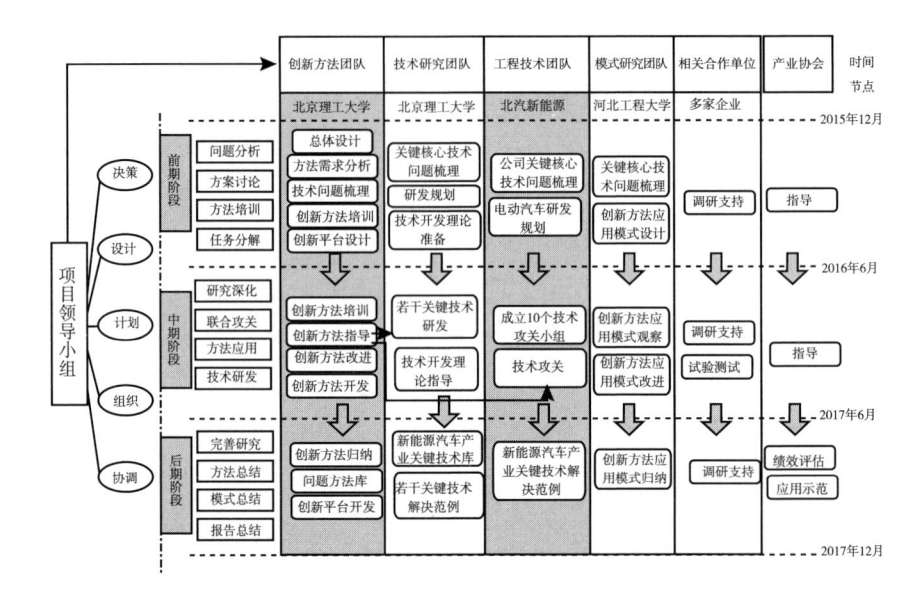

图5 A校企科研项目合作组织运行机制

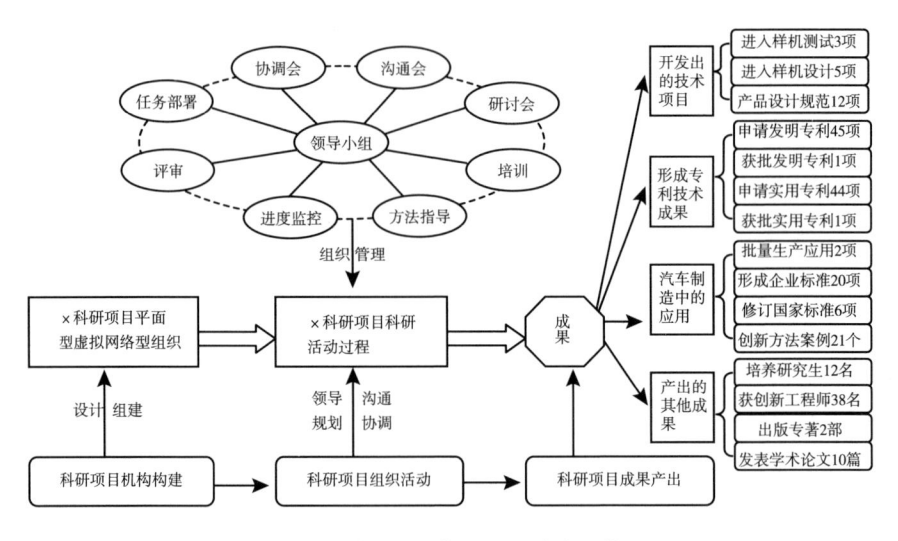

图6 A校企科研项目合作组织活动及效果展示

六 结论

一般而言，产学研合作的项目模式主要有企业主导型、政府主导型、校研主导型。企业是创新的主体，是研发投入和应用的主力军，由企业投入的研发项目一般采用的都是企业主导型模式。政府有时会推出一些重大的研究项目以引导社会创新，这时采用的是政府主导型模式。在实际科研活动中，高校或科研单位往往也可以是主动的一方，如自己发起的科研项目、作为负责人承担的国家或地方项目、科研成果推广项目等，这种情况下高校或科研单位自然就成为合作项目的主导者。鉴于目前理论界对高校主导型产学研合作组织管理研究关注较少的状况，本文结合一个具体高校主导产学研合作项目案例，基于组织系统学、系统工程、项目管理的相关方法，将先进的虚拟组织模式、网络组织模式引入组织结构设计中，提出了三类高校主导型校企科研项目合作组织系统结构设计范式：平面型虚拟网络组织设计、矩阵型虚拟网络组织设计、立体型虚拟网络组织设计。本文在案例分析中，给出了一个被实际运用的组织系统结构设计方案，讨论了其组织领导与组织运行协同机制，展现了该组织系统所产生的实际效果。

参考文献

[1]〔美〕约瑟夫·熊彼特：《经济发展理论》，何畏、易家详等译，商务印书馆，1990。

[2] Ireland, R. D., Hitt, M., "Achieving and Maintaining Strategic Competitiveness in the 21st Century: The Role of Strategic Leadership," *Academy of Management Executive*, 1999 (13): 43 – 57.

[3] 胡锦涛：《在庆祝清华大学建校 100 周年大会上的讲话》，《人民日报》2011 年 4 月 25 日。

[4] 张力：《产学研协同创新的战略意义和政策走向》，《教育研究》2011 年第 7 期，第 18 页。

[5] Miles, R. E., Snow, C. C., Miles, G., *Collaborative Entrepreneurship: How Communities of Networked Firms Use ContinuousInnovation to Create Economic Wealth* (Stanford, C. A.: Stanford University Press, 2005): 144.

[6] Von Krogh, "Care in Knowledge Creation," *California Management Review*, 1998 (40): 133 – 153.

[7] 饶燕婷：《"产学研"协同创新的内涵、要求与政策构想》，《高教探索》2012 年

第 4 期，第 29~32 页。

[8] Business Week Archives, The Futurists Who Fathered The Ideas, http://www.businessweek.com/stories, 1993.

[9]〔美〕理查德·L. 达夫特：《组织理论与设计》，王凤彬等译，清华大学出版社，2003，第 571 页。

[10] Powell, W. W., *Neither Market Nor Hierarchy: Network Forms of Organization* (Greenwich, C. T.: JAI Press, 1990): 295-336.

[11] Daft, R. L., Lewin, A. Y., "Where Are the Theories of the 'New' Organizational Forms? An Editorial Essay," *Organization Science*, 1993, 4 (4): i-iv.

[12] Sanchez R., "Strategic Product Creation: Managing New Interactions of Technology, Markets and Organizations," *European Management Journal*, 1996, 14 (2): 121-138.

[13] Schilling M. A., Steensma H. K., "The Use of Modular Organizational Forms: An Industry Level Analysis," *Academy of Management Journal*, 2001, 44 (6): 1149-1168.

强化战略性新兴产业知识产权软实力的几点思考

高山行 郝志阳[*]

摘 要：本文阐明了我国战略性新兴产业的战略地位及其知识产权工作的关键作用。从知识产权软实力视角，界定了其内涵包括知识产权应用、保护及管理；分析了我国战略性新兴产业知识产权软实力现状。最后，从知识产权应用、保护、管理三个方面，识别了若干强化我国战略性新兴产业知识产权软实力的战略着力点，促进战略性新兴产业知识产权能力的提升和发展。

关键词：战略性新兴产业 知识产权 软实力

一 引言

发展战略性新兴产业，是我国改革产业结构、转变经济增长方式的重大举措，对于引导我国未来经济发展、增强国际竞争力具有重要意义。2009 年，温家宝总理在《让科技引领中国可持续发展》中指出，战略性新兴产业"具有市场需求前景，具备资源能耗低、带动系数大、就业机

---

[*] 高山行，博士，西安交通大学管理学院教授、博士生导师，研究方向为知识产权管理、技术竞争；郝志阳，西安交通大学管理学院博士研究生，研究方向为高管团队、技术创新等。

会多、综合效益好的特征",并提出选择战略性新兴产业的科学依据:一是产品要有稳定并有发展前景的市场需求;二是要有良好的经济技术效益;三是要能带动一批产业的兴起。

2010年,《国务院关于加快培育和发展战略性新兴产业的决定》确定了战略性新兴产业作为"新一轮经济和科技发展制高点"的战略地位,并定义其为"以重大技术突破和重大发展需求为基础,对经济社会全局和长远发展具有重大引领带动作用,知识技术密集、物质资源消耗少、成长潜力大、综合效益好的产业"。该决定立足国情,明确节能环保产业、新一代信息技术产业、生物产业、高端装备制造产业、新能源产业、新材料产业、新能源汽车产业七大产业为重点发展领域。

学者在研究中对战略性新兴产业同其他产业的区别与联系进行了系统区分。从产业划分依据、产业范围等角度来看,战略性新兴产业显著区别于基础产业、支柱产业、主导产业等[1]。战略性新兴产业与高技术产业联系较为密切,一般认为前者包含在后者范畴内,但二者又有明显不同。对高技术产业的界定一般以产业技术密集度为标准,而战略性新兴产业要求技术密集度高,并同时满足技术前沿性、能耗低、前景好的要求,以及对经济社会发展的带动作用[2]。

2012年,《关于加强战略性新兴产业知识产权工作的若干意见》指出,"战略性新兴产业创新要素密集,投资风险大,发展国际化,国际竞争激烈,对知识产权创造和运用依赖强,对知识产权管理和保护要求高"。战略性新兴产业具有知识技术密集度高、技术前沿性强等特点,并以重大技术突破和创新为基础,而知识产权制度作为一种利益协调机制,对保护和激励创新具有重要作用,因此,知识产权是培育和发展战略性新兴产业的关键战略[2]。意见界定了知识产权创造、应用、保护和管理四大工作领域。我们认为,知识产权创造能力是硬实力的体现;相对地,应用、保护和管理是知识产权成果实现市场化必不可少的环节,构成知识产权软实力。一方面,知识产权创造是战略性新兴产业创新发展的基础。构建知识产权战略,强化知识产权布局,提升核心专利创造能力,参与技术标准的竞争并形成主导设计,是获取战略性新兴产业竞争优势的关键所在[3]。另一方面,完善知识产权生态环境,提高知识产权转化率,强化知识产权保护水平和管理水平,是培育战略性新兴产业的必要举措和当务之急。

二 我国知识产权软实力的基本现状

(一) 我国知识产权软实力水平较低

目前,我国知识产权软实力水平相对较低,制约了战略性新兴产业的培育和发展。《2017年全球创新指数》报告显示,中国创新指数排名第22,较2016年上升3位。创新指数指标体系包括制度、人力资本与研究、基础设施、市场成熟度、商业成熟度、知识与技术产出、创意产出七大类。我国在基础设施、商业成熟度、知识与技术产出、创意产出等类别表现良好,但制度环境(第78位,包括政治环境、监管环境、商业环境)、高等教育(第104位)、市场成熟度[如贷款(第48位)、投资(第85位)]、创新关联(第62位)等指标的排名不尽如人意[4]。市场成熟度较低,金融市场不完善,制约了知识产权投融资渠道,限制了知识产权成果的转化转移;创新关联程度低,表明产学研合作不紧密,产业集群发展水平低,企业间战略合作缺乏,抑制了知识产权的相互许可与产业化;制度环境落后,一方面体现了知识产权保护水平较低,另一方面不利于知识产权中介机构发展,从而遏制了知识产权的应用、管理和服务;知识产权理论体系构建不足,知识产权尚未上升到独立学科地位,导致知识产权专业人才储备不足,这是我国知识产权服务机构难以长足发展的根源之一。

(二) 我国知识产权软实力难以匹配硬实力

据前文《2017年全球创新指数》排名结果,我国在人力资本与研究、知识与技术产出、创意产出等领域表现较好。如研究发展指数,我国排第

17位；知识与技术产出指数排第4位；无形资产的产出，名列全球第2[4]。我国在知识产权创造的投入和产出指标上占据一定优势，并呈现上升态势。与之相对，我国在知识产权软实力领域表现疲软。

随着战略性新兴产业的发展及其知识产权工作的深入推进，产业领域内发明专利量稳步增长。研究表明，2010~2012年我国战略性新兴产业发明专利授权量累计为155979件，年均增长率达到30%[5]。然而，由于应用、管理能力不足，知识产权成果无法实现有效转化。郭淑娟和常京萍指出，"我国科技成果平均转化率仅为25%，远低于发达国家的80%，真正实现产业化的不足5%"[6]。综上所述，我国战略性新兴产业知识产权软实力难以匹配硬实力的发展水平，成为制约产业发展的桎梏。

（三）相对软实力，硬实力短期内难以获得大幅提升

我们强调知识产权软实力，并非弱化硬实力的战略地位。相反，知识产权硬实力，即知识产权创造能力，是战略性新兴产业创新发展的基础。段小华提出，从技术创新能力和市场开发能力两个维度综合来看，除新一代信息技术产业外，我国战略性新兴产业尚处于发展初期，即孕育期或成长期[7]。因此，我国战略性新兴产业市场环境与产业规模还未成熟，基于重大技术创新的主导设计尚未确定，而战略性新兴产业竞争的实质正是主导设计之争。知识产权创造能力体现为基础技术研发能力，进而决定了产业战略专利的获取；随着产业的不断发展，重点战略专利结成专利联盟，而后形成技术标准体系；在产业发展成熟期，多项新技术标准体系之间进行激烈竞争，最终形成主导设计[3]。由此可见，以硬实力为基础，实现战略性新兴产业知识产权的科学布局，是全球产业竞争的重中之重。

然而，知识产权硬实力短期内难以获得大幅提升。余江和陈凯华通过专利文献计量的方法，对我国战略性新兴产业的技术创新现状进行了系统考察[8]。研究提出，近年来，我国战略性新兴产业的技术创新绩效虽然逐渐提升和改善，但相对发达国家仍存在较大差距。研究得出结论，"在应对跨国公司的竞争上，中国部分战略性新兴产业的发展面临巨大的挑战，因缺乏技术积累加之跨国公司的技术封锁，很难在短期内在关键技术领域

达到预期的超前部署，占领技术和产业发展制高点的目的"。因此，我们认为，短期内聚焦于战略性新兴产业知识产权软实力，首先致力于弥补劣势，中长期打造优势，未来以软实力驱动硬实力提升，不仅是当务之急，也是迂回之策。

综上所述，我们提出强化知识产权软实力，首先，要改变战略性新兴产业知识产权软实力的落后局面；其次，实现软硬实力的匹配，以达到硬实力的充分利用和转化；最后，推动软实力获取领先优势，为硬实力的提升夯实基础，进而以知识产权软实力带动硬实力发展。

三 战略性新兴产业知识产权软实力的主要战略着力点及分析

强化战略性新兴产业知识产权软实力，需要抓住重点，找准突破口，有的放矢。如表1所示，我们从知识产权应用、保护、管理三个领域，分别识别了其主要战略着力点，以推动知识产权软实力的提升。

表1 战略性新兴产业知识产权软实力的主要战略着力点

战略领域	战略着力点
知识产权应用	提升专利池组建和管理能力
	大力培育桥接科学家
	创建市场导向的高校、科研院所成果转化办公室
	创新知识产权投融资模式
知识产权保护	完善知识产权保护制度——以生物医药产业和大数据为例
知识产权管理	提升知识产权学科独立性建设水平，加快知识产权人才培养
	推进知识产权中介服务机构建设

（一）提升专利池组建和管理能力

专利池是知识产权与技术标准结合的产物，而技术标准是战略性新兴产业竞争的制高点。专利池对推动战略性新兴产业发展具有重要作用，如消除专利授权障碍,促进专利技术推广使用;降低专利交叉许可的交易成本;减少专利授权与实施过程中的法律纠纷等。虽然专利池的形成以基础研发能力、战略专利获取能力等知识产权创造能力为基础,但需要将专利池组建和管理能力等作为积极补充。

第一,提升"前端控制"型专利池的组建能力。建立以龙头企业为核心的"前端控制"型专利池,是技术标准竞争的发展趋势。专利池的组建能力,体现在产业技术标准的战略定位、龙头企业的选择、企业伙伴的整合、大学等科研机构的配套等,以及合作开发联盟、技术转让联盟的创建等方面。专利池组建能力的提升,有助于明确技术创新发展方向,提高创新资源整合效率,助力产业技术标准的形成[2]。

第二,强化专利池治理模式创新。在专利池组建的基础上,专利池治理模式的选择对后续专利池的动态发展及技术标准的形成至关重要。目前主要的专利池治理模式分为基于合同的专利池、基于专利管理公司的专利池及基于信托的专利池。不同的治理模式复杂程度不同,对抗不确定性的能力也各有差异。在专利池治理过程中,应结合专利池的具体情况,积极创造新的、符合专利池实情与发展趋势的治理模式[9]。

第三,增强专利池管理能力。在专利池组建过程中,需要设立专门的管理机构,负责制定相关标准,以判断相关专利是否可以进入专利池;设定专利权人进入、退出机制;制定知识产权政策,确定专利交叉许可模式及许可费用标准与分配[10]。在现代产业竞争中,专利池的开放性与动态性对管理能力提出了更高要求,战略性新兴产业的快速发展迫切需要专利池管理能力的大幅提升。

(二)大力培育桥接科学家

桥接科学家是指同时从事基础科学研究和技术开发的企业科学家。一方面,战略性新兴产业知识技术密集度高、技术前沿性强,重大技术突破和创新是产业发展的基础;另一方面,我国科技成果转化率较低,大量知识产权无法实现产业化,因此,桥接科学家对于连接基础研究与应用开发、提高战略性新兴产业知识产权应用能力具有显著作用[11]。

对于美国拜杜法案（Bayh–Dole Act）改革对生物医药产品开发影响的研究发现，生物医药领域的专利技术使用严重不足。其原因在于，大学或研究机构获得研究成果的专利权后，在同企业技术开发人员进行专利授权谈判的过程中，由于科研人员缺乏对市场的认知和了解，通常过高估计专利价值，造成谈判失败[12]。桥接科学家作为连接研究机构与企业的桥梁，可以减少信息不对称，改善科技成果转化率。组建包含桥接科学家，甚至以桥接科学家为核心的专利池，将大大提升专利池的形成效率和管理工作水平，推动技术标准的形成。

（三）创建市场导向的高校、科研院所成果转化办公室

高校、科研院所等应当建立专门的科技成果转化办公室，负责与产业对接，推进知识产权成果的市场化。以美国生物医药产业为例，其产业内部研究机构与企业间建立了畅通的科研成果转化机制。美国大学普遍设有技术转移办公室，且办公室之间建立良好的沟通机制，以确保信息畅通。此外，科研院所在与产业谈判过程中，应组建由高水平专家、律师、企业家等构成的技术转移专业咨询委员会，以形成技术转移办公室与产业间的稳固桥梁[13]。生物医药公司从科研院所获得专利授权，从事进一步应用研究，在取得阶段性成果后，进而寻找战略投资者及合作伙伴。这种从学术界到中小企业再到大公司，从基础研究成果到阶段性应用成果，直到后续融资或兼并等顺畅的转化途径，成为美国生物医药产业基础研究知识产权成果高效转化的主流模式[14]。

（四）创新知识产权投融资模式

我国战略性新兴产业科技成果转化率较低，传统投融资模式的局限性造成的资金缺乏是问题根源之一。《2017年全球创新指数》报告表明，我国市场成熟度不高，贷款、投资等指数得分较低。在金融市场不够发达的背景下，探索知识产权投融资的创新型模式，对提高战略性新兴产业科技成果转化率十分必要。完善知识产权质押融资模式，推进"政府引导、

银行主导、商业担保"模式,规范知识产权信用评估与资产评估行为,在商业担保环节引入保险机构实现风险共担,加速知识产权交易市场建设[6];探索战略性新兴产业知识产权证券化模式,参考国外成功经验,完善知识产权风险、价值评估体系,加快我国知识产权证券化过程中特设机构建设[15];探讨战略性新兴产业专利池与质押融资、证券化相结合的融资新模式的可行性等。

(五)完善知识产权保护制度——以生物医药产业和大数据为例

战略性新兴产业有别于一般产业,其知识技术密集度高,对技术突破和创新的依赖度高,因此,有更强烈的知识产权保护需求。知识产权保护制度建设,包括法律建设、法规建设及政策建设,应紧密结合战略性新兴产业的自身特点与发展需求。下面,我们将分别以生物医药产业和大数据为例,探讨相关领域的知识产权保护制度建设。

首先,以美国生物医药产业为例。在组织建设方面,美国政府专门负责知识产权保护的机构为专利和商标局,其与食品和药品管理局及国家卫生研究所协同运作,共同致力于美国生物医药产业知识产权保护。此外,美国制药研究和生产商协会(Pharmaceutical Research and Manufacturers of America,PhRMA)将强化生物技术产业知识产权保护作为组织使命之一,并认为加大知识产权保护力度是促进产业持续性创新的重要举措之一[16]。美国政府出台了《专利法》《知识产权法》《药品审批法》《药品专利期延长法案》《加速药品审批法案》《药品价格和非正当竞争法案》《生物技术制品价格竞争与创新法》等法案,形成知识产权法律保护体系,制定了详尽严格的生物医药专利保护及数据保护政策。此外,美国政府对生物类似药审批采取十分审慎的态度,对适应证外推和替换要求以全面、科学的数据作为支持,提出严格的上市后安全性监测,明确区分生物类似药和原研生物制品之间的不良事件。这种严格态度间接加强了对生物创新药的知识产权保护。

其次,关于知识产权保护与大数据管理的结合。大数据(Big Data)

是基于网络、计算机技术而形成的数据量的急速膨胀，并经收集、存储、处理、挖掘可产生经济利益的大规模数据组合。一个国家拥有数据的规模和运用数据的能力，将成为其综合国力的重要组成部分，对数据的占有和控制也将成为国家间和企业间新的争夺焦点。大数据作为一种新型战略资源正在影响社会的方方面面；与国家重要领域密切相关的大数据，还将成为一个国家严格保护和禁止外运的重要资源。大数据的巨大价值越来越多地体现在与个体有关的数据方面，其经过挖掘、分析后具有更高的商业利用价值、咨询价值和公共管理价值，但大数据所体现的毕竟是其背后人与人之间的利益关系，因此会产生许多需要法律界定和约束的问题，包括数据非法泄露或被他人非法利用造成人身权损害、高技术导致社会关系变化的法律修正、大数据实现交易的权利界定原则等。

目前国内关于大数据的法律性质及其法律保护的相关研究还比较少。大数据作为未来一种重要的资源，具有知识产权的性质，应该从知识产权的角度予以研究，并给予其足够的法律保护。需要进一步研究的内容如下。

（1）数据主体（产生数据的个人用户）与数据控制者（确立数据收集目的，面向个人收集数据的企业、组织等）的产权边界，这是交易的基础和前提。

（2）大数据持有人的民事权利特点表现为具有物权和知识产权的双重性，因此，立法不仅应从现有物权法的理论入手，还应该从人身权的角度开展研究。

（3）大数据不仅受到信息技术快速发展的影响，还受到数据挖掘、数据处理理论和手段进步的影响，故此，立法及其法律解释需要加强技术规范、技术标准的法律化，即对技术方式、技术手段的界定、制约和限制，比如对大数据存储器在材质上的稳定、防磁、耐高温的要求，对物理隔离的要求，对数据备份、误删除恢复以及数据库容灾的数据安全技术解决方案的要求等。

（4）大量涉及大数据的相关技术将不断涌现，会使新的法律更多地以技术标准、技术规范和技术要求的形式出现，因此，需要讨论这些形式对现有法律范式影响和补充的规则等。

我国应结合战略性新兴产业特点，探索制定相关领域新产品、新技术等的专利保护政策；完善相关领域的专利审查标准，对关键技术专利区别对待，加强审查质量管理，建立并完善战略专利审查绿色通道等[3]。

（六）提升知识产权学科独立性建设水平，加快知识产权人才培养

目前，我国高校对知识产权作为独立学科的认识尚不统一，对其包含的法学、管理学以及具体的经营方式等方面内容的看法也不一致，导致知识产权人才培养与社会、市场需求配合不够紧密。

战略性新兴产业知识产权服务能力的提升离不开人才培养。知识产权服务人才，应具备专利信息检索、知识产权评估、知识产权交易以及法律咨询、知识产权战略制定与实施等关键技能，熟悉国内及国际知识产权规则，为战略性新兴产业发展提供全方位知识产权服务[17]。

知识产权人才的积累，第一，要加快知识产权理论体系构建，确立知识产权学科地位；第二，要强化职业培训，提高企业知识产权培训意识，强化知识产权职业培训机构和培训体系建设；第三，应重视知识产权高层次人才引进，建立人才激励机制，加强对战略性新兴产业的知识产权智力支撑[5]。

（七）推进知识产权中介服务机构建设

知识产权中介服务机构建设是战略性新兴产业知识产权服务体系建设的核心。知识产权中介服务机构扮演多种关键角色[17]。第一，知识产权战略分析研究。战略性新兴产业竞争的本质是技术标准之争。基于知识产权现状和发展趋势的分析，制定正确的知识产权战略，是摆脱国际竞争技术封锁、获取战略专利、参与国际技术标准竞争、获取主导设计竞争优势的关键。第二，知识产权管理咨询。强化知识产权中介服务机构建设，提高服务机构服务能力，是实现知识产权管理工作专业化与外包化的必要基础。不论是中小企业的知识产权管理，还是知识产权集群

管理，知识产权管理外包化都是适应战略性新兴产业发展趋势的正确模式。第三，知识产权评估和评议。我国战略性新兴产业知识产权融资模式的发展，依赖于知识产权评估体系的不断完善。由专门服务机构进行的知识产权信用评估、价值评估及担保，是知识产权融资流程的关键环节。知识产权评议是服务机构的重要职能之一。知识产权中介服务机构对企业运营过程中重大事项所涉及的知识产权问题进行专项研究，得出评估意见，指导企业事项的顺利运行。知识产权评议既强化了知识产权保护，避免企业知识产权流失，又使企业尽可能避免知识产权纠纷[18]。第四，专利池知识产权政策制定。专利池运行过程中相关政策的制定，如专利评估、进入及退出机制、专利许可费用标准与分配标准、专利许可模式等，均需要专门服务机构的参与。第五，产业组织是知识产权中介服务机构的有机组成部分。产业组织植根于产业之中，是企业与政府机构间的桥梁。应充分发挥产业组织在知识产权服务方面的职能，如从事知识产权咨询、强化知识产权保护等，将产业组织内化于知识产权服务体系之中。

四 重视知识产权软实力在快速发展的人工智能等领域的作用

战略性新兴产业知识技术密集度高，以重大技术突破和重大发展需求为基础，因此其产业发展有别于一般产业。战略性新兴产业的知识产权工作也呈现不同于常规知识产权实践的特征，如新一代信息技术产业、新能源汽车产业等，产业技术快速发展，技术创新周期短，技术变革频繁发生，常规的知识产权保护政策可能对创新起到阻碍作用；生物技术产业，关于基因专利授权的争论愈演愈烈，对传统的专利制度提出极大挑战。进一步强化战略性新兴产业特征与知识产权制度的整合研究，使知识产权软实力满足产业发展需求，适应产业发展趋势，对于实现战略性新兴产业平稳快速发展至关重要。

下文以人工智能产业为例，探讨知识产权软实力在战略性新兴产业的作用。从互联网时代到移动时代，再到智能时代，信息技术与传统行业融合，人工智能技术的发展带来了产业边界的消融及产业之间的大范围协同，催生新的业态形式。中国的人工智能发展迅速，技术能力持续提升。《乌镇指数：全球人工智能发展报告（2016）》显示，在全球人工智能专利数量方面，美国、中国、日本三国专利数量占总体专利数量的73.85%。其中，中国以15745件紧随美国（26891件）之后，位列第二。2016年发布的《"十三五"国家科技创新规划》中，已将人工智能纳入中国未来五年的国家重点研发计划。人工智能领域的技术创新有着强烈的市场导向性、即时应用性与用户参与性，集成化创新、协同创新成为人工智能领域广泛的创新方式；企业成为最主要的创新主体。最好、最新的技术往往不再从先进的实验室或者军队等地方产生，而很大程度上是为了大众消费而产生（例如，Amazon Echo、Google Assistant）。这一典型特征要求企业具备充分的资源、高水平的市场能力、技术能力与战略柔性，能及时反馈市场信号。

目前，人工智能企业多是小微企业，组织灵活、高效，这一特征满足人工智能领域市场导向性强的需求，但是其面临资源、信息与能力的不足。开发基于大量用户数据基础的人工智能技术，要求企业利用"拼凑"（Bricolage）有限资源的方式，实现技术创新与产品创新。从"拼凑"的视角出发，对小微人工智能企业的创业行为进行研究，探讨"拼凑"创业的机制，有利于产业内企业的良好发展。

小微人工智能企业"拼凑"创业模式的发展及其知识产权创造能力的提升，离不开良好的知识产权软实力环境。"前端控制"型专利池的组建一方面符合人工智能领域协同创新的特征，另一方面有效降低小微企业知识产权交易成本、诉讼成本等；繁荣、规范的知识产权金融市场与创新、可靠的知识产权投融资模式，为企业知识产权成果高效转化提供资金保障；完善的知识产权保护制度，确保小微企业创新成果不被侵占，提升创新型产业竞争实力；知识产权管理的专业化与外包化，提高企业知识产权管理工作质量，降低小微企业内部管理成本；知识产权服务体系的构建，为小微企业提供专业的管理咨询、知识产权评估等服务，使企业专注于知识产权硬实力的开发，充分发挥小微企业创新优势，激发企业创新活力。

五 结语

知识产权是培育和发展战略性新兴产业的关键内容。我国战略性新兴产业知识产权软实力，即知识产权应用、保护和管理能力，水平相对较低，难以与硬实力相匹配。此外，知识产权软实力是硬实力发展的必要基础；强化知识产权软实力，以知识产权软实力推动硬实力发展，是推进我国战略性新兴产业知识产权工作的有效方式。我们从知识产权应用、保护和管理三个方面，识别了若干强化知识产权软实力的战略着力点，致力于改变落后现状，推进战略新兴产业知识产权能力全面提升。

参考文献

[1] 姜大鹏、顾新：《我国战略性新兴产业的现状分析》，《科技进步与对策》2010年第17期，第65~70页。

[2] 朱瑞博：《战略性新兴产业培育的知识产权与标准竞争战略研究》，《上海经济研究》2011年第4期，第79~88页。

[3] 孙颖、包海波：《战略性新兴产业的知识产权作用机制研究》，《科技管理研究》2013年第5期，第141~145页。

[4] Cornell University, INSEAD, WIPO (2017), The Global Innovation Index 2017: Innovation Feeding the World, Ithaca, Fontainebleau, and Geneva.

[5] 曹颖杰：《战略性新兴产业发展中的知识产权问题研究》，《法制博览》2015年第23期。

[6] 郭淑娟、常京萍：《战略性新兴产业知识产权质押融资模式运作及其政策配置》，《中国科技论坛》2012年第1期，第120~125页。

[7] 段小华：《战略性新兴产业的投入方式、组织形式与政策手段》，《改革》2011年第2期，第89~94页。

[8] 余江、陈凯华：《中国战略性新兴产业的技术创新现状与挑战——基于专利文献计量的角度》，《科学学研究》2012年第5期，第682~695页。

[9] 袁晓东、李晓桃：《专利池的治理结构分析》，《科学学与科学技术管理》2009年第8期，第13~18页。

[10] 詹映、朱雪忠：《标准和专利战的主角——专利池解析》，《研究与发展管理》2007年第1期，第92~99页。

[11] 裴云龙、蔡虹、向希尧：《产学学术合作对企业创新绩效的影响——桥接科学家的中介作用》，《科学学研究》2011 年第 12 期，第 1914~1920 页。

[12] Heller M. A., Eisenberg R. S., "Can Patents Deter Innovation? The Anticommons in Biomedical Research," *Science*, 1998, 280 (5364): 698-701.

[13] 朱镭镭、冯国忠：《美国生物医药产业政策对我国的启示》，《中国医药技术经济与管理》2012 年第 1 期，第 86~89 页。

[14] 章立、朱振家：《生物技术产业发展：国际经验与中国选择》，《中国新药杂志》2012 年第 11 期，第 6 页。

[15] 王英男、周衍平：《生物技术产业知识产权证券化融资策略探析》，《技术与创新管理》2017 年第 1 期，第 28~31 页。

[16] Pharmaceutical Research and Manufacturers of America (2014), 2014 Biopharmaceutical Research Industry Profile.

[17] 李明星、何娣、张懋等：《知识产权促进战略性新兴产业发展实证研究——以江苏省为例》，《科技进步与对策》2013 年第 9 期，第 54~59 页。

[18] 高山行：《知识产权理论与实务》，西安交通大学出版社，2014，第 250~251 页。

西部地区城镇化进程中农民工工作条件满意度：影响因素及代际差异

王华书　Nico Heerink[*]

摘　要：在城镇化进程中，西部地区正以超过其他地区的速度推进城乡劳动力转移。由于城市集聚能力相对较弱，西部城镇化进程主要靠省内农民工驱动，其受教育程度相对较低。然而随着越来越多的流动人口在中西部中等城市寻求就业机会，在工作以及需求上持不同态度的年轻且受教育程度更高的农民工，在西部城镇化及社会管理中扮演越来越重要的角色。目前，对西部地区城镇化进程中农民工工作条件满意度，以及代际差异等，缺乏充分研究及确凿的论据，不利于对流动人口进行有效管理。基于对西部典型城市904位农民工开展的住户调查，本文洞察了农民工的基本人口特征、工作条件等，以分析计划生育政策前后出生的两代农民工工作条件满意度的差异性。本文应用有序逻辑模型，发现第二代农民工对工作条件满意度更高，其中工作环境、强度等发挥了显著作用，同时代际对工作条件满意度存在显著差异。利用泰勒一阶展开式做线性化处理，利用非线性Blinder–Oaxaca分解计算和检验了总差异以及各自变量对差异的影响，并指出禀赋因素以及不可解释因素

---

[*] 王华书，贵州大学管理学院，教授、博士，研究领域为农业经济及管理；Nico Heerink，荷兰瓦赫宁根大学社会科学学院，副教授、博士，研究领域为发展经济学。

对差异的贡献。

关键词： 农民工　工作条件　满意度　代际差异　城镇化

一　问题的提出

关注农民工工作条件满意度，不仅关系到部门劳动生产率，对加快可持续城乡劳动力转移、推进城镇化进程、维系社会和谐与稳定也发挥着重要作用。作为工作绩效的重要决定因素，Locke（1976）把工作条件满意度定义为从工作、工作成就以及工作经历中获得褒奖而产生的愉悦或者正面情绪。也被解释为源自工作本身而非收入造就的幸福感（Benderet, et al.，2005）。工作条件满意度与人口基本特征存在密切联系，如相对年轻或年纪大的女性往往拥有较高的工作条件满意度（Clark, et al.，1998；Bender, et al.，2005）。学术界对农民工工作条件满意度的关注始于21世纪之交。Li（2008）通过调查指出，中国劳动力市场上农民工的工作条件相对较为恶劣，不仅工资低、被欠薪、缺乏合同保障，还面临工作时间长、缺少社会保障、居住环境恶劣、享受的公共服务不足等一系列问题。Smyth等（2009）对江苏农民工工作条件满意度的分析指出，个人收入对农民工工作条件满意度具有正向影响，而参照组中他人收入水平对男性工作条件满意度有正向影响，但对女性会造成不利影响。但是工作条件满意度内涵相对比较宽泛，且存在内生关联性，这增大了研究过程中因果关系判别难度。

农民工代际差异不断受到关注。Yue等（2009）基于深圳地区调查指出，与第一代农民工进城打工赚钱的主要目标相比，第二代农民工倾向于积累人力及社会资源，以便在城市安家落户。基于全国层面住户调查数据，Li和Tian（2011）研究发现，生活压力的变化以及个人权利意识的转变，都可能改变第二代农民工对社会的态度以及行为选择。其他研究指出，第二代农民工的受教育程度普遍超过第一代农民工（国家人口计生委，2012；Liu，2010；Wang，2010）。然而，第二代农民工职业类型与第一代仍然十分相似，并没有显著改变（国家人口计生委，2012）。从研究样本区域的选择上看，大部分研究集中在我国沿海或经济较为发达地区，忽略了地区差异性以及劳动力迁移方向的重要变化。基于全国住户调查数据，Cheng等（2014）研究发现，第二代农民工工作条件满意度略高于第一代农民工，且西部地区农民工幸福感及工作条件满意度显著低于东部和中部地区。但对农民工代际差异可能造成的影响既未讨论，也未做评估。西部地区农民工工作条件满意度的特点，特别是代际的差异性，仍缺乏确凿的证据。

根据上述研究背景，本文将工作满意度聚焦于农民工工作条件，将其定义为除收入外，农民工具体工作环境、工作时间、发展机会等条件。通过研究主要回答以下四个问题：第一，西部地区城镇化进程中，农民工人口、社会经济以及职业的基本特征（Q1）；第二，农民工工作条件满意度的特点，以及代际是否存在差异（Q2）；第三，哪些因素决定了农民工工作条件满意度（Q3）；第四，基于上述影响因素，为什么农民工工作条件满意度在代际出现差异，以及每个因素对差异形成的禀赋及系数效应如何（Q4）。文章结构如下：第一部分提出问题；第二部分介绍数据来源及使用方法；第三部分对西部地区城市农民工人口基本特征、职业特点，以及工作条件满意度进行描述，对代际差异进行统计检验；第四部分对有序逻辑模型拟合结果，以及Blinder-Oaxaca分解结果进行分析，提出主要结论；第五部分总结研究的主要发现，提出相关建议。

二　数据及研究方法

（一）数据来源

本文宏观分析数据来自2010年11月国家统计局开展的第六次全国人口普查资料。此次调查涉及全国流动人口2.6亿人，调查信息包括流动人口的地理特征（包括各地区流动人口数量及其户口所在地分布）、性别、受教育程度等基本人口特征、迁移地区、职业类型、在迁移地停留时间等信息，主要用于分析西部地区城市流动人口的总体特征，检验调查地区是否具有代表性。

微观分析数据来自2011年8月由贵州大学组织，贵阳市卫生与计划生育委员会支持,在贵阳市七个主要核心区开展的农民工住户调查。此次调查的农民工是指在调查期限内居住在贵阳市但没有贵阳市户口,且户口类型为农业户口,年龄为 15 岁(含)以上的居民。其中第一代农民工是指出生于计划生育政策实施之前(1978 年及之前)的上述居民;第二代农民工为生于计划生育政策实施之后(1978 年之后)的上述居民。在贵阳市七个核心区随机对 1048 位农民工进行问卷调查,收回有效问卷 904 份,问卷回收有效率达到 86%。此次调查收集了农民工人口基本特征、社会经济背景、生活状况、收入情况、工作条件、工作态度,以及未来预期等信息。调查数据主要用于分析农民工人口基本特征、工作条件满意度,并依据上述对农民工代际的界定,用于比较分析第一代与第二代农民工工作条件满意度的差异。

(二)农民工工作条件满意度的有序逻辑模型

首先,利用统计描述法,以及 T 检验(参数检验)和 Wilcoxon 秩和检验(非参数检验),分析西部地区城市农民工人口及家庭特点、基本社会经济特征,比较农民工工作条件满意度并检验代际的统计差异性,以回答 Q1 和 Q2。然后,根据统计描述结果,利用有序逻辑模型(Ordered Logit Model,OLM)分析影响农民工工作条件满意度的主要因素及其显著性,以回答 Q3。OLM 的估计方程如下:

$$JS^* = X'\beta + \varepsilon_i, 其中 \varepsilon_i \sim (0, \sigma^2), i = 1, \cdots, 904 \qquad (1)$$

式(1)中,JS 为农民工对工作条件满意度,为潜变量,利用被调查农民工对工作条件满意度的回答进行衡量。JS 被界定为三个等级,其中 $JS=1$ 表示不满意,$JS=2$ 表示无所谓(或中立态度),$JS=3$ 表示满意。

$JS=1$,若 $JS^* \leq C_1$。

$JS=2$,若 $C_1 < JS^* \leq C_2$。

$JS=3$,若 $JS^* > C_2$。

其中,C_1、C_2 为农民工工作条件满意度不同级别之间的"边界"或切点。

对农民工作条件满意度的研究包括年龄、受教育程度、职业、收入（Nielsen，Smyth，2008；Gao，Smyth，2010），以及对工作条件的界定，在上述模型右边包括年龄、性别、民族、户口地区、迁移距离、家庭基本特征、受教育程度等人口和家庭基本特征变量，以及职业类型、雇用类型、寻找工作方式等职业特征；此外，还包括工作时间、是否签订合同、是否参加在职培训、是否定期接受健康检查、是否被拖欠工资等工作条件状况变量。最后，ε 代表残差项，β 为待估计参数，由于满意度被定义为有序变量，我们采用有序逻辑模型（OLM）估计式（1）；然后估计各切点 C_1、C_2，及其标准误 ε_i。假定 ε_i 服从正态分布，则每个满意度等级概率为：

$$P(JS=1|X) = P(\varepsilon \leq C_1 - X'\beta|X) = \Phi(C_1 - X'\beta)$$
$$P(JS=2|X) = P(\varepsilon \leq C_2 - X'\beta|X) - \Phi(C_1 - X'\beta) = \Phi(C_2 - X'\beta) - \Phi(C_1 - X'\beta)$$
$$P(JS=3|X) = 1 - \Phi(C_2 - X'\beta)$$

其中，Φ 表示逻辑分布的 CDF。利用 904 位农民工调查数据，对上述模型进行回归，以分析影响农民工工作条件满意度的主要因素及影响程度。

（三）农民工工作条件满意度代际差异的 Blinder – Oaxaca 分解

在式（1）的估计结果基础上，利用 Blinder – Oaxaca 分解分析农民工工作条件满意度的代际差异，同时检验特征效应（或禀赋效应）与系数效应对差异的贡献。具体分析步骤如下：首先，根据式（1）拟合结果，在一阶矩阵条件下，估计 OLM 因变量的预测值[①]；其次，利用泰勒一阶展开式对有序逻辑模型回归结果进行线性化处理：

$$P(JS=i|X) = \frac{e^{c_i}}{1+e^{c_i}} - \sum_1^j \frac{e^{c_i}}{(1+e^{c_i-\bar{x}'\beta_j})^2} \quad (2)$$

---

① 在自变量均值条件下，估计 OLM 因变量的预测值，并进行概率转换，即 $P(JS=i|X) = P(JS=i|\bar{X}) = \frac{e^{c_i-\bar{x}'\beta}}{1+e^{c_i-\bar{x}'\beta}}$，$i$ 为 1，2。

$\overline{x_i}\beta_i$ 为自变量个数，i 为因变量等级数 -1。

根据推导的一阶式（2），对每个自变量对概率影响求一阶偏导，就可以得到其边际影响。

最后，再基于 Blinder–Oaxaca 分解计算并检验总差异以及每个自变量对差异的影响。Sinning 等利用非线性 Blinder–Oaxaca 分解了有序逻辑模型，分析了禀赋及系数效用对代际工作条件满意度的重要性（Sinning, et al., 2008），但没有检验每个自变量对差异的贡献水平。本文将尝试对此进行检验，以确定禀赋水平以及系数效应（不可解释因素）对差异的贡献（Yun, 2004; 2005）。假定 $P(JS1)$ 代表第一代农民工持不同等级满意度的概率，$P(JS2)$ 代表第二代农民工持相同等级满意度的概率，则农民工对工作条件满意度的代际差异为：

$$P(JS1) - P(JS2) = \{Eb1(P(JS1)|X1) \cdot Eb1(P(JS2)|X2)\} + \{Eb1(P(JS2)|X2) - Eb2(P(JS2)|X2)\}$$

上式中，右侧的第一项为特征效应，即由于第一代和第二代农民工禀赋因素造成的工作条件满意度差异；右侧第二项为系数效用，主要为由系数或不可解释因素造成的差异。

三　西部地区城市农民工工作条件满意度及代际差异

在城镇化提速阶段，受公共服务供给不足等因素制约，我国西部地区在加强外来农民工社会管理方面面临十分严峻的挑战。根据国家人口计生委统计，2011 年贵州省吸纳流动人口 230 万人，其中省会城市贵阳市吸纳 110 万人，占全省的 48%；第二代农民工数量约为 80 万人，约占 35%（国家人口计生委，2012）。本文根据 2010 年第六次全国人口普查数据资料，比较了西部十二个省份人口及流动人口的基本特征发现，贵州省从城镇化水平、人口结构到流动人口受教育程度、职业类型等指标，最接近西部十二个省份的平均水平（见文末附表）。作为全国 49 个流动人口计划生育基本公共服务均等化试点城市之一、

38 个社会管理创新综合试点地区之一、第三批城市少数民族流动人口服务管理体系建设试点城市之一,以及加强和创新社会管理三大典型城市之一,以贵阳市为调查样本,对探讨西部地区城镇化进程中如何加强流动人口有效管理、完善社会服务体系、改善农民工工作条件、提高其满意度,具有典型代表意义。

图 1 显示了受调查农民工年龄分布情况,基本符合正态分布特征,仅在部分年龄段分布略少(特别是 34~35 岁,以及 46~47 岁)。在 904 位被调查农民工中,335 位生于计划生育政策实施之后,占 37%,与调查地区的实际情况(35%)基本相符。

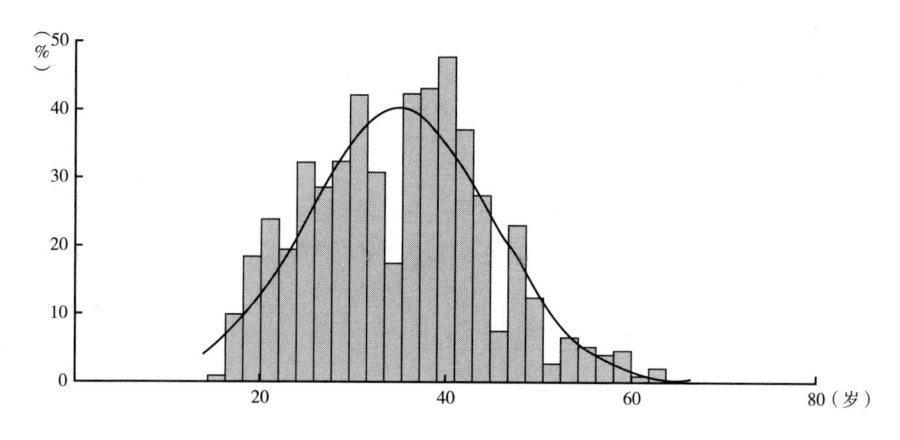

图 1 样本地区农民工年龄分布

资料来源:课题组农民工住户调查数据。

表 1 展示了调查样本农户基本人口特征。尽管汉族农民工比重达到 77%,但少数民族的比重仍超过全国平均水平(国家统计局,2011)。女性比例为 48%,代际没有显著差异。省内流动农民工比重为 75%,第二代农民工中本省户口比重(80%)超过第一代农民工(72%)。与预期相符,第二代农民工单身比例更高,拥有学龄儿童的可能性更小,而家庭人口规模可能更大。调查数据进一步证实了第二代农民工受教育程度更高,18% 的第二代农民工接受过高中教育,第一代农民工仅为 10%。在情理之中的是,第一代农民工在城市停留时间更长,5 年以上的人口比重是第二代农民工的一倍。

表 1　农民工基本人口特征及代际差异

指标		均值或频次			Z 检验
		全样本	第一代农民工	第二代农民工	
样本数(个)		904	569	335	—
汉族比重(%)		77(0.42)	77(0.42)	77(0.42)	-0.06
男性比重(%)		52(0.50)	55(0.50)	48(0.50)	2.11**
本省户口比重(%)		75(0.44)	72(0.45)	80(0.40)	-2.51**
年龄(岁)		35(9.84)	41(6.70)	25(4.25)	—
婚姻状态(%)	单身及离异	16(0.38)	3(0.17)	38(0.49)	-13.74***
	已婚	82(0.39)	94(0.24)	60(0.49)	12.53***
家庭人数(人)		5(1.45)	4(1.39)	5(1.55)	-2.28**
有未成年儿童比例(%)		60(0.49)	70(0.46)	43(0.50)	8.15***
受教育程度(%)	文盲	11(0.31)	15(0.36)	3(0.18)	5.55***
	小学	29(0.45)	34(0.48)	20(0.40)	4.52***
	初中	45(0.50)	39(0.49)	54(0.50)	-4.42***
	高中	13(0.34)	10(0.30)	18(0.38)	-3.38***
	大专及以上	2(0.16)	1(0.12)	4(0.21)	-2.83***
父母受教育程度(%)	文盲	46(0.50)	58(0.49)	25(0.43)	9.73***
	小学	32(0.46)	27(0.45)	38(0.49)	-3.34***
	初中	17(0.38)	11(0.31)	30(0.46)	-7.44***
	高中	4(0.21)	3(0.18)	7(0.25)	-2.25**
	大专及以上	1(0.09)	0.7(0.08)	0.6(0.08)	19
停留时间(%)	1年以内	19(0.39)	12(0.33)	31(0.46)	-6.98***
	5年以上	51(0.50)	63(0.48)	31(0.46)	9.25***

注：括号内为标准差，最后一列为报告 Wilcoxon 秩和检验的 Z 检验值，原假设（H0）为两代农民工之间在相关人口特征方面不存在显著差异；*** 表示在1%水平下显著，** 表示在5%水平下显著，* 表示在10%水平下显著。

根据表2对农民工职业特点的描述，调查地区农民工主要职业类型包括：企业、事业单位负责人（21%），商业、服务业人员（29%），以及生产、运输设备操作人员（33%），与国家人口计生委统计数据相比（2011），第二代农民工职业类型主要为商业、服务业人员（40%），第一代农民工职业类型主要为生产、运输设备操作人员（35%）。46%

被访农民工从事自营工商业，大多数工资收入来自受雇的私营企业，仅8%来自国有及集体企业。农民工职业特征方面的代际差异确实存在，更多第二代农民工受雇于私营企业，相较于第一代农民工更少在国有及集体企业工作。在寻找工作途径上，农民工代际不存在显著差异。

表2 农民工职业特点及代际差异

单位：%

指标	频次 全样本	频次 第一代农民工	频次 第二代农民工	Z检验
职业类型				
1. 企业、事业单位负责人	21(0.41)	22(0.42)	19(0.39)	1.25
2. 专业技术人员	1(0.07)	1(0.08)	0.3(0.05)	0.79
3. 办事人员和相关人员	3(0.16)	3(0.17)	2(0.13)	1.10
4. 商业、服务业人员	29(0.45)	22(0.42)	40(0.49)	-5.60***
5. 生产、运输设备操作人员	33(0.47)	35(0.48)	30(0.46)	1.66*
6. 不便分类的其他从业人员	14(0.35)	17(0.37)	10(0.30)	2.91***
雇用类型				
自营工商业	46(0.50)	47(0.50)	43(0.50)	1.13
国有及集体企业	8(0.26)	9(0.29)	4(0.20)	2.92***
私营企业	46(0.50)	43(0.50)	52(0.50)	-2.78***
寻找工作的途径				
亲朋好友介绍	51(0.50)	52(0.50)	50(0.50)	0.73
劳动力市场	44(0.50)	42(0.49)	47(0.50)	-1.37
自雇	2(0.15)	3(0.16)	2(0.13)	0.81

注：职业类型按照我国劳动和社会保障部2002年制定的《市场职业分类（LB501-2002）》进行划分；括号内为标准差，最后一列为报告 Wilcoxon 秩和检验的 Z 检验值；原假设（H0）为两代农民工之间在相关职业特征方面不存在显著差异；*** 表示在1%水平下显著，** 表示在5%水平下显著，* 表示在10%水平下显著。

此外，表3显示了西部地区城市农民工的平均收入水平及工作条件状况。根据描述，农民工在调查年份的月均收入为2445元，平均每天工作接近10个小时；27%的农民工签订了劳动合同，约1/4的农民工从事的工作具有一定危险性，8%的农民工曾遭遇欠薪的情况；40%的农民工接受过在职培训，超过1/3的农民工定期接受健康检查。尽管农民工代际在年龄、受教育程度、婚姻状况、流动区域、职业类型等方面存在显著差异，但收入差异并不显著。在签订合同、被拖欠工资方面，代际差异并不显著；在接受过在职培训、从事工作有危险性、定期接受健康检查方面，代际差异显著，并且第二代农民工工作条件状况优于第一代农民工。

表3 农民工工作条件满意度以及代际差异

指标	均值或频次 全样本	均值或频次 第一代农民工	均值或频次 第二代农民工	T检验或Z检验
月均收入(元)	2445(2703)	2407(2541)	2509(2961)	-0.26
每天工作时间(小时)	9.58(2.18)	9.67(2.22)	9.42(2.09)	1.66*
周工作时间(小时)	47.90(10.88)	48.37(10.10)	47.12(10.47)	1.66*
签订合同(%)	27(0.44)	26(0.44)	29(0.45)	-1.02
被拖欠工资(%)	8(0.27)	7(0.26)	9(0.29)	-0.84
接受过在职培训(%)	40(0.49)	35(0.48)	48(0.50)	-3.99***
从事有毒、有害、危险工种或岗位(%)	23(0.42)	26(0.44)	19(0.39)	2.31**
定期接受健康检查(%)	36(0.48)	31(0.46)	44(0.50)	-3.90***
工作条件满意度(三个等级)	1.88(0.51)	1.85(0.51)	1.95(0.50)	-2.68***
$JS=1$(不满意)	0.19	0.21	0.15	2.29**
$JS=2$(无所谓或持中立态度)	0.73	0.72	0.75	-1.00
$JS=3$(满意)	0.08	0.07	0.10	-1.71*

注：最后一列报告关于农民工代际差异的T检验或Wilcoxon秩和检验的Z检验值；原假设（H0）为两代农民工之间在收入、工作条件满意度方面，不存在显著异差；由于月收入及工作时间为连续变量，采用T检验，其他采用Wilcoxon秩和检验；括号内为标准差；*** 表示在1%水平下显著，** 表示在5%水平下显著，* 表示在10%水平下显著。

农民工对工作条件满意度是否存在显著的代际差异呢？根据表3的描述，调查样本农民工对工作条件满意度的绝对值为1.88，令人意外的

西部地区城镇化进程中农民工工作条件满意度：影响因素及代际差异

是，第二代农民工工作条件满意度绝对值（1.95）高于第一代农民工（1.85）。这一结果与普遍认为的第二代农民工因为对生活和工作条件要求更高，所以工作条件满意度相对于第一代农民工偏低的观点不一致。通过观察两代农民工工作条件满意度的分布情况，可以看出第二代农民工持满意态度的概率高于第一代农民工，持不满意态度的概率则低于第一代农民工（见图2）。表3的检验结果进一步验证了工作条件满意度在代际存在显著差异，显著水平达到1%。根据工作条件满意度三级分类，代际显著性差异主要表现在持不满意态度和满意态度的频次（或概率）上。第二代农民工对工作条件持不满意态度（$JS=1$）的概率比第一代农民工低6个百分点，显著性水平达到5%；持满意态度（$JS=3$）的概率比第一代农民工高3个百分点，显著性水平为10%。

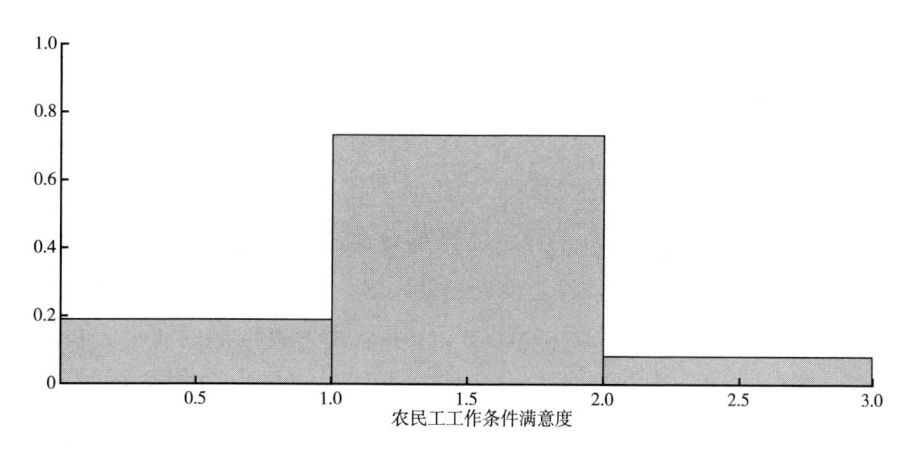

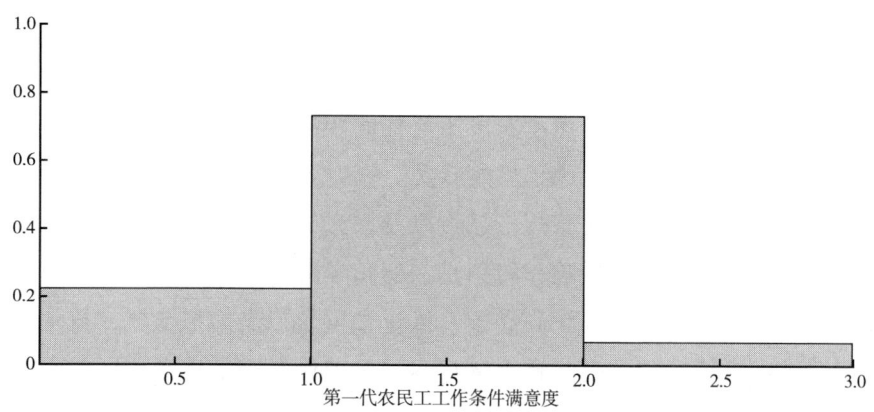

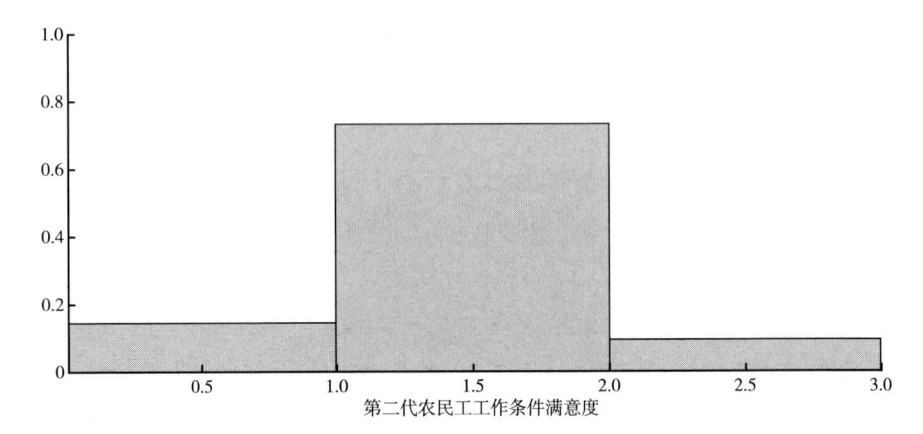

图 2 样本地区农民工工作条件满意度的概率分布情况（满意度为三分量表）

资料来源：课题组农民工住户调查数据。

四 研究结果分析

上述统计分析及比较帮助我们初步认识了西部地区农民工人口特征、工作条件满意度，以及代际差异。通过构建有序逻辑模型，进一步分析影响西部地区农民工工作条件满意度的主要因素，并检验代际差异。

式（1）的推导源自相关文献对工作条件满意度问题的研究，特别是Bender等（2005）、Clark等（1998）、Nielsen和Smyth（2008）以及Heywood等（2009），同时兼顾了调查数据的可得性。其中，年龄和性别是分析工作条件满意度需要考虑的两个变量。年龄与工作条件满意度呈U形或正相关关系，一般认为女性相较于男性有更高的满意度。民族、流动人口户籍所在地以及省内流动农民工居住的距离等也被作为控制变量放入模型中；此外，模型还考虑了婚姻状况、家庭人口规模、学龄儿童情况等家庭特征带来的影响。家庭规模越大以及家里有学龄儿童等，都可能对工作条件满意度产生负向影响，特别是为照顾学龄儿童而限制了择业的范围和空间。受教育程度从小学到高中及以上设置了三个虚拟变量，与未上学的情况进行比较。预计受教育程度越高，对工作的期望越大，满意度反而有可能下降。

职业类型等变量显然对农民工工作条件满意度发挥重要影响。利用住户调查数据，我们利用虚拟变量反映不同职业类型，以未分类的其他从业人员为参照组，其中企业、事业单位负责人，专业技术人员或办事人员和相关人员职业类型的工作条件满意度通常高于生产、运输设备操作人员和商业、服务业人员职业类型。此外，增加了雇用类型变量，其以自主经营为参照组；寻找工作的途径以自雇为参照组，与亲朋好友介绍和劳动力市场两种方式进行比较。预计上述两组参照组对农民工工作条件满意度都具有正向影响，与之相比较的其他雇用类型和寻找工作的途径的影响有待判定。

工作条件在工作满意度问题研究中得到较大的关注。工作条件具体包括工作环境、工作时间、自我发展机会（如在职培训等）、各类福利（如退休金、保险等）（Locke，1976；Clark，et al.，1996；Clark，Oswald，1996；Heywood，et al.，2009）。本文主要关注前面三项，结合当前我国农民工关注的焦点问题，增加了工资拖欠情况。变量中工作时间、危险性工作、被拖欠工资等，对农民工工作条件满意度预计产生负向影响；而定期进行健康检查、接受在职培训等，则对满意度具有正向影响（如表4所示）。

表4 农民工工作条件满意度影响因素的有序逻辑模型（OLM）回归分析

变量	OLM 回归	OLM 回归边际影响		
	回归系数	$JS=1$	$JS=2$	$JS=3$
代际变量（1＝第二代；0＝第一代）	0.434(0.322)	-0.055(0.039)	0.031(0.021)	0.024(0.019)
民族（1＝汉族；0＝少数民族）	0.294*(0.176)	-0.041(0.026)	0.027(0.018)	0.014*(0.008)
年龄	0.096(0.074)	-0.013(0.010)	0.008(0.006)	0.005(0.004)
年龄（平方项）	-0.001(0.001)	0.0001(0.0001)	-0.0001(0.0001)	-0.00005(0.00005)
性别（1＝男性；0＝女性）	0.062(0.172)	-0.008(0.023)	0.005(0.014)	0.003(0.009)
户口所在地（1＝本省）	-0.038(0.189)	0.005(0.025)	-0.003(0.015)	-0.002(0.010)
省内居住地（1＝300公里及以上；0＝300公里以内）	0.307(0.220)	-0.037(0.025)	0.019*(0.012)	0.018(0.014)

续表

变量	OLM 回归 回归系数	OLM 回归边际影响 JS = 1	JS = 2	JS = 3
单身(含离异)	0.028(0.269)	-0.006(0.035)	0.002(0.021)	0.0015(0.014)
有学龄儿童(1 = 有；0 = 无)	-0.357* (0.197)	0.046* (0.025)	-0.027* (0.014)	-0.020* (0.011)
被访者受教育程度(参照组 = 文盲)	—	—	—	—
小学	0.266(0.282)	-0.034(0.034)	0.019(0.018)	0.014(0.016)
初中	0.308(0.272)	-0.040(0.035)	0.024(0.021)	0.016(0.015)
高中及以上	0.513(0.335)	-0.060* (0.034)	0.029** (0.012)	0.031 (0.024)
父母受教育程度(参照组 = 初中以下)	—	—	—	—
初中	0.465** (0.245)	-0.055** (0.026)	0.028** (0.010)	0.028 (0.017)
高中及以上	0.028(0.294)	-0.004(0.038)	0.002(0.023)	0.0015(0.015)
停留时间(参照组 = 5 年内)	—	—	—	—
5 年及以上	-0.224(0.166)	-0.029(0.022)	-0.018(0.013)	-0.012(0.009)
职业类型(参照组 = 其他从业人员)	—	—	—	—
前三类职业	0.916*** (0.284)	-0.103*** (0.027)	0.044*** (0.011)	0.059** (0.023)
第四类职业	0.305(0.271)	-0.039(0.033)	0.022(0.017)	0.017(0.016)
第五类职业	0.306(0.257)	-0.039(0.032)	0.022(0.017)	0.017(0.015)
找工作途径(参照组 = 自雇)	—	—	—	—
亲朋好友介绍	-0.143(0.425)	0.019(0.056)	-0.011(0.034)	-0.007(0.022)
劳动力市场	-0.367(0.421)	0.049(0.057)	-0.031(0.036)	-0.019(0.021)
雇用类型(参照 = 自营)	—	—	—	—
国有或集体企业	0.053(0.388)	-0.007(0.049)	0.004(0.029)	0.003(0.021)
私营企业	0.209(0.183)	-0.027(0.024)	0.017(0.014)	0.011(0.010)
工作时间(小时/天)	-0.191*** (0.039)	0.025*** (0.005)	-0.015*** (0.004)	-0.010*** (0.002)

续表

变量	OLM 回归	OLM 回归边际影响		
	回归系数	JS = 1	JS = 2	JS = 3
签订合同(1 = 是; 0 = 否)	0.377 * (0.198)	-0.047 ** (0.023)	0.026 ** (0.012)	0.021 * (0.012)
接受在职培训(1 = 是;0 = 否)	0.661 *** (0.172)	-0.083 *** (0.021)	0.047 *** (0.013)	0.037 *** (0.011)
从事有毒、有害、危险工作(1 = 是;0 = 否)	-0.523 *** (0.219)	0.076 ** (0.035)	-0.052 * (0.026)	-0.024 *** (0.009)
定期接受健康检查(1 = 是;0 = 否)	0.544 *** (0.176)	-0.068 *** (0.022)	0.038 ** (0.013)	0.030 *** (0.010)
被拖欠工资(1 = 是; 0 = 否)	-0.624 ** (0.300)	0.098 * (0.055)	-0.072 (0.045)	-0.026 ** (0.010)
截距项	—	—	—	—
C_1	-0.283(1.685)	—	—	—
C_2	4.258 *** (1.692)	—	—	—
Log likelihood	-602.10			
R^2	0.1071			
OLM 模型拟合情况 Wald 检验	150.79			
OLM 回归结果的平行线假设 Wald 检验	41.12	—	—	—
样本数	904	—	—	—

注：括号内为稳健标准误；前三类职业包括表 2 职业类型中的前三项，即企业、事业单位负责人，专业技术人员，以及办事人员和相关人员三类；OLM 回归结果的平行线假设的原假设（H0）为自变量对农民工工作条件满意度从 JS = 1 到 JS = 3 的影响（或效应）不随等级不同发生变化；根据 Wald 检验结果，在 5% 显著性水平下接受原假设，即自变量对农民工工作条件满意度的效应保持一致；*** 表示在 1% 水平下显著，** 表示在 5% 水平下显著，* 表示在 10% 水平下显著。

根据检验结果，有序逻辑模型（OLM）通过了一致性和有效性检验，证明模型选择正确。比较其他相关研究结果（Clark, et al., 1998; Bender, et al., 2005; Heywood, et al., 2009），年龄和性别对农民工工作条件满意度并没有显著影响。尽管第二代农民工比第一代对工作条件满意度高,但统计上并不显著。这一结果与前面统计分析结果不一致,我们通过差异分解方式做进一步分析。在人口特征因素中,只有三个因素对农民工工作条件满意度产生显著影响。汉族农民工对工作条件满意度高于少数民族,统计显著性水平为10%;家里有学龄儿童的农民工工作条件满意度更低,显著性水平为10%;父母受教育程度相对较高的农民工持不满意态度的概率更低。然而,被访农民工自身受教育程度对工作条件的满意度并没有显著影响。这一发现与其他学者对我国沿海三个大型城市农民工工作满意度的研究结果一致(Heywood, et al., 2009),但与Nielsen和Smyth(2008)的研究结果相左。他们对中国32个大型城市进行实证研究指出,城市工人受教育程度越高,对工作的满意度可能越低。

通过分析职业类型的影响,企业、事业单位负责人,专业技术人员或办事人员和相关人员(前三类职业)的农民工,对工作条件满意度较高。这一发现与Nielsen和Smyth(2008)关于中国大型城市中白领工人相较于其他工人拥有更高的工作条件满意度的研究结论一致。此外,雇用类型、寻找工作的途径对农民工工作条件满意度并没有显著影响。Heywood等(2009)的研究也没有发现受雇于国有企业对农民工工作条件满意度产生显著影响。但是,通过差异分解,发现受雇于国有及集体企业,以及私营部门,有可能缩小农民工工作条件满意度的代际差异。

工作环境、工作时间等反映工作条件状况的变量似乎解释了西部地区农民工工作条件满意度的变动。随着工作条件的改善,农民工持满意态度的概率也显著提升。随着工作稳定性的提高,如与工作单位签订合同,农民工工作条件满意度将提高,统计显著性水平为10%;给农民工提供更多职业培训机会,降低工作环境的危险性,为其提供定期健康检查,保障农民工工资及时支付,合理调整农民工工作时间,都有利于显著提高农民工工作条件满意度。相较于收入水平,农民工对工作条件越来越关注。工作条件满意度对农民工代际的差异性及影响因素,值得深入探讨。

至此，我们探究了影响农民工工作条件满意度的因素，但是满意度的代际差异在统计分析与模型分析中结论并不一致。如表5所示，通过一阶矩阵下的Blinder-Oaxaca分解，利用泰勒一阶展开式做线性化处理，将满意度的代际差异分解为特征效应（或禀赋效应），以及系数效应（不可解释因素），以回答西部地区农民工对工作条件满意度在代际是否存在显著的差异性，差异形成的原因以及各类原因对差异的贡献等（Sinning, et al.，2008；Yun，2004，2005）。

表5 农民工工作条件满意度代际差异的Blinder-Oaxaca分解

变量	$P(JS=1)$ 估计值		贡献率(%)	$P(JS=2)$ 估计值		贡献率(%)
不同等级满意度差异(总)	-0.16***	(0.011)	100.00	0.12***	(0.002)	100.00
一、特征效应	0.0342***	0.010246	-21.39	0.0135***	(0.0040)	11.34
民族(1=汉族；0=少数民族)	-0.001	(0.0018)	0.37	-0.0002	(0.0007)	-0.20
年龄	0.092***	(0.0023)	-57.14	0.036***	(0.0009)	30.30
年龄(平方项)	0.009***	(0.0003)	-5.28	0.003***	(0.0001)	2.80
性别(1=男性；0=女性)	0.0003**	(0.0002)	0.20	-0.0001**	(0.0001)	-0.11
户口所在地(1=省内；0=省外)	0.005**	(0.0021)	-3.35	0.002**	(0.0008)	1.78
省内居住地距离(1=300公里及以上；0=300公里以内)	0.001	(0.0009)	-0.71	0.0004	(0.0004)	0.38
单身(包括离异)	0.009***	(0.0007)	5.64	-0.004***	(0.0003)	-2.99
家里有学龄儿童(1=有；0=无)	-0.017***	(0.0020)	10.34	-0.007***	(0.0008)	-5.48
被访者受教育程度	—	—	—	—	—	—
小学	0.010***	(0.0021)	-6.11	0.004***	(0.0008)	3.24
初中	-0.006***	(0.0014)	3.88	-0.002***	(0.0005)	-2.06

续表

变量	$P(JS=1)$ 估计值		贡献率 (%)	$P(JS=2)$ 估计值		贡献率 (%)
高中及以上	-0.008***	(0.0019)	5.18	-0.003***	(0.0007)	-2.74
被访者父母受教育程度	—	—	—	—	—	—
初中	-0.004***	(0.0005)	2.27	-0.001***	(0.0002)	-1.20
高中及以上	-0.001***	(0.0007)	0.83	-0.001**	(0.0003)	-0.44
停留时间(参照组=5年内)	—	—	—	—	—	—
5年及以上	0.001***	(0.0001)	-0.91	0.001***	(0.0001)	0.48
职业类型	—	—	—	—	—	—
前三类职业	0.008*	(0.0044)	-4.75	0.003*	(0.0017)	2.52
第四类职业	-0.019***	(0.0034)	12.13	-0.008***	(0.0013)	-6.43
第五类职业	0.008*	(0.0046)	-4.75	0.003*	(0.0018)	2.52
找工作途径	—	—	—	—	—	—
亲朋好友介绍	-0.001	(0.0011)	0.49	-0.0003	(0.0004)	-0.26
劳动力市场	0.003	(0.0025)	-2.15	0.001	(0.0010)	1.14
雇用类型(参照组=自营)	—	—	—	—	—	—
国有或集体企业	-0.007***	(0.0023)	4.25	-0.003***	(0.0009)	-2.25
私营企业	-0.003***	(0.0010)	1.81	-0.001***	(0.0004)	-0.96
工作时间(小时/天)	-0.007*	(0.0044)	4.58	-0.003*	(0.0017)	-2.43
签订合同(1=是;0=否)	-0.002	(0.0022)	1.37	-0.001	(0.0008)	-0.73
接受过在职培训(1=是;0=否)	-0.003***	(0.0008)	2.09	-0.001***	(0.0003)	-1.11
从事有毒、有害、危险工作(1=是;0=否)	-0.006**	(0.0024)	3.47	-0.002**	(0.0009)	-1.84
定期接受健康检查(1=是;0=否)	-0.009***	(0.0024)	5.88	-0.004***	(0.0009)	-3.12
被拖欠工资(1=是;0=否)	0.002	(0.0020)	-1.03	0.001	(0.0008)	0.54
二、系数效应	-0.1944***	(0.0058)	121.39	0.1055***	(0.0136)	88.66
民族(1=汉族;0=少数民族)	-0.021	(0.0414)	12.89	-0.019*	(0.0098)	-15.77
年龄	0.910	(1.9825)	-568.11	-0.069	(0.6480)	-57.61

续表

变量	$P(JS=1)$ 估计值		贡献率(%)	$P(JS=2)$ 估计值		贡献率(%)
年龄(平方项)	-0.497	(1.5356)	310.11	-0.015	(0.5670)	-12.41
性别(1=男性;0=女性)	0.016	(0.0296)	-9.90	0.001	(0.0068)	1.03
户口所在地(1=省内;0=省外)	0.072*	(0.0421)	-44.68	0.021*	(0.0108)	17.30
省内居住地距离(1=300公里及以上;0=300公里以内)	0.002	(0.0072)	-0.94	-0.002	(0.0019)	-1.48
单身(包括离异)	-0.006	(0.0051)	3.47	-0.001	(0.0009)	-0.60
家里有学龄儿童(1=有;0=无)	0.004	(0.0433)	-2.53	0.016	(0.0114)	13.42
被访者受教育程度	—	—	—	—	—	—
小学	-0.013	(0.0397)	8.30	-0.009	(0.0137)	-7.71
初中	0.004	(0.0438)	-2.45	-0.006	(0.0150)	-4.99
高中及以上	-0.001	(0.0145)	0.36	-0.003	(0.0045)	-2.71
被访者父母受教育程度	—	—	—	—	—	—
初中	0.017*	(0.0092)	-10.41	-0.0004	(0.0014)	-0.34
高中及以上	-0.006	(0.0038)	3.61	-0.001	(0.0007)	-0.64
停留时间(参照组=5年内)	—	—	—	—	—	—
5年及以上	-0.044	(0.0323)	27.42	-0.002	(0.0082)	-1.63
职业类型						
前三类职业	-0.007	(0.0228)	4.07	-0.015**	(0.0058)	-12.28
第四类职业	-0.030	(0.0192)	18.57	-0.010**	(0.0046)	-8.34
第五类职业	-0.058**	(0.0282)	36.05	-0.019**	(0.0077)	-16.37
寻找工作途径	—	—	—	—	—	—
亲朋好友介绍	0.005	(0.0735)	-3.03	0.006	(0.0220)	5.22
劳动力市场	0.014	(0.0589)	-8.96	0.012	(0.0176)	9.99
雇用类型(参照组=自营)	—	—	—	—	—	—
国有或集体企业	0.022**	(0.0109)	-13.67	0.005	(0.0032)	4.19

续表

变量	$P(JS=1)$ 估计值		贡献率(%)	$P(JS=2)$ 估计值		贡献率(%)
私营企业	0.005	(0.0247)	-3.21	-0.005	(0.0058)	-4.00
工作时间(小时/天)	-0.010	(0.1137)	6.20	0.106***	(0.0270)	89.38
签订合同(1=是;0=否)	-0.010	(0.0160)	6.15	-0.007*	(0.0042)	-5.88
接受过在职培训(1=是;0=否)	0.053***	(0.0180)	-33.00	-0.002	(0.0046)	-1.84
从事有毒、有害、危险工作(1=是;0=否)	-0.001	(0.0179)	0.83	0.008	(0.0051)	6.68
定期接受健康检查(1=是;0=否)	0.008	(0.0171)	-5.10	-0.008**	(0.0041)	-7.05
被拖欠工资(1=是;0=否)	-0.001	(0.0069)	0.32	0.003	(0.0018)	2.42
C_1	-0.623		389.02			
C_2				-0.040		-33.88
$P=1$				0.160		134.56

注：括号内为标准误；基于一阶矩阵对农民工工作条件满意度概率的非线性分解，由于 $P(JS1=1,2$ 或 $3)=P(JS2=1,2$ 或 $3)=1$，$P(JS=1)+P(JS=2)+P(JS=3)=0$，因此，$P(JS=3)=-(-0.16+0.12)=0.04$；特征效应对满意度的贡献主要源自农民工不同的禀赋水平，如技术、工作能力等；系数效应的贡献则源于不可解释因素（也称为"歧视"）；*** 表示在1%水平下显著，** 表示在5%水平下显著，* 表示在10%水平下显著。

表5 Blinder – Oaxaca 的分解结果显示，农民工对工作条件满意度在代际存在显著差异，显著性水平达到1%。其中，第二代农民工比第一代持不满意态度（$JS=1$）的概率低16个百分点，比中立态度（$JS=2$）的概率高12个百分点，比满意态度（$JS=3$）的概率高4个百分点。造成差异的原因主要被分解为特征效应（禀赋因素），以及系数效应（不可解释因素）。根据估计值及贡献率，特征效应（禀赋因素）有助于降低农民工代际不满意态度概率的差异性。从单个因素的贡献情况看，在禀赋因素中，家里有学龄儿童对代际满意度差异贡献10.34个百分点，教育也扮演了扩大农民工代际不满意度差异的角色；随着年龄增长，代际满意度差异将逐步降低；商业及服务业人员对扩大不满意度代际差异贡

献 12.13 个百分点。系数效应中,省内流动的农民工对不满意度的代际差异贡献 44.68 个百分点;在城市停留时间 5 年及以上,对不满意度的代际差异贡献 27.42 个百分点;提供职业培训则对缩小代际不满意度差异贡献 33 个百分点。

五 结论

本文基于西部典型城市实地调查数据,通过考察农民工基本人口特征、工作条件满意度,分解满意度代际差异,有助于设计和完善可持续人口迁移及社会管理政策,消除城乡劳动力市场分割问题,推进西部地区城镇化进程。研究的主要发现包括以下几个方面。

第一,人口特征方面,第一代农民工仍占主要比重,少数民族比重均高于全国平均水平。与第一代农民工相比,第二代农民工女性比重更高,在省内流动概率更大,自身及父母的受教育程度更高、家庭人数更多等。在职业类型上,农民工作为企业、事业单位负责人,专业技术人员或办事人员和相关人员的概率仍偏低,第二代农民工更愿意从事商业或服务业工作,而较少从事生产、运输设备操作工作,并更倾向于在私营企业而非国有及集体企业工作。尽管农民工代际在主要人口特征、职业类型方面存在明显差异,但是收入水平没有显著差异。另外,在工作环境(包括职业培训、提供健康检查服务)、工作时间等工作条件方面,代际存在显著差异。第二代农民工接受职业培训的概率更高,从事危险性工作的概率更小,定期接受健康检查的可能性更大。

第二,农民工对工作条件的满意度主要持中立态度,但持不满意态度的比重超过满意态度比重,说明农民工工作条件仍有待改进和提升。同时发现,西部地区第二代农民工对工作条件满意度高于第一代,具体表现为持不满意态度的概率显著低于第一代,而持满意态度的概率更高。不难看出,这与第二代农民工受教育程度的提高、工作环境的改善、工作强度的调整存在密切关系。同时,相较于第一代农民工,第二代更重视自身职业技能的培养,更富有进取心。

第三,有序逻辑模型拟合结果显示,汉族农民工对工作条件的满意度高于少数民族，家里有学龄儿童的农民工工作条件满意度更低，父母受教育程度相对较高的农民工持不满意态度的概率更低。职业类型为企业、事业单位负责人，专业技术人员或办事人员和相关人员的农民工，对工作条件满意度较高。此外，随着工作条件的改善，农民工持满意态度的概率也将显著提升，如随着工作稳定性的提高，提供更多职业培训机会，降低工作环境的危险性，提供定期健康检查，保障农民工工资及时支付，合理调整农民工工作时间都有利于显著提高农民工工作条件满意度。

第四，Blinder – Oaxaca 分解结果表明，农民工对工作条件满意度在代际存在显著差异，造成差异的原因不仅在于禀赋不同，同时也存在不可解释因素。其中禀赋因素有助于降低农民工代际持不满意态度概率的差异性，但会增大持中立态度概率的差异性；系数效应则增大了代际持不满意态度以及满意态度概率的差异性。禀赋因素中，家里有学龄儿童，以及受教育程度扮演了扩大农民工代际不满意度差异的角色，年龄增长则有助于降低这一差异；从事商业及服务业工作，也会扩大不满意态度的差异。系数效应中，省内流动的农民工不满意度的代际差异得到大幅缩小，而随着停留时间延长，不满意度的代际差异将扩大；提供职业培训有效缩小了代际持不满意态度的差异。

上述发现对完善西部地区城镇化进程中社会管理政策以及企业改善人力资源管理政策等，都具有一定的现实意义。随着农民工对工作条件重视程度的提高，通过合理调整农民工工作时间，降低工作环境的危险程度，提供定期健康检查，为农民工提供工作合同保障，将有利于提高农民工，特别是第二代农民工对工作条件的满意度。此外，如何从改善农民工工作条件入手，完善城市流动人口管理体制，创新城市社会管理服务体系，在提高农民工福利水平同时，增进所在部门产出效率，值得进一步深入研究。

参考文献

[1] Bender, K. A., Donohue, S. M., Heywood, J. S., Job Satisfaction and Gender

Segregation, Oxford Economic Papers, 2005 (57): 479 – 496.

[2] Cao, X., Lin, J., Policy Paper Promises More Efforts for Rural – urban Integration, Special Report: No. 1 Document Targets Rural – urban Development, http://news.xinhuanet.com/english2010/china/2010 – 02/01/c_13158156.htm, February 1, 2010.

[3] Cascio, W. F., Boudreau, J. W., *Investing in People: Financial Impact of Human Resource Initiatives* (New Jersey: Pearson Education, 2008).

[4] Cheng, Z., Wang, H., R. Smyth, "Happiness and Job Satisfaction in Urban China: A Comparative Study of Two Generations of Migrants and Urban Locals," *Urban Studies*, 2014 (51): 2160 – 2184.

[5] Clark, A., Georgellis, Y., Sanfey, P., "Job Satisfaction, Wage Changes and Quits: Evidence from Germany," *Research in Labour Economics*, 1998 (17): 95 – 122.

[6] Clark, A., Oswald, A., "Satisfaction and Comparison Income," *Journal of Public Economics*, 1996, 61 (3): 359 – 381.

[7] Clark, A., Oswald, A., Warr, P., "Is Job Satisfaction U – shaped in Age?" *Journal of Occupational and Organizational Psychology*, 1996 (69): 57 – 81.

[8] Gao, W., Smyth, R., "Job Satisfaction and Relative Income in Economic Transition: Status or Signal? The Case of Urban China," *China Economic Review*, 2010 (21): 442 – 455.

[9] Heywood, J. S., Siebert, W. S., Wei, X. D., Job Satisfaction and the Labor Market Institutions in Urban China, IZA Discussion Paper, No. 4254, Bonn, Germany: Institute for the Study of Labor, 2009.

[10] Hsu, S., Jiang, S., Heyward, H., "The Global Crisis' Impact upon China's Rural Migrants," *Journal of Current Chinese Affairs*, 2010 (2): 167 – 185.

[11] Huang, J., Zhi, H., Huang, Z., Rozelle, S., Giles, J., "The Impact of the Global Financial Crisis on off – Farm Employment and Earnings in Rural China," *World Development*, 2011 (39): 797 – 807.

[12] Katz, D., "The Functional Study of Attitudes," *Public Opinion Quarterly*, 1960 (24): 163 – 204.

[13] Li, P., Tian, F., "The New Generation of Migrant Workers: Social Attitudes and Behavioural Choices," *Chinese Journal of Sociology*, 2011, 31 (3): 1 – 23.

[14] Li, S., Rural Migrant Workers in China: Scenario, Challenges and Public Policy, Working Paper No. 89, Policy Integration and Statistics Department, International Labour Office, Geneva, 2008.

[15] Li, Y. L., "Political Economy Interpretations on Labor Market Segmentation of China," *Science Economy Society*, 2012, 30 (127): 64 – 68.

[16] Liu, C., "The Characteristics of New-generation Migrant Workers and the Challenges to Citizenization," *Population Research*, 2010, 34 (2): 34-39.

[17] Liu, Y., Zhou, F., "The New Generation Farmer Workers of Guizhou Province: Accommodation to the Urban Life and Analysis of Social Psychology," *Journal of Guizhou University for Nationalities (Philosophy and Social Science)*, 2011 (3): 77-81.

[18] Locke, E. A, *The Nature and Causes of Job Satisfaction*, in M. D. Dunnette, ed., Handbook of Industrial & Organizational Psychology (Chicago: Rand-McNally, 1976): 1297-1349.

[19] Lu, Z., Deng, X., China's Western Development Strategy: Policies, Effects and Prospects, MPRA Paper No. 35201, http://mpra.ub.uni-muenchen.de/35201/, 2011.

[20] Lewbel, A., "Using Heteroscedasticity to Identify and Estimate Mismeasured and a Endogenous Regressor Models," *Journal of Business and Economic Statistics*, 2012 (30): 1, 67-80.

[21] Meng, X., Zhang, J. S., "Two-tier Labor Market in Urban China: Occupational, Segregation and Wage Differentials between Urban Residents and Rural Migrants in Shanghai," *Journal of Comparative Economics*, 2001, 29 (3): 485-504.

[22] Yun, M. S., Decomposing Differences in the First Moment, Iza Discussion Paper, 2004, 82 (2): 275-280.

[23] Yun, M. S., "Hypothesis Tests When Decomposing Difference in the First Moment," *Journal of Economic and Social Measurement*, 2005, 30 (4): 295-304.

[24] Nielsen, I., Smyth, R., "Job Satisfaction and Response to Incentives among China's Urban Workforce," *Journal of Socio-Economics*, 2008 (37): 1921-1936.

[25] Nielsen, I., Nyland, C., Smyth, R., Zhang, M., Zhu, C. J., "Which Rural Migrants Receive Social Insurance in Chinese Cities? Evidence from Jiangsu Survey Data," *Global Social Policy*, 2005 (5): 353-381.

[26] Pun, N., Lu, H., "Unfinished Proletarianization: Self, Anger and Class Action among the Second Generation of Peasant-Workers in Present-Day China," *Modern China*, 2010, 36 (5): 493-519.

[27] Sinning, M., Hahn, M., Bauer, T. K, "The Blinder-Oaxaca Decomposition for Nonlinear Regression Models," *Stata Journal*, 2008, 8 (4): 480-492.

[28] Smyth, R., Zhai, Q., Li, X., "The Impact of Gender Differences on Determinants of Job Satisfaction among Chinese off-Farm Migrants in Jiangsu," *Journal of Chinese Economic and Business Studies*, 2009 (7): 363-380.

[29] Wang, C., "Study on Social Integration of New Generation Migrant Workers in Cities," *Population Research*, 2010, 34 (2): 31-34.

[30] Wang, F., "Human Capital, Labor Market Segmentation and Income Distribution,"

Chinese Journal of Sociology, 2010 (1): 109 – 126.

[31] Wang, Y. K., Luo C. L., "China's Labor Market Development Based on Economic Transform," *Journal of RenminUniversity of China*, 2012 (3): 75 – 82.

[32] Yue, Z., Li, S., Feldman, M. W., Du H., "Wandering at Crossroad: A Comparative Study on Development Will of Two Generations of Migrant Rural Workers," *Population and Economics*, 2009 (6): 58 – 66.

[33] 国家人口计生委:《中国流动人口发展报告2012》,中国人口出版社,2012。

[34] Sinning, M., Hahn, M., Bauer, T. K., "The Blinder-Oaxaca Decomposition for Nonlinear Regression Models," *Stata Journal*, 2008, 8 (4): 480 – 492.

附表 西部十二个省份总体人口及流动人口基本特征

指标	人口基本特征					城市流动人口基本特征						
	城镇化率	少数民族比重	占城市人口比重	男性比重	省内户口比重	受教育程度		职业类型			停留时间	
						未上过学	高中及以上	类型一	类型二	类型三	1年以内	5年以上
内蒙古	0.324*	0.205	0.500	0.523	0.823	0.027	0.403	0.197	0.318	0.392	0.200	0.303
广西	0.181	0.372	0.439	0.517	0.861	0.012***	0.467	0.196	0.382	0.277	0.196	0.254
重庆	0.301	0.067***	0.405	0.512	0.808	0.016*	0.491	0.246	0.381	0.320	0.238	0.205
四川	0.198	0.061***	0.404	0.509	0.904	0.019*	0.460	0.228	0.390	0.282	0.234	0.231
贵州	0.159	0.357	0.424	0.517	0.840	0.035	0.360	0.202	0.348	0.307	0.166	0.352
云南	0.138*	0.334	0.440	0.521	0.794	0.026	0.414	0.200	0.354	0.287	0.184	0.300
西藏	0.091**	0.918***	0.343	0.537	0.334***	0.127***	0.231*	0.147	0.583**	0.194	0.153	0.377
陕西	0.237	0.005***	0.354	0.516	0.808	0.012**	0.593*	0.265	0.410	0.271	0.198	0.259
甘肃	0.206	0.094***	0.349	0.520	0.864	0.027	0.469	0.261	0.371	0.254	0.236	0.253
青海	0.243	0.470*	0.458	0.531	0.679	0.046*	0.389	0.235	0.335	0.302	0.262	0.302
宁夏	0.327*	0.352	0.400	0.520	0.716	0.028	0.414	0.192	0.311	0.343	0.214	0.210
新疆	0.278	0.595***	0.409	0.520	0.587	0.025	0.412	0.189	0.323	0.286	0.187	0.317
西部十二个省份均值	0.224	0.319	0.410	0.520	0.752	0.033	0.425	0.213	0.375	0.293	0.206	0.280
西部十二个省份标准误	0.075	0.262	0.047	0.008	0.159	0.031	0.086	0.034	0.072	0.048	0.032	0.054
全国均值	0.319	0.149	0.410	0.520	0.730	0.022	0.461	0.227	0.348	0.331	0.196	0.281

注：本表构造Z检验值，以检验各省份相关指标值与西部十二个省份均值之间是否存在显著性差异，原假设（H0）为不存在显著性差异；*为10%的显著性水平，**为5%的显著性水平，***为1%的显著性水平。

资料来源：根据《2010年第六次全国人口普查数据》，国家统计局，2010，计算得出。

知识产权提升企业核心竞争力的作用机制及定量测算[*]

李 平　王宏伟　陈星星^{**}

摘　要：本文运用国家知识产权局示范企业知识产权数据，通过构建知识产权提升企业核心竞争力指标体系，研究知识产权提升企业核心竞争力的作用机制，并运用结构方程模型构建知识产权核心竞争力评价模型。研究发现，知识产权示范企业研发经费占销售收入的比重年均值为3%，知识产权对企业竞争力的影响力年均值为43.7%。企业应进一步提高研发支出，加快创新，提高经营水平，在下一阶段重点依靠知识产权对企业的支撑力度，培育出具有自主知识产权的竞争强企。

关键词：知识产权　核心竞争力　指标体系　结构方程模型

---

*　本文获得国家社科基金青年项目"新能源产业技术效率、环境效应与定价机制研究"（项目编号：16CJL034）的资助。

**　李平，中国社会科学院数量经济与技术经济研究所所长，研究员，主要研究产业经济、技术经济、经济预测与评价、战略规划、投资决策、项目评估和企业咨询、宏观经济、能源经济、水利电力经济、区域经济等；王宏伟，中国科协创新战略研究院院务委员，创新环境研究所所长，研究员，主要研究领域为科技创新与经济增长、科技创新政策分析和效果评估、科技创新战略研究、超大型项目评估以及能源经济、水利经济等；陈星星，中国社会科学院数量经济与技术经济研究所助理研究员，特华博士后科研工作站博士后，主要从事经济增长、能源环境、效率与生产率分析等领域的研究。

一 引言及文献综述

为深入实施创新驱动发展战略,深化知识产权领域改革,加快知识产权强国建设,2015年国务院颁布了《关于新形势下加快知识产权强国建设的若干意见》。企业是技术创新和市场竞争的主体,也是实施《国家知识产权战略纲要》和建设知识产权强国的主体。企业竞争力的强弱是国家竞争力强弱的标志。当前,中国企业面临严峻的竞争形势,劳动力成本优势逐渐减弱,资源消耗过大,环境污染严重,产品主要集中在传统与低端产业,缺乏核心技术和自主品牌,在国际市场竞争中处于劣势地位。实践证明,只有那些能够创造具有竞争力的知识产权产品,有效灵活运用知识产权制度的企业才能在市场竞争中生存和发展。新形势下,为了满足应对新的国际竞争格局、新一轮科技革命和产业变革,促进创新驱动发展、产业转型升级、"大众创业,万众创新"和培育具有国际竞争力企业的需要,必须加强企业知识产权建设,使企业将生产经营的重点从传统业务转移到培育知识产权创造和运用能力这一核心竞争力上来,这不仅是新形势下加强知识产权理论研究的要求,还是落实和支撑知识产权强国建设的重大举措。知识产权专家学者普遍认为,企业知识产权的有机整合,已成为中国企业的核心竞争力。我国知识产权专家吴汉东教授认为,无论是技术创新还是商标保护,无论是高科技领域还是传统产业,企业核心竞争力就是知识产权。中国科技法学会会长段瑞春及中南财经政法大学汤湘希教授指出,通过科技创新创造知识产权,企业知识产权的数量和质量反映了核心竞争力的大小,企业核心竞争力的强弱体现为创造和提升知识产权能力的大小,提升企业核心竞争力的资产是知识产权。

目前对于企业竞争力的有关研究主要有以下三个流派:以 Wernerfelt (1984)、Barney (1991) 等为代表的资源学派,以 Prahalad 和 Hamel (1990)、Teece 等 (1997) 等为代表的能力学派,以 Porter (1995) 为代表的环境竞争学派。三个流派理论的提出开创了企业竞争力研究的先河(管仕平、商波,2015)。①资源学派认为,企业竞争力是指企业争夺有限资源的能力,如李钢 (2007) 提出企业竞争力由三个要素构成,分别是要素市场、产品市场和企业运营效率,三个要素分别从投入、产出、转换三个角度测量企业的竞争力。曹建海(2003)指出,企业之所以能获得长期利润,是因为其拥有特殊资源,从而获得优势,占领市场。②能力学派发现,企业竞争力需要通过与其他企业比较市场表现才能得以反映。世界经济论坛认为,企业竞争力是公司在市场上比其他公司获得更多利润的能力(王勤,2006)。张志强和吴建中(1999)将企业竞争力定义为企业在市场竞争中所体现的生存能力和可持续发展能力。③环境竞争学派认为,在市场竞争的环境下,企业获得和利用外部资源,从而培育自有资源能力的行为即为企业竞争力。詹绍菓和刘建准(2014)、王核成和孟艳芬(2004)指出,企业竞争力为拥有竞争力的企业具有相较于其他企业为市场提供更多产品和服务的能力,在为顾客创造价值的基础上,实现自身价值的综合性能力。韩中和(2002)、胡大立(2001)、金碚(2003)同样也将企业竞争力归纳为,拥有竞争力的企业能够比别的企业持续提供更多的有效产品和服务,同时获取利润和发展空间,并在市场资源配置中占有相对优势,合理运用企业内部的资源,在与竞争对手的角逐中建立竞争优势的能力。Porter(1985)的竞争优势理论将企业竞争力定义为企业优势,指出企业的竞争优势在于企业能够在满足客户需求基础上提供超出生产成本的价值。

国内对于知识产权竞争力的文献从战略、指标、理论和机制四个方面来研究企业知识产权竞争力状况。①知识产权战略。李铁宁(2006)结合具体的企业或运作主体来探讨知识产权竞争力的形成机制,对知识产权战略和其他职能战略综合运用形成核心竞争力的机理进行研究。谭满红(2012)认为知识产权战略对企业具有重要意义,知识产权是企业的价值核心、利润"吸金石"和国际市场竞争的撒手锏。②知识产权评价指标体系。郭民生(2009)根据知识产权战略的实施情况构建了知识产权战略评价指标体系。马慧民等(2009)在高科技企业知识产权综合实力评价指标体系中引入了对知识产权质量的考核,如专利的技术强度、发明专利的存活量和存活率以及发明专利的平均寿命等。仵凤清和樊燕甫(2011)通过比较分析中国省域知识产权竞争,构建了企业知识产权竞争力评价体系。张进财等(2014)、詹绍菓和刘建准(2014)研究了企业竞争力能力指标（行为能力、潜在能力、生产要素利用能力、市场需求开发能力），并将企业竞争力分为产品层、制度层和核心层。金碚（2003）、胡大立（2001）提出企业竞争力评价指标体系。薄湘平和易银飞（2007）分析了企业竞争力评价方法中综合指数评价法的指标体系，发现企业竞争力需要从企业资源、企业研发能力、企业主营业务竞争力等方面研究。③知识产权比较优势理论。程恩富和丁晓钦（2003）指出企业知识产权比较优势是企业继比较优势、竞争优势外的另一种优势，其在培育、研发、利用自有知识产权中获得企业在市场中的优势地位、超额利润。④知识产权形成企业竞争力机制。罗良忠（2009）、高艺漩（2007）通过研究知识产权形成企业竞争力的机制，梳理了企业竞争力和知识产权战略间的关系。

参考喻翠玲（2009）对知识产权形成企业竞争力机制的分析，知识产权对企业竞争力的作用机制如图1所示。同时，根据林黎明（2010）的研究，将国内主要企业竞争力评价指标体系汇总如表1所示。

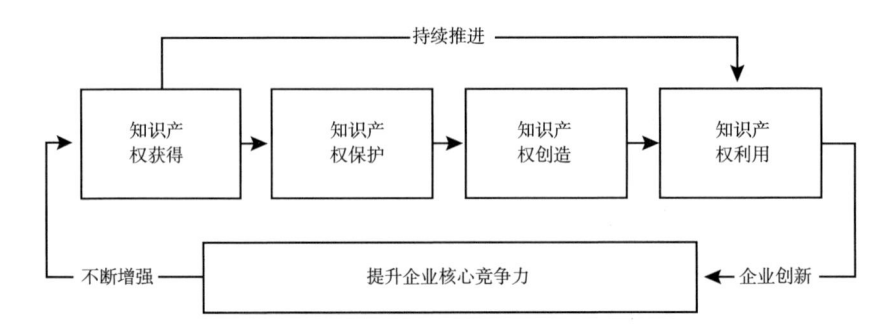

图1 知识产权对企业竞争力的作用机制

表1 国内主要企业竞争力评价指标体系

研究者或研究机构	时间	评价维度	
国家经贸委	1995年	一级指标	规模竞争力、市场开拓竞争力、管理竞争力、学习与创新竞争力、政策与环境竞争力
中国社科院"中国产业和企业国际竞争力研究"课题组	2000~2002年	现实性指标	企业规模、业务增长、盈利水平、出口竞争力、市场份额、成长性、融资能力、负债
		分析性指标	潜在的技术竞争力和技术密集程度、自主知识产权等
中国企业联合会	1996~2000年	主要指标	经济效益、财务状况、管理水平、科技水平、人力资源、国际化经营、社会责任与贡献

续表

研究者或研究机构	时间	评价维度	
刘世彦、吴林江	2001年	投入、产出、财务效益、资产营运、偿债能力、发展能力	
任天飞	2001年	识别、适应环境的能力,整合资源、培育竞争优势的能力,向目标市场提供价值物的能力	
王建华、王方华	2002年	经营环境、产品市场竞争力、战略能力、生产能力、市场能力、技术能力、营运能力、财务能力、可持续发展能力	
李友俊、李桂范等	2002年	企业生存能力、发展能力、抗风险能力、科技开发能力	
李君显	2002年	企业规模、经营能力、经营安全能力、资本营运能力、市场控制力、管理能力、环境协调能力	
袁家新、程龙生	2003年	生存力指标	市场控制力、生产力、盈利能力、财务状况
		可持续发展能力指标	技术创新能力、人员素质、管理水平和与外界环境的关联能力
张颖、曹志荣	2004年	显性指标	规模、盈利能力、市场控制力、经营及经营安全能力、服务能力、社会贡献
		潜力指标	人力资源、组织管理能力、企业文化、创新能力、信息技术能力、环境协调能力
陈文俊、唐若兰	2005年	业务竞争力、产品竞争力、技术竞争力、保障竞争力	

二 知识产权提升企业核心竞争力指标体系构建

知识产权提升企业核心竞争力指标体系的构建遵从以下原则。一是有的放矢,从少从简,即根据评价的目的性和指标的重要性对指标进行遴选。二是选取代表性指标,同时保存指标的差异性。指标体系在建立时,选取具有代表性的指标,以便更好反映研究对象的特征。同时,注重指标的差异性,剔除同质性指标。三是注重数据可得性。如果指标体系建立在大量无法获取数据的指标的基础上,就不具有现实意义。指标体系在建立时,大量选取客观指标,注重从权威途径和真实调研过程获取客观数据。

(一) 指标预处理

因子分析 (Factor Analysis) 的基本目的是根据相关性,将多个变量或指标分组，用少数几个因子的线性组合去描述其内在关系，即用较少的因子替代还原原始变量的大部分信息，其核心思想是降维。R 型因子分析数学模型为：

$$\begin{cases} x_1 = a_{11}F_1 + a_{12}F_2 + \cdots + a_{1m}F_m + \varepsilon_1 \\ x_2 = a_{21}F_1 + a_{22}F_2 + \cdots + a_{2m}F_m + \varepsilon_2 \\ \vdots \\ x_p = a_{p1}F_1 + a_{p2}F_2 + \cdots + a_{pm}F_m + \varepsilon_p \end{cases}$$

上式用矩阵形式可表示为 $X_{p\times1} = A_{p\times m}F_{m\times1} + \varepsilon_{p\times1}$，且 $m \leq p$；$\text{cov}(F,\varepsilon) = 0$，即 F 和 ε 是不相关的；$D(F) = I_m$，即 $F_1, F_2, \cdots, F_m$ 不相关且方差皆为1。$X = (X_1, X_2, \cdots, X_p)^T$ 为可实测的 p 个指标所构成的 p 维随机向量，综合变量 $F = (F_1, F_2, \cdots, F_m)^T$ 是不可观测向量，被称为 X 的公共因子或潜因子。$A = (a_{ij})_{p\times m}$ 为因子载荷矩阵，其中 a_{ij} 为因子载荷，是第 i 个因子与第 j 个因子的相关系数，也是 $X_i(i = 1,2,\cdots,p)$ 在 $F_j(j = 1,2,\cdots,m)$ 上的负荷，反映了第 i 个变量 X_i 在第 j 个因子 F_j 上的重要性。ε 为 X 的特殊因子，表示随机误差。在建立因子分析模型后，可能得出的主因子含义并不明显，因此需要进行因子旋转，得到较为满意的因子载荷矩阵 $A^* = (a_{ij}^*)_{p\times m}$。用最大方差法对因子进行旋转，采用具有 Kaiser 标准化的正交旋转法，旋转在 10 次迭代后收敛，得到取样足够度的 Kaiser – Meyer – Olkin 度量值，为 0.466，Bartlett 的球形度检验近似卡方值为 806.276，显著性水平为 0.000。在抽取前 23 个主成分时，模型的累积方差贡献率达到 95.827%。

（二）指标体系构建

指标体系设计的宗旨应当是能够全面准确地反映知识产权提升企业核心竞争力的实际水平。而这一宗旨的实现，一是依赖指标体系设计的科学性；二是依赖数据资料的收集方式以及数据处理方式的科学性，因此，知识产权提升企业核心竞争力指标体系的设计要遵循以下原则。第一，系统性原则。该体系应是一个完整的体系，各指标之间应是有机联系的，指标的总体应能反映知识产权提升企业核心竞争力的整体状况和水平。第二，代表性原则。该原则要求在相互联系和制约的评价指标中应选择少数几个有代表性、蕴含信息量大的指标，才能较全面地反映知识产权提升企业核心竞争力水平的综合性。第三，区分性原则。使用的指标必须有较高的区分度，必须是可以分化出来并能独立存在的，即必须删除相关度太高、冗余的评价指标可比性原则。该原则要求指标与指标之间具有可比性，纵向方面应能进行历史性的比较，横向方面则应能进行企业之间的比较。第四，可操作性原则。评价指标的选择应充分考虑实际操作中的效果，即指标数据要易于采集，指标体系要简繁适中，计算方法要易于操作，各评价指标及相应的计算方法及各项数据都要标准化、规范化。

知识产权提升企业核心竞争力指标体系由三个维度若干指标构成，同时借鉴了国内外企业竞争力和知识产权领域的评价指标体系，并结合知识产权提升企业核心竞争力的发展现状和理论模型。本文构建的知识产权提升企业核心竞争力的指标体系如表 2 所示。

表 2　模型指标体系

一级指标	二级指标	三级指标	变量
企业竞争力	经济效益	资本收益率（产品年度销售收入/年度产值）	a_1
	发展能力	主营业务收入（产品销售收入）	a_2
		注册资金	a_3
知识产权	投入水平	近三年研发经费投入（年度研发投入）占企业销售收入（年度销售收入）比重的平均值	a_4
		近三年知识产权经费投入占研发经费投入比重的年平均值	a_5
	产出水平	近三年专利申请量	a_6
		近三年专利授权量	a_7
		近三年专利拥有量	a_8
		国外知识产权申请比例	a_9
		计算机软件著作权登记总数	a_{10}
		PCT 及巴黎公约有效总量	a_{11}
	实施水平	专利实施率	a_{12}
	知识产权收益	以知识产权为核心的无形资产总额	a_{13}
		专利产品销售收入占企业年度销售收入的比重	a_{14}
		知识产权转让收入占企业销售收入的比重	a_{15}
	经营运用	专利商标转让许可	a_{16}
		知识产权融资	a_{17}
	司法保护政策	近三年律师比例	a_{18}

续表

一级指标	二级指标	三级指标	变量
企业潜力	发展潜力	企业规模	a_{19}
		是否上市	a_{20}
	企业属性	企业类型	a_{21}
		行业属性	a_{22}
	获得荣誉	中国驰名商标	a_{23}

具体而言，各指标的含义及选取依据如下。

（1）企业竞争力

经济效益。企业的经济效益用资本收益率衡量。资本收益率又称资本利润率，是指企业净利润（即税后利润）与平均资本（即资本性投入及其资本溢价）的比例，用以反映企业运用资本获得收益的能力。资本收益率越高，说明企业自有投资的经济效益越好，投资者的风险越少。对企业经营者来说，如果资本收益率高于债务资金成本率，则适度负债经营对投资者来说是有利的；反之，如果资本收益率低于债务资金成本率，则过高的负债经营就将损害投资者的利益。本文中资本收益率用产品年度销售收入除以年度产值衡量，其中年度销售收入和年度产值均采用2012~2014年三年的平均值计算。

发展能力。发展能力主要用主营业务收入衡量。主营业务收入指企业从事某种主要生产、经营活动所取得的营业收入，是反映企业规模、企业盈利状况的重要指标。由于企业的主营业务收入未能获取，用产品的销售收入代替，即2012~2014年销售收入的平均值。

注册资金。将注册资金做归一化处理。

（2）知识产权

①投入水平

a. 近三年研发经费投入占企业销售收入比重的平均值。这一指标反映了企业对研发经费的投入情况，反映了企业对技术创新的重视程度和企业的科技实力。其中，近三年研发经费投入用2012~2014年研发投入的平均值衡量，近三年企业销售收入用2012~2014年销售收入的平均值衡量。

b. 近三年知识产权经费投入占研发经费投入比重的年平均值。这一指标反映了企业对知识产权的重视程度，也从侧面反映了企业的创新能力和对知识产权的保护力度。本文中近三年知识产权经费投入用 2012～2014 年专利申请投入、专利维持年费、专利保护投入、专利奖励投入以及其他知识产权投入 5 项指标之和的平均值表示，研发经费投入用年度研发平均值表示。

②产出水平

a. 近三年专利申请量。专利申请量指专利机构受理技术发明申请专利的数量，是发明专利申请量、实用新型专利申请量和外观设计专利申请量之和，反映技术发展活动是否活跃，以及发明人是否有谋求专利保护的积极性。专利申请数量越多，表示一个社会的创新能力越高，社会就越有活力。本文用 2012～2014 年发明专利申请量、实用新型专利申请量、外观设计专利申请量三者之和的年度平均值衡量。

b. 近三年专利授权量。专利的质量可以通过专利授权量体现。近三年专利授权量指近三年由专利行政部门授予专利权的件数，是发明专利、实用新型专利、外观设计专利三种专利授权数的总和。近三年专利授权量是衡量一个国家或地区技术创新能力和水平的重要指标。本文用 2012～2014 年发明专利授权量、实用新型专利授权量、外观设计专利授权量三者之和的年度平均值衡量。

c. 近三年专利拥有量。专利拥有量是指拥有经国内外知识产权行政部门授权且在有效期内的发明专利件数，是衡量一个国家或地区科研产出质量、市场应用水平和科技创新能力的综合指标，是能通过工业生产和制造转化成现实财富的知识财产。专利拥有量体现了企业的技术优势和质的飞跃，是衡量自主知识产权研发水平的重要指标。本文用 2012～2014 年发明专利拥有量、实用新型专利拥有量、外观设计专利拥有量三者之和的年度平均值衡量。

d. 国外知识产权申请比例。专利关系到一个国家国民经济素质的整体状态和国际竞争力水平，对一国国家主权和经济安全也将产生深刻影响。发达国家凭借自身经济、科技的竞争优势，采取跑马圈地、层层保护的专利战术，期冀获取更大的市场份额，而发展中国家却面临发达国家专利竞争优势的严重压力和更多的技术壁垒。国外采取主动出击的方式获得知识产权的方式，是争取国际知识产权话语权和主动地位的重要途径。本文中国外知识产权申请比例用国外注册商标量/国内注册商标量表示。

e. 计算机软件著作权登记总数。国家著作权行政管理部门鼓励软件登记，并对登记的软件予以重点保护，计算机软件著作权登记是促进我国软件产业发展，增强我国信息产业的创新能力和竞争能力的重要手段。本文用计算机软件著作权登记总数衡量计算机软件著作的产出水平。

f. PCT及巴黎公约有效总量。PCT为Patent Cooperation Treaty（专利合作协定）的简写，从名称上可以看出，专利合作协定是专利领域的一项国际合作协定。自采用巴黎公约以来，它被认为是该领域进行国际合作最具有意义的进步标志。但是，它主要是涉及专利申请的提交、检索及审查以及其中包括的技术信息的传播的合作性和合理性的一个条约。PCT不对"国际专利授权"：授予专利的任务和责任仍然只能由寻求专利保护的各个国家的专利局或行使其职权的机构掌握。PCT并非与巴黎公约竞争，事实上是其补充。的确，它是在巴黎公约下只对巴黎公约成员开放的一个特殊协议。在引进PCT体系前，在几个国家保护发明的唯一方法是向每一个国家单独提交申请；这些申请由于每一个都要单独处理，因此，每一个国家的申请和审查都要重复。PCT建立了一种国际体系，从而使以一种语言在一个专利局（受理局）提出的一件专利申请（国际申请）在申请人在其申请（指定）的每一个PCT成员都有效，因此PCT有效总量反映了企业知识产权的国际化水平。巴黎公约的调整对象即保护范围，是工业产权，包括发明专利权、实用新型专利权、工业品外观设计专利权、商标权、服务标记权、厂商名称权、货物标记权或原产地名称权以及制止不正当竞争等。巴黎公约的基本目的是保证每一成员的工业产权在所有其他成员内部都得到保护。因此，PCT及巴黎公约有效总量之和共同反映了企业在国际公约中知识产权的产出水平。

③实施水平

实施水平用专利实施率衡量。专利实施率是专利应用水平的重要反映，是企业将专利用于生产并将其转化为产品产出的重要指标。本文用2012~2014年专利实施率的平均值表示。

④知识产权收益

a. 以知识产权为核心的无形资产总额。这一指标反映了知识产权作为一种核心资产参与企业的投入和产出数额。本文中以知识产权为核心的无形资产总额用商标总额、版权总额和其他三项之和来表示。

b. 专利产品销售收入占企业年度销售收入的比重。专利产品销售收入是知识产权转化为企业产品获得的收入，是知识产权收益的重要方式，也是知识产权使企业变强的最直接的反映，其占企业年度销售收入的比重是知识产权以产品销售的形式获得的收入占企业总收入的比例。本文中该指标用2012~2014年专利产品销售收入均值除以2012~2014年企业年度销售收入均值来表示。

c. 知识产权转让收入占企业销售收入的比重。知识产权转让收入是指知识产权出让主体与知识产权受让主体，根据与知识产权转让有关的法律法规和双方签订的转让合同，将知识产权权利享有者由出让方转移给受让方所获得的收入。知识产权转让收入是知识产权收益的又一重要方面，其占企业销售收入的比重是以出让知识产权的形式获得的收入占企业销售收入的比例。本文中知识产权转让收入为2012~2014年专利转让收益、专利许可收益、商标转让许可收益三者之和的年均值，企业销售收入为2012~2014年企业年度销售收入均值。

⑤经营运用

a. 专利商标转让许可。专利商标转让许可是权利人把专利商标的一项或者多项权利内容许可给他人行使，是一种转让技术、商标或者作品等的使用权的行为。其结果仅仅是一项或多项使用权的转移，而知识产权权利人依然享有完整的知识产权。该项指标是知识产权经营运用的一个方面。本文中专利商标转让许可额包括运用他人专利接受转让额、运用他人专利接受许可额、运用自有专利向外转让额、运用自有专利向外许可额，是商标运用转让许可总额之和。

b. 知识产权融资。知识产权融资作为知识产权运用的重要形式之一，主要包括知识产权作价入股、知识产权质押融资、知识产权证券化、知识产权信托等。知识产权融资能有力推动科技和金融的结合，使科技含量高、创新能力强的科技型中小企业更容易获得资本的青睐，优先获得金融支持,实现"知本"到"资本"的转变。本文中知识产权融资额用2012~2014年作价入股金额和质押融资金额之和的年均值来表示。

⑥司法保护政策。司法保护是知识产权纠纷得以解决的主要途径,司法水平的高低直接影响知识产权立法强度在现实中的体现。缺乏完善的司法体系、足够的高素质司法人员,必然严重制约知识产权法的良好运行和有序实施。一般来说,律师占总人口的比例是衡量司法保护水平的重要指标,在英美等西方发达国家,律师占总人口的比例都超过了千分之一,而其他工业化国家也都超过了万分之五。本文中近三年律师比例用2012~2014年企业律师人数占专职人员与兼职人员数之和的比重表示。

(3) 企业潜力

企业潜力由三方面指标构成:一是发展潜力,二是企业属性,三是获得荣誉。

①发展潜力。企业发展潜力用两个指标衡量:一是企业规模,二是是否上市。其中,企业规模分为大型企业和中型企业两种,用指示变量将大型企业赋值为1,中型企业赋值为0。是否上市指示变量分为国内上市、海外上市、准备上市和未上市四种,将国内上市赋值为1、海外上市赋值为2、准备上市赋值为3、未上市赋值为4。

②企业属性。企业属性用两个指标衡量:一是企业类型,二是行业属性。其中,企业类型分为内资企业、港澳台投资企业和外商投资企业三种,将内资企业赋值为1、港澳台投资企业赋值为2、外商投资企业赋值为3。

③获得荣誉。获得荣誉用中国驰名商标衡量。

三 知识产权提升企业核心竞争力数据分析

本文数据来源于国家知识产权局2012~2014年54家示范企业知识产权数据,选取的变量分别为前文所示$a_1 \sim a_{23}$。数据的描述性统计如表3所示。

知识产权提升企业核心竞争力的作用机制及定量测算

表 3 描述统计量

变量	N 统计量	极小值 统计量	极大值 统计量	合计 统计量	均值 统计量	均值 标准误	标准差 统计量	方差 统计量	峰度 统计量	峰度 标准误
a_1	54	0.15	13.14	65.05	1.2045	0.23096	1.69722	2.881	48.476	0.639
a_2	54	0.00	1.00	2.28	0.0423	0.01948	0.14312	0.020	39.634	0.639
a_3	54	0.00	4.50	7.88	0.1460	0.08303	0.61012	0.372	51.826	0.639
a_4	54	0.00	0.26	2.25	0.0417	0.00732	0.05376	0.003	7.129	0.639
a_5	54	0.00	1.00	4.11	0.0761	0.02081	0.15294	0.023	25.390	0.639
a_6	54	0.00	1.00	6.41	0.1187	0.02565	0.18847	0.036	9.055	0.639
a_7	54	0.00	1.00	7.51	0.1392	0.02756	0.20250	0.041	6.703	0.639
a_8	54	0.00	3.99	20.62	0.3819	0.09701	0.71285	0.508	13.925	0.639
a_9	54	0.00	1.00	3.75	0.0694	0.02412	0.17723	0.031	14.921	0.639
a_{10}	54	0.00	1.00	1.77	0.0327	0.01852	0.13610	0.019	50.728	0.639
a_{11}	54	0.00	1.00	34.33	0.6357	0.04920	0.36153	0.131	-0.755	0.639
a_{12}	54	0.00	1.00	2.43	0.0449	0.02273	0.16704	0.028	23.613	0.639
a_{13}	54	0.00	1.00	34.80	0.6444	0.04081	0.29991	0.090	-0.028	0.639
a_{14}	54	0.00	0.06	0.21	0.0039	0.00159	0.01165	0.000	18.647	0.639
a_{15}	54	0.00	1.00	2.21	0.0409	0.02162	0.15887	0.025	28.588	0.639
a_{16}	54	0.00	1.00	2.47	0.0457	0.02186	0.16066	0.026	25.655	0.639
a_{17}	54	0.00	1.00	13.56	0.2512	0.03205	0.23551	0.055	0.807	0.639
a_{18}	54	0.00	1.00	45.00	0.8333	0.05119	0.37618	0.142	1.439	0.639
a_{19}	54	0.00	1.00	4.50	0.0834	0.02541	0.18669	0.035	12.682	0.639
a_{20}	54	1.00	4.00	107.00	1.9815	0.17433	1.28108	1.641	-1.225	0.639
a_{21}	54	1.00	3.00	71.00	1.3148	0.09467	0.69565	0.484	2.015	0.639
a_{22}	54	1.00	5.00	160.00	2.9630	0.16072	1.18103	1.395	-1.029	0.639
a_{23}	54	0.00	10.00	72.00	1.3333	0.21638	1.59006	2.528	16.561	0.639

资料来源：国家知识产权局。

在构建模型之前，对所有指标进行归一化处理，由于选取的指标均为正向指标，因此采用如下公式进行归一化以消除量纲的影响：

$$a_i = \frac{a_i - \min\sum_{i=1}^{54} a_i}{\max\sum_{i=1}^{54} a_i - \min\sum_{i=1}^{54} a_i}$$

原始数据中共有示范企业 57 家，删去主要指标缺失的样本，最后获取 54 家示范企业样本，如表 4 所示。

表 4　示范企业名称

序号	企业名称	序号	企业名称	序号	企业名称
1	南车株洲电力机车研究所有限公司	14	中粮集团有限公司	27	四川新力光源股份有限公司
2	湖南三德科技股份有限公司	15	成都光明光电股份有限公司	28	长城汽车股份有限公司
3	广东海利集团有限公司	16	四川沱牌集团有限公司	29	博奥生物集团有限公司
4	广东生益科技股份有限公司	17	青岛琅琊台集团股份有限公司	30	贵州益佰制药股份有限公司
5	甘肃大禹节水股份有限公司	18	中原内配集团股份有限公司	31	浙江新和成股份有限公司
6	内蒙古蒙牛乳业（集团）股份有限公司	19	京东方科技集团股份有限公司	32	江苏先声药物研究有限公司
7	宇龙计算机通信科技（深圳）有限公司	20	飞天诚信科技股份有限公司	33	江苏康缘药业股份有限公司
8	中国铁道建筑总公司	21	横店集团得邦照明股份有限公司	34	浙江海正药业股份有限公司
9	云南驰宏锌锗股份有限公司	22	合肥美的电冰箱有限公司	35	黄山永新股份有限公司
10	江西稀有金属钨业控股集团有限公司	23	安徽鑫龙电器股份有限公司	36	江苏恒瑞医药股份有限公司
11	攀枝花钢铁（集团）公司	24	福建星网锐捷通讯股份有限公司	37	安徽丰原集团有限公司
12	武汉钢铁（集团）公司	25	九阳股份有限公司	38	漳州片仔癀药业股份有限公司
13	中冶赛迪工程技术股份有限公司	26	河南天海电器有限公司	39	中信戴卡股份有限公司

续表

序号	企业名称	序号	企业名称	序号	企业名称
40	内蒙古第一机械集团有限公司	45	福建龙净环保股份有限公司	50	多氟多化工股份有限公司
41	中国商用飞机有限责任公司	46	青岛汉缆股份有限公司	51	大亚科技集团有限公司
42	超威电源有限公司	47	隆鑫通用动力股份有限公司	52	兴源环境科技股份有限公司
43	铜陵中发三佳科技股份有限公司	48	厦门金龙联合汽车工业有限公司	53	福建恒安集团有限公司
44	重庆小康工业集团股份有限公司	49	中国核工业集团公司	54	九牧厨卫股份有限公司

资料来源：国家知识产权局。

根据提供的54家示范企业知识产权数据，抽取年度销售均值、年度研发均值、知识产权经费投入年均值、专利拥有量、国外知识产权申请比例、专利实施率、专利产品销售收入、知识产权转让收入8个指标作为研究对象。其中，年度销售均值为2012~2014年销售额的年均值；年度研发均值为2012~2014年研发额的年均值；知识产权经费投入年均值为2012~2014年专利申请投入、专利维持年费、专利保护投入、专利奖励投入以及其他知识产权投入5项指标之和的平均值；专利拥有量用2012~2014年发明专利拥有量、实用新型专利拥有量、外观设计专利拥有量三者之和的年度平均值衡量；国外知识产权申请比例用国外注册商标量/国内注册商标量表示；专利实施率用2012~2014年专利实施率的平均值表示；专利产品销售收入为2012~2014年专利产品销售收入年均值；知识产权转让收入为2012~2014年专利转让收益、专利许可收益、商标转让许可收益三者之和的年均值。54家示范企业知识产权指标的描述性统计如表5所示。

由示范企业知识产权指标的描述性统计可知，示范企业的年度销售均值为2353083.08元，年度研发均值为67264.53元，知识产权经费投入年均值为1038.37元，专利拥有量均值为792.76件，国外知识产权申请比例均值为0.3819，专利实施率均值为0.6357，专利产品销售收入均值为544164.57元，知识产权转让收入均值为1220.17元。其中，由于年度销售均值、年度研发均值、专利产品销售收入、知识产权转让收入的方差较大，

表 5　示范企业知识产权指标的描述性统计

单位：元、件

指标	极小值	极大值	和	均值	标准差	方差	偏度	峰度
年度销售均值	9765	55435699	127000000	2353083.08	7932641.4	62930000000000	6.05	39.63
年度研发均值	1433	764945	3632285	67264.53	141647.36	20060000000	3.83	15.83
知识产权经费投入年均值	36	11826	56072	1038.37	1900.69	3612604	4.13	20.26
专利拥有量	0	5697	42809	792.76	1153.65	1330907	2.51	6.7
国外知识产权申请比例	0	3.99	20.62	0.3819	0.7129	0.508	3.48	13.93
专利实施率	0	1	34.33	0.6357	0.3615	0.131	-0.83	-0.76
专利产品销售收入	0	6090000	29384887	544164.57	1128151.53	1273000000000	3.92	15.89
知识产权转让收入	0	26872	65889	1220.17	3917.25	15344842	5.71	36.16

资料来源：国家知识产权局。

说明这些示范企业的销售额、研发投入、专利产品销售收入和知识产权转让收入的差异较大。此外,不同企业的专利拥有量也差异较大,最多的企业专利拥有量达到 5697 件,最少的没有专利,并且示范企业的国外知识产权申请比例普遍偏低,均值仅为 0.3819,说明企业在国内每注册 10 个商标,在国外仅注册 3 个。

(一) 销售收入、研发经费投入及知识产权经费投入

2012~2014 年示范企业的销售收入先上升后又小幅回落,年均销售收入为 2353083.08 元。研发经费尽管每年投入不多,但稳步小幅上扬,从 2012 年的 63079.40 元提升到 2014 年的 73332.50 元。知识产权经费投入较研发经费投入又有所减少,2012 年知识产权经费投入仅为 871.28 元,尽管知识产权经费投入每年有不断增加的趋势,于 2014 年达到 1278.88 元,但总的来看,知识产权经费投入是远远不够的(见表 6)。

表 6　示范企业销售收入、研发经费投入及知识产权经费投入

单位:元,%

指标	2012 年	2013 年	2014 年	平均值
销售收入	2140859.13	2481557.49	2436832.61	2353083.08
研发经费投入	63079.40	65381.69	73332.50	67264.53
知识产权经费投入	871.28	886.99	1278.88	1012.38
研发经费/销售收入	3	3	3	3
知识产权经费投入/研发经费投入	1	1	2	1

资料来源:国家知识产权局。

从研发经费占销售收入的比例来看,2012~2014 年均仅为 3%(见图 2),研发经费占销售收入的比例较低且维持这一水平。另外,知识产权经费投入占研发经费投入的比例也变化不大,由 2012 年的仅为 1% 上升为 2014 年的 2%。综观国外的情况,在 2003 年,美国知识产权产业和知识产权支持产业收入占了整个经济活动收入 17.3% 的

比重，在私人经济活动中占 1/5 的比重。它们的混合活动超过了美国政府的整个经济活动。其中，知识产权产业收入为 1.6 万亿美元，占国内生产总值的 14.4%；知识产权支持产业收入为 0.3 万亿美元，占国内生产总值的 2.9%；政府产业收入为 1.4 万亿美元，占国内生产总值的 12.7%；其他私人产业收入为 7.7 万亿美元，占国内生产总值的 70%。

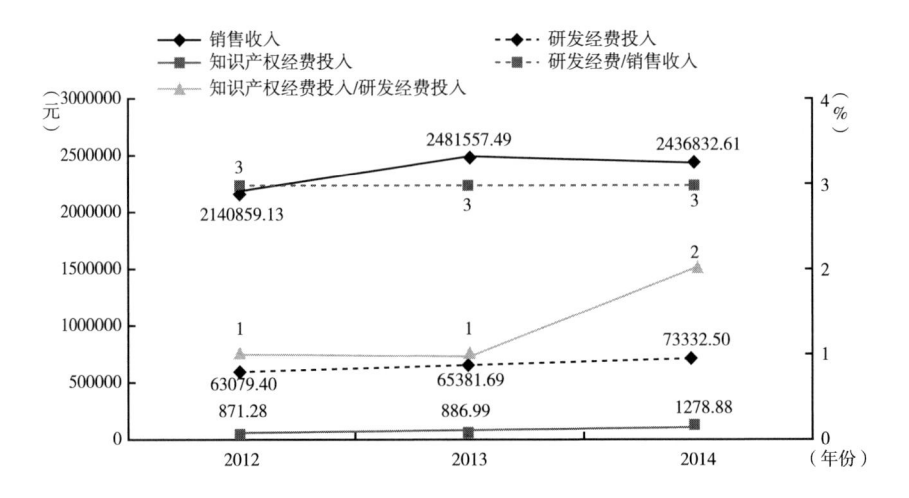

图 2　示范企业销售收入、研发经费投入及知识产权经费投入

知识产权收入大约占美国公司价值的 33%，其中软件和其他版权占 2/5，专利占 1/3，剩下的是商业秘密。总之，美国知识产权价值超过了 5 万亿美元。

因此，对于中国的知识产权示范企业来说，研发经费占销售收入的比例、知识产权经费投入占研发经费投入的比例仍有较大的提升空间。

2013 年销售收入较 2012 年增长 15.91%，2014 年销售收入较 2013 年下降 1.80%，平均年销售收入增长率为 7.06%；2013 年研发经费投入较 2012 年增长 3.65%，2014 年研发经费投入较 2013 年增长 12.16%，平均研发经费投入增长率为 7.91%；2013 年知识产权经费投入较 2012 年增长 1.80%，2014 年知识产权经费投入较 2013 年增长 44.18%，平均知识产权经费投入增长率为 22.99%。

（二）2012～2014年专利拥有量

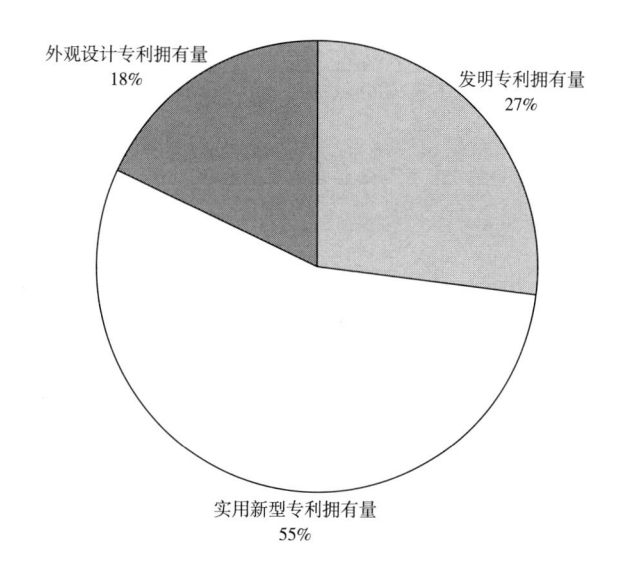

由图3示范企业专利拥有量分布情况可知，2012～2014年，示范企业的专利拥有量中，占比最高的为实用新型专利拥有量，占55%；发明专利拥有量次之，占27%；外观设计专利拥有量最少，仅占18%。

图3　示范企业专利拥有量分布

由图4可知，示范企业专利拥有量平均值为792.7592593件，其中实用新型专利拥有量最多，为447.4339623件，接着是发明专利拥有量，为216.4716981件。外观设计专利拥有量最少，仅为143.8113208件。

（三）国外知识产权申请比例

如图5所示，示范企业国外注册商标与国内注册商标占比分别为25%和75%，国外注册商标与国内注册商标的比为1∶3。

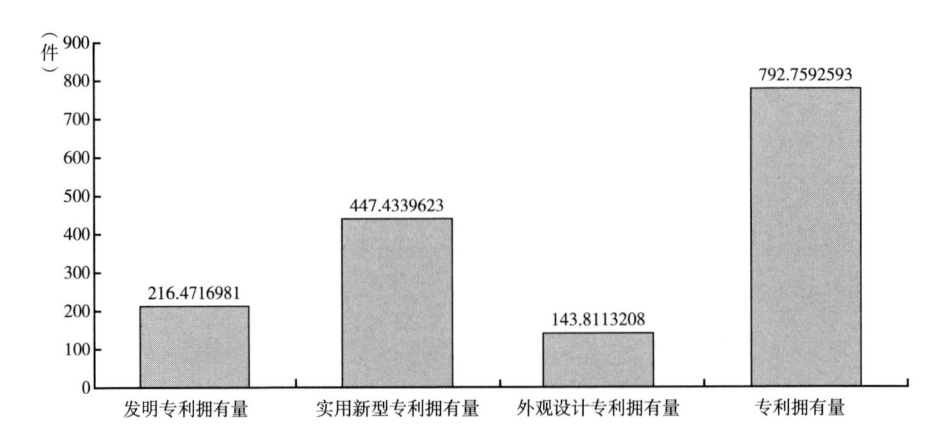

图 4 示范企业专利拥有量平均值

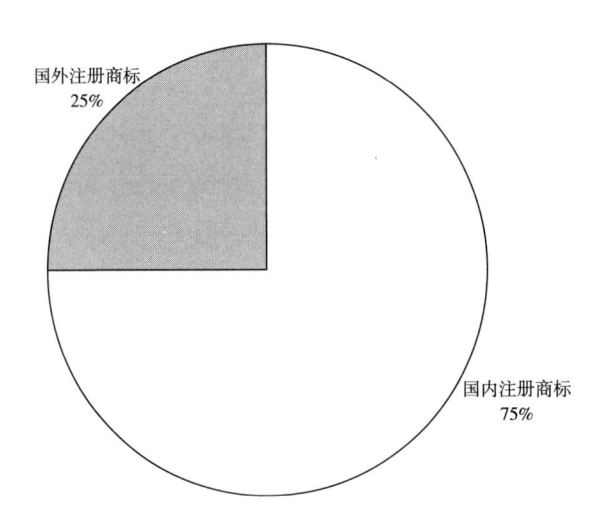

图 5 示范企业国外注册商标与国内注册商标比例

（四）专利实施率

图 6 研究了 15 家示范企业的专利实施情况。由图 6 可知，2012～2014 年，南车株洲、片仔癀药业的专利实施率在 2012～2014 年达到 100%，说明这两个企业的专利实施率非常高，应当作为其他示范企业的

表率。此外，广东海利集团、中粮集团、四川沱牌集团和超威电源的专利实施率也均达到80%。大部分企业的专利实施率逐年上升，或是维持相同的水平，仅有少数企业，如中冶赛迪工程、九牧厨卫的专利实施率出现了下降。

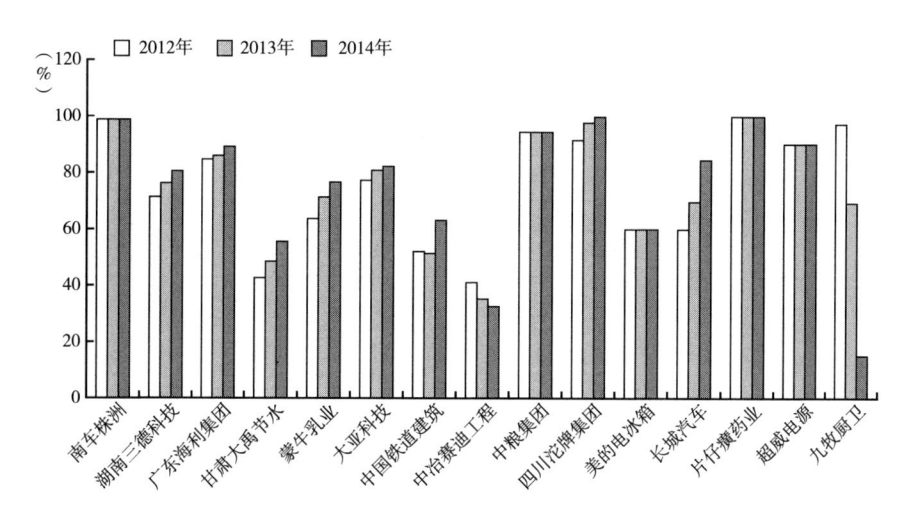

图6 部分示范企业的专利实施率

对于54家示范企业，2012年平均专利实施率为66.63%，2013年平均专利实施率为65.75%，2014年平均专利实施率为61.93%，2012~2014年平均专利实施率为64.77%，因此，2013年平均专利实施率较2012年下降0.88个百分点，2014年较2013年下降3.82个百分点。

（五）专利产品销售收入、知识产权转让收入占企业销售收入的比重

在示范企业中，去除缺失专利产品销售收入数据的企业（飞天诚信科技股份有限公司、厦门金龙联合汽车工业有限公司、九牧厨卫股份有限公司），得到2012~2014年专利产品销售收入、知识产权转让收入（如表7所示）。

表7 专利产品销售收入、知识产权转让收入

单位：元，%

指标	2012年	2013年	2014年	平均值
专利产品销售收入	479592.58	590186.52	658743.64	576174.25
知识产权转让收入	988.54	1182.50	1704.78	1291.94
专利转让收入	255.99	249.53	173.02	226.18
专利许可收入	589.19	746.36	1340.02	891.86
商标转让许可收入	143.36	186.61	191.75	173.91
企业销售收入	2140859.13	2481557.49	2436832.61	2353083.08
专利产品销售收入/企业销售收入	22.40	23.78	27.03	24.41
知识产权转让收入/企业销售收入	0.05	0.05	0.07	0.05

由表7可知，示范企业的专利产品销售收入逐年上升，由2012年的479592.58元上升到2014年的658743.64元，年均专利产品销售收益为576174.25元。知识产权转让收入也逐年上升，由2012年的988.54元上升到2014年的1704.78元，年均知识产权转让收入为1291.94元。然而，专利转让收入却有下降的趋势，由2012年的255.99元下降到2014年的173.02元，年均专利转让收入为226.18元。专利许可收入、商标转让许可收入均有不同程度的上升，因此，知识产权转让收入的上升主要是由专利许可收入的大幅上升带来的，而专利转让收入对知识产权转让收入的上升起到了阻碍作用。此外，专利产品销售收入占企业销售收入的比重逐年上升，而知识产权转让收入占企业销售收入的比重变化不大。

2013年专利产品销售收入/企业销售收入较2012年增长1.38个百分点，2014年专利产品销售收入/企业销售收入较2013年增长3.25个百分点；2014年知识产权转让收入/企业销售收入的较2013年增长0.02个百分点。

（六）知识产权对企业竞争力的影响力

2012~2014年"知识产权"潜变量对"企业竞争力"潜变量的路径系数为0.437，即知识产权对企业竞争力的影响力为43.7%。

四 知识产权提升企业核心竞争力模型构建

实证分析与检验采取结构方程模型（SEM）统计分析方法，在对知识产权提升企业核心竞争力选择模型要素逐一进行概念测量的基础上，对模型进行结构关系检验。

（一）基本原理

结构方程模型（Structural Equation Model，SEM）是一种融合了因素分析和路径分析的多元统计技术，针对不能直接观测和测量的潜变量（Latent Variables），基于变量的协方差矩阵分析变量间的相互关系，也被称为协方差结构分析，在社会研究、心里分析中被广泛运用。这种方法对处理多原因、多关系、不可观测结果的问题具有传统统计方法不可比拟的优势。对于潜变量，可以构建一系列外显指标来测量，比如要测量学业成就（潜变量），可以用各科成绩（潜变量）来测量，这样就妥善处理了不可观测的变量。结构方程模型有如下优点（Bollen，Long，1993）。第一，估计结果更加有效。传统的回归分析或路径分析实际是对每一个变量逐一计算系数，这将忽略其他变量的影响，而结构方程模型可以同时处理多个变量，并且在自变量和因变量中同时加入误差项，其估计结果更加有效。第二，充分考虑模型的外生性。传统统计分析在构建模型时，如果分为多个步骤分别估计，则潜在假定其他模型的因素不存在，然而在现实情况中，往往需要同时估计因子关系和因子结构，即在同一研究中同时考虑共存因子的结构和影响。第三，模型的拟合程度和解释力提升。结构方程模型是一种更复杂的模型，可以处理一个指标和多个从属因子，构建的模型得到的是整体的拟合程度，同时其可以计算不同模型对同一样本的拟合程度，从而提升模型的解释能力。

（二）数学模型

结构方程模型由测量模型和结构模型组成，分别如式（1）、式（2）

所示。其中，测量模型描述指标与潜变量直接的关系，结构模型反映潜变量之间的关系。随机误差和系统误差分别在测量模型和结构模型中反映：

$$x = \Lambda_x\xi + \delta, y = \Lambda_y\eta + \varepsilon \qquad (1)$$

$$\eta = B\eta + \Gamma\xi + \zeta \qquad (2)$$

其中，对于式（1），x 和 y 分别是外源指标和内源指标；ξ 和 η 分别是外生潜变量和内生潜变量；Λ_x 和 Λ_y 分别是外源指标与外生潜变量之间的关系、内源指标和内生潜变量之间的关系；δ 和 ε 分别为外源指标 x 和内源指标 y 的误差项。对于式（2），B 和 Γ 分别为内生潜变量间和外生潜变量间的关系；ζ 是结构方程中未能被解释的部分。结构方程模型示意如图 7 所示。

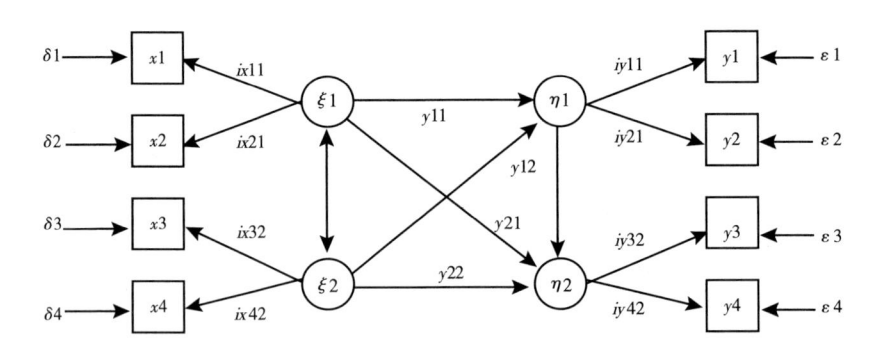

图 7　结构方程模型示意

也可采用下列矩阵来表示图 7 中变量之间的关系：

$$\begin{pmatrix} x_1 \\ x_2 \\ x_3 \\ x_4 \end{pmatrix} = \begin{pmatrix} \lambda_{x11} & 0 \\ \lambda_{x11} & 0 \\ 0 & \lambda_{x11} \\ 0 & \lambda_{x11} \end{pmatrix} \begin{pmatrix} \xi_1 \\ \xi_2 \end{pmatrix} + \begin{pmatrix} \delta_1 \\ \delta_2 \\ \delta_3 \\ \delta_4 \end{pmatrix} \qquad (3)$$

$$\begin{pmatrix} y_1 \\ y_2 \\ y_3 \\ y_4 \end{pmatrix} = \begin{pmatrix} \lambda_{y11} & 0 \\ \lambda_{y11} & 0 \\ 0 & \lambda_{y11} \\ 0 & \lambda_{y11} \end{pmatrix} \begin{pmatrix} \eta_1 \\ \eta_2 \end{pmatrix} + \begin{pmatrix} \varepsilon_1 \\ \varepsilon_2 \\ \varepsilon_3 \\ \varepsilon_4 \end{pmatrix} \qquad (4)$$

$$\begin{pmatrix} \eta_1 \\ \eta_2 \end{pmatrix} = \begin{pmatrix} 0 & 0 \\ \beta_{21} & 0 \end{pmatrix} \begin{pmatrix} \eta_1 \\ \eta_2 \end{pmatrix} + \begin{pmatrix} \gamma_{11} & \gamma_{12} \\ \gamma_{21} & \gamma_{22} \end{pmatrix} \begin{pmatrix} \xi_1 \\ \xi_2 \end{pmatrix} + \begin{pmatrix} \zeta_1 \\ \zeta_2 \end{pmatrix} \qquad (5)$$

其中，式（3）、式（4）为测量方程，式（5）为结构方程。

（三）实证模型

模型中共包含23个因素（潜变量），3个外显指标（Observable Indicators），用潜变量来间接测量（Eugene W. Anderson, Claes Fornell, 2000）。

采用极大似然估计时，模型的卡方值为839.468，自由度为231，p为0.000，说明模型是合适的。

结构方程实证模型如图8所示。

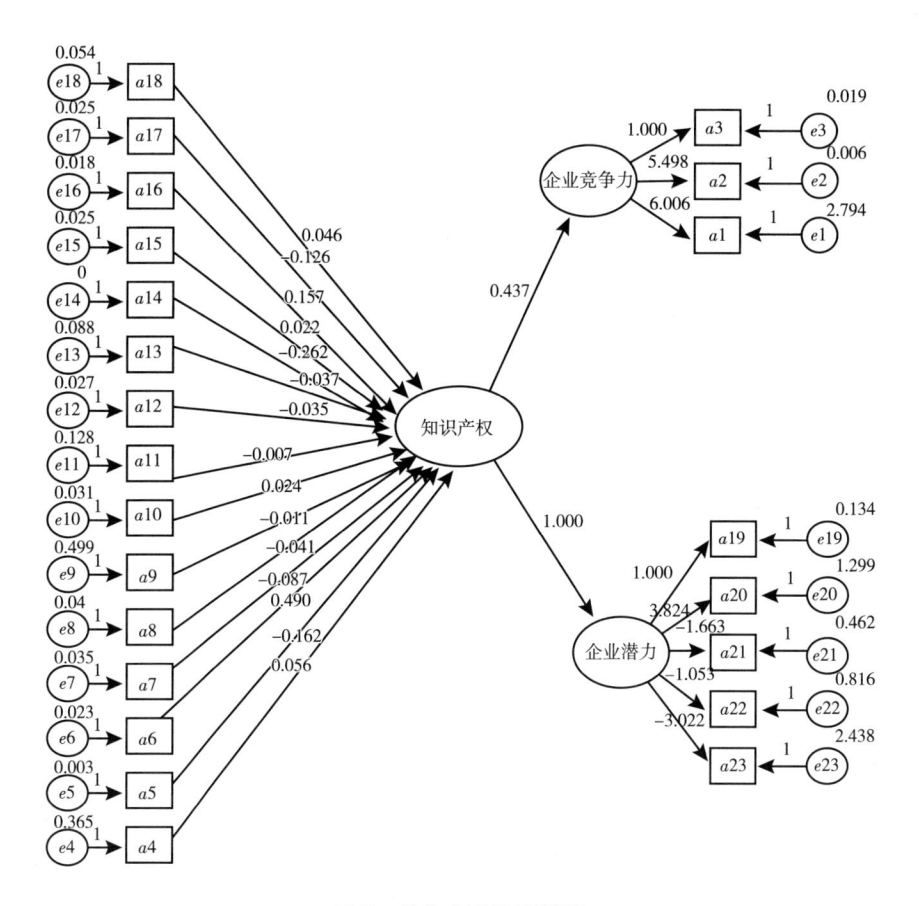

图8 结构方程实证模型

五　模型分析及评价

(一) 路径系数或载荷系数的显著性

模型评价首先要考察模型结果中估计出的参数是否具有统计意义,需要对路径系数或载荷系数①进行统计显著性检验(见表8),这类似于回归分析中的参数显著性检验,原假设为系数等于0。Amos提供了一种简单便捷的方法,叫作CR(Critical Ratio)。CR值是一个Z统计量,用参数估计值与其标准差之比构成。Amos同时给出了CR的统计检验相伴概率p,可以根据p进行路径系数或载荷系数的统计显著性检验。表9中,"知识产权"潜变量对"企业竞争力"潜变量的路径系数为0.437,其CR值为1.369,相应的P值小于0.05,则可以认为这个路径系数在95%的置信度下与0存在显著性差异。

表8　路径系数或载荷系数统计显著性检验

	Estimate	S. E.	CR	p	Label
e4	0.365	0.071	5.148	***	par_23
e5	0.003	0.001	5.148	***	par_24
e6	0.023	0.004	5.148	***	par_25
e7	0.035	0.007	5.148	***	par_26
e8	0.04	0.008	5.148	***	par_27
e9	0.499	0.097	5.148	***	par_28
e10	0.031	0.006	5.148	***	par_29
e11	0.128	0.025	5.148	***	par_30
e12	0.027	0.005	5.148	***	par_31
e13	0.088	0.017	5.148	***	par_32
e14	0	0	5.148	***	par_33
e15	0.025	0.005	5.148	***	par_34

---

① 潜变量与潜变量间的回归系数称为路径系数;潜变量与可测变量间的回归系数称为载荷系数。

续表

	Estimate	S. E.	CR	p	Label
e16	0.018	0.004	5.148	***	par_35
e17	0.025	0.005	5.148	***	par_36
e18	0.054	0.011	5.148	***	par_37
e23	2.438	0.474	5.148	***	par_38
e22	0.816	0.159	5.148	***	par_39
e21	0.462	0.09	5.148	***	par_40
e20	1.299	0.252	5.148	***	par_41
e19	0.134	0.026	5.148	***	par_42
e3	0.019	0.004	5.148	***	par_43
e2	0.006	0.001	5.148	***	par_44
e1	2.794	0.543	5.148	***	par_45

注：*** 表示 0.01 水平上显著。

表9　系数估计结果

				Estimate	S. E.	CR	P	Label
知识产权	←	$a18$		0.046	0.032	1.454	0.146	par_8
知识产权	←	$a17$		−0.126	0.075	−1.682	0.092	par_9
知识产权	←	$a16$		0.157	0.093	1.697	0.090	par_10
知识产权	←	$a15$		0.022	0.031	0.728	0.467	par_11
知识产权	←	$a14$		−0.262	0.412	−0.636	0.525	par_12
知识产权	←	$a13$		−0.037	0.025	−1.456	0.145	par_13
知识产权	←	$a12$		−0.035	0.033	−1.064	0.287	par_14
知识产权	←	$a11$		−0.007	0.013	−0.505	0.613	par_15
知识产权	←	$a10$		0.024	0.029	0.832	0.405	par_16
知识产权	←	$a9$		−0.011	0.009	−1.286	0.199	par_17
知识产权	←	$a8$		−0.041	0.032	−1.291	0.197	par_18
知识产权	←	$a7$		−0.087	0.053	−1.625	0.104	par_19
知识产权	←	$a6$		0.490	0.271	1.807	0.071	par_20
知识产权	←	$a5$		−0.162	0.122	−1.324	0.185	par_21
知识产权	←	$a4$		0.056	0.032	1.767	0.077	par_22
企业竞争力	←	知识产权		0.437	0.319	1.369	0.035	par_7
企业潜力	←	知识产权		1.000	—	—	—	—

续表

			Estimate	S. E.	CR	P	Label
a23	←	企业潜力	-3.022	2.887	-1.047	0.295	par_1
a22	←	企业潜力	-1.053	1.482	-0.710	0.477	par_2
a21	←	企业潜力	-1.663	1.377	-1.208	0.227	par_3
a20	←	企业潜力	3.824	2.724	1.404	0.160	par_4
a19	←	企业潜力	1.000	—	—	—	—
a3	←	企业竞争力	1.000	—	—	—	—
a2	←	企业竞争力	5.498	2.642	2.081	0.037	par_5
a1	←	企业竞争力	6.006	6.442	0.932	0.351	par_6

从表8和表9可知，模型的残差均通过了显著性检验。当显著性水平取0.1时，对知识产权路径系数估计显著的变量有$a4$、$a6$、$a16$、$a17$，即2012~2014年研发经费投入（年度研发投入）占企业销售收入（年度销售收入）比重的平均值、2012~2014年专利申请量、专利商标转让许可、知识产权融资对知识产权的影响系数分别为0.056、0.490、0.157、-0.126，说明在这四个变量中，2012~2014年专利申请量对知识产权的影响最大，同时，知识产权融资额对知识产权具有负向影响，即知识产权每融资1个单位，会造成知识产权下降0.126个单位。另外，企业竞争力对主营业务收入（产品销售收入）的路径系数为5.498，说明企业竞争力每提高1个单位，主营业务收入（产品销售收入）提高5.498个单位。企业潜力对是否上市的路径系数为3.824，说明企业越有潜力，其上市的可能性越大。

（二）模型拟合评价

当样本协方差矩阵与总体协方差矩阵差距很小时，残差矩阵元素接近于零，模型的拟合程度较好。在结构方程模型中，模型的拟合程度可以用拟合指数来衡量，Amos软件中生成的拟合指数主要有χ^2、GFI、RMR、SRMR、RMSEA、NFI、TLI和CFI，其评价标准如表10所示。

表 10　Amos 拟合指数评价标准

指数名称		评价标准
绝对拟合指数	χ^2	越小越好
	GFI	大于 0.9
	RMR	小于 0.05,越小越好
	SRMR	小于 0.05,越小越好
	RMSEA	小于 0.05,越小越好
相对拟合指数	NFI	大于 0.9,越接近 1 越好
	TLI	大于 0.9,越接近 1 越好
	CFI	大于 0.9,越接近 1 越好

由模型测算结果可知，Saturated 模型的 *GFI* 大于 0.9，*RMR* 为 0.000，*RMSEA* 为 0.000，*NFI* 为 1.000，*TLI* 为 1.000，*CFI* 为 1.000，因此 Saturated 模型是高度适配模型（见表 11）。

表 11　模型测算结果

模型	GFI	RMR	RMSEA	NFI	TLI	CFI	AIC	BIC
Default 模型	0.535	0.037	0.223	0.106	0.029	0.113	929.468	1018.972
Saturated 模型	1.000	0.000	0.000	1.000	1.000	1.000	552.000	1100.960
Independence 模型	0.472	0.038	0.226	0.000	0.000	0.000	985.073	1030.820

值得说明的是，拟合指数的作用是考察理论模型与数据的适配程度，并不能作为判断模型是否成立的唯一依据。拟合程度高的模型只能作为参考，还需要根据所研究问题的背景知识进行模型合理性讨论。即便拟合指数没有达到最优，但一个能够使用相关理论解释的模型更具有研究意义。

（三）模型修正

（1）模型修正思路

模型修正思路具有理论依据，换言之，模型结果要能够被相关领域知识所解释，因此，在进行模型修正时主要考虑修正后的模型结果是否具有现实意义或理论价值，当模型效果很差时，可以参考模型修正指标对模型进行调整。

当模型效果很差时，研究者可以根据初始模型的参数显著性结果和 Amos 提供的模型修正指标进行模型扩展（Model Building）或模型限制（Model Trimming）。模型扩展是指通过释放部分限制路径或添加新路径，使模型结构更加合理，通常在提高模型拟合程度时使用；模型限制是指通过删除或限制部分路径，使模型结构更加简洁，通常在提高模型可识别性时使用。Amos 提供了两种模型修正指标，其中修正指数（Modification Index）用于模型扩展，临界比率（Critical Ratio）用于模型限制。

（2）修正指数（Modification Index）

双箭头（"←→"）部分是残差变量间的协方差修正指数，表示在两个可测的残差变量间增加一条相关路径至少会减少的模型的卡方值。残差变量间的协方差修正指数见表 12。

表 12　残差变量间的协方差修正指数

			MI	Par Change			MI	Par Change
e17	←→	e18	5.449	0.012	e6	e8	43.292	0.027
e16	←→	e17	38.173	0.018	e6	e7	47.168	0.027
e11	←→	e13	4.780	0.032	e5	e15	5.052	0.003
e8	←→	e17	13.757	0.016	e2	e1	10.102	-0.058
e8	←→	e16	19.844	0.017	e3	e13	7.945	-0.016
e8	←→	e9	4.781	0.043	e3	e8	9.036	0.011
e7	←→	e17	15.828	0.016	e3	e7	6.374	0.009
e7	←→	e16	24.111	0.017	e20	e10	8.127	0.078
e7	←→	e9	4.210	0.037	e21	e10	4.636	0.035
e7	←→	e8	50.869	0.037	e23	e18	4.332	0.104
e6	←→	e17	28.341	0.017	e23	e12	4.591	0.076
e6	←→	e16	38.488	0.017				

单箭头("←")部分是变量间的回归权重修正指数,表示如果在两个变量间增加一条因果路径至少会减少的模型的卡方值。比如,a9←a7 的 MI 值为 4.210,即 2012~2014 年专利授权量到国外知识产权申请比例的 MI 值为 4.210,表明如果增加国外知识产权申请比例到 2012~2014 年专利授权量的路径,则模型的卡方值会减小。从实际考虑,2012~2014 年专利授权量多的企业,其国外知识产权申请比例可能也会更多。

表13 变量间的回归权重修正指数

			MI	Par Change				MI	Par Change
a18	←	a17	5.449	0.475	a8	←	a6	43.292	1.197
a17	←	a18	5.449	0.216	a7	←	a17	15.828	0.648
a17	←	a16	38.173	0.991	a7	←	a16	24.111	0.934
a17	←	a8	13.757	0.400	a7	←	a9	4.210	0.075
a17	←	a7	15.828	0.461	a7	←	a8	50.869	0.912
a17	←	a6	28.341	0.760	a7	←	a6	47.168	1.163
a16	←	a17	38.173	0.727	a6	←	a17	28.341	0.704
a16	←	a8	19.844	0.411	a6	←	a16	38.488	0.958
a16	←	a7	24.111	0.487	a6	←	a8	43.292	0.683
a16	←	a6	38.488	0.758	a6	←	a7	47.168	0.766
a15	←	a5	5.052	0.923	a5	←	a15	5.052	0.103
a13	←	a11	4.780	0.249	a2	←	a1	9.900	-0.020
a11	←	a13	4.780	0.362	a3	←	a13	7.945	-0.180
a9	←	a8	4.781	1.057	a3	←	a8	9.036	0.285
a9	←	a7	4.210	1.066	a3	←	a7	6.374	0.257
a8	←	a17	13.757	0.649	a20	←	a10	8.127	2.541
a8	←	a16	19.844	0.910	a21	←	a10	4.636	1.144
a8	←	a9	4.781	0.085	a23	←	a18	4.332	1.913
a8	←	a7	50.869	1.053	a23	←	a12	4.591	2.777

根据现有知识产权示范企业数据及有关资料,可以设定 2020 年和 2025 年知识产权提升企业核心竞争力的培育目标(如表 14 所示)。

表14 知识产权提升企业核心竞争力培育目标

指标	2012~2014年均值	年增长率（%）	2020年目标	2025年目标
销售收入（元）	2353083.08	7.06[a]	3543241	4983528
研发经费投入（元）	67264.53	7.91[a]	106208	155405
知识产权经费投入（元）	1012.38	22.99[a]	3504	9861
研发经费投入/销售收入（%）	3	5[b]	4	5.1
知识产权经费投入/研发经费投入（%）	1	20[b]	3	7.4
专利拥有量（件）	792.76	5	1062	1356
国外知识产权申请比例（%）	38	5	51	65
专利实施率（%）	64	2[b]	72	79
专利产品销售收入（元）	544164.57	20[b]	1624867	4043188
专利产品销售收入/销售收入（%）	23.1	10[b]	41	66
知识产权转让收入（元）	1220.17	35[b]	7386	33120
知识产权转让收入/销售收入（%）	0.1	35[b]	0.3	1.4
知识产权对企业竞争力的影响力（%）	43.7	5	58.6	74.7

注：a表示根据2012~2014年知识产权示范企业数据实际测算的年均增长率；b表示根据实际年均增长率提出的更高要求的增长率；其他的为估计设定增长率。

由表14可知如下内容。①2012~2014年研发经费投入占销售收入的比重均值为3%，若按照年均增长率为5%进行测算，2020年研发经费投入占销售收入的比重应达到4%，2025年研发经费投入占销售收入的比重应达到5.1%。②2012~2014年知识产权经费投入占研发经费投入的比重均值为1%，若按照年均增长率为20%进行测算，2020年知识产权经费投入占研发经费投入的比重应达到3%，2025年知识产权经费投入占研发经费投入的比重应达到7.4%。③2012~2014年专利拥有量均值为792.76件，若按照年均增长率为5%进行测算，2020年专利拥有量应达到1062件，2025年专利拥有量应达到1356件。④2012~2014年国外知识产权申请比例均值为38%，若按照年均增长率为5%进行测算，2020年国外知识产权申请比例应达到51%，2025年国外知识产权申请比例应达到

65%。⑤2012~2014年专利实施率均值为64%，若按照年均增长率为2%进行测算，2020年专利实施率应达到72%，2025年专利实施率应达到79%。⑥2012~2014年专利产品销售收入占销售收入的比重均值为23.1%，若按照专利产品销售收入占销售收入的比重的年均增长率为10%进行测算，2020年专利产品销售收入占销售收入的比重应达到41%，2025年专利产品销售收入占销售收入的比重应达到66%。⑦2012~2014年知识产权转让收入占销售收入的比重均值为0.1%，若按照知识产权转让收入占销售收入的比重年均增长率为35%进行测算，2020年知识产权转让收入占销售收入的比重应达到0.3%，2025年知识产权转让收入占销售收入的比重应达到1.4%。⑧2012~2014年知识产权对企业竞争力的影响力均值为43.7%，若按照年均增长率为5%进行测算，2020年知识产权对企业竞争力的影响力应达到58.6%，2025年知识产权对企业竞争力的影响力应达到74.7%。

六 结论及建议

本文通过构建知识产权提升企业核心竞争力指标体系，运用国家知识产权局2012~2014年54家示范企业知识产权数据，运用结构方程模型构建了知识产权提升企业核心竞争力评价模型。研究表明，2020年研发经费投入占销售收入的比重应达到4%，知识产权经费投入占研发经费投入的比重应达到3%，专利拥有量应达到1062件，国外知识产权申请比例应达到51%，专利实施率应达到72%，专利产品销售收入占销售收入的比重应达到41%，知识产权转让收入占销售收入的比重应达到0.3%，知识产权对企业竞争力的影响力应达到58.6%。2025年研发经费投入占销售收入的比重应达到5.1%，知识产权经费投入占研发经费投入的比重应达到7.4%，专利拥有量应达到1356件，国外知识产权申请比例应达到65%，专利实施率应达到79%，专利产品销售收入占销售收入的比重应达到66%，知识产权转让收入占销售收入的比重应达到1.4%，知识产权对企业竞争力的影响力应达到74.7%。企业应进一步提高研发支出，加快创新，提高经营水平，在下一阶段重点依靠知识产权对企业的支撑力度，培育出具有自主知识产权的竞争强企。

参考文献

[1] Dasgupta, P. J., "Stiglitz, Industrial Structure and the Nature of Innovative Activity," *The Economic Journal*, 1980, 90 (6): 266–293.

[2] Diwan, I., D. Rodric, "Appropriate Technology, and North–South Trade," *Journal of International Economics*, 1991, 30: 27–47.

[3] Ginarte, J. C., Park, W. G., "Determinants of Patent Rights: A Cross–National Study," *Research Policy*, 1997, 26: 283–301.

[4] Jaffe A., M. Trajtenberg, International Knowledge Flows: Evidence from Patent Citations, NBER Working Paper, 1998.

[5] 薄湘平、易银飞：《国内外企业竞争力研究综述》，《商业研究》2007年第12期，第11~16页。

[6] 常林朝、户海潇：《地方知识产权竞争力评价指标体系探索研究——以河南省各地市为例》，《户海潇》2011年第12期，第138~140页。

[7] 程恩富、丁晓钦：《构建知识产权优势理论与战略——兼论比较优势和竞争优势理论》，《当代经济研究》2003年第9期，第20~25页。

[8] 高艺漩：《高新技术企业知识产权战略与核心竞争力研究》，西安电子科技大学硕士学位论文，2007。

[9] 管仕平、商波：《企业竞争力动态因素SD模型分析》，《商业经济研究》2015年第17期，第99~101页。

[10] 郭民生：《知识产权优势与知识产权经济的综合评价》，《创新科技》2011年第12期，第20~22页。

[11] 郭民生：《知识产权战略实施的综合评价指数》，《知识产权》2009年第1期，第27~34页。

[12] 户海潇：《河南省地方知识产权竞争力评价研究》，河南工业大学硕士学位论文，2011。

[13] 李钢：《企业竞争力研究的新视角：企业在产品市场与要素市场的竞争》，《中国工业经济》2007年第1期，第61~67页。

[14] 李铁宁：《企业知识产权战略形成核心竞争力机理及途径研究》，长沙理工大学硕士学位论文，2006。

[15] 李卫东：《企业竞争力评价理论与方法研究》，北京交通大学博士学位论文，2007。

[16] 林黎明：《论企业竞争力评价指标体系》，《企业物流》2010年第19期，第32~35页。

[17] 罗良忠：《通过知识产权战略提升企业核心竞争力研究》，《科技管理研究》2009年第2期，第248~250页。

[18] 马慧民、王鸣涛、叶春明：《高科技企业知识产权综合实力评价指标体系研究》，《科技进步与对策》2009年第3期，第106~108页。

[19] 谭满红：《新时期知识产权战略实施与国际竞争优势的保持》，《商业时代》2012年第29期，第60~61页。

[20] 王核成、孟艳芬：《基于能力的企业竞争力研究》，《科研管理》2004年第6期，第103~114页。

[21] 仵凤清、樊燕甫：《基于突变级数法的大中型工业企业知识产权竞争力评价研究》，《科技进步与对策》2011年第18期，第109~114页。

[22] 喻翠玲：《基于知识产权角度的企业竞争力分析》，《福州大学学报》（哲学社会科学版）2009年第1期，第45~48页。

[23] 詹绍菓、刘建准：《技术创新与企业竞争力耦合关系研究》，《财会通讯》2014年第24期，第113~115页。

[24] 张进财、左小德：《企业竞争力评价指标体系的构建》，《管理世界》2013年第10期，第172~173页。

[25] 张铁山、古超、齐园、储文伟：《基于层次分析法和模糊综合评价法的电解铝企业竞争力研究》，《轻金属》2014年第10期，第1~4页。

[26] 张志强、吴建中：《企业竞争力及其评价》，《管理现代化》1999年第1期，第24~25页。

[27] 钟卫华：《知识产权优势理论及自主知识产权培育路径探析》，《海派经济学》2013年辑刊，第1~8页。

[28] 朱伟民：《资源能力整合的企业知识产权竞争优势研究》，《科学学与科学技术管理》2009年第10期，第139~144页。

[29] Birger Wernerfelt, "A Resource – Based View of the Firm," *Strategic Management Journal*, 1984, 5 (2): 171–180.

[30] Jay Barney, "Firm Resources and Sustained Competitive Advantage," *Journal of Management*, 1991, 17 (1): 99–120.

[31] Prahalad C. K., Hamel G., "The Core Competence of the Corporation," *Harvard Business Review*, 1990, 68: 79–91.

[32] David Teece, Gary Pisano, Amy Shuen, "Dynamic Capabilities and Strategic Management," *Strategic Management Journal*, 1997, 18 (7): 509–533.

[33] Michael E. Porter, "The Competitive Advantage of the Inner City," *Harvard Business Review*, 1995 (May/June): 55–61.

[34] 曹建海：《加入WTO后企业竞争行为的变化》，《河北经贸大学学报》2003年

第 1 期，第 56~63 页。

[35] 王勤：《当代国际竞争力理论与评价体系综述》，《国外社会科学》2006 年第 6 期，第 32~38 页。

[36] 韩中和：《品牌国际化战略研究》，《国际商务研究》2002 年第 4 期，第 24~28 页。

[37] 胡大立：《知识经济呼唤管理变革》，《上海管理科学》2001 年第 2 期，第 28~29 页。

[38] 金碚：《世界分工体系中的中国制造业》，《中国工业经济》2003 年第 5 期，第 5~14 页。

[39] Porter, Michael E., *Competitive Advantage* (New York: The Free Press, 1985), Ch. 1: 11 – 15.

[40] Bollen K. A., Long J. S., *Testing Structural Equation Models* (Newbury Park, CA: Sage, 1993).

[41] Anderson Eugene W., Claes Fornell, "Foundations of the American Customer Satisfaction Index," *Journal of Total Quality Management*, 2000, 11 (7): S869 – S882.

知识图谱视角下中国技术经济研究动态分析[*]

吕岩威　刘洋　李平[**]

摘　要： 以1992年以来技术经济研究领域的中文文献为研究对象，借助文献计量软件CiteSpace V，对CNKI数据库该领域文献的发表时间、刊载期刊、高产作者与高产机构进行统计分析，并采用共词聚类分析法探讨1992~2016年中国技术经济研究的主要内容和研究专题，进而构建"关注度"指数、"新颖度"指数和战略坐标图，揭示1992~2016年中国技术经济研究专题的分布特征、研究热点与研究方向。结果表明：关于"技术进步与全要素生产率""高新技术产业化与政府行为创新"等问题是该领域关注的主要热点，而"产业升级与科技金融支持""知识溢出与创新的空间分析"等问题则是该领域较为新颖的研究方向。最后进一步对中国技术经济研究趋势进行了展望。

---

[*] 本文获中国博士后科学基金面上项目"中国战略性新兴产业集群化发展评估与动态演变特征研究"、山东省自然科学基金面上项目"山东创新驱动效率的时空演变、驱动机制与路径设计研究"的资助。

[**] 吕岩威，山东大学（威海）商学院讲师、硕士生导师，中国社会科学院数量经济与技术经济研究所博士后，研究方向为技术经济学；刘洋，山东大学（威海）商学院硕士研究生，研究方向为产业经济学；李平，中国社会科学院数量经济与技术经济研究所所长、研究员、博士生导师，中国技术经济学会理事长，中国数量经济学会理事长，研究方向为技术经济学。

关键词：技术经济　文献计量　共词聚类分析　战略坐标分析　知识图谱

一　引言

技术经济学是利用经济学理论及分析方法，研究技术规划、技术方案、技术措施、技术效果以及技术政策，从而实现技术在资源中的最佳分配，促进技术与经济协调发展的学科（李平等，2016[1]）。作为一门由中国老一辈经济学家自行创立的"本土化"学科，从"一五计划"开始实施的1953年算起，技术经济学至今已经走过了65个年头。在此期间，技术经济学的每一次飞跃都是和中国经济发展、科技进步紧密相连的，同时它的发展又必然受到中国经济制度变迁、经济环境变化的影响（陈星星、李平，2016[2]；徐寿波，2009[3]）。早先的中国技术经济研究主要是在马克思政治经济学原理指导下，服务于计划经济体制的经济建设实践（如项目评价、资源配置、经济效益、时间价值等），因而具有浓厚的苏联色彩。自1992年党的十四大正式提出建立社会主义市场经济体制以来，中国技术经济研究所面临的制度基础、经济环境发生了根本性变化，技术经济的研究领域、研究方法也在不断调整和拓展（郑友敬，1995[4]；王宏伟，2009[5]；蔡跃洲，2009[6]；蔡跃洲，2011[7]）。20余年来，诸如企业技术创新管理、知识产权管理、技术过程管理、创新产权的有效配置等企业层面的微观问题，产业技术创新与技术扩散、产业共性技术与产业关键技术、产业技术升级的路径与战略、产业技术标准战略、高新技术创业等产业层面的中观问题，以及国家技术战略和技术创新战略、国家技术创新体系与创新型国家建设、国家科技与信息安全、绿色创新与绿色经济、国际技术转移与溢出效应等国家层面的宏观问题均已被纳入中国技术经济研究领域，学术研究呈现多样化的发展趋势（李平等，2016[1]；陈星星、李平，2016[2]；傅家骥，2004[8]；雷家骕、程源，2004[9]；王金菊等，2006[10]；刘满强、陈平，2010[11]；王喜峰，2015[12]）。但这一时期，中国技术经济学很少产生出能够被广泛认可的新理论（徐斌、喻德华，

2007[13]）。究其原因，一是与技术经济有关的国外理论已被国内学者大量引进，20世纪90年代以后能引进的国外技术经济理论越来越少；二是国内学者越来越侧重于技术经济的应用研究和对经济实践的具体指导，而忽视了对技术经济基础理论的研究；三是随着国内经济学门类划分日益细化，许多原本被认为属于技术经济研究领域的内容和理论被其他经济学分支学科所吸纳。

由此可见，20世纪90年代以来中国技术经济研究进入了数量上的"高产期"和理论上的"缓慢期"，这一时期中国技术经济的研究范式、研究内容、研究热点和研究方向均表现出一系列新的特点和趋势，亟待从文献层面给予描述和解读。有鉴于此，本文拟以1992年以来中国技术经济研究领域的中文文献为研究对象，借助文献计量软件CiteSpaceV，对该领域文献的发表时间、刊载期刊、高产作者与高产机构进行统计分析，并采用共词聚类分析法探讨1992~2016年中国技术经济研究的主要内容和研究专题，进而构建"关注度"指数、"新颖度"指数和战略坐标图，揭示1992~2016年中国技术经济研究专题的分布特征、研究热点与研究方向，并对未来技术经济研究趋势进行展望，以期为该领域的研究者提供有价值的参考借鉴。本文所使用的CiteSpaceV软件是由美国德雷塞尔大学陈超美博士开发的一款应用于科学文献识别并显示科学发展新趋势和新动态的软件，其中文数据分析板块是由大连理工大学WISE实验室开发的（陈悦等，2014[14]），本文的数据处理采用5.0.R2版本的CNKI数据分析板块。

二 中国技术经济研究文献的统计分析

根据2010年第五版中国图书馆图书分类法查找到了两个与技术经济研究领域紧密相关的学科分类代码，分别为F062.4（技术经济学）和F124.3（技术发展与革新），由这两个分类代码以及文章篇名＝"技术经济"，用布尔逻辑式"或"组构检索式对F062.4或F124.3或篇名＝"技术经济"在中国知网（CNKI）数据库中进行检索，将检索时间段设置为1992年1月1日至2016年12月31日，考虑到中国知网（CNKI）数据库收录期刊论文的质量差异，将检索来源类别设置为"核心期刊"和"CSSCI"，最终检索到有关技术经济研究领域的文献共计8194篇，剔除其中的教学改革、无作者的通讯、会议通知和举办报道、杂志的卷首语、书评和书籍介绍等非学术论文类数据，最终获得有效文献共计6918篇。下面将系统地对这些文献进行描述、分析和解读，以揭示出1992年以来中国技术经济研究的现状、热点和趋势。

（一）发表时间分布

1992年以来中国技术经济研究领域的发文量经历了直线式较快增长、螺旋式缓慢上升、直线式较快增长三个阶段。如图1所示，在1992~1995年的较快增长期，发文量从1992年48篇直线式上升至1995年的193篇，说明适应于计划经济向市场经济转变的需要，中国技术进步的体制结构也发生变化，众多学者开展了诸如市场经济下的项目评价探索、技术引进的消化吸收再创新、技术进步与技术创新、高新技术发展及产业化、技术转让与价格支付等方面的研究，因此这一时期的发文量显著增加。在1995~2010年的缓慢上升期，发文量从1995年的193篇螺旋式上升至2010年的244篇，可引进的国外理论越来越少、经济学科门类细化等因素是导致这一时期发文量增长缓慢的重要原因。在2010~2016年的较快增长期，发文量从2010年244篇直线式上升至2016年的604篇，这主要是由于2008年国际金融危机带来了日趋活跃的全球技术创新与科技革命，中国政府亦提出了一系列促进创新的重大决策，在客观上促使学者们紧密结合中国经济现实，在众多领域不断深化拓展。由此可见，中国技术经济研究领域发文量的增长趋势，也在一定程度上体现了学界研究热点与国家政策导向之间的关系。

（二）刊载期刊分布

1992~2016年中国技术经济研究领域论文刊载量最多的期刊是《科技进步与对策》，共刊载598篇论文，该刊作为中国科技经济类核心期刊，

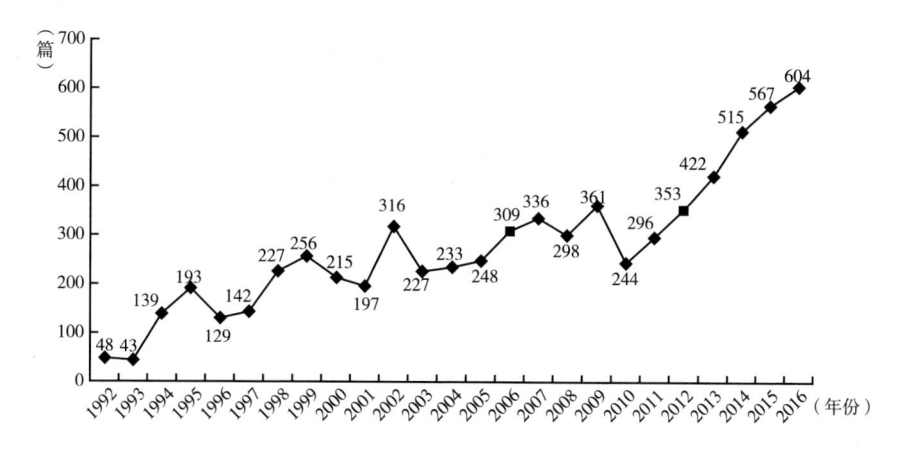

图1　中国技术经济研究领域论文的发表时间分布（1992~2016年）

侧重于推动科技进步和促进科技与经济结合等领域的研究，主要刊载科技管理创新、区域科学发展、产业技术进步、企业创新管理、科技法制与政策、评价与预见等方面的论文。接着是《科技管理研究》，共刊载411篇论文，该刊注重科技管理理论和管理模式的探讨与研究，主要刊载科学学与科技管理学科领域的应用性学术论文，包括自主创新专论、科技发展与政策、科技指标与评价、区域科技进步、高校与研发科技管理、产业科技管理、创新人才管理、知识与知识产权管理、产业集群与创新研究、信息化研究、科技服务管理、公共科技管理、管理理论与方法、科学学研究等研究内容。论文刊载量第三位的期刊是《科学学与科学技术管理》，共刊载225篇论文，该刊是中国创刊最早的关于科学技术管理理论与实践研究方面的综合类科技期刊，主要刊载科学学研究、科学理论与方法、科技战略与政策、创新系统与集成、科技创新与创业、科技人力资源管理等方面的学术论文。论文刊载量居前十位的期刊还有《中国科技论坛》《科学管理研究》《科学学研究》《农业技术经济》《中国软科学》《数量经济技术经济研究》《科研管理》，这些期刊的论文刊载量、主要栏目如表1所示。从期刊分布可以看出，论文刊载量排在前列的期刊均为典型的技术经济软科学期刊，说明中国技术经济研究内容已从过去研究以硬技术经济问题为主的硬技术经济学转变为当前以研究软技术经济问题为主的软技术经济学。

表 1 中国技术经济研究领域论文的刊载期刊分布（1992～2016 年）

单位：篇

期刊名称	载文量	主要栏目
《科技进步与对策》	598	科技管理创新、区域科学发展、产业技术进步、企业创新管理、科技法制与政策、评价与预见
《科技管理研究》	411	自主创新专论、科技发展与政策、科技指标与评价、区域科技进步、高校与研发科技管理、产业科技管理、创新人才管理、知识与知识产权管理、产业集群与创新研究、信息化研究、科技服务管理、公共科技管理、管理理论与方法、科学学研究
《科学学与科学技术管理》	225	科学学研究、科学理论与方法、科技战略与政策、创新系统与集成、科技创新与创业、科技人力资源管理
《中国科技论坛》	222	专题笔谈、战略研究、科技管理研究、创新研究、产业研究、企业研究、知识产权研究、人才研究、三农研究、国际研究
《科学管理研究》	199	创新论坛、科技管理、知识产权、科技体制改革、知识管理、可持续发展、人力资源、科技金融
《科学学研究》	182	科学学理论、科技发展战略与政策、科技管理与知识管理、技术创新与制度创新、科技论坛、书刊评介、学术动态
《农业技术经济》	176	理论与方法、科技进步、效益评价、区域经济、产业经济、博士论坛
《中国软科学》	139	专论、战略与决策、科技与经济、科技与社会、科技政策、科技与管理、区域发展、项目管理、企业管理、理论方法与案例、软科学研究成果与动态
《数量经济技术经济研究》	137	现实经济问题研究、理论与方法研究、应用研究、评介
《科研管理》	137	管理理论与方法；技术创新；科技战略与政策、创新政策与管理；科技管理与绩效评价、科技法与知识产权管理、企业创新与战略管理、知识与人才管理、研究开发与项目管理、农业技术创新与管理、地方科技与教育、高校科技与管理

（三）高产作者分布

表 2 给出了 1992～2016 年中国技术经济研究领域发文量在 10 篇以上的作者。从表 2 中可以看出，发文量最多的作者是山东理工大学的李平（26 篇），其研究的主要方向为国际技术与技术创新，1992～2016 年其学术论文被引频次较高的主要有《中国自主创新中研发资本投入产出绩效

分析——兼论人力资本和知识产权保护的影响》和《技术扩散中的溢出效应分析》，被引频次分别为278次和202次。接着是华东师范大学的王林辉（18篇）和北京工业大学的黄鲁成（16篇），王林辉研究的主要方向为技术进步与经济增长，其被引频次较高的学术论文主要有《资本体现式技术进步、技术合意结构和我国生产率增长来源》和《技术进步偏向性及其要素收入分配效应》，被引频次分别为26次和23次。黄鲁成研究的主要方向为科技与产业创新管理，包括技术未来分析、科技管理、R&D管理、技术创新，其被引频次较高的学术论文主要有《宏观区域创新体系的理论模式研究》和《区域技术创新生态系统的特征》，被引频次分别为204次和90次。发文量在10篇以上的作者还有清华大学的陈劲（16篇）、南京工业大学的刘和东（15篇）、南京师范大学的白俊红（13篇）、华东师范大学的董直庆（13篇）、中国科学技术大学的刘志迎（12篇）、清华大学的吴贵生（12篇）、四川大学的顾新（12篇）、清华大学的仝允桓（11篇）、大连理工大学的刘凤朝（11篇）和中国科学院大学的柳卸林（10篇）。上述作者的主要研究方向和该领域被引频次最高的学术论文如表2所示。

表2 中国技术经济研究领域论文的高产作者分布（1992～2016年）

单位：篇

作者	发文量	主要研究方向	被引频次最高的学术论文
李 平	26	国际技术与技术创新	《中国自主创新中研发资本投入产出绩效分析——兼论人力资本和知识产权保护的影响》(《中国社会科学》，2007年，278次)
王林辉	18	技术进步与经济增长	《资本体现式技术进步、技术合意结构和我国生产率增长来源》(《数量经济技术经济研究》，2012年，26次)
黄鲁成	16	科技与产业创新管理	《宏观区域创新体系的理论模式研究》(《中国软科学》，2002年，204次)
陈 劲	16	科学、技术与创新管理与政策、科教发展战略	《技术创新中的领先用户研究》(《科研管理》，1999年，74次)
刘和东	15	技术创新理论与实践	《中国区域研发效率及其影响因素研究——基于随机前沿函数的实证分析》(《科学学研究》，2011年，93次)
白俊红	13	区域创新、技术创新、政府科技资助及效率与生产率分析	《中国区域创新系统创新效率综合评价及分析》(《管理评论》，2009年，76次)

续表

作者	发文量	主要研究方向	被引频次最高的学术论文
董直庆	13	技术进步、生产要素、经济增长	《技能溢价源于技术进步偏向性吗?》(《统计研究》,2013年,20次)
刘志迎	12	创新管理、产业经济	《高技术产业聚群的经济学分析》(《经济理论与经济管理》,2012年,118次)
吴贵生	12	自主创新战略和国际竞争力、技术创新管理、技术经济评价、区域科技与经济发展	《技术创新网络和技术外包》(《科研管理》,2000年,217次)
顾新	12	创新管理、知识管理、科技管理、区域经济	《区域创新系统的运行》(《中国软科学》,2001年,169次)
仝允桓	11	高新技术产业发展、科技评价理论与方法、技术创新	《技术路线图——一种新型技术管理工具》(《科学学研究》,2004年,120次)
刘凤朝	11	技术创新管理、科技项目评价与科技政策研究	《我国八大经济区技术创新能力的评价与分析》(《中国科技论坛》,2005年,31次)
柳卸林	10	技术创新的管理、科技政策、产业政策	《中国区域创新能力的分布与成因》(《科学学研究》,2002年,379次)

进一步考察上述高产作者在技术经济研究领域学术团队的组建情况，这里借助文献计量软件CiteSpace V，遴选出与上述高产作者在技术经济研究领域合作发文量超过2篇的合作者，并以此作为其进入高产作者学术团队的依据。由此得到以下学术团队：北京工业大学黄鲁成、卢文光（3篇）、吴菲菲（3篇）组成的学术团队；华东师范大学王林辉、董直庆、东北师范大学袁礼（4篇）、吉林大学蔡啸（5篇）组成的学术团队；清华大学陈劲、张所地（3篇）、胡琳娜（3篇）组成的学术团队，吴贵生、王毅（4篇）组成的学术团队和仝允桓、谈毅（6篇）组成的学术团队；南京师范大学白俊红、卞元超（3篇）、蒋伏心（3篇）、李婧（3篇）组成的学术团队；大连理工大学刘凤朝、孙玉涛（5篇）组成的学术团队；中国科学院大学柳卸林、赵捷（3篇）组成的学术团队。从高产作者学术团队的组建情况来看，中国技术经济研究处于"局部集中，整体分散"的状态，上述高产作者所组建的学术团队大多是建立在同一个固定机构之

上的"机构团队",而机构之间的合作却非常有限,由某一个学术带头人牵头不同单位科研人员合作形成的"学者团队"更是极度欠缺①,长此以往必将不利于中国技术经济研究的发展。

(四)高产机构分布

考察1992年以来中国技术经济研究领域论文高产机构的分布情况,这里首先统计出1992~2016年中国技术经济研究领域发文量排在前20位的一级机构,按发文量顺序排列如表3所示。从表3中可以看出,发文量最多的科研机构是清华大学(176篇),接着是浙江大学(122篇)和中国社会科学院(117篇),其余发文量较多的科研机构还有华中科技大学(116篇)、南开大学(113篇)、南京大学(108篇)、中国人民大学(108篇)、西安交通大学(102篇)、大连理工大学(96篇)、武汉大学(90篇)等。其中发文量排名前十的机构发文数量共计1148篇,占所有机构发文数量的16.59%。发文量排名前二十的机构发文数量共计1881篇,占所有机构发文数量的27.19%。可见,中国技术经济研究机构较多,但研究机构之间发展并不均衡,科研能力差异较为显著。清华大学是研究技术经济理论最早的学术机构之一,该机构傅家骥教授是中国技术经济学科的主要开拓者和推动者,早在20世纪七八十年代便建立了以技术经济评价为主要内容的学科体系,并创造性地将技术创新融入中国技术经济学科,引领了中国技术经济学科发展。吴贵生、雷家骕、仝允桓、王毅、高建、陈劲、谢伟等一批著名技术经济学家长期在此任教,使该机构在学术研究领域继续保持国内领先地位。浙江大学是中国技术经济研究领域的重镇,其研究以"创新与技术进步"见长,该机构许庆瑞教授开拓了中国技术创新管理新领域,其提出的"二次创新—组合创新—全面创新"技术创新理论体系得到国际创新专家及企业的验证与应用,在技术创新理论研究方面做出了重要探索。吴晓波、魏江、马庆国等一批国内著

---

① 虽然有少数学者同时和多个机构团队有联系,如王林辉、董直庆联系了吉林大学、东北师范大学和华东师范大学,在某种程度上起到了桥梁作用,但这类作者更多是人才流动的结果,而非由不同单位所组建的"学者团队"的成员。

名技术经济专家在该机构任教，其研究成果在学术界具有较大影响。中国社会科学院是中国技术经济学科重要的开创单位，其研究奠定了中国技术经济学科创立的基础。早在20世纪60年代初，该机构于光远教授首先提出要建立研究技术发展中的经济效果的学科，得到学者们的普遍肯定和响应，"技术经济学"一词，便是由该机构徐寿波教授（1963）借鉴"苏联"部门经济学、投资效果研究中的有关概念提出的，最后由于光远教授召集有关专家论证确定。该机构现有李京文、李平、蔡跃洲、郑世林等一批在技术经济研究领域具有重要影响力和号召力的专家学者，其研究成果不仅产生了重要的学术影响，而且也为国家制定技术经济政策发挥了重要作用。

表3 中国技术经济研究领域论文的高产机构分布（1992~2016年）

单位：篇

科研机构	发文量	科研机构	发文量
清华大学	176	湖南大学	88
浙江大学	122	天津大学	86
中国社会科学院	117	吉林大学	79
华中科技大学	116	北京大学	74
南开大学	113	上海交通大学	74
南京大学	108	重庆大学	71
中国人民大学	108	华南理工大学	69
西安交通大学	102	复旦大学	65
大连理工大学	96	武汉理工大学	65
武汉大学	90	东南大学	62

进一步分析上述科研机构的内部发文情况，这里借助CiteSpace V软件对发文量排名靠前的二级机构进行分析，所得到的知识图谱如图2所示。图谱共有229个节点，50个连接，网络密度为0.0019，图中每个节点代表一个机构，节点越大表示该机构发表论文篇数越多。节点之间的连线代表机构间的合作关系，连线越粗表示机构间共同合作发表论文的次数越多。从图2中可以看出，清华大学在技术经济研究领域的发文量主要来自清华大学经济管理学院（53篇）和清华大学公共管理学院（21篇）等，浙江大学在技术经济研究领域的发文量主要来自浙江大学管理学院

(38篇)和浙江大学经济学院(29篇)等,中国社会科学院在技术经济研究领域的发文量主要来自中国社会科学院数量经济与技术经济研究所(47篇)和中国社会科学院工业经济研究所(17篇)等。从图2中亦可以看出中国技术经济研究机构之间的连线很细,网络密度很小,这再次说明中国技术经济研究机构之间的合作非常有限,机构之间的学术交流有待进一步加强。

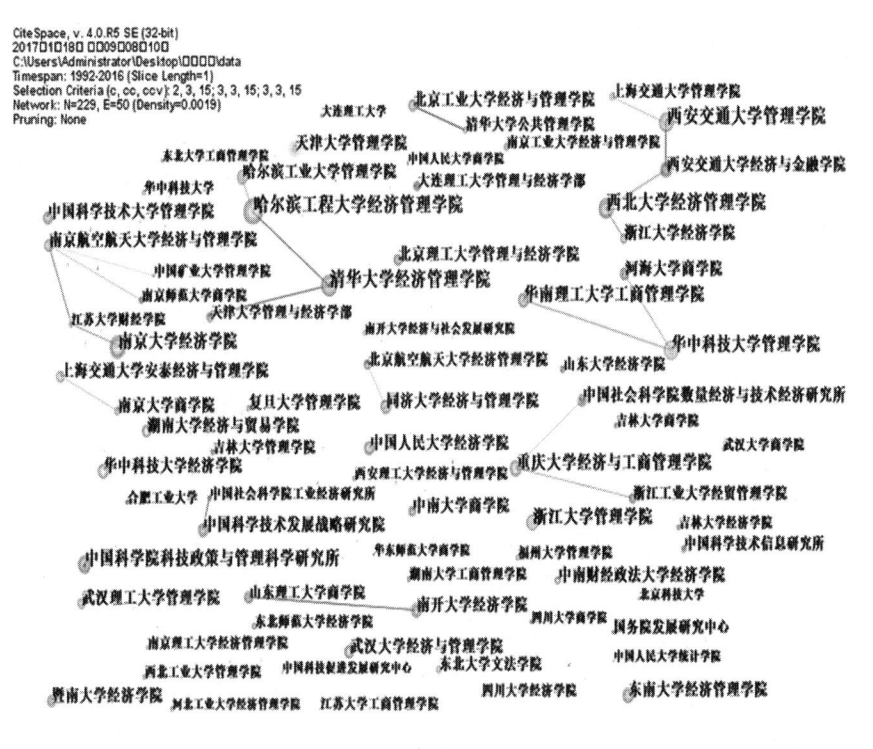

图2 中国技术经济研究领域论文的高产机构共现知识图谱(1992~2016年)

三 中国技术经济研究的主要内容及研究专题

(一)主要的研究内容

关键词是论文主题的高度概括,对中国技术经济研究领域相关文献关键词的分析，有助于挖掘该领域的主要研究内容及研究专题。立足于1992~2016年的时间视域，采用Callon等（1986）[15]提出的共词分析法对文献中关键词的共现次数进行统计。共词分析法是在共词网络中，以节点表示关键词，节点间的连线表示两点所代表的关键词存在的共现关系。连线的强度也就是共现强度，由余弦指数加以测度：

$$Cosine = \frac{F(A,B)}{\sqrt{F(A)F(B)}} \tag{1}$$

式（1）中 $F(A)$ 表示关键词 A 在给定关键词集合中出现的次数；$F(B)$ 表示关键词 B 在给定关键词集合中出现的次数；$F(A，B)$ 表示关键词 A、B 共同出现的次数。该指数的取值范围为0~1，其值越大，表明关键词间的共现强度越高。

由此提取出共现频次排名靠前的关键词，所生成的知识图谱如图3所示。图谱中共有495个节点，1833条连接，网络密度为0.015，图中每个节点代表一个关键词，节点越大表示该关键词在文献中出现频次越高，节点之间的连线代表关键词之间共现关系的强弱，连线越粗表示关键词之间共现的强度越大。从图3中可以看出，1992~2016年中国技术经济研究文献中关键词共现频次最高的是"技术创新"（1016次），接着是"技术进步"（605次）和"经济增长"（261次），关键词共现频次排在前20位的还有"自主创新"（260次）、"技术引进"（209次）、"高新技术产业"（172次）、"R&D投入"（151次）、"技术经济分析"（140次）、"经济发展"（123次）、"科技成果"（121次）、"外商直接投资"（113次）、"区域创新"（95次）、"国家创新体系"（94次）、"创新驱动"（92次）、"技术经济"（84次）、"技术转移"（81次）、"数据包络分析"（79次）、"发展战略"（74次）、"技术溢出"（74次）、"知识经济时代"（73次）。这些关键词所表征的研究内容构成了1992~2016年中国技术经济研究的主体内容，也是中国技术经济研究领域知识网络的主要路径点。

（二）研究内容的分阶段分析

进一步根据发文量的阶段性变化特征，将1992~2016年分为1992~

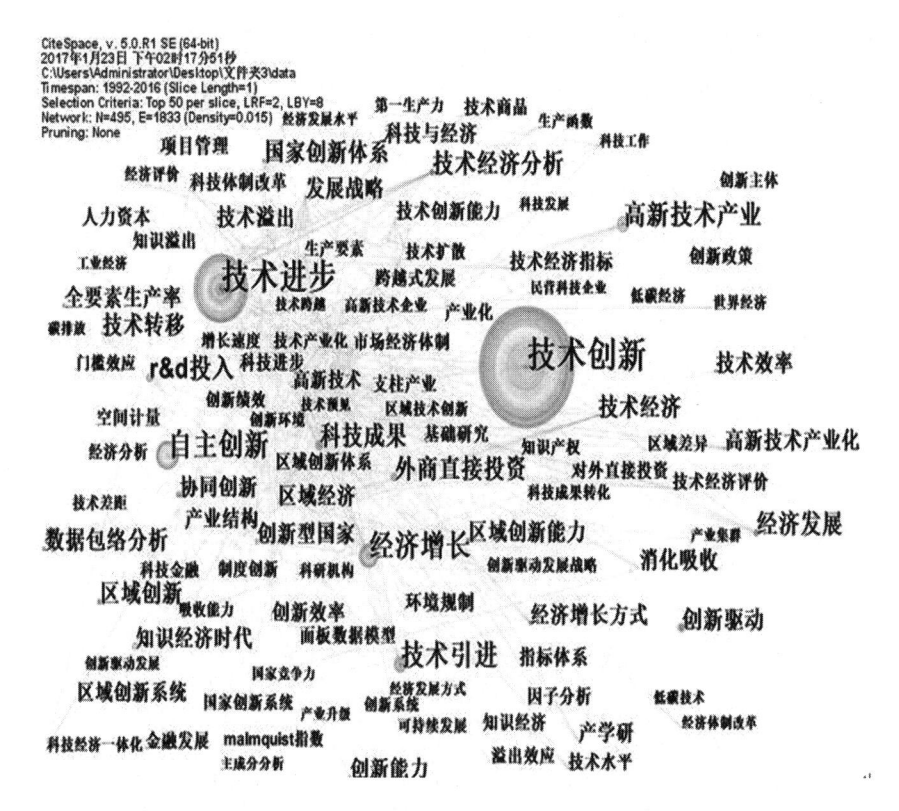

图3 中国技术经济研究领域的关键词共现知识图谱（1992~2016年）

1995年、1996~2010年、2011~2016年三个阶段，并分别统计出三个阶段共现频次较高的关键词。如表4所示，一方面，学者们在各阶段均较为关注技术创新、技术进步、经济增长等关键词，这些内容是中国技术经济研究的焦点；另一方面，各阶段又有其特色，1992~1995年学者们的研究较为关注"技术引进、消化与应用"领域，包括技术引进、消化吸收、科技成果、高新技术产业、高新技术产业化等该阶段共现频次较高的关键词；"技术经济分析与论证"领域，包括技术经济分析、技术经济指标、技术经济、技术水平等高频次关键词；"体制改革与技术经济化"领域，包括科技体制改革、市场经济体制、科技与经济、科技经济一体化、技术商品、第一生产力、科技兴市等高频次关键词。1996~2010年学者们的研究进一步拓展到"自主创新与国家创新体系"领域，包括自主创新、R&D投入、知识经济时代、国家创新体系、创新型国家、外商直接投资、区域经济、技术转移等高频次关键词，而对"技术引进、消化与应用"领域、"技术经济分析与论证"领域的研究有所减少，对"体制改革与技术经济化"领域的研究则更为少见。2011～2016年所形成的研究领域有："创新驱动与协同创新"领域，包括创新驱动、区域创新、协同创新、区域创新能力、创新能力、发展战略等高频次关键词；"生产率"领域，包括全要素生产率、数据包络分析、技术效率、技术溢出、创新效率、人力资本等高频次关键词，而对"技术引进、消化与应用"领域、"技术经济分析与论证"领域的研究则十分少见。上述演变进程体现了中国技术经济学研究的阶段性特征，即20世纪90年代以来学者们的研究沿着体制改革与技术经济化—技术经济分析与论证/技术引进、消化与应用—自主创新与国家创新体系构建—创新驱动与协同创新/生产率脉络，按时代特点和政策导向逐渐展开，这也反映了中国技术经济研究的"偏应用"特征。

表4　中国技术经济研究内容的分阶段统计（1992～2016年）

单位：次

排名	1992～1995年	1996～2010年	2011～2016年
1	技术进步(58)	技术创新(622)	技术创新(364)
2	技术引进(35)	技术进步(319)	技术进步(226)
3	技术经济分析(34)	自主创新(161)	自主创新(99)
4	高新技术产业(31)	技术引进(152)	经济增长(98)
5	技术创新(30)	经济增长(149)	创新驱动(92)
6	科技成果(30)	高新技术产业(125)	区域创新(72)
7	经济发展(29)	技术经济分析(99)	协同创新(72)
8	技术经济(20)	科技成果(91)	外商直接投资(65)
9	科技与经济(19)	r&d投入(77)	r&d投入(62)
10	经济增长(14)	知识经济时代(73)	区域创新能力(57)
11	科技体制改革(13)	国家创新体系(67)	创新能力(52)
12	科技经济一体化(13)	经济增长方式(62)	全要素生产率(52)
13	第一生产力(12)	经济发展(59)	数据包络分析(51)
14	技术商品(12)	高新技术产业化(53)	技术效率(48)
15	技术经济指标(11)	创新型国家(51)	技术溢出(45)
16	市场经济体制(11)	外商直接投资(48)	环境规制(37)
17	高新技术产业化(11)	技术经济(47)	创新效率(36)
18	消化吸收(10)	区域经济(44)	发展战略(33)
19	科技兴市(10)	消化吸收(42)	人力资本(29)
20	技术水平(10)	技术转移(41)	经济发展(29)

（三）主要的研究专题

尽管上文已识别出中国技术经济研究文献中出现频次较高的关键词，并将其视为主要的研究内容，但只根据高频关键词，个体无法识别出中国技术经济的研究专题及其所涵盖内容，因此进一步借鉴 Callon 等 (1991)[16]构建子簇的方法，通过聚类分析对高频关键词进行归类，进而概括出 20 世纪 90 年代以来中国技术经济研究的专题。这里通过定量化计算将 495 个关键词划分为 39 个聚类，其中有 16 个聚类只有两个关键词，考虑到两个关键词构成的聚类难以准确反映其所代表的研究内容，所以不将其作为分析对象，最后形成了 23 个有效聚类专题（见表5），分别如下。

聚类1：农业技术经济分析专题，聚类的关键词包括剩余劳动力、农产品商品率、农业产值、农村产业结构、农村工业、技术经济政策、农业生产、技术经济分析。

聚类2：技术经济效益分析专题，聚类的关键词包括盈利率、技术经济效益、技术经济指标、产出水平。

聚类3：对外直接投资、逆向技术溢出与创新能力专题，聚类的关键词包括逆向技术溢出、对外直接投资、外商直接投资、知识产权保护、创新能力、技术溢出、吸收能力。

聚类4：区域创新评价专题，聚类的关键词包括聚类分析、主成分分析、因子分析、创新型城市、区域科技创新、指标体系、创新效率、面板数据模型、数据包络分析、自主创新。

聚类5：生产要素与经济增长专题，聚类的关键词包括生产函数、产出弹性、持续增长、增长速度、生产要素、规模经济、经济增长、国内生产总值。

聚类6：二板市场与技术产业化专题，聚类的关键词包括二板市场、风险投资机制、创业服务中心、技术产业化、高新技术产业化、高新技术产业发展、科技成果。

聚类7：技术预见与发展规划专题，聚类的关键词包括技术预见、技术路线图、产学研创新、德尔菲法、发展战略、可持续发展。

聚类 8：体制改革与科技发展专题，聚类的关键词包括科技体制改革、科研机构、经济发展、科技经济一体化、支柱产业、研究与发展、科技与经济、经济体制改革、科技发展、技术消化吸收。

聚类 9：高新技术产业化与政府行为创新专题，聚类的关键词包括高新技术、产业化、高科技、专利技术、政府行为、制度创新、信息技术、风险投资、技术创新、科学技术。

聚类 10：国家创新体系与国家竞争力专题，聚类的关键词包括人力资源、基础研究、国家创新体系、原始性创新、R&D 投入、科研成果、国家战略、国家竞争力。

聚类 11：技术贸易与国际竞争力专题，聚类的关键词包括技术贸易、技术商品、科技工作、加速经济发展、技术转移、国际竞争力。

聚类 12：技术创新管理专题，聚类的关键词包括技术创新工作、技术创新机制、技术创新项目、引进技术消化、技术创新工程、知识创新能力。

聚类 13：科技园区与技术出口专题，聚类的关键词包括民营科技企业、高新技术开发区、高新技术发展、技术出口、战略地位、经济全球化、科技产业发展、开发园区。

聚类 14：技术进步与全要素生产率专题，聚类的关键词包括规模效率、malmquist 指数、技术进步、技术效率、全要素生产率。

聚类 15：技术改造与企业技术进步专题，聚类的关键词包括企业技术进步、产品结构、新技术推广、技术改造。

聚类 16：技术差距与技术追赶专题，聚类的关键词包括技术追赶、技术能力、技术差距、溢出效应。

聚类 17：知识产权、技术标准与协同创新专题，聚类的关键词包括知识产权、技术标准、跨国公司、国际贸易、创新型国家、协同创新。

聚类 18：产业升级与科技金融支持专题，聚类的关键词包括科技金融、创业风险投资、产业升级。

聚类 19：环境规制、产业技术结构与碳排放专题，聚类的关键词包括内动力、产业结构、传统产业改造、产业创新、经济发展水平、科技工业园区、技术结构、碳排放、环境规制。

聚类 20：产业集群、区域创新及技术创新扩散专题，聚类的关键词包括区域创新体系、产业集群、技术扩散、创新扩散、区域创新。

聚类 21：技术创新与路径依赖专题，聚类的关键词包括创新系统、路径依赖、技术系统。

聚类 22：产业政策、创新政策与科技产业发展专题，聚类的关键词包括产业政策、科技产业发展、创新政策。

聚类 23：知识溢出与创新的空间分析专题，聚类的关键词包括空间计量、创新绩效、知识溢出、区域差异、创新驱动、创新生态系统。

表5 中国技术经济研究的聚类专题及构成（1992~2016年）

类号	聚类专题名称	关注度指数	新颖度指数	聚类关键词构成
1	农业技术经济分析	-10.85	-7.41	剩余劳动力、农产品商品率、农业产值、农村产业结构、农村工业、技术经济政策、农业生产、技术经济分析
2	技术经济效益分析	-26.73	-8.03	盈利率、技术经济效益、技术经济指标、产出水平
3	对外直接投资、逆向技术溢出与创新能力	20.97	8.07	逆向技术溢出、对外直接投资、外商直接投资、知识产权保护、创新能力、技术溢出、吸收能力
4	区域创新评价	18.97	5.77	聚类分析、主成分分析、因子分析、创新型城市、区域科技创新、指标体系、创新效率、面板数据模型、数据包络分析、自主创新
5	生产要素与经济增长	13.65	-4.91	生产函数、产出弹性、持续增长、增长速度、生产要素、规模经济、经济增长、国内生产总值
6	二板市场与技术产业化	-6.16	-1.32	二板市场、风险投资机制、创业服务中心、技术产业化、高新技术产业化、高新技术产业发展、科技成果
7	技术预见与发展规划	-11.56	3.63	技术预见、技术路线图、产学研创新、德尔菲法、发展战略、可持续发展
8	体制改革与科技发展	-0.63	-4.93	科技体制改革、科研机构、经济发展、科技经济一体化、支柱产业、研究与发展、科技与经济、经济体制改革、科技发展、技术消化吸收
9	高新技术产业化与政府行为创新	83.47	-0.93	高新技术、产业化、高科技、专利技术、政府行为、制度创新、信息技术、风险投资、技术创新、科学技术

续表

类号	聚类专题名称	关注度指数	新颖度指数	聚类关键词构成
10	国家创新体系与国家竞争力	8.02	-0.28	人力资源、基础研究、国家创新体系、原始性创新、R&D投入、科研成果、国家战略、国家竞争力
11	技术贸易与国际竞争力	-6.89	-5.03	技术贸易、技术商品、科技工作、加速经济发展、技术转移、国际竞争力
12	技术创新管理	-6.13	-3.53	技术创新工作、技术创新机制、技术创新项目、引进技术消化、技术创新工程、知识创新能力
13	科技园区与技术出口	-23.73	-1.81	民营科技企业、高新技术开发区、高新技术发展、技术出口、战略地位、经济全球化、科技产业发展、开发园区
14	技术进步与全要素生产率	92.27	11.30	技术进步、规模效率、malmquist指数、技术效率、全要素生产率
15	技术改造与企业技术进步	-24.48	-3.53	企业技术进步、产品结构、新技术推广、技术改造
16	技术差距与技术追赶	-14.98	6.72	技术追赶、技术能力、技术差距、溢出效应
17	知识产权、技术标准与协同创新	0.77	8.13	知识产权、技术标准、跨国公司、国际贸易、创新型国家、协同创新
18	产业升级与科技金融支持	-18.73	12.63	科技金融、创业风险投资、产业升级
19	环境规制、产业技术结构与碳排放	-15.93	2.97	内动力、产业结构、传统产业改造、产业创新、经济发展水平、科技工业园区、技术结构、碳排放、环境规制
20	产业集群、区域创新及技术创新扩散	2.07	3.57	区域创新体系、产业集群、技术扩散、创新扩散、区域创新
21	技术创新与路径依赖	-22.39	4.30	创新系统、路径依赖、技术系统
22	产业政策、创新政策与科技产业发展	-17.06	2.97	产业政策、科技产业发展、创新政策
23	知识溢出与创新的空间分析	2.44	11.63	空间计量、创新绩效、知识溢出、区域差异、创新驱动、创新生态系统

四 中国技术经济研究专题的分布特征、研究热点与研究方向

(一) 研究专题的分布特征

通过对关键词的归类，已概括出中国技术经济研究领域的23个专题，为考察这些研究专题的分布特征、研究热点与研究方向，这里借鉴沈君(2014)[17]、罗润东等(2015)[18]的做法，进一步构建"关注度"指数和"新颖度"指数进行分析。所谓"关注度"指数是计算每个研究专题的平均共现频次与全部关键词的平均共现频次离均差，其值越大说明该研究专题的关注度越高，反之亦反。若设共现的关键词有 M 个，形成 K 个聚类，每个聚类中有 M 个关键词，用 F 代表共现频次，则"关注度"公式为：

$$C_i = \frac{1}{M}\sum_{j=1}^{m} F_{ij} - \frac{1}{N}\sum_{g=1}^{n} F_g \quad (i=1,2,3,\cdots,K) \tag{2}$$

式(2)中，C_i 代表第 i 个聚类的关注度，$\frac{1}{M}\sum_{j=1}^{m} F_{ij}$ 为第 i 个聚类的 M 个关键词的共现频次的平均值，$\frac{1}{N}\sum_{g=1}^{n} F_g$ 为共现的 N 个关键词的共现频次平均值。

"新颖度"指数是计算每个研究专题的平均时长与全部共现的关键词的平均共现时长的离均差，其值越大说明该研究专题的新颖度越高，反之则反。若设共现的关键词有 N 个，形成 K 个聚类，每个聚类中有 M 个关键词，用 Y 代表出现的年份，则"新颖度"公式为：

$$ND_i = \frac{1}{M}\sum_{j=1}^{m} Y_{ij} - \frac{1}{N}\sum_{g=1}^{n} Y_g \quad (i=1,2,3,\cdots,K) \tag{3}$$

式(3)中，ND_i 代表第 i 个聚类的新颖度，$\frac{1}{M}\sum_{j=1}^{m} Y_{ij}$ 为第 i 个聚类的 M 个关键词的共现年度平均值，$\frac{1}{N}\sum_{g=1}^{n} Y_g$ 为共现的 N 个关键词的共现年度

平均值。

由此计算出各研究专题的"关注度"指数和"新颖度"指数（见表5），并据此绘制战略坐标（见图4），在图4中，以横坐标代表"关注度"指数，纵坐标代表"新颖度"指数，将23个聚类划分到四个象限，其中有6个聚类位于第一象限，6个聚类位于第二象限，8个聚类位于第三象限，3个聚类位于第四象限。

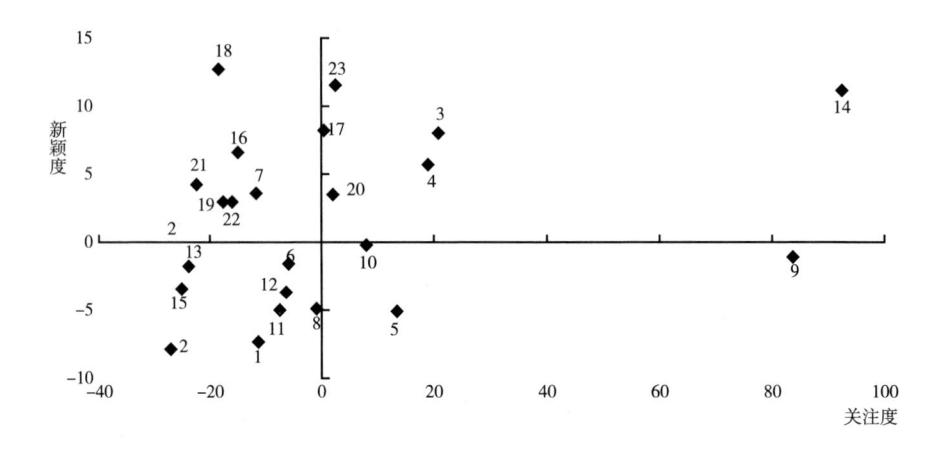

图4 中国技术经济研究专题的战略坐标（1992~2016年）

位于第一象限的有聚类3、聚类4、聚类14、聚类17、聚类20、聚类23，这6个聚类的"关注度"指数和"新颖度"指数均大于0，表明这些聚类所代表的内容是1992~2016年中国技术经济研究领域相对成熟、相对新颖的研究内容，即属于当前中国技术经济研究的核心内容，我们称之为核心型研究领域。它们具体包括：聚类3"对外直接投资、逆向技术溢出与创新能力"、聚类4"区域创新评价"、聚类14"技术进步与全要素生产率"、聚类17"知识产权、技术标准与协同创新"、聚类20"产业集群、区域创新及技术创新扩散"和聚类23"知识溢出与创新的空间分析"。

位于第二象限的有聚类7、聚类16、聚类18、聚类19、聚类21、聚类22，这6个聚类的"关注度"指数小于0，而"新颖度"指数大于0，表明这些聚类所代表的研究内容是1992~2016年中国技术经济研究领域新出现的学术研究热点，但并没有受到人们的广泛关注，这些学术研究热点或将是中国技术经济研究领域未来关注的重要课题，我们称之为潜在型研究领域。它们具体包括：聚类 7 "技术预见与发展规划"、聚类 16 "技术差距与技术追赶"、聚类 18 "产业升级与科技金融支持"、聚类 19 "环境规制、产业技术结构与碳排放"、聚类 21 "技术创新与路径依赖"和聚类 22 "产业政策、创新政策与科技产业发展"。

位于第三象限的有聚类 1、聚类 2、聚类 6、聚类 8、聚类 11、聚类 12、聚类 13、聚类 15，这 8 个聚类的"关注度"指数和"新颖度"指数都小于 0，表明这些聚类所代表的内容是 1992~2016 年较早时期出现的研究热点，但目前受关注程度不高，已经退出了学术研究的主流领域，我们称之为边缘型研究领域。它们具体包括：聚类 1 "农业技术经济分析"、聚类 2 "技术经济效益分析"、聚类 6 "二板市场与技术产业化"、聚类 8 "体制改革与科技发展"、聚类 11 "技术贸易与国际竞争力"、聚类 12 "技术创新管理"、聚类 13 "科技园区与技术出口"和聚类 15 "技术改造与企业技术进步"。

位于第四象限的有聚类 5、聚类 9、聚类 10，这 3 个聚类的"关注度"指数大于 0，而"新颖度"指数小于 0，表明这些聚类所代表的研究内容是中国技术经济研究领域的基础性研究内容。这些聚类的构成成员多是 1992~2016 年较早时期出现的研究，且多年来一直备受关注，但从新颖度角度看则不是近年新出现的研究专题，我们称之为基础型研究领域。它们具体包括：聚类 5 "生产要素与经济增长"、聚类 9 "高新技术产业化与政府行为创新"和聚类 10 "国家创新体系与国家竞争力"。

（二）研究热点和研究方向

结合表 4 中"关注度"指数和"新颖度"指数的指标含义，以及图 4 中战略坐标的象限位置含义，可以清楚看出目前具有较大关注度或较高新颖度的研究领域。图 4 显示，有 9 个聚类"关注度"指数大于 0，位于第一、第四象限，这些聚类所代表的内容是学术界当前的研究热点，分别为：聚类 3 "对外直接投资、逆向技术溢出与创新能力"（20.97）、聚类

4"区域创新评价"(18.97)、聚类5"生产要素与经济增长"(13.65)、聚类9"高新技术产业化与政府行为创新"(83.47)、聚类10"国家创新体系与国家竞争力"(8.02)、聚类14"技术进步与全要素生产率"(92.27)、聚类17"知识产权、技术标准与协同创新"(0.77)、聚类20"产业集群、区域创新及技术创新扩散"(2.07)和聚类23"知识溢出与创新的空间分析"(2.44),其中以聚类14"技术进步与全要素生产率"的受关注程度最高,技术进步是经济增长的动因和决定因素,是经济增长的源泉之一,而生产率分析是探求经济增长源泉的主要工具,同时也是确定经济增长质量的主要方法,因此这一研究专题对中国经济增长所具有的独特解释能力是被学者们所高度关注的重要原因。另一个受关注程度较高的研究专题为聚类9"高新技术产业化与政府行为创新",高新技术产业是当今世界经济发展的主旋律,各国政府都采取各种措施,积极推动高新技术产业化进程,发展高新技术及其产业化离不开政府行为,因此如何对政府行为进行创新,更好地推动高新技术产业化发展,也是学术界关注的热点。

按照"新颖度"指数进行分析,探讨中国技术经济研究方向。从图5可知,有12个聚类"新颖度"指数大于0,位于第一、第二象限,这些聚类所代表的内容是学术界的潜在热点和研究方向,分别为:聚类3"对外直接投资、逆向技术溢出与创新能力"(8.07)、聚类4"区域创新评价"(5.77)、聚类7"技术预见与发展规划"(3.63)、聚类14"技术进步与全要素生产率"(11.30)、聚类16"技术差距与技术追赶"(6.72)、聚类17"知识产权、技术标准与协同创新"(8.13)、聚类18"产业升级与科技金融支持"(12.63)、聚类19"环境规制、产业技术结构与碳排放"(2.97)、聚类20"产业集群、区域创新及技术创新扩散"(3.57)、聚类21"技术创新与路径依赖"(4.30)、聚类22"产业政策、创新政策与科技产业发展"(2.97)和聚类23"知识溢出与创新的空间分析"(11.63),其中以聚类18"产业升级与科技金融支持"的新颖度指数最高,实施创新驱动战略,推动中国产业升级,需要大力发展科技金融,建立健全风险投资体系,实现技术创新和金融创新"双轮驱动",因此如何将科技产业与金融产业结合及推动创业风险投资发展,是当前学术界较为新颖的研究方向。"新颖度"指数排在第二位的研究专题为聚类23"知识溢出与创新的空间分析"（11.63），中国区域创新活动已经呈现较强的空间集聚趋势，区域创新能力差距日渐扩大，而通过促进知识溢出提高区域创新效率及绩效是实现区域创新收敛的有效途径之一，因此对知识溢出与创新的空间分析是当前学术界另一较为新颖的研究方向。

五　中国技术经济研究趋势与展望

技术经济学与中国经济建设实践关系紧密，应用性很强，决定了其具有广阔的发展前景：研究领域将不断拓展，与其他学科的融合度逐渐提高；研究方法将侧重于多学科方法的综合集成，并向复杂的系统模型逐渐深化；学科基础理论和方法体系有待进一步完善与创新。

（一）技术经济研究领域将不断拓展，与其他学科的融合度逐渐提高

技术经济学在中国的产生与发展有着深厚的理论根源和现实基础，其强大的生命力根源在于该学科始终与中国经济发展现实紧密结合，并伴随中国经济建设实践需要而不断汲取营养和蓬勃发展。计划经济时期的技术经济学为了解决经济建设不讲经济效果问题，主要以成本效益分析方法为研究手段，以项目（技术）方案的比较、选择和评价为研究内容，将侧重点放在各类硬技术经济问题上，而对软技术经济问题关注不够。改革开放后，随着市场经济体制的逐步建立和完善，体制机制、战略规划、经济政策等软技术经济问题越来越受到人们的重视，推动着中国技术经济研究领域由硬技术经济向软技术经济不断拓展，研究视角也从以项目、企业等为研究对象的微观技术经济问题向以产业、国家等为研究对象的宏观技术经济问题拓展。

当前中国经济正处在深入推进供给侧结构性改革、全面实施创新驱动发展战略的重要战略调整期，在新旧动能接续转换和科技体制改革的过程中必将涌现出大量复杂的新问题，促使技术经济学科必须不断拓展研究领

域，并与其他学科交会融合。如近年来关于"自主创新、国家创新体系与创新型国家建设"、"绿色创新与绿色经济"、"国际技术转移与溢出效应"等方面问题的研究均已逐渐纳入技术经济学研究范畴，这些问题涉及技术创新学、经济学、环境生态学等多个学科领域，很难用技术经济学传统理论来概括，而必须通过多学科间高度交叉融合的有效途径进行探索，在探索过程中，既要考虑技术因素，又要考虑经济因素、环境因素和其他因素，且不同因素之间关联复杂，作用机制难以厘清，唯有将各因素综合考量、系统分析，将自然科学和社会科学研究手段综合集成运用，才能有效解决这些人类社会大系统中的复杂性课题。

（二）技术经济研究方法将侧重于多学科方法的综合集成，并向复杂的系统模型逐渐深化

技术经济学作为一门为技术和经济实践活动提供指导意见的应用学科，成立伊始便十分注重定量分析方法的运用，早期的技术经济学主要运用成本效益分析作为经济决策的定量分析方法，随着技术经济学研究领域的拓展、研究问题复杂度的提高，技术经济学与其他学科不断交叉融合，研究方法逐渐侧重于多学科方法的综合集成，如关于"技术创新、国家创新体系与创新型国家建设"方面的研究，既要用到系统论思想对技术创新因素、创新体系构建、创新路径、创新政策等问题进行系统分析（曹兴等，2014[19]；朱福林等，2016[20]；贺德方，2014[21]；封颖等，2014[22]），又要用到多元统计分析、数学规划分析、计量经济分析等数学方法与模型对创新能力、创新绩效、创新效率等问题进行定量分析（白极星、周京奎，2017[23]；王宇新、姚梅，2015[24]；张杨等，2015[25]；王春枝、赵国杰，2015[26]）；关于"绿色创新与绿色经济"方面的研究，则需进一步运用物质流分析和能量流分析、绿色经济核算、系统动力学等定量分析手段，对循环经济模式或绿色创新成效进行评价分析（刘伟等，2011[27]；朱婧等，2012[28]；佟贺丰等，2015[29]；付帼等，2016[30]）；关于"国际技术转移与溢出效应"方面的研究，还涉及运用国际经济学、产业组织理论、价值链管理、博弈论等学科的分析工具，探讨国际技术转

移过程中的技术选择、产业对接、溢出效应、合作博弈等诸多问题（刘宇飞、王征，2017[31]；仇怡、吴建军，2009[32]；顾保国等，2005[33]；陈强等，2016[34]）。

由此可见，当前技术经济问题的多学科综合交叉属性，使运筹规划、数学建模、计量分析、概率统计、仿真模拟等多种定量分析方法和其他相关学科研究方法的集成运用已成为中国技术经济研究的必然选择。尤其是一些对国家有重大影响又很复杂的技术经济课题，往往需要构建超大规模的复杂系统模型（如投入产出模型、系统动力学模型、CGE模型等）进行综合集成分析与模拟才能解决（王春枝、赵国杰，2015[26]），这也促使中国技术经济研究方法向复杂的系统模型逐渐深化。

（三）技术经济学基础理论和方法体系有待进一步完善与创新

基础理论和方法体系是一门学科的立足之本。20世纪60年代初和改革开放前后，学者们对技术经济学基础理论和方法体系的研究曾一度较为活跃，并建立了以经济效果评价为核心、以考虑时间价值因素的成本效益分析为评价标准的技术经济理论和方法体系，为技术经济学科建设奠定了良好的基础。进入20世纪90年代后，随着中国经济体制和经济环境发生变化，技术经济学的研究对象、学科边界、研究方法也在不断调整和拓展，形成了许多新的研究领域，如技术创新、生产率分析、资源技术经济、环境技术经济、循环经济等，但学者们对这些领域的理论研究目前还处于零散状态，缺乏学科理论层面的系统归纳，也导致学术界对技术经济学的理论架构、学科结构、研究对象、研究内容等存在较大争论。

由此可见，中国技术经济学科尚未形成系统的理论体系和方法体系，一方面，大部分技术经济学教科书目前仍以经济效果评价、技术经济分析方法、项目的技术经济评价为主要组织内容，很少吸收学科前沿理论和新的研究方法，即使些许著作涉及前沿研究成果，成果之间也缺乏互相关联的知识结构；另一方面，近年来大多数技术经济工作者侧重于对技术经济的应用研究和对经济实践的具体指导，而忽视了对技术经济学基础理论和方法体系的拓展和创新，使当前研究难以支撑技术经济学科建设，也难以对当前重大技术经济课题形成有效研究，因此，技术经济学唯有改变传统，以经济效果评价为基本范畴的学科体系和理论架构，按照国家经济发展需要不断提炼新理论和新方法，并对学科基础理论和方法体系进行完善和创新，才能使这门学科进一步发展壮大，迎来新的繁荣局面。

六　结语

本文借助文献计量软件 CiteSpace V，采用共词分析、聚类分析和战略坐标分析等多种定量分析方法，统计了1992~2016年中国技术经济研究领域论文的发表时间、刊载期刊、高产作者与高产机构的分布情况，探讨了中国技术经济研究的主要内容、研究专题、研究热点及研究方向。研究结果发现："关注度"指数较高的是"技术进步与全要素生产率""高新技术产业化与政府行为创新"等，说明这些问题是中国技术经济研究领域学者们讨论和研究的热点，而"新颖度"指数较高的是"产业升级与科技金融支持""知识溢出与创新的空间分析"等，显示出这些问题是中国目前比较新颖、有待开拓的研究领域。此外，本文还进一步对未来中国技术经济研究进行展望，指出其未来研究趋势，希望本文研究能够为该领域研究者提供有价值的参考借鉴。需要说明的是，本文尽管已尽可能避免了以往学者在文献述评上的主观性偏差，但仍存在一定的局限性。一是本文的研究样本是中文期刊上的技术经济研究成果，而没有囊括英文期刊上的相关论文，因此无法反映国外研究状况。二是考虑到研究成果的代表性，本文仅选取了与技术经济较紧密相关的两个学科分类代码的中文文献进行研究，即 F602.4（技术经济学）和 F124.3（技术发展与革新），但这两个学科分类代码并不能涵盖技术经济研究的全部内容，从而必然会导致一些重要研究成果在检索时被遗漏。三是尽管本文经过多次尝试，已尽可能合理地调整和设置指标阈值，但阈值设置的主观因素仍可能对研究结果产生微弱影响。这些问题将在后续研究中进一步改进。

参考文献

[1] 李平、王宏伟、陈星星：《新常态下中国技术经济学前沿动态——评议2015年中国技术经济论坛》，《科技促进发展》2016年第3期，第269~275页。

[2] 陈星星、李平：《国内技术经济学研究前沿——兼述中国技术经济2015年（南京）论坛》，《数量经济技术经济研究》2016年第1期，第156~161页。

[3] 徐寿波：《建国60年中国"技术经济"科学技术发展的回顾与展望》，《北京交通大学学报》（社会科学版）2009年第4期，第1~6页。

[4] 郑友敬：《技术经济学的发展回顾与趋势展望》，《数量经济技术经济研究》1995年第6期，第71~76页。

[5] 王宏伟：《技术经济学的理论基础述评》，《数量经济技术经济研究》2009年第11期，第152~160页。

[6] 蔡跃洲：《技术经济学研究方法及方法论述评》，《数量经济技术经济研究》2009年第10期，第148~155页。

[7] 蔡跃洲：《技术经济方法体系的拓展与完善——基于学科发展历史视角的分析》，《数量经济技术经济研究》2011年第11期，第138~147页。

[8] 傅家骥：《技术经济学科发展前沿问题探讨》，《科技和产业》2004年第1期，第18~20页。

[9] 雷家骕、程源：《技术经济学科发展述评与展望》，《数量经济技术经济研究》2004年第8期，第151~159页

[10] 王金菊、闫雪晶、陈戈止：《对当前技术经济问题研究多样化的思考》，《数量经济技术经济研究》2006年第5期，第122~130页。

[11] 刘满强、陈平：《技术经济学：回顾与展望》，《技术经济与管理研究》2010年第S1期，第3~7页。

[12] 王喜峰：《技术经济学前沿研究动态——中国技术经济论坛2014年（北京）综述》，《数量经济技术经济研究》2015年第1期，第159~161页。

[13] 徐斌、喻德华：《技术经济学范式与技术经济学发展的历史分期问题研究》，《数量经济技术经济研究》2007年第3期，第13~23页。

[14] 陈悦、陈超美、胡志刚等：《引文空间分析原理与应用》，科学出版社，2014。

[15] Callon M., Rip A., Law J., *Mapping the Dynamics of Science and Technology: Sociology of Science in the Real World* (London: Macmillan, 1986).

[16] Callon M., Courtial J. P., Laville F., "Co-word Analysis as a Tool for Describing the Network of Interactions between Basic and Technological Research: The Case of Polymer Chemistry," *Scientometrics*, 1991, 1: 155-205.

[17] 沈君：《专利技术主题的知识网络研究》，知识产权出版社，2014。
[18] 罗润东等：《中国经济学研究动态报告》，社会科学文献出版社，2015。
[19] 曹兴、王栋娜、张伟：《战略性新兴产业自主技术创新影响因素及其绩效分析》，《科学决策》2014年第12期，第35~51页。
[20] 朱福林、陶秋燕、何勤、黄艳、杜辉：《网络地位、网络强度能否影响创新绩效及成长路径？——基于286家北京市科技型中小微企业调研数据的研究》，《科学决策》2016年第11期，第39~60页。
[21] 贺德方：《创新型国家评价方法体系构建研究》，《中国软科学》2014年第6期，第117~128页。
[22] 封颖、徐峰、许端阳、杜红亮、张翼燕：《新兴经济体中长期科技创新政策研究——以印度为例》，《中国软科学》2014年第9期，第182~192页。
[23] 白极星、周京奎：《研发聚集、创新能力与产业转型升级——基于中国工业企业数据实证研究》，《科学决策》2017年第1期，第1~17页。
[24] 王宇新、姚梅：《空间效应下中国省域间技术创新能力影响因素的实证分析》，《科学决策》2015年第3期，第72~81页。
[25] 张杨、汤凌冰、金培振：《金砖国家创新能力测度与影响因素研究》，《中国软科学》2015年第6期，第148~157页。
[26] 王春枝、赵国杰：《基于非径向SE-C^2R模型与谱系聚类的中国区域创新效率分析》，《中国软科学》2015年第11期，第68~80页。
[27] 刘伟、鞠美庭、楚春礼、邵超峰、田文鑫：《区域环境-经济系统物质流与能流分析方法及实证研究》，《自然资源学报》2011年第8期，第1435~1445页。
[28] 朱婧、孙新章、刘学敏、宋敏：《中国绿色经济战略研究》，《中国人口·资源与环境》2012年第4期，第7~12页。
[29] 佟贺丰、杨阳、王静宜、封颖：《中国绿色经济发展展望——基于系统动力学模型的情景分析》，《中国软科学》2015年第6期，第20~34页。
[30] 付帼、卢小丽、武春友：《中国省域绿色创新空间格局演化研究》，《中国软科学》2016年第7期，第89~99页。
[31] 刘宇飞、王征：《基于外商直接投资渠道的国际技术溢出文献综述》，《科学决策》2017年第2期，第76~96页。
[32] 仇怡、吴建军：《对外贸易与技术扩散：一个文献综述》，《科学决策》2009年第3期，第87~94页。
[33] 顾保国、乔延清、顾炜宇：《跨国公司技术转移溢出效应区域差异分析》，《中国软科学》2005年第10期，第100~105页。
[34] 陈强、刘海峰、汪冬华、徐驰：《中国对外直接投资能否产生逆向技术溢出效应？》，《中国软科学》2016年第7期，第134~143页。
[35] 徐寿波：《建国60年中国"技术经济"科学技术发展的回顾与展望》，《北京交通大学学报》（社会科学版）2009年第4期，第1~6页。

图书在版编目（CIP）数据

21世纪技术经济学.2018年卷/李平主编.--北京：社会科学文献出版社，2018.9
　ISBN 978-7-5201-3300-5

　Ⅰ.①2… Ⅱ.①李… Ⅲ.①技术经济学-2018-文集 Ⅳ.①F062.4-53

　中国版本图书馆CIP数据核字（2018）第192862号

21世纪技术经济学（2018年卷）

主　　编／李　平
副 主 编／吴　滨　刘建翠　朱承亮

出 版 人／谢寿光
项目统筹／恽　薇　高　雁
责任编辑／冯咏梅　王春梅

出　　版／社会科学文献出版社·经济与管理分社（010）59367226
　　　　　地址：北京市北三环中路甲29号院华龙大厦　邮编：100029
　　　　　网址：www.ssap.com.cn
发　　行／市场营销中心（010）59367081　59367018
印　　装／三河市龙林印务有限公司
规　　格／开本：787mm×1092mm　1/16
　　　　　印　张：28　字　数：442千字
版　　次／2018年9月第1版　2018年9月第1次印刷
书　　号／ISBN 978-7-5201-3300-5
定　　价／128.00元

本书如有印装质量问题，请与读者服务中心（010-59367028）联系

版权所有 翻印必究